정의를 배반한 판사들

First published in English under the title
Judges Against Justice;
On Judges When the Rule of Law is Under Attack
by Hans Petter Graver, edition: 1
Copyright © Springer-Verlag Berlin Heidelberg, 2015*
This edition has been translated and published under
licence from Springer-Verlag GmbH, DE, part of Springer Nature.
Springer-Verlag GmbH, DE, part of Springer Nature takes
no responsibility and shall not be made liable for
the accuracy of the translation.

이 책의 한국어판 저작권은 KCC를 통해 저작권자와 독점 계약한
(재)진실의 힘에 있습니다. 저작권법에 의해 한국 내에서
보호를 받는 저작물이므로 무단 전재와 무단 복제를 금합니다.

판사들은 왜
불의와 타협하는가

정의를 배반한 판사들

한스 페터 그라베르 지음 ― 정연순 옮김

진실의힘

한국어판 서문

이 책은 법의 자율성, 그리고 판사에게 법치주의의 핵심원칙을 거스르도록 요구하는 법률이 그 자율성을 어떻게 흔들고 공격하는지를 다룹니다. 더불어 부당한 법체제와 결탁한 판사들의 구체적 사례를 분석해 사법부가 억압에 협력할 여지를 줄일 방안을 모색해보고자 합니다. 특히 악법 유지에 가담한 판사의 형사책임을 처음으로 폭넓게 논의하면서 억압적 법률 때문에 양심의 갈등을 겪는 판사들의 사례도 포함했습니다.

이 책은 입법부와 행정부가 법치주의 이상을 의도적이고 체계적으로 저버리는 상황에서 판사들이 겪는 문제를 살펴봅니다. 이 작업은 세 가지 질문을 중심으로 전개됩니다. 첫째, 국가가 억압적으로 변하고 사법부가 그 억압에 기여할 때 어떤 일이 일어나는가? 둘째, 억압에 협력한 판사들을 법적 관점에서 어떻게 평가해야 하는가? 셋째, 그들의 행동을 도덕적 관점에서 어떻게 바라보고 억압에 맞서도록 독려할 수 있는가?

법의 자율성은 상대적 개념이므로, 특정 시간과 공간에 놓인 각 사회의 맥락에서 연구해야 합니다. 이 책이 전제하는 법의 자율성은 서구의 법적 전통에 대한 역사적 연구, 합리성에 기반한 관료적 통치방식의 이해, 의사소통과 사회분화이론, 법이론, 국제법과 국제기구화를 통해 구체화됩니다.

법의 자율성을 구체적 상황과 맥락에서 살펴보려면 특정 법질서에 초점을 맞춰야만 합니다. 하지만 이 책의 연구 결과는 유럽이라는 지역과 그 법적 전통을 넘어 유럽과 다른 전통과 역사적 경험을 가진 독자들에게도 충분히 의미 있는 메시지를 전달할 것입니다. 한국은 이 책에서 다루는 사례들과 유사하게 권위주의 억압에 사법부가 공모한 역사가 있습니다.

한국은 제2차 세계대전 이후 미국의 영향 아래 자유주의 헌법을 채택했습니다. 제헌헌법은 독립적이고 전문적인 사법부를 두어 권력분립의 원칙을 확고히 했습니다. 그러나 강력한 행정부는 종종 사법부의 위상을 약화시켰고 정치적 목표를 위해 1952년과 1954년에 헌법을 개정하기도 했습니다. 그럼에도 법원은 대체로 자율성을 유지했습니다. 그러나 1972년 개정헌법으로 상황이 급변했습니다. 이 헌법은 기본권을 보장하는 조항과 이를 제한하는 조항을 함께 뒀습니다. 개정헌법에 근거해 박정희 대통령은 사법통제를 받지 않는 가혹한 긴급조치권으로 한국을 통치했습니다. 김성학이 1945년부터 현대에 이르기까지 한국 법원을 다룬 『Constitutional Transition and the Travail of Judges』*에서 예리하게 지적했듯이, 한국은 규범국가 위에 특권국가가 작동하는 이중국가 체제**로 변모했습니다. 이 책에서 분석한 국가들도 한국과 유사한 특징을 보여줍니다. 그런 의미에서 이 책이 한국 독자들에게도 깊이 있는 통찰과 영감을 줄 수 있기를 바랍니다.

프랜시스 후쿠야마가 1989년 기념비적인 논문 '역사의 종언'을 발

---

* Marie Seong-Hak Kim, 헌정체제의 변화와 법관의 시련, Cambridge University Press (2019).
** 에른스트 프랑켈의 이중국가 개념은 1부 2장 참조.

표한 후로 36년이 지난 지금, 역사는 다시 요동치고 있습니다. 후쿠야마의 예언과 달리, 민주주의와 인권은 '외부'와 '내부'에서 다가오는 도전과 위협에 직면해 있습니다. 지정학적 권력균형이 흔들리면서 보편성의 개념과 자유민주주의를 유일한 정치질서로 보는 인식이 약화되고 있습니다. 유럽 북부, 남부, 동부의 여러 국가에서 포퓰리즘이 자유민주주의가 이룬 성과에 도전하며 세력을 확장하는 중입니다. 외부에 존재하는 국가 및 비정부 행위자들은 소위 '하이브리드 전쟁'을 통해 자유민주주의를 내부에서 공격하고 약화시키고 있습니다. 전 세계가 코로나19 대유행이 남긴 정치적·법적 여파와 씨름하고 있습니다. 후쿠야마적 의미의 '역사의 종언'은 실로 멀게만 느껴집니다. 기본권과 법치주의를 뒤흔드는 격변의 시대가 도래했습니다.

세계는 글로벌화, 디지털화, 이주, 기후 위기, 전염병의 세계적 대유행 같은 문제를 앞에 두고 있습니다. 이러한 현안들은 사회·경제·문화 규범의 변화와 함께 새로운 형태의 거버넌스와 정치적 참여, 사회적 대화와 포용을 요구합니다. 동시에 자유주의 체제나 그 외의 체제(권위주의 체제) 모두에서 법이 어떻게 작동하는지를 깊이 이해하고, 이를 바탕으로 새로운 통찰과 전범을 수립하기를 우리에게 요구합니다. 자유민주주의는 '국민에 의한 통치'라는 원칙과 개인 권리 보호를 결합한 체제입니다. 여기에서 법이 그 실현의 중추적 역할을 수행하는데, 법은 단순히 그 사회에서 법으로 인정된 규범들의 집합을 의미하는 것이 아니라, 법적 제도, 관행, 의사소통, 가치, 형식적·암묵적 지식체계를 포괄하는 더 넓은 사회학적 의미를 지닙니다.

법치주의와 국민주권 사이의 긴장관계는 현대 사회의 여러 분야에서 선명해지고 있으며, 비단 서구식 자유민주주의 체제에 국한되지 않습니다. 소위 '비자유주의적 민주주의illiberal democracy' 체제에서도 법제도를 둘러싼 갈등이 심화되고 있으며, 기후 소송 같이 시민사회가 법원을 적극 활용함에 따라 정치의 사법화 논란도 커지고 있습니다. 가족의 권리와 아동 복지 사이에서 벌어지는 갈등, 다수의 의사에 따라 국제기구 가입 또는 탈퇴를 결정하는 과정에서 다수 의사가 법적 요구와 충돌하는 문제, 테러에 대한 전쟁 및 코로나19 대유행 같은 비상 상황에서 기본권을 일시적으로 제한하는 문제 또한 이러한 긴장의 일부로 나타나고 있습니다.

법의 자율성autonomy, 즉 법이 스스로 설정한 기준과 조건에 따라 정의되거나 적용된다는 주장은 사실의 관점에서나 규범적 관점에서 자명한 것이 아닙니다. 20세기 동안 법은 주로 국가의 기능으로 간주됐습니다. 예를 들어 사회적으로 부여된 규칙(법실증주의) 또는 사법부의 역할이라는 측면에서 논의되거나(법현실주의legal realism*), 정치적 도구(비판적 법이론) 또는 계급권력의 지배수단인 허구 이데올로기(마르크스주의)로 여겨지기도 했습니다. 법은 종교 지도자들의 통제를 받기도 하고, 도덕적 가치나 기준에 따라 그 내용과 적용이 결정되는 것으로 여겨지기도 합니다. 법은 특정 상황에서는 자율적이지만, 그렇지 않은 경우도 있습니다. 예를 들어 권력, 사회적·제도적 네트워크나 종교와 같은 규범적 권위에 종속될 수 있습니다. 법의 자율성은 오늘날 정치와 사회를 둘러싼 여러 중요한 논쟁에서도 핵심적 쟁점으로 떠오르고 있습니다. 자유주의 사회의 미래, 비자유주의적 민주주의의 부상, 정치의 사법화에 따른 정치제도의 약화, 디지털화, 민족주의적 정책과 국제법체계 간의 긴장 증대 등 정치와 사회의 각 분야에서 법의 자율성에 대한 여러 의문이 제기되고 있습니다.

자율적인 법과 독립적인 법적 제도는 사회의 안정적 유지에 기여하

---

* 법현실주의는 법을 단순한 논리적 체계로 보지 않고, 실제 법원의 운용방식과 사회적 맥락에서 법을 분석하는 법철학적 접근법이다. 특히, 판사들이 단순히 법조문을 기계적으로 적용하는 것이 아니라, 사회적·정치적 요인을 고려하여 법을 해석하고 형성하는 과정을 중시한다.

며, 법의 적용 대상에게 예측 가능성을 제공합니다. 독립적인 법원과 사법부가 대표적인 예입니다. 법 외부의 개입은 비상 상황에서 신속한 해결책이 될 수 있지만, 장기적으로 법치주의를 위협할 수 있습니다. 이러한 법적 제도의 구축과 유지는 정의와 질서 위에 활력이 더해진 사회에 반드시 필요한 법적 예측 가능성과 안정성을 높입니다. 그리고 기후변화와 지속가능한 경제성장과 같은 장기적 핵심 과제에 대한 대응력을 높입니다.

나는 오랜 기간 권위주의 체제에서 법원과 판사들이 수행한 역할을 연구해왔습니다. 연구 끝에 내린 결론은 이렇습니다. 전반적으로 판사들은 권력자의 관점에 순응합니다. 권력자들이 법을 통해 억압을 강화할 때뿐 아니라 그들이 법을 무시하는 때에도 그렇습니다. 때로는 권력자의 도구가 돼 법치주의를 해체하는 데 가담하기도 합니다. 그들이 권력자의 편에 서는 데에는 여러 이유가 있습니다. 대개 판사와 권력자는 동일한 사회집단에 속하며, 정권에 맞서려는 판사는 종종 사회적 지위와 경력을 잃을 위험을 감수해야 합니다.

권력자들은 사법부를 길들이기 위해 다양한 방법을 동원합니다. 언론을 장악해 사법부를 부패한 집단이라고 하거나 '일반 국민'의 처지와 필요를 이해하지 못하는 오만한 엘리트라고 비난하며 공격할 수 있습니다. 이러한 공격은 특정 판사나 판결을 직접 겨냥하기도 합니다. 자주 사용하는 방식은 충성스러운 판사들로 최고법원을 구성하거나 다른 수단을 통해 최고법원을 장악하는 것입니다. 사법부를 향한 보다 광범위한 위협은 판사들의 신분보장을 폐지하여 쉽게 해임될 수 있게 하거나, 정권과 다른 입장을 취한 판사들을 징계하는 것입니다. 정권에 충성하는 법원장이 사건 배당을 통제하거나 휴가, 승진과 같은 인사권을 이용해 판사를 압박할 수도 있습니다. 개별 판사가 특정 사건에서 어떻게 판결해야 할지를 직접 지시받는 일도 벌어집니다.

그러나 더 깊이 들여다보면 예외적인 사례들이 존재합니다. 나치 독일에서 판사들은 게슈타포의 권한을 제한하려 했으며, 어떤 이들은 강제수용소에서 벌어진 인권 탄압에 책임을 묻고자 했습니다. 한국 판사들은 정권에 맞서 집단 사표를 내기도 했습니다. 브라질에서 판사들은 장군들에 맞섰으며 파키스탄에서는 사법독립에 대한 공격에 저항했습니다. 루마니아 판사들은 부패 척결을 방해하려는 정부의 시도에 맞서 싸웠고, 폴란드에서는 법치주의를 위협하는 정부에 맞서 최근까지 저항했습니다.

올바르고 용감하게 행동한 이들을 기억해야 합니다. 그들은 법처럼 본질적으로 통제적 성격을 갖는 제도 아래에서도 지배적 흐름에 맞서는 것이 가능함을 보여줍니다. 그렇기에 그들의 사례를 연구하는 것이 중요합니다. 이러한 이야기는 판사의 직무 수행이 양심과 충돌하는 어려운 상황에 처할 수 있는 모든 이들에게 중요한 영감을 줄 것입니다.

한국 독자들에게 진심 어린 존경을 담아 이 책을 드립니다. 이 책을 번역한 정연순 변호사, 한국어판 출간에 힘써 준 조용환 변호사와 재단법인 진실의 힘에 깊이 감사드립니다.

2025년 4월
한스 페터 그라베르

감사의 말

이 책은 2012년부터 2013년까지 하이델베르크대학교 법학부 내 「독일·유럽 기업 및 경제법 연구소」에서 안식년을 보내는 동안 구상해 연구한 결과물이다. 오랜 친구이자 동료인 피터-크리스티안 뮐러-그라프 교수의 초대와 보살핌에 감사한다. 하이델베르크대학교 법학부의 다른 동료들에게도 멋진 시간을 함께 해준 것에 감사를 전한다.

E.ON 장학 기금 및 노르웨이 논픽션문학기금이 하이델베르크에서 1년을 보낼 수 있게 지원했다.

원고를 읽고 귀중한 의견을 보태준 에른 야콥센, 크리스틴 런들, 에를링 키엘란에게 감사한다. 베르겐, 하이델베르크, 헬싱키, 만하임, 오슬로, 빈의 동료들이 책을 완성하는 과정에서 원고를 읽고 귀한 조언을 해주었다. 역시 감사의 말을 전한다. 책은 여러 언어로 된 자료를 인용했다. 다른 언급이 없을 경우, 영어 번역은 저자가 했다.

2014년 6월
노르웨이 오슬로에서

일러두기

1. 민족사회주의/National Socialism
나치즘의 영문명인 National Socialism을 그간 국가사회주의라고 번역해 왔으나, 국가사회주의에 대응하는 State Socialism이라는 개념이 별도로 존재하며 국가가 경제를 간섭하고 주도하여 사회주의를 실현하려는 사상으로 정의되어 있다. 나치즘은 국가를 뛰어넘는 초월적 집단인 민족Nation 개념에 근거했기에 민족사회주의로 불러야 한다는 의견에 따라 이 책에서는 민족사회주의로 옮겼다.

2. 영미법 또는 커먼로/Common Law
법체계는 크게 Common law와 Civil law로 나뉘며, 전자는 영국을 중심으로 발전해 미국과 영연방국가들로 퍼져나간 법체계를, 후자는 로마법을 기원으로 하여 독일, 프랑스를 중심으로 발전해 일본, 한국 등으로 퍼져나간 법체계를 가리킨다. 여기서 common은 '보통'이나 '일반적'이라는 뜻을 넘어서 공동체가 공통의 경험과 전통을 통해 형성해온 보편적 정의와 평등원칙 등 공동체적 가치를 공유한다는 의미를 포함한다. Common law는 개별 사건을 통해 법원칙이 형성되는 방식을 중시하기에 판례를 중요한 법적 근거로 삼으며, 이 때문에 성문법 중심의 Civil law에 대응하여 '불문법계'로 부르기도 하지만, 정확한 의미는 아니다. 실제로는 판례법을 기초로 성문법이 함께 발전해 온 체계이기 때문이다. 이 책은 특정 국가들의 법체계를 가리킬 때는 '대륙법계Civil law'에 대응하여 '영미법계'로, 그 외에 법원칙이나 법철학적 개념 또는 추상적 법체계를 가리킬 때는 '커먼로'로 옮겼다.

3. 법의 지배 또는 법치주의 / Rule of law

Rule of law는 국가권력의 행사가 사람이나 권력이 아닌 '법'에 따라 이루어져야 한다는 원칙으로 '법의 지배' 또는 '법치주의'로 번역된다. 국가권력의 자의적 행사금지와 입법절차의 정당성, 예측 가능성과 논리적 완결성 등을 중시하는 법치주의를 형식적 법치주의라고 부르는데, 형식적 법치주의로만 법치주의를 이해할 경우 자칫 법의 내용과 무관하게 입법절차만 합법적이고 규정이 명확하면 그에 따른 통치도 정당하다는 식으로 받아들여져 법에 의한 지배 Rule by law로 흐를 가능성이 있다. 반면, 실질적 법치주의는 역사 속에서 보편적 정당성이 확인된 핵심적 인권 목록과 가치, 예컨대 법 앞의 평등, 적법절차, 비례성의 원칙 등이 법치주의의 내용을 구성해야 하고, 이러한 정당성을 위헌심사 등을 통해 확인할 수 있어야 한다는 원리이다. 현대 민주주의 체제에서는 법치주의를 지칭할 때 실질적 법치주의를 의미하는 것으로 이해하고 있다. 다만, 무엇을 '법'으로 볼 것인가에 대한 판단이나 그 안에 포함되어야 할 구성요소 목록에 대한 강조 등은 법체계나 나라마다 다소 차이가 있을 수 있어, 법철학과 법정치학에서 중요한 논의 대상이 되고 있다. 이 책에서 언급한 Rule of law 역시 실질적 법치주의를 뜻하며, 문장의 가독성을 고려해 '법의 지배' 대신 '법치주의'로 통일하여 옮겼다.

4. 각주와 미주

한국 독자의 이해를 돕기 위해 역자가 단 주석은 각주로 처리하고, *, **, ***로 표시했다. 원서에 각주로 달린 저자 주는 미주로 처리했다.

차례

한국어판 서문 · 5
감사의 말 · 11

1장 사법의 역할과 법치주의 ─── 19
들어가는 말 | 책의 구성

1부 법치주의에 대한 전쟁

2장 국가의 억압과 법치주의 ─── 39
법치주의와 사악한 통치자들 | 법치주의에서 폭정으로 |
법의 형태로 자행하는 억압: 진짜 법인가? | 법의 안과 밖

3장 사법부에 대한 억압 ─── 67
권력의 정당성 추구 | 사법부의 독립 | 판사 숙청과 법원 재편 |
법원의 관할권 제한과 특별법원 | 법적 사고체계의 왜곡: 당근과 채찍

4장 억압에 대한 사법부의 수용 ─── 90
권위주의 정권의 합법성 수용 | 억압적 목표와 정책 수용 |
인종을 넘어서 | 자유주의 사회에서 이루어지는 억압에 대한 동의

5장 저항 ——————————————————— 145
"법의 불꽃은 결코 꺼지지 않는다" | 합법성의 문제 |
제한적 해석 | 권위주의가 쇠퇴하는 시기의 저항 | 저항과 법적 방법론

2부 불의에 대한 판사들의 책임

6장 형사책임을 둘러싼 논쟁 ——————————— 179
들어가는 말

7장 국제법에 따른 위법성의 조건 ———————— 191
연합국 전범재판소의 법적 근거 | 미 군사재판소의 법조인 재판 |
나치 판사들에 대한 무죄판결

8장 불법적 권력과 위법성의 조건 ———————— 204
판사와 혁명 | 점령 치하의 판사

9장 전환기 상황에서 위법성의 조건 ——————— 213
나치 이후 독일의 재건 | 동독의 판사들

10장 특별법원의 판사들 ——————————————— 224
권위주의 정권과 특별법원 | 미 군사재판소와 특별법원 |
나치 이후 특별법원에 대한 견해 | 특별법원 참여가 범죄인가?

11장 사법적 억압의 정당화 ──────────── 233
　　범죄의 고의 | 법의 부지 | 강요 | 토론

12장 '판사에 대한 특별면책?' ──────────── 248
　　의무와 명령 | 사법면책과 판사의 역할 | 사법부의 독립과 면책 |
　　권력분립

13장 판사에 대한 처벌 ──────────── 273
　　변치 않는 정의의 본질 | 판사들은 왜 처벌받지 않는가? |
　　소급처벌의 어려움 | 책임 추궁은 충분했나?

3부 판결의 도덕적 측면

14장 법실증주의 명제 ──────────── 295
　　사법부의 공모 이유 | 라드브루흐와 나치 독일

15장 어떤 법실증주의인가? ──────────── 308
　　정의되지 않는 법실증주의 | 법과 도덕을 분리하는 법실증주의 |
　　형식주의인 법실증주의 | 법실증주의의 대안

16장 다른 방식의 법해석 ──────────── 324
　　단순 사실 접근법

17장 법이론을 통한 설명을 넘어서 ——————————— 339
　　법이론이 사법적 판단을 좌우하는가 | 심리적 요인 | 제도적 요인 |
　　도덕적 정체성의 함정과 상실

18장 차악 선택의 논리 ——————————————————— 362
　　홀로코스트의 실행 | 법치주의의 예외 | 차악 선택이라는 항변 |
　　사직이 유일한 대안인가? | 현실적 계산 | '미끄러운 경사길'의
　　오류 피하기

19장 정의를 추구하는 판사들 ——————————————— 394
　　법 뒤에 숨지 않기 | 헌법 조항으로 권위주의를 막을 수 있는가 |
　　국제기준 | 법적 방법론의 정치학 | 법치주의를 위한 저항

역자 후기 · 435

주 · 441

참고문헌 · 466

1장
사법의 역할과 법치주의

들어가는 말

입법자*가 법을 공격할 때 판사도 큰 압박을 받는다. 의도적으로 끊임없이 기본권을 침해하고, 적법절차를 위반하고, 법의 보호를 받을 권리를 박탈하며, 가혹한 형벌에 처하는 법에 따라 재판해야 하는가? 법이 인종, 정치, 그 밖의 사유를 명목으로 체계화한 박해수단으로 쓰이는 데 협력해야 하는가?

   나를 포함해 많은 사람이 분명하게 "아니요"라고 대답하리라 생각한다. 답이 너무 분명해서 깊이 생각할 필요조차 없다고 할지 모른다. 하지만 역사와 현실은 그 답이 당연하고 분명하지 않음을 보여준다. 서구의 법적 전통이 내세우는 이상에 따르면 판사와 법원은 자유와 권리의 옹호자여야 한다. 동시에 그들은 법을 준수할 의무를 지닌다.

---

* 입법자(legislator)는 입법부(Legislature), 즉 의회나 상원과 같이 법을 제정하는 주된 국가기관과 구별된다. 법철학과 법이론에서는 국가법질서나 근본규칙을 설계하는 존재를 의미하며, 현실에서는 의회 뿐 아니라 실제 법을 제정하고 질서를 수립하는 주체가 이에 포함될 수 있다. 예를 들어 정부 발의안에서 정부는 물론 독재체제에서 독재자 또한 입법자의 범주에 속할 수 있다.

법이 정의와 권리를 옹호하고 있는 상황이라면 문제가 없지만, 그렇지 않을 경우 이 두 가지 요구가 충돌한다. 그 상황에서 판사는 입법자 편에 설지 아니면 법치주의라는 이상 편에 설지를 선택해야 한다. 그런데 많은 판사가 현실에서 이런 질문을 받으면 현실의 법을 따라야 한다고 답한다. 이는 위 질문에 대한 답이 우리 기대만큼 간단하게 결정될 수 있는 문제가 아님을 보여준다.

많은 판사가 재판을 통해 억압적* 법률을 지지하고 폭정을 정당화한다. 그러면서도 오히려 자신이 법치주의를 수호한다고 믿는다. 이 책은 판사들이 처한 상황을 진지하게 받아들이면서 동시에 그 태도가 왜 잘못됐는지를 설명하고자 한다. 이를 위해 세 가지 기본 질문을 중심으로 논의를 전개하려 한다. 첫째, 시민의 자유와 권리를 제한하는 권력이 행정부와 입법부를 장악하고 사법부가 가담할 때 어떤 일이 일어나는가? 둘째, 억압에 협력한 판사들을 법의 관점에서 어떻게 평가할 것인가? 셋째, 도덕의 관점에서 판사들의 행위를 어떻게 이해하고 그들이 억압에 맞서도록 독려할 것인가?

이념적 확신이나 개인적 이유로 억압적 정권을 전적으로 지지하는 사람들은 항상 존재한다. 저명한 법학자이자 나치 사상가였던, 히틀러 독일 치하의 인민법원장 롤란트 프라이슬러Roland Freisler가 대표적인 예이다. 같은 시기 판사로서 나치를 적극 옹호해 뉘른베르크 전범재판에서 처벌받은 오스발트 로트아우크Oswald Rothaug도 있다. 미 군사재판소US Military tribunals는 그를 이렇게 묘사했다. "그는 가학적이고 사악한 사람이었다."¹ 이 책은 그런 사람들을 다루지 않는다.

이 책은 억압적 법률을 양심에 대한 도전으로 느끼는 판사들에 관

---

* '억압적(oppressive)'은 개인이나 집단의 자유를 제한하거나 억압하는 상황을 의미한다. 이는 특정한 정치체제를 가리키는 것이 아니라, 시민의 자유를 제한하고 억압하는 것을 의도하거나 그러한 결과를 초래하는 모든 경우를 포함한다.

한 이야기이다. 실정법에 순응하며 법치주의 훼손에 가담해야 하는가 아니면 양심에 따라 실정법의 테두리를 벗어난 해석을 시도하거나 아예 실정법을 무시해야 하는가? 나는 이런 고민에 빠진 판사 대다수가 권위주의 체제의 억압에 가담하게 된다고 본다. 그들은 그 일이 못마땅하고 자기 생각과 다르다고 느끼면서도 실정법을 적용할 의무가 있다고 생각하며 직무를 수행할 것이다.[2] 이 책은 법률이 박해수단으로 동원되는 상황에서 이런 딜레마에 빠진 판사들이 현실에서 내릴 만한 판결과 다른 답변이 가능함을 보여주고자 한다. 이를 위해 최근의 몇몇 역사적 사례에서 판사들이 처했던 상황을 소개하고 국제법과 국내 형사법에 비추어 억압에 대한 사법적 협력의 한계를 살펴보며, 법이론이나 도덕의 관점에서 협력과 저항이 정당화될 수 있는 정도를 밝히려 한다.

억압과 폭정에 대한 사법의 동조는 비판법학과 법사회학의 고전적 연구 주제이다. 전통적으로 이 문제는 사회·정치적 맥락에서 설명했다. 판사들이 언제나 권위주의 정권의 억압에 가담하지는 않았다. 그들 역시 법률 전문가나 공직자들과 함께 공동체의 기본적 자유를 옹호하고 쟁취하는 활동을 하기도 한다. 오늘날 세계 곳곳에서 판사를 포함한 법률복합체legal complex*가 자유로운 사회를 위해 싸우고 있다. 이 투쟁에서 법률복합체는 기본권 옹호와 법치주의의 이상을 추구함으로써 사회를 진보하게 한다. 분명 "법률복합체", 즉 법률 훈련을 받은 직업군은 기본적 자유의 옹호에 종사한다. 다만 예외가 있다. 사회

---

* 법률과 관련한 직업군 전체, 즉 판사, 변호사, 법학자, 검사, 공무원이나 사법기관 종사자를 총칭하는 용어다. 주로 법사회학에서 사용하며 다양한 법률 관련 직업군이 어떻게 상호작용하고 사회·정치적 맥락에서 어떤 역할을 하는지 이해하고자 만든 개념이다. 이 개념은 법률 시스템이 단순히 법조항과 규정의 집합체가 아니라, 여러 이해관계자들이 참여하고 영향을 미치는 복잡한 네트워크임을 강조한다.

가 혼란에 빠지거나 사회안보에 대한 위협으로 대중의 두려움이 커지는 상황이다. 이때 평소 자유주의적 태도를 보인 법률복합체가 정부의 억압을 지지하는 일이 벌어진다.[3]

나는 법치주의가 존재하되 위협받는 상황에서 그 지속 가능성을 알아보고자 한다. 이 책에서는 법치주의가 지배하던 국가가 입법자의 의지와 법치주의가 충돌하는 국가로 전환하는 경우를 주로 살펴본다. 검토한 사례에 나온 사회들은 모두 법치주의 존중에서 권위적이고 억압적인 통치로 전환하는 경험을 했다. 판사들이 법치주의에서 이탈해 정권을 지지한 최근 서구 법률사, 특히 나치 독일, 아파르트헤이트의 남아프리카공화국, 아르헨티나·브라질·칠레의 군사독재 사례를 다루면서, 덧붙여 제2차 세계대전 동안 나치의 지배를 받은 서유럽 국가들의 사례도 포함했다. 모든 사례에서 공공안전public security이 우선순위로 내세워졌는데, 특히 이런 상황에서 법원 판결에 드러난 법적 사고와 논리 전개에 주목했다. 독일과 남아프리카공화국은 원 법률문헌을, 다른 나라는 2차 문헌을 기반으로 했다.[4]

각 나라의 사회·정치적 맥락을 모두 지워버린 채로 판사들에 대해서 보편적인 이야기를 할 수 있는지 의문이 있을 수 있다. 어떤 곳은 전쟁 중이었고, 다른 곳에서는 심한 사회 갈등과 불안 속에서 권위주의 정권이 출현했다. 어떤 나라는 외국에 점령당했다. 1933년 이후의 독일이나 남아프리카공화국처럼 입법자가 기존 헌법에 근거한 최소한의 정통성을 지닌 경우도 있지만, 위헌적 쿠데타로 권력을 잡은 통치자들도 있었다. 하지만 대부분 새로운 정권에서 사법부의 판사 조직은 거의 그대로 유지됐다. 남아프리카공화국처럼 대법원을 재편하거나 아르헨티나처럼 대법관을 교체함으로써 사법부 고위층을 변경한 일부 권위주의 정권도 있었다. 억압적 법률을 집행하기 위해 특별법원이나 군사법원을 설치하는 경우도 적지 않았다.

이토록 다양한 상황에서 보편적 결론을 끌어낼 수 있는가가 이 책이 다루는 중요한 주제이다. 이 주제가 의미 있는 이유는 역할과 기능, 법적 전통과 사회 조건의 차이에도 불구하고 서구의 법적 전통에 기반한 판사들에게는 몇 가지 공통점이 있기 때문이다. 미국 법사학자 해럴드 버먼Harold J. Berman에 따르면, 서구의 법적 전통은 공통의 뿌리를 가졌고 그 사회를 정치적·도덕적으로 지배하는 세력에게서 반체제 인사와 이단자를 보호하는 수단으로 법을 활용한 역사가 있다.5 나도 버먼의 생각에 동의한다. 정의·평등·법치주의 같은 보편적 가치를 옹호하기 위한 자율적autonomous 존재인 "법"의 이념은 시공간을 넘어 판사들을 하나로 묶는다. 이 책은 이것이 어느 정도까지 진실인지 살펴보고자 한다. 이러한 결속력은 때로 미묘하고 깨지기 쉽지만, 우리가 법에 대해 이야기할 때 항상 전제하는 방식이다. 법이 자율적 존재라는 생각 때문에 권위주의 정권조차 법이 부여하는 정당성을 확보하려고 애쓴다. 이 책은 판사들이 그 신념을 어떻게 직무에 반영하려 하고 지켜내는지, 입법부나 행정부의 위협 때문에 어떻게 그 신념에서 이탈하는지 살펴볼 예정이다. 판사들을 결속시키는 공통의 끈이 어느 정도인지 살펴보려면 법치주의가 구조적으로 위협받는 다양한 상황을 종합해 분석해야 한다.

이 책이 검토한 사례들은 서구 법전통에 뿌리내려온 기본가치가 국가의 공격을 받고 판사들이 그에 동참하기를 요구받았다는 공통점을 지녔다. 법치주의를 향한 공격에 판사들이 보인 대응을 평가할 만한 몇 가지 기준이 존재한다. 권위주의 정권의 만행에 가담한 판사들을 형사처벌한 사례를 바탕으로 구체적인 사회·정치 상황과 무관하게 분석해보면, 그 기준들은 어떤 법제도에도 적용 가능한 최소한의 핵심적 정의core of justice를 따른다. 그 기준들은 자연법이 아니라 국제재판소와 국내 법원의 판결에 근거를 두고 있으며, 국제협약으로 성문화되어 있다. 실정법이 정의·평등 및 법치주의 기준과 충돌하는 상황에서 판사들은 공통의 딜레마에 직면한다. 하지만 시간과 장소의 차이에도 불구하고 이런 딜레마를 극복하고 법치주의를 향한 공격을 방어해야 하는 근거와 이유는 어느 상황에서든 동일하다.

데이비드 다이젠하우스David Dyzenhaus 교수를 따라, 나도 "사악한 법체계wicked legal system"라는 용어에 초점을 맞춰보겠다. 이 용어는 나치 독일이나 남아프리카공화국의 인종차별 이념이나 지난 세기 라틴아메리카 군사독재정권이 저항세력을 탄압하면서 이용했던 이데올로기 같은, 혐오스러운 도덕 이념을 강요하는 일에 법을 동원한 사회를 가리키는 말이다. 인종, 민족, 정치 이념이나 태도를 이유로 사람들을 체계적으로 박해하는 데 사용된 법은 분명 "악evil"으로 규정할 수 있다. 극도로 형평을 잃은 상태에서 과중한 처벌을 가하는 법, 무엇을 했는지가 아니라 누구인지에 따라서 달리 처우하는 법도 마찬가지이다. 누구든지 법 앞에서 평등하게 대우받고 법절차에 따른 결과를 합리적으로 예측할 수 있어야 한다는 원칙에서 근본적으로 벗어난 법도 역시 "악"법이다. 이러한 법은 도덕에 반하며 정의와 법치주의 개념과도 명백히 모순된다. 이러한 법을 "법"으로 볼 수 있는지에 대한 소위 법실증주의 논쟁은 이 책에서 분석하려는 대상 범위 밖이다. 하지만 법실증주의가 문제의 원인인지, 악한 판결을 설명해줄 수 있는지는 이 글의 분석에 포함했다.

권위주의적 법의 병리적 사례를 연구함으로써 현재에도 적용할 수 있는 결론을 이끌어낼 수 있는지 의문을 제기할 수 있다. 특히 나치 시대는 정상적인 법원칙과 안전장치를 무력화한 극단적 사례였다. 나치당은 그들의 이념과 목적을 위해 법을 개편했고 자유주의 법 개념을 명시적이고 체계적으로 폐지했다. 나치 법의 실질적 내용이 극도로 끔찍했음은 부정할 수 없는 사실이다. 공식적인 법원法源도 거의 고려하지 않았다. 나치의 인종 이념, 나치당의 강령, 총통의 의지와 같은 비공식적이고 자의적인 근거를 주요 법원法源으로 삼았고, 그 결과 법적 예측 가능성과 법치주의가 붕괴했다. 이러한 이유로 많은 이가 나치의 법체계를 "법"으로 분류하기를 거부했다. 그러나 실제로는 법원, 검찰, 변호사협회 등 그 전부터 내려오던 사법기관들이 나치의 법체계를 운영했고 그 인적 구성도 단절 없이 유지했다. 이러한 연속성은 전후 독일연방공화국까지 이어졌다. 변호사와 판사들은 법의 해석에서 법률에 대한 문리적·목적적·맥락적 접근, 광범위하거나 제한적인 해석, 유추와 체계적 일관성에 따른 논증, 법의 공백을 찾아 메우기 등 익숙한 추론방식을 사용했다.

우리는 나치 법 연구에서 법에 대한 보편적 결론을 도출할 수 없을지도 모른다. 그러나 나치의 변호사와 판사들에 대한 연구에서는 보편적 결론을 끌어낼 수 있다. 다른 권위주의적 상황에 놓인 판사들을 다룬 연구에서도 마찬가지이다. 이러한 사례 연구를 통해 도덕성을 결여하거나 반도덕적이기조차 했던 법률가들의 업무 수행의 본질을 파악하고 밝히려 한다. 에릭 뮬러Eric L. Muller 교수의 의견처럼 나 또한 법률가들의 비도덕적 업무 수행에 대한 연구를 판사와 변호사들의 윤리 교재로 사용할 수 있다고 생각한다.[6] 판사들이 법치주의를 적극적으로 옹호하고 실현할 책무를 부담한다는 인식―특히 통상적으로 사용해 왔던 법적 방법론legal method*을 사용해도 권력자의 법을 옹호하면 처벌받을 수 있다는 뜻에서―을 통해 우리는 법의 본질을 통찰할 수 있다.

이 책은 다양한 사회 환경에서 각기 다른 상황에 처했던 판사들을

---

* 법률 규범을 해석하고 적용하여 법적 결론에 도달하기 위해 사용하는 논리적·체계적 절차와 방식을 말한다. 법적 방법론에는 문리적 해석, 체계적 해석, 목적론적 해석이나 유추 등이 있다.

살펴본다. 이들은 두 가지 공통점이 있다. 첫째, 법치주의와 개인의 권리 보호를 중히 여기는 법체계에서 교육받고 전문적 훈련을 거쳤다. 그런 이유로 구 공산주의 국가들이나 서구 전통에 속하지 않은 법체계의 판사들은 제외했다. 둘째, 판사들은 이러한 법치주의 이상에서 의도적이며 체계적으로 벗어난 의회와 행정부를 상대했다. 책에서 다룬 연구 사례들은, 나치 독일의 반유대주의, 남아프리카공화국의 인종주의, 라틴아메리카의 극심한 사회 갈등 등 그 사회적·이념적 궤적이 각각 다르지만, 법치주의에 헌신해오던 사법관행이 하룻밤 사이에 사라졌다는 공통점을 보였다. 1933년 독일에서 나치가 집권했을 때, 1960년 남아프리카공화국에서 샤프빌 총격 사건 이후 정권이 보안 관련 입법에 나섰을 때*, 1960~1970년대 아르헨티나·브라질·칠레에서 군부가 권력을 장악했을 때가 그렇다.

  구체적으로는 큰 차이가 존재하는 이러한 상황들을 모두 아우르는 보편적이면서도 사소하지 않은 무언가를 끌어낼 수 있을까? 나는 가능하다고 생각한다. 적어도 판사들에 관한 이야기를 할 수 있다. 이 책은 판사들이 처한 여러 상황을 보여주면서 그들의 공통점을 드러내고자 한다. 모든 사례에서 판사들은 법치주의 이념에서 급격하게 벗어난 법을 다루면서 권력자들이 요구하는 방식으로 그 법을 적용할지, 아니면 양심에 따르며 억압과 악에 가담하기를 거부할지 결정해야 하는

---

* 샤프빌 대학살 후 남아프리카공화국 정부는 전국에 비상사태를 선언해 수천 명의 활동가를 체포했다. 1960년 4월 「불법조직법Unlawful Organizations Act」을 제정해, 공공질서나 안전을 위협하는 것으로 간주되는 모든 조직을 불법으로 선언했고, 그 결과로 아프리카 민족회의(ANC)와 범아프리카회의(PAC) 등이 불법단체가 되었다. 1967년에는 「테러리즘법Terrorism Act」을 제정해 정부가 테러활동으로 간주하는 행위에 무기한 구금을 허용했으며, 1982년에는 「내부보안법Internal Security Act」을 제정해 이전의 보안관련 법률(1950년 「반공법Suppression of Communism Act」, 1956년 「폭동집회법Riotous Assemblies Act」 등 포함)들을 통합하고 강화해서 정부에 반대하는 개인이나 단체를 재판 없이 구금할 수 있는 권한을 경찰에 부여했다.

상황에 처한다. 이 근본적인 질문은 매우 다양한 변수와 얽혀 있기 때문에 판사의 역할, 기능, 법적 전통, 사회조건의 차이 등을 검토해야만 답할 수 있다.

분석의 이론적 출발점은 판사에게 선택의 자유가 있으며 그에 따른 행동의 재량 또한 존재한다는 것이다. 법적 억압은 법 그 자체에서 오는 것이 아니라 판사들이 법을 적용하고 집행함으로써 무엇이 법인지를 결정하는 제도의 결과물이다. 구체적으로 말하자면 사람을 감옥에 가두는 것은 법이 아니라 판사들의 판결이다. 이 책은 법이 아니라 사법기관과 판사를 분석한다. 이러한 분석은 법률제도 및 관행과 분리해서는 법을 의미 있게 연구할 수 없다는 점을 이론적 근거로 삼는다. 이러한 측면에서 이 연구는 법현실주의legal realism와 법제도론institutional theory of law*의 통찰에 기반한다. 이런 이론들에 따르면 법은 일정한 자율성을 갖지만, 다른 사회제도와 마찬가지로 하나의 사회제도로 여겨진다. 법 이념의 본질상, 판사들은 법의 원천으로 인정하기 어려운 외부 압력과 부당한 영향력에 저항한다. 그런데 어떻게 그런 저항이 특정 상황에서는 무너질까? 나는 사례 연구를 통해 사법부가 법의 해석과 적용과정에서 사용하는 법적 방법론에 따라 스스로 억압적 정책을 내면화하는 방식을 밝히고자 한다.

판사를 법과 분리해 별도로 연구하는 것은 둘 사이의 긴밀한 연관성 때문에 불가능하다. 판사의 주요 업무는 법을 적용하는 것이며 이때 법적 추론legal reasoning이라는 도구로 업무를 수행한다. 따라서 이 책은 법적 방법론도 다루는 셈이다. 권위주의 체제에 놓인 판사들에 관한 연구는, 어느 경우에 법적 추론의 문제가 정치적 질문이 되고, 어느

---

* 법제도론은 법을 개별 규칙이나 명령의 집합이 아니라, 제도 속에서 실현되는 실천적 체계로 보는 이론으로 규범과 제도, 법적 실천의 관계를 중시하고 분석하려는 이론이다.

경우에 논증과 방법론의 선택이 도덕적 선택의 문제가 되는지를 보여준다. 이 책은 입법자가 법치주의를 위협할 때 법적 추론의 문제는 근본적으로 정치적 문제가 된다는 점을 주요 논지로 삼는다. 그때 법은 더 이상 그 사회에서 벌어지는 정치투쟁과 떨어져 고고한 자리를 차지하는 중립적 존재가 아니다. 어떤 이들은 이러한 현상이 법의 본질적 속성이라고 말한다. 나는 좀 더 조심스럽게, 적어도 법치주의가 공격을 받는 경우로 한정해서 주장하려 한다. 그런 상황에서는 그야말로 법의 자율성과 중립성을 주장할 토대가 무너져버린다. 이러한 논지를 바탕으로, 이 연구는 판사 개인이 특정한 법적 방법론을 선택한 것에 대한 도덕적 책임을 살펴보려 한다.

우리는 법치주의와 정치적 자유주의에 담긴 기본적 법가치와 법률복합체 간의 역학관계를 잘 알고 있다. 이 관계는 법과 법체계의 역할을 이해하는 데 중요한 요소이다. 그렇지만 이러한 분석만으로는 사회에 심각한 위협이 감지될 때 판사가 마주하는 역동적 역할과 그 딜레마를 충분히 설명하지 못한다. 이런 상황에서는 기본권을 일시적으로 제한해야 한다는 주장이 거세지거나, 입법부와 행정부를 장악한 이들이 겉으로는 합법적 절차를 따르는 방식으로 사법부가 억압적 법률을 적용해서 제재하라고 요구하곤 한다.

지금의 유럽과 미국은 권위주의적 통치와 거리가 있어 보인다. 그러나 9·11 이후 미국과 유럽의 입법부, 행정부, 심지어 법원이 보인 반응을 보면 자유주의적 가치와 전통을 당연하게 여길 수 없다. '테러와의 전쟁' 초기 몇 년 동안 미국 하급심 법원들은 관타나모에 대한 사법관할권이 없다는 행정부의 주장을 아무런 의문 없이 수용했다. 개인의 자유를 제한할 필요성과 그 조치의 합법성을 두고 판사들 사이에 상당한 이견이 있었으며, 이에 따라 행정부는 수년간 사법통제를 받지 않고 움직였다. 리처드 에이블Richard Abel은 이렇게 기록했다.[7] "세계

유일의 초강대국에서 단호한 행정부와 그에 공모하거나 안일하게 대처한 의회를 마주한 상황에서 법률복합체—변호사, 법학자, 관련 전문 단체, 판사 및 비정부기구들—가 정치적 자유주의를 위해 할 수 있는 일이 거의 없었다." '특별송환extraordinary renditions'*, 고문, 재판 없는 구금, 드론 사용 같은 조치가 모두 합법이라고 주장되었으며, 이에 대한 이의제기를 법원이 받아들인 경우도 있지만 항상 그런 것은 아니었다.

특정 상황에서 대중 여론은 쉽게 흔들리고, 지금은 높이 평가받는 원칙이 나중에 대중과 지도자들의 공격 대상이 되기도 함을 역사가 보여준다. 법은 많은 사람이 믿는 것만큼 변화에 저항하지 않는다. 법치주의에 깃든 자유주의 이념은 나치가 집권한 지 몇 달 만에 모래성처럼 무너졌다. 지금도 유럽의 몇몇 나라에서는 공공당국과 심지어 법원조차도 롬인Rom/Romani**을 차별하며 모든 사람에게 보편적으로 적용해야 할 법의 보호 원칙을 부인한다.[8]

책에 나온 사례들은 극단적이지만, 그보다 덜 극단적인 상황에서도 판사들이 마주하는 도덕적 딜레마는 우리에게 중요한 시사점을 제공한다. 판사가 어느 시점에서 (실정)법에서 벗어날 의무가 있다고 납득할 만한 근거가 마련된다면, 그다음 쟁점은 판사가 법에서 이탈하는 것이 "가능한가"가 아니라 언제 그와 같이 "행동해야 하는가"이다. 엄격한 법해석 방식에서 벗어난 듯 보이는 판사들은 종종 "사법적극주의judicial activism"라고 비난받는다. 그러나 나쁜 결과를 피하려는 사법

---

* 정식 송환절차를 우회하여 용의자를 한 국가에서 다른 국가로 비밀리에 강제로 송환하는 절차를 뜻한다.
** 서아시아와 유럽 일대에 거주했던 유랑 민족. 예전에는 '집시'라고 불렀으나 그 어원인 '이집트에서 온 사람'이라는 뜻 자체가 집단의 정체성에 맞지 않을뿐더러 범죄, 유랑, 빈곤 등 부정적인 이미지가 담겨 있기에 최근에는 당사자들의 희망에 따라 '롬인'이라고 부른다.

적 일탈은 좋은 결과를 이루려는 사법적극주의와 질적으로 다르다.

　모든 법이론에는 공통의 기본 출발점이 있다. 판사는 법을 적용할 의무가 있다는 것이다. 어떤 법체계에서든 판사의 지위를 수락함은 자신의 개인적 규칙과 가치가 아닌 법질서의 규칙과 가치에 근거해 판단한다는 것을 의미한다. 물론 문제는 법이 무엇인지 어떻게 결정하느냐이다. "법" 자체는 명확한 개념이 아니다. "법"은 의회에서 제정한 법률만을 의미하는가, 아니면 그 외의 다른 무엇을 의미하는가? 법이 무엇인지를 정의하는 것은 광범위하고 중요한 문제이지만 여기에서는 다루지 않는다. 이 책에서는 그 사회에서 통용되는 기준에 따라 해석 대상이 되는 법을 의미하는 것으로 충분하다. 나치 이론에 따라 해석한 법은 1933년부터 1945년까지 독일에서 법이었고, 현대 독일의 이론에 따라 해석한 법은 오늘날 독일 국가에서 법이다.

　정권이 자행한 억압에 사법부가 가담한 역사에 대해서 독일에서는 상당한 수준으로, 남아프리카공화국과 남아메리카에서는 어느 정도 연구가 이루어졌다. 1958년에 이루어진 하트H. L. A. Hart와 론 풀러Lon L. Fuller의 법실증주의와 자연법 논쟁을 바탕으로 법이론과 사법적 억압의 관계를 폭넓게 연구한 문헌도 존재한다. 이 문헌들을 토대로 억압적 법을 적용하고 집행해야 하는 상황에 처한 판사들을 살펴보고 그들이 언제 실정법의 테두리를 벗어나 개인적 선택을 해야 하는지 보여주려고 한다. 부도덕한 법에 맞서야 하거나 자신이 속한 체제가 권위주의로 변해가는 상황에서 어려운 윤리적 문제에 직면한 판사들에게 이 연구가 영감과 통찰력을 줄 수 있기를 기대한다.

책의 구성

이 책은 20세기 여러 나라에서 법을 통한 억압에 사법부가 가담한 사례를 조사해 어떤 일이 있었는지 살펴본 후, 판사의 형사책임 문제를 검토하고, 판사가 직면한 도덕적 딜레마를 분석한다. 이 책은 3부로 구성되었다. 1부는 판사들의 사례를 소개하고, 2부는 그와 관련된 이론적 근거와 논리를 다루며, 3부는 법적 방법론과 법이론 및 윤리학을 탐구한다.

1부는 권위주의 통치자가 법을 억압수단으로 어떻게 사용하고 판사가 그에 어떻게 순응하는지, 그리하여 어떤 과정으로 사법부가 국가 억압의 일부로 변모하는지 살펴본다. 억압적 통치와 법 사이의 관계는 복잡해서 법을 완전히 우회하는 방식부터 일반적인 법절차 내부에서 작동하는 방식까지 다양한 유형이 있다. 판사는 법원 밖에서 일어나는 일에 눈감거나, 정부에 대한 소송이나 인신보호영장 청구를 기각하거나, 권위주의 통치자의 요구에 맞춰 법을 해석하는 방식으로 그에 가담한다.

먼저 권력자의 관점에서 억압적 통치와 법의 관계를 살펴본다. 특히 무도한 권력자들이 왜 처음부터 사법부의 지원을 구하는지, 어떻게 사법부의 지지를 확보하는지를 주목한다. 통치자는 법원과 판사만이 부여할 수 있는 법적 정당성을 원한다. 그런 이유로 나치 독일과 같은 전체주의 환경에서조차 판결 때문에 박해당하고 징계받은 판사가 드물었다. 이 점이 판사에게 자기 판단에 따라 행동할 수 있는 일정한 여지를 제공한다. 권위주의 통치자들은 직접적 억압이 아닌 다른 수단을 사용해 판사들의 순응과 충성을 얻으려 하고, 판사들이 정권의 핵심 이익에 맞서지 않도록 사법 관할권을 제한하려 한다.

다음으로 판사의 관점에서 판사가 입법자를 향한 충성과 법치주의 이상에 대한 충성 사이에서 어떤 선택을 하는지 살펴본다. 압제자들은 적어도 법적 관점에서 볼 때 의문을 품을 만한 권력기반을 가진 경우가 많다. 그럼에도 많은 경우 법원은 정권이 합법적인지를 살피지 않는다. 어떤 경우에는 노골적으로 그 합법성을 승인한다. 판사는 권위주의 통치자가 취한 조치를 지지하고 따르라고 강요받거나 그래야 한다는 압박을 적지 않게 느낀다. 그러나 실제 사례에서 판사가 권력 편에 서서 발휘한 법적 창의성의 수준을 생각해 보면 판사의 동조가 단지 강요 때문만은 아님을 알게 된다. 우리는 나치 독일이 반유대주의에 관한 법을 시행한 과정에서, 남아프리카공화국이 정권에 반대하는 세력을 탄압하려고 보안법을 제정하고 아파르트헤이트 정책을 확산한 과정에서 사법부와 판사가 발휘한 창의성을 목도했다. 이 사례들은 판사가 항상 마지못해 행동하는 소극적인 지지자가 아니라, 정권의 권위주의 정책을 떠받치는 이념의 확신자로 행동하기도 함을 보여준다. 이는 19세기 미국 노예제 반대 판사에 대한 연구에서 로버트 M. 커버 Robert M. Cover가 이끌어낸 결론과도 일치한다. 판사가 적극적으로 이념을 수용하는 현상은 자유주의 사회에서도 사회적 소외계층을 상대로 억압적 수단을 사용하는 상황 등에서 종종 나타난다.

다행스럽게도 사법부가 언제나 억압을 수용하지는 않는다. 1부의 마무리에서 우리는 사법 저항의 사례를 살펴볼 예정이다. 입법자를 향한 충성과 법치주의 이상에 대한 충성이라는 이중성은 나치 독일과 같은 환경에서도 완전히 사라지지 않는다. 이 점을 명심하면서 동시에 판사들이 압제자들과 그 조치에 저항한 사례들을 기억하고 거기에서 배우는 것이 중요하다.

2부는 권위주의 정권의 억압에 가담한 판사의 형사책임을 다룬다. 우리가 경험한 내용에 따르면 판사들이 법정에서 저지른 행위로 책임을 진 경우는 드물다. 이는 뒤이어 민주 정권이 들어서면 일반적으로 보복과 형사처벌보다는 화해와 사회적 갈등 해결에 더 관심을 갖는 경향과 맥락을 같이 한다. 하지만 가해자가 책임지는 상황에서조차도 사법부는 다른 이들보다 더 관대한 처우를 받는다.

사실 판사의 책임을 주요 문제로 삼은 경우는 나치 정권 붕괴 이후와 1990년대 독일 통일 이후 둘뿐이다. 남아프리카공화국과 칠레의 진실·화해위원회the Truth and Reconciliation commission*가 사법부를 다루긴 했으나 판사들은 약간의 비판 외에는 어떤 제재도 받지 않았다.

억압적인 정권 아래에 놓인 판사의 형사책임에 관한 판례는 제2차 세계대전 이후 국제 및 국내 사례와 독일 재통일 후 사례에서 주로 만들어졌다. 주요 국제사건은 미 군사재판소의 "법조인재판The Justice Case"이다. 이 재판의 대상은 나치 법체제에 복무했던 주요 인사들이다. 피고인들은 국제법에 따라 재판받았으며 전쟁범죄와 인류에 대한 범죄로 기소됐다. 유죄판결을 받은 사람들은 유대인과 폴란드인에 대한 차별적 박해와 억압적 법률의 적용, 점령지 국민들을 대상으로 "밤과 안개" 작전** 관련 법을 적용하고 집행한 혐의가 인정됐다. 일부 판사들이 기소됐지만 고의가 없었다는 이유로 무죄를 선고받았다. 나치 정권의 몰락 후에 열린 재판들을 살펴 보면, 극히 적은 수의 판사들만이 책임을 졌을 뿐, 국제재판소와 국내 법원 모두 판사들의 특별 사법

---

* 진실·화해위원회는 과거사 진실규명 및 화해를 위한 국가적 기구로서 남아프리카공화국은 아파르트헤이트 체제가 종식된 이후 1995년에 넬슨 만델라 정부가 설립했다. 진실규명과 동시에 공개 청문회를 통해 가해자와 피해자 양측의 진술을 모두 청취하는 등 국가 통합과 사회적 치유를 목표로 했다. 칠레는 피노체트 군사독재정권(1973-1990)의 종식 후 인권탄압과 실종, 고문과 같은 국가폭력의 진상을 규명하기 위해 진실·화해위원회를 설립했으며, 진상규명을 통해 실종자들의 피해를 밝히는 데 주력했다. 이를 통해 피해자의 명예회복 및 보상을 꾀하였으나, 가해자에 대한 처벌권한도 없었으며 조사 또한 비공개로 이루어졌다.

** 나치 독일의 군사 작전 중 하나로, 이 작전을 통해 점령 지역에서 저항운동가와 반대세력을 비밀리에 체포하고 처형했다. 이 용어는 'Nacht und Nebel'이라는 독일어에서 유래했고, 이 작전으로 많은 사람이 행방불명되거나 처형당했다.

면책 사유를 인정하고 이들의 면책 항변을 인정했다. 그러나 판사도 억압적 정권의 관계자들이나 관료들과 동일한 방식으로 책임져야 마땅하다. 「국제형사재판소에 관한 로마규정Rome Statute of the International Criminal Court」*의 채택 이후부터는, 판사가 단지 국내법을 적용하고 집행했을 뿐이라도 면책되지 않고 대량학살과 인류에 대한 범죄를 범했다는 이유로 유죄판결을 받게 됐다. 이것이야말로 앞으로 판사에게 책임을 묻는 기준이 되어야 한다.

이 책의 3부는 판사들이 왜 억압적 체제의 악행에 가담하느냐는 질문으로 시작한다. 제2차 세계대전 이후에 이루어진 법실증주의 논쟁을 출발점으로, 판사의 관점에서 이 주제를 검토한다. 어떤 의미에서 정권의 권위에 복종할지를 결정하는 것은 온전히 자유로운 행위가 아니다. 판사는 판사가 되기까지의 사회화 과정, 부양가족의 존재, 사회적·경제적 생계수단 유지 등 여러 요인에 영향받을 수밖에 없다. 판사의 결정은 도덕적 판단이며 설명과 해석, 정당화, 비판의 대상이다. 판사가 내린 결정을 최종적으로 판단하려면 먼저 그가 처한 상황을 이해하는 것이 중요하다.

판사가 받는 압박에 형사처벌 가능성까지 포함되는 경우는 드물다. 그러나 판사가 어떤 선택을 할 수 있는지, 그 선택에 어떻게 이르게 되는지를 살펴볼 이유는 여전히 존재한다. 어떤 면에서 판사들이 종종 권위주의적 통치자들의 편에 서는 이유는 자명해 보인다. 판사들 역시 다른 사람들과 마찬가지로 압도적 힘에 굴복해야 할 때가 있다. 대세를 따르고 새로운 규칙을 적용하는 편이 모든 면에서 최선의 대안으

---

* 국제범죄에 대한 형사처벌을 위해 설립된 국제형사재판소의 관할권을 인정하기 위한 다자 조약이다. 1998년 7월 17일 로마에서 채택되어 2002년 7월 1일 발효되었다. 한국은 2000년 3월 8일에 서명하고 2002년 11월 8일에 비준했다. 국제형사재판소는 국제공동체 모두의 관심사인 가장 중대한 범죄, 즉 집단살해죄, 반인도적 범죄, 전쟁범죄, 침략범죄에 대해서 관할권을 가진다.

로 여겨질 수도 있다. 사회학적 관점에서 볼 때, 판사들이 권력의 조치에 순응하는 것은 결코 이상한 일이 아니다.

그럼에도 판사들이 잔학행위에 기여하는 이유는 법이론에서도 논쟁의 대상이 되어 왔다. 특히 그것이 특정한 법적 방법론을 선택해서인지, 아니면 판사가 그 방법론을 적용하는 과정에서 발생한 결함 때문인지를 둘러싼 논의가 계속되었다. 다시 말하자면 판사가 '올바른' 법적 방법론을 적용하면 억압에 가담하는 일을 피할 수 있지 않았겠느냐는 질문이다.

이 문제가 3부의 주제이다. 여기서 나는 먼저 법실증주의가 그러한 현상을 설명할 수 있는지를 검토하려 한다. 일각에서는 법실증주의가 문제의 원인이라고 주장하지만, 다른 한편에서는 법이론과 판사에 대한 일반적 기대―즉 판사라면 권위에 무조건 복종하지 않으며 정치와 법을 구분해야 한다는 원칙에 따를 거라는―를 혼동하고 있다고 반박한다. 이 반론은 상당히 설득력 있다.

경험에 따르면 억압은 다양한 법적 접근법legal approach*과 방법론으로 정당화가 가능하다. 이는 일부 사람들이 법적 방법론과 법을 통해 억압에 가담하는 것 사이에는 연관성이 없다고 생각하게 만들었다. 나는 이 상황이 법적 추론의 정치적 측면을 드러낸다고 생각한다. 법적 추론은 (법적)안정성과 변화에 대한 다양한 가치평가 방식을 의미하며, 입법목적, 법원칙, 법 적용시 고려해야 할 여러 상황조건을 어떻게 평가할 것인가에 관한 문제이기도 하다. 이 모든 요소가 법에 내재된 가치로, 법을 적용하는 과정에서 끊임없이 선택을 요구한다. 특히 입법자가 법치주의에 맞서는 상황에서 판사의 선택은 불가피하게 정치

---

* 특정 상황이나 문제를 해결하기 위해 법원칙이나 규칙, 절차에 초점을 맞춰 사용하는 방법이나 전략을 말한다. 법적 방법론이 구체적으로 법을 해석하거나 적용하는 기술적 방식을 의미한다면, 법적 접근법은 문제해결에 접근하는 관점과 전략적 측면을 강조한다.

적 성격을 띠게 된다. 이 상황에서 판사가 단순히 판사로만 남기는 어렵다. 그 역시 개인적 결단을 해야 한다. 그 선택은 본질적으로 도덕적 문제이며, 판사는 이에 대해 책임을 져야 한다. 판사는 단지 '법률을 준수하는 것' 이상의 폭넓은 선택지를 갖고 있다. 마지막 장에서 나는 사악한 정권의 사례를 분석하여, 심리학자 필립 짐바르도Philip Zimbardo와 정치학자 진 샤프Gene Sharp의 조언에 기초해 판사가 정권에 복종하고 억압에 가담하라는 요구에 맞설 방안을 제시하고자 한다.

1부
법치주의에 대한 전쟁

2장
국가의 억압과 법치주의

법치주의와 사악한 통치자들

법치주의의 이상

영미법계common law와 대륙법계European civil law 모두에서 입법자와 판사는 법치주의를 지지하고 개인의 권리를 보호하기 위해 협력해 왔다. 입법자는 가급적 민주적인 기반 위에서 일반적 효력을 갖는 법률을 제정하며, 이렇게 제정된 법률은 행정부를 포함한 국가와 시민 모두에게 구속력을 가진다. 법원은 법을 해석하고 적용해 법에 따른 권리와 의무가 보장되도록 한다. 이것이 우리가 이해하는 자유민주주의 국가들이 법치주의를 이해하는 방식이다. 미국과 유럽에서 자유주의 헌법이 탄생한 이래로 개인은 국가의 권력행사를 제한하는 헌법상 권리를 부여받았다. 자유민주주의 사회가 받아들이는 법치주의의 핵심요소는 합법성의 원칙, 권력분립, 적법절차이다. 국가는 민주적인 입법자가 정당한 권한에 따라 제정한 법률을 준수하면서 권한을 사용해야 한다. 법은 본질적으로 일반적 효력을 가지며 모든 사람에게 평등하게 적용돼야 한다. 법률의 범위는 독립적인 사법부에 의해 결정되며, 법률의 적용과 집행도 법원의 몫이다. 소송절차는 공정해야 하며 법원은 당사자들을 동등하게 대우해야 한다. 누구든지 재판받을 권리를 보장받으며 판결 전까지 자신의 권리를 옹호할 충분한 기회를 제공받아야 한다.

그런데 어떤 경우 통치자들이 위와 같은 원칙에서 벗어난다. 법의 범위를 벗어나 심지어 법과 모순되는 방식으로 권력을 행사하기도 한다. 차별적 법률을 제정하고 법원의 권한을 박탈해 더 이상 법해석과 적용의 최종 결정권을 갖지 못하게 한다. 통치자들은 자유주의 사회에서 통용되는 법치주의에 맞서 권력을 행사한다.

어떤 법체계에서건 판사는 법을 새로 만들어 내거나 변경해서는 안 된다. 판사가 할 일은 법을 적용하는 것이다. 입법자와 판사의 역할 분리는 대부분의 법체계가 보여주는 중요한 특징이며 법치주의에서 중시되는 핵심가치이다. 이러한 역할 분리는 판사에게 정책적 사안의 심리를 자제할 것과 판사 개인의 원칙과 선호를 법의 원칙과 선호로 바꿔치기하지 않을 것을 요구한다. 이러한 의미에서 '법실증주의'는 입법자의 목표와 판사의 협력관계를 설명한다. 하지만 악법은 판사를 사법 역할의 핵심과 충돌하게 만든다.

모든 법이론이 법률에 명문화된 문언과 그 이면에 담긴 입법목적 둘 다 법의 주요 원천임을 인정한다. 판사에게 입법목적을 고려할 의무가 있음은 논란의 여지가 없다. 다만 문제는, 법을 따를 의무에 실정법과 충돌하는, 성문화되지 않은 규범과 가치를 적용할 의무도 포함되는지, 그리고 법적용 의무에 어떤 한계가 존재하는지이다. 어떤 사람들은 예상되는 부당한 결과를 피하기 위해 법에서 벗어날 의무가 판사에게 있다고 주장한다. 판사가 스스로 특정 법을 적용할 의무가 없다고 판단했다면 그다음에는 어떻게 해야 하는지도 문제이다. 그는 재판을 회피할 수 있는가? 사임해야 할까? 아니면 실정법에 어긋나는 결정을 내려야 할까?

그러한 상황에서 판사들이 직면하는 문제는 그 사회가 확립한 사법의 역할에서 비롯된 기대를 어떻게 받아들이고 대응할 것인가와도 연결된다. 이는 단순히 법이론의 문제가 아니라 직업윤리의 문제이기도 하다. 남아프리카공화국 진실·화해위원회에 제출한 판사들의 진술이 이를 단적으로 보여준다.

> 개인적 신념이 좌파든 중도든 우파든 상관없이, 자신의 신념과 상충된다고 해서 직무선서를 무시할 수 있다고 생각하는 판사는 영웅이 될 수 없다. 그러한 행위는 판사로서 신실함을 저버린 것이며 자기만족적인 사법권 남용이다. 이러한 상황에서 취할 수 있는 선택지는 사임하거나 직무선서를 준수하는 것 두 가지뿐이다.[1]

하지만 이는 문제를 너무 단순화한 것일 수도 있다. 사법의 역할은 여러 방식으로 해석될 수 있으며, 다양한 수준에서 입법에 대한 독자성을 가질 뿐 아니라 사법적 창의성을 발휘할 여지도 존재한다. 법치주의는 단순히 입법자가 제정한 법을 기계적으로 적용하는 것을 의미하지 않는다. 그 개념에는 그 이상의 의미가 담겨 있다. 법치주의는 명확하게 정의하기 어려운 개념이며 여러 가치와 원칙을 포함한다. 게다가 영미법체계와 대륙법체계의 차이는 법치주의를 둘러싼 논의를 더욱 어렵게 한다.

법치주의 이념은 11세기 유럽에서 탄생한 세속국가 사상에서 기원한다. 세속국가는 본질적으로 "법에 의해 통치되는" 국가, 즉 법치국가Rechtsstaat 개념으로 구성됐으며, 그 주요 요소는 두 가지로 나뉜다. 첫째, 국가 지도자들이 법을 제정하고 법에 의한 통치를 확립해야 한다. 둘째, 합법적 절차로 법을 개정할 때까지 기존에 제정된 법에 구속된다.[2] 이러한 법치주의 개념의 특징은 법이 현재의 정치권력 구조가 아니라 그 너머에 있는 어떤 객관적 현실에서 생겨나거나 그에 근거를 둔다는 점이다. 이는 신성한 정의나 자연법일 수도 있고, 인권과 민주적 가치에 대한 신념일 수도 있다.[3] 오늘날 서구 법체계에는 모두가 공유하는 핵심요소가 존재한다. 그에 관해 많은 이가 로널드 드워킨Ronald Dworkin의 다음 주장에 동의할 것이다. "법적 실천의 가장 추상적이며 근본적인 핵심은 국가권력을 다음 방식으로 이끌고 통제하는 데에 있다. 즉, 정부가 추구하는 목적이 아무리 선하고 유익할지라도, 과거에 이루어진 정치적 결정에서 비롯된 개인의 권리와 책임을 통해 그 사용이 허용되지 않는 한, 법은 국가권력의 행사를 금지하거나 제한하도록 요구한다."[4]

판사와 권위주의 정권에 대한 최근 연구들은 법제도와 법 전문가의 역할을 논의하면서 법치주의의 작동 개념과 관련해 법질서에 내재한 최소한의 공통 요소를 들고 있다. 이는 두 가지 요구로 구성된다. 첫째, 정부는 법에 따라 통치한다. 즉, 일반 규범에 따라 통치하되, 정부 자체도 그 규범에 구속되고 규범을 준수해야 한다. 둘째, 법은 기본권을 구성하는 핵심요소를 내재해야 한다.[5] 이에 따르면 법치주의 개념은 정치적 자유주의 법 개념과 일치한다. 이러한 의미에서 정치적 자유주의는 시민의 기본적 자유를 보장하는 사회, 즉 국가가 권력행사를 자제하고 시민사회가 그와 독립적으로 존재하는 사회를 지향한다.[6]

이상으로부터 벗어남

자유와 법치는 하나의 이상이며, 각 사회는 이를 다양한 수준에서 실현한다. 그래서 법치주의가 입법 재량권을 얼마나, 어떻게 제한할 수 있는지에 대한 보편적 기준은 존재하지 않는다. 실정법은 헌법과 각 법질서의 구조, 그밖의 인권체제와 같은 기준과 원칙에 따라 일정 부분 통제되나, 막상 입법자가 국제법과 명백히 충돌하는 방향으로 헌법을 개정하거나 실정법을 제정하려 들 때, 보편적 기준의 부재가 현실에서 선명하게 드러난다.

사회적·경제적·문화적 요인은 종종 법치주의에서 이탈하는 원인이 된다. 선출된 입법자가 모든 사회 구성원을 대표하는 것은 아니며, 한정된 재정적·법적 자원이 법원에 대한 접근성을 결정짓기도 한다. 권력은 종종 공식적으로 허용된 범위를 벗어나 행사되기도 한다. 이러한 일탈은 불가피하고, 이미 널리 알려진 현실이다. 사회 갈등과 정치적 운동mobilization의 상당 부분은 이러한 일탈을 바로잡고자 발생하는 것이다.

심지어 판사들도 항상 법치주의 이상을 준수하거나 그에 따라 행동하는 것은 아니다. 현대 서구 민주주의에서도 행정부에 불필요할 정도로 광범위한 재량권이 주어지거나 지배 정당 또는 다수의 이익을 위해 소수가 과도한 부담을 지는 일이 빈번히 일어난다. 이 모두가 사회의 정상적인 운영과정의 일부이며, 때로는 정치적 논쟁으로, 때로는 법원이 다룰 쟁점으로 이어진다. 이러한 갈등은 입법자가 법치주의 원칙을 해석·적용하면서 어느 정도 자율성을 가지는지, 그리고 법률과 법원이 그에 대해 어떻게 한계를 설정하는지와도 밀접하게 관련되어 있다.

정상이라면, 입법자와 사법부 사이에 갈등이 있다고 해서 그 문제가 법치주의를 근본적으로 위협하지는 않는다. 입법과 행정이 법치주의를 침해하면 그 체제의 법적 전통에 따라 법원이 바로잡고 때로는 국제재판소의 도움을 받기도 한다. 정상 상황에서는 행정부와 정치권도 이러한 사법적 시정조치를 수용한다.

이처럼 정상 상황에서 불가피하게 발생하는 정치와 법 사이의 마찰과, 입법권력을 가진 이들이 법적 수단을 동원해 민주주의와 자유, 법치주의를 체계적으로 훼손하는 상황은 구별된다. 나치 독일은 전쟁과 인도에 관한 규범을 무시하며 '정부 조직단위에서 전국적으로 자행한 잔인함과 불의의 시스템'을 법이라는 명목 아래 법무부의 권한으로 시행했다.7 사법행위judicial conduct와 법 원리legal doctrine에 따라 확립된 기존의 법치주의적 접근법은 1933년 나치가 권력을 장악한 후 불과 몇 달 안에 사라져버렸다. 남아프리카공화국에서 "사악한" 입법자들은 차별적인 아파르트헤이트 정책을 강화하고 옹호하기 위해 "법치주의에 대한 전쟁"을 시작했다.8 브라질 군부는 '혁명적 합법성'의 전진을 위해 법원의 역할과 법치주의에 대한 혁명을 시작했다.9 칠레에서는 "1973년부터 1978년까지 사법부의 묵인을 기반으로 사법권이 군부에 의해 탈취되었다."10

이러한 상황은 권력분립, 입법과 사법의 재량권에 관한 우리의 일상적 논의와 크게 다르며, 법의 지배에 대한 우리의 생각과 믿음을 무너뜨린다. 법치주의가 입법자의 공격을 받을 때, 법원이 아니라면 누가 우리를 보호해줄까? 칠레의 진실·화해위원회가 지적했듯이 입법부와 행정부가 조직적으로 법치주의를 훼손할 때야말로 법적 방어가 가장 절실하다.11 법원이 이를 막아내지 못하고 심지어 법치주의 붕괴에 가담한다면, 우리는 나치 법체계의 주요 인물들에 대한 재판에서 미 군사재판소가 언급했던 말을 할 수 있을 터이다. "범죄 목적을 달성하기 위한 사법제도의 매춘은, 법복을 더럽히지 않는 방식으로 권력이 저지른 노골적 만행에서는 찾아볼 수 없는 사악한 요소를 가지고 있다."12

법원에 배신당하는 일은 우리의 정의 감정에 비추어 특히 고통스럽다. 미 군사재판소는 인민법원 수석검사이자 뉘른베르크 특별법원 수석판사였던 로트아우크에게 유죄를 선고하면서 이렇게 말했다.

피고인이 자신의 능력으로 말살할 수 있었던 사람의 숫자가, 그가 섬겼던 지도자들이 감행한 대규모 박해와 학살의 희생자들보다 적다고 해서 그의 책임이 경감되지 않는다. 그의 행위는 오히려 더 끔찍하다. 마지막 피난처를 사법부에서 찾으려 했던 사람들로 하여금 오히려 사법부가 자신들을 외면하고 테러와 억압의 도구로 움직였음을 깨닫게 했기 때문이다.[13]

이 판결은 정상적인 자유주의와 민주주의 상황뿐만 아니라 사회제도가 붕괴된 상황에서도 법과 정의가 가지는 중요성을 강력하게 환기한다. 법치주의 질서 아래에서 우리는 정부나 다른 부처가 법의 기본원칙을 위반하면 법원이 견제해주리라 기대한다. 이 말이 곧 판사와 법조인이 다른 사회 구성원들보다 더 낫다거나 더 나쁘다는 뜻은 아니다. 하지만 정의에 관한 한, 그들에게 기대하는 바가 훨씬 더 크다는 점은 분명하다.

어떤 사람들은 법문화가 특정한 법률이나 판결과 같은 피상적인 요소를 넘어, 뭔가 깊은 뿌리를 가진 기본개념과 원칙으로 구성되어 있다고 믿는다.[14] 이런 개념과 원칙은 변화에 대한 저항력이 크기에 쉽게 바뀌지 않는다고 생각한다. 그러나 민주정이 권위주의나 전체주의 정권으로 급격히 변모하는 상황에서 이 생각은 흔들린다. 그런 사례들을 살펴 보면서 법원이 변화에 어떻게 반응하는지를 연구하는 것은 자유주의 국가에서 법이 어떻게 인식되고 개념화되는지를 이해하는 데 중요한 의미를 가진다.

다음 장은 법치주의에서 권위주의로 바뀌는 상황에서 억압적인 통치자와 법원 사이의 관계에 대해 두 가지 핵심 질문을 중심으로 살펴보고자 한다. 첫 번째 질문은 권위주의 통치자들이 법과 법제도를 왜, 그리고 어느 정도로 활용하는가이다. 두 번째 질문은 판사들이 자신들이 억압수단으로 이용되는 상황에 어떻게 대처하는가이다.

법치주의에서 폭정으로

우리가 법치주의를 떠올리며 기대하는 바와 달리 법과 권위주의 통치는 반드시 상호 배타적인 것이 아니다. 사실 많은 권위주의 통치자가 법과 법제도를 적극적으로 이용하고 때로는 법원의 독립성을 포함해 법질서의 기능을 유지하려고 심혈을 기울인다. 그들이 왜 그렇게 하는지, 어떻게 노력하는지는 법과 억압이라는 주제에서 핵심적 질문이다.

억압적 체제는 전 세계에 다양한 형태로 존재한다. 특히 서구의 법적 전통에서 이해되는 법의 역할과 관련하여 주목할 만한 상황은, 기존의 법치주의적 법질서에 맞서는 방향으로 정권이 수립되거나 운영되는 사례이다. 법치국가에서 권위주의 국가로 전환한 사례는 서구의 법적 전통에서도 발견된다. 독일의 자유주의 바이마르공화국이 나치당의 전체주의 국가로 전환한 사실은 가장 널리 알려진 사례이다.

나치 체제 몰락 후 일반인들은 나치가 기존 법을 폐지하고 무법 폭력 체제로 전환했다고 생각한다. 이것이 텔퍼드 테일러Telford Taylor 수석검사가 뉘른베르크 법조인 재판에서 나치 법체제의 고위 관료들을 대상으로 그려낸 그림이다. 일반적으로 사법부와 판사들은 나치에 이용당했으며 나치를 기꺼이 섬기는 하수인이 되어 봉사했다는 것이다. 테일러는 재판의 모두 진술에서 나치 법체제의 지도자들을 이렇게 묘사했다.

> …… 독일 사법제도의 지도자들은 의식적으로, 의도적으로 법을 억압했고 잔인한 폭정을 정의로 위장하는 데 가담했으며, 독일 사법제도를 전체주의, 정복, 약탈, 살육 도구로 바꿔 버렸다.15

그러나 테일러의 나치 정권에 대한 묘사는, 연합국이 나치 시대 독일 지도자와 관료들을 대상으로 진행한 재판의 정당성을 확립할 필요가 있던 당시의 법적·정치적 맥락에서 이해해야 한다.16 나치 지도자들은 이전 바이마르공화국의 법이나 법제도를 폐지하지 않았다. 로널드 드워킨의 표현을 빌리자면, 독일 안팎의 법률가들은 1933년부터 1945년까지 독일에서 어떤 제도와 관행이 법적이라고 판단하는 일에 큰 어려움을 겪지 않았다.17 대체로 나치는 "합법성에 따라 구조화된"18 조치로 법질서와 법원을 이용해 독일을 통치했다.

이와 같은 역설적 현실을 에른스트 프랭켈Ernst Fraenkel은 "이중국가론dual state", 즉 전통적인 사법기관이 "특권적인" 민족사회주의당과 권력을 놓고 씨름했던 것으로 설명했다. 상당한 파급력을 보여준 이 이론은 나치 국가를 "이중국가"로 규정하면서, "규범normative" 국가와 "특권prerogative" 국가가 독일제국 안에서 동시에 존재하며 서로 경쟁했다고 설명한다.19 특권국가는 법이 폐지된 정치적 영역으로 구성되었다. 특권국가는 어떠한 법적 구속이나 공식적 제한도 받지 않았으며, 법의 모든 분야에 개입하고 자기 권한의 범위를 스스로 정할 권한을 가졌다. 이러한 의미에서 이중국가의 존재는 곧 정치적 사안으로 여겨지는 모든 문제에서 이중 관할권이 존재함을 의미했다. 경찰, 즉 친위대는 법원이 내린 형벌에 처벌을 추가하거나 이를 대신해 행정처벌을 가할 수 있었다. 그 결과 증거 부족으로 무죄판결을 받거나 이미 형을 선고받고 복역한 사람들조차도 강제수용소로 보내지곤 했다.20 하지만 이처럼 정치당국이 특별히 개입하지 않는 경우, 국민의 사생활과 공공생활은 여전히 그 전부터 적용되던 법이나 새로 제정된 법에 따라 규제됐다.21

대체로 친위대*, 강제수용소, 홀로코스트와 같은 중요한 억압장치가 일반 관료제와 법원의 관할 바깥에서 운영됐음은 사실이다. 그러나 이것이 규범국가는 전통적인 법치주의 노선을 따라 작동하고, 특권국가는 법적 규범이 전혀 존재하지 않았다는 뜻은 아니다. 프랭켈에 따르면 이중국가 상태의 특징은 "법의 불가침성을 완전히 폐지"했다는 점에 있다.22 이런 식으로 규범국가는 근본에서 특권국가에 종속됐다. 반면 특권국가도 일정한 규범성 아래 운영되었기에 완전히 자의적이지는 않았다. 친위대 역시 자체 법원을 두었다. 다만 그곳의 "판사들은 그들의 이념적 사명과 법률가로서 자기 인식 사이에서 갈팡질팡했을 뿐이다. 정식으로 법률 교육을 받은 판사들이 어느 경우에나 나치 체제의 단순한 도구만은 아니었다. 그들 중 일부는 여전히 전통적인 법과 합법성 개념에 영향을 받았다."23

나치 독일이 자유주의적 법제도를 변형해 억압의 도구로 활용한 유일한 사례는 아니다. 1948년 국민당 집권 이후 남아프리카공화국에 도입된 아파르트헤이트, 1970년대와 1980년대에 라틴아메리카 국가들이 자행한 군사독재는 법을 통해 이루어진 또 다른 억압 사례들이다.24 남아프리카공화국 진실·화해위원회는 이렇게 언급했다.

> 법원과 법조계는 의식적으로든 무의식적으로든 입법부와 행정부가 벌인 불의에 일반적으로 동조했다. …… 가장 흔한 형태의 복종은 '침묵은 곧 동의다qui tacet consentire'라는 원칙으로 표현할 수 있을 것이다. 더 나아가 법률가들 상당수가 법원을 통한 아파르트헤이트의 확립과 옹호에 적극 가담했다.25

---

* SS, Schutzstaffel은 나치독일의 핵심 무장조직이다. 처음에는 히틀러의 사설 경호조직으로 시작되었으나 하인리히 힘러가 총 책임자가 되면서 점차 핵심 조직으로 성장했다. 1934년 '장검의 밤'에서 돌격대가 숙청된 후, 친위대는 이를 대체하며 산하 조직인 게슈타포를 이용해 정치적 반대자를 숙청하고 강제수용소를 운영하였으며 점령지 재산 약탈, 테러와 홀로코스트, 강제노동까지 관리했다. 산하에 별도의 법원과 무장친위대까지 두었으며, 뉘른베르크 전범재판에서 범죄조직으로 공식 규정되었다. 총책임자 힘러는 자살, 나머지 주요 지도자들은 처형되거나 수감되었다.

위원회는 판사들이 "가장 심대한 불의에 가담했다"라고 지적하며 "판사들은 …… 비논리적이고 부당한 법조문을 너무도 쉽게 합리화하고, 피고인의 주장보다 경찰이나 그들이 내세우는 증인의 진술을 너무 쉽게 인정했다"라고 평가했다.[26]

칠레의 진실·화해위원회는 이렇게 언급했다.

> 헌법과 법률, 그 기능의 본질을 고려할 때, 그러한 권리를 보호해야 할 국가기관인 사법부가 더 강력하게 행동하지 않음으로써 결국 실패했다. 처음부터 교회, 변호사, 희생자들의 가족, 국제인권기구들이 정부 관리들의 인권침해 사실을 알렸음에도 법원은 역할을 제대로 수행하지 못했다. 이 나라는 사법부를 법치주의의 확고한 수호자로 익히 생각해왔기에 법원이 그러한 입장을 취한 것에 큰 충격을 받았다.[27]

서로 다른 두 사회에서 놀랍도록 유사한 점이 발견된다. 두 나라 모두 법과 법원에 대한 절대적 신뢰를 출발점으로 삼는다. 남아프리카공화국의 경우, 명시적이지는 않지만 커먼로common law의 전통에서 형성된 법체계와 판사에 대한 존중에 기반을 둔다. 칠레의 경우 사법부에 대한 존중이 직접적으로 언급된다. 두 나라 국민 모두 법원에 실망했다. 두 나라 법원은 국민에게 보장된 권리—남아프리카공화국의 경우 커먼로의 자유주의 전통에 따른 권리를, 칠레의 경우 헌법과 「시민적·정치적 권리에 관한 국제규약International Covenant on Civil and Political Rights, ICCPR」*에 따른 권리—를 보호하는 데 실패했다. 이러한 사례를 보다

---

* 세계인권선언에 명시된 인권과 자유에 대한 보편적 존중과 준수를 위해 다자간 조약으로 체결된 국제규약이다. B규약 또는 자유권 규약이라고 불린다. 개인의 자유와 정치적 권리, 인간으로서 존엄성을 존중받을 권리, 평등권, 생명권 등 가장 핵심이 되는 권리들을 포함하며, 권리의 범위도 가장 넓다. 칠레는 1969년 9월 16일에 서명하고 1972년 2월 10일에 비준했으며, 한국은 1990년 4월 10일에 가입하고 같은해 7월 10일에 비준했다.

라도 법을 통한 억압이 대륙법계나 영미법계 중 어느 하나의 법 문화에 국한된 문제가 아니며, 법원이 법치주의를 수호하는 데 실패하는 현상이 특정한 법적 전통에 연관된 것이 아님을 알 수 있다.

법의 형태로 자행하는 억압: 진짜 법인가?

권위주의 정권은 법과 사법기관의 지원을 받을 수 없으며, 권위주의적 억압은 본질적으로 법과 모순된다고 생각하는 사람도 있을지 모른다. 혹은 권위주의 정권에서 사법부는 그 정권의 이익을 유지하는 도구에 불과하다고 여길 수도 있다. 두 견해 모두, 독립된 법원이 공식적으로 인정하는 법적 방법론에 따라 적용되는 일반 규범, 즉 실질적 법은 본질적으로 민주적이거나 최소한 자유주의적인 정권에서만 가능하다는 전제를 깔고 있다. 하지만 이러한 생각은 잘못됐다.[28] 만약 그들의 주장이 사실이라면, 어떻게 우리가 권위주의적 환경에서도 법원이 개인의 권리와 법치주의를 옹호할 것이라 기대하고, 그리하지 않는 판사를 비판할 수 있겠는가? 로버트 바로스Robert Barros는 아르헨티나와 칠레의 사법 실패에 대한 연구에서 다음 네 가지 형태로 국가 억압과 법의 관계를 나눈다.[29]

1. 사법 외적 억압: 사전 승인 또는 사법적, 행정적 절차 준수가 결여된 상태에서 국가 요원*이 가하는 징벌적 행위 형태의 억압
2. 행정적 억압: 법원의 사전심사나 판결 없이 국가가 승인한 구금 및 기타 강압적 조치를 포함하는 행정적 억압

---

* 국가를 대신해서 행동하는 개인, 경찰관, 군인, 정부 공무원 등을 의미한다.

3. 약식 또는 준사법적 억압: 형식적 사법절차를 일정하게 갖추고는 있으나 일반적인 법치주의 기준에서 벗어난 억압
4. 법적 억압: 정치적 탄압이긴 하나, 자의적인 조치로부터 완전한 보호를 제공하는 정규 사법절차를 통해 이뤄지는 억압

이러한 모든 형태의 억압에는 법원과 판사가 관여한다. 1970년대 아르헨티나의 군사독재정권 아래에서 발생한 2만에서 3만 건에 이르는 실종 사건은 사전에 승인된 법적 권한 없이 이루어진 사법 외적 억압의 예이다. 당시 법원은 정부군이 사람들을 체포할 경우, 그에 합당한 증거를 제시하도록 하는 인신보호영장 발부 권한을 갖고 있었다. 그러나 법원은 국가가 체포에 대한 구체적 근거를 제시하지 못하는 경우 수감자를 석방하라고 명령할 수 있는 공식적인 법적 권한을 가졌음에도 이를 행사하지 않았다.[30]

행정적 억압은 공식적인 법적 권한에 기반하므로, 적어도 이론적으로나마, 행정처분에 대한 이의를 법원에 제기할 수 있다. 남아프리카공화국의 아파르트헤이트와 나치 독일의 안락사 프로그램, 그리고 수백만 명의 유대인과 비아리아인들을 제거하라는 명령은 행정처분 형식으로 이루어졌다. 이러한 폭압에 이의를 제기하지 않는 행위는 단지 인권 보호에 실패한 것이 아니라 그 자체가 잔혹행위에 해당하여 법적 제재를 받아야 한다.

특별법원과 재판소를 통한 약식 또는 준사법적 억압은 종종 칠레 독재정부의 인민법원과 나치 독일의 인민법원 및 특별법원처럼 사법부 구성원을 직접 포함한다. 일반법원이 이들의 관할권을 문제로 삼지 않는 한, 결국 법원은 이런 재판소에 합법성을 부여하는 셈이다. 정규 법원을 통해 정치적 탄압이 이루어질 때 판사는 직접적으로 억압에 기여하게 된다. 브라질 사례처럼 법원이 억압을 완화하는 데 기여

할 수도 있지만 1930년대 독일 법원이 유대인을 대상으로 한 것처럼 억압을 더 확장하는 데 기여할 수도 있다.

나치 독일은 위 네 가지 유형의 억압 정책을 모두 추진했다. 수많은 억압이 법체제 아래에서 이루어졌으며, 법원은 사법적 수단을 통해 이를 승인하고 집행했다. 법원法源은 달라졌지만, 여전히 전통적이고 친숙한 법적 방법론과 추론방식이 사용됐다. 전쟁 중 독일이 점령한 국가에서도 독일의 법기관은 사법기관으로, 독일 법원 판사는 법을 준수하며 업무를 수행하는 판사로 인식됐다. 독일제국 군사최고재판소 Reichkriegsgericht에서 일했던 노르웨이 국선변호사는 종전 10년 후 공개 강연에서 "우리는 대법원에 취하는 격식에 맞춰 이와 동등하게 독일제국 군사최고재판소를 상대해야 했다"라고 회고했다.31

"법"과 "비법non-law"의 문제는, 법이론 분야에서 법실증주의적 법 개념과 자연법적 법 개념 사이에 대립적 논쟁으로 이어져왔다. 이 논의는 이후 다시 다루겠다. 하지만 여기서 내가 다루려는 것은 나치 박해를 합법적이라고 규정하는 게 옳은지에 대한 철학적·도덕적 문제가 아니다. 내 주장의 핵심은 판사가 법률가로서 나치 정권에 가담한 것이지, 주어진 역할에서 벗어난 게 아니었다는 점이다. 이는 "법이란 무엇인가"라는 질문이 그 질문을 어떻게 구성하느냐에 따라 상대적일 수 있음을 의미한다. 홀로코스트, 강제수용소, "밤과 안개" 작전, 안락사 프로그램은 모두 나치 독일 법질서에서 합법적인 것으로 인식됐다. 예를 들어 히틀러의 안락사 프로그램에 따른 조치의 합법성에 대한 문제 제기가 있었다 해도 법원은 그것을 불법으로 간주하지 않았을 것이다. 법에 따르면, 게슈타포는 국가의 적을 "처리"하고 법원 관할권 밖 강제수용소에 사람들을 수용할 권한을 부여받았다. 일단 수용소에 수감된 사람은 사법적 권리를 박탈당했다. 특권국가의 조치는 유감스럽게도 사법부를 통해 용인됐을 뿐만 아니라 나치 체제의 틀 안에서 합법적인 것으로 간주되었다. 안락사 프로그램의 합법성에 용감하게 의문을 제기한 판사는 법무부에 의해 해임되었다. "총통의 명령을 최상위의 법으로 받아들일 수 없다면 나치 법질서에서 판사의 자격이 없다"는 평가가 이유였다.32

법원의 사전심사나 구제절차 없이 이루어지는 행정적 억압도 합법성, 일반성 및 집행 원칙을 준수한다는 이유로 여전히 그 본질은 법적 성격을 가진 것으로 간주됐다. 나치 독일의 초법적 만행들도 행위자들이 체제의 합법성을 신뢰하며 법적 의무에 따라 행동했다는 이유로 합법적 행위로 인정됐다.33 법 자체가 본질적으로 나치 이데올로기에 이질적이었다는 점은 사실이다. 히틀러 자신은 어떤 법에도 얽매이기를 거부했다.34 뉘른베르크 법조인 재판에서 피고인 측 증인이던 헤르만 야라이스Herman Jahrreiss 교수는 이렇게 말했다.

> 만약 지금 유럽에서 통용되는 의미에서 법적 통제, 무엇보다도 독일법의 통제에 대해 묻는다면, 독일법의 통제란 히틀러에게 존재하지 않았다고 말해야 한다. 그는 프랑스의 루이 14세와 같은 의미의 레기부스 솔루투스legibus solutus(통치자는 초법적 존재이다)였다. 이와 다르게 말하는 사람이 있다면 그는 실제 법 현실이 아니라, 자신의 기대를 표현했을 뿐이다.35

히틀러가 수행하는 역할에 대한 이런 관점은 법이 무엇인지에 대한 이론적 인식의 영역으로까지 확장됐다. "법은 총통의 의지"라는 명제는 모든 법적 추론의 기본규범으로 격상됐고 독재자의 의지와 목표에 결부됐다.36

그 대표적 사례가 7만 명이 넘는 사람이 목숨을 잃은, 병원과 관련 기관에서 정신질환자와 장애인을 살해하도록 한 안락사 프로그램이다. 이 프로그램의 공식적 근거는 총통이 의료 분야 지도자*들에게

"신중하게 진단하되, 완치가 어렵다고 판단한 사람들을 안락사하도록 특정 의사들의 권한을 확대할 책임"을 부여한 비밀 명령이었다.[37]

이 프로그램은 공식적인 법률에 기초하지 않았기 때문에 초기에는 법무부 관료들 사이에서도 합법성을 둘러싼 논란이 벌어졌다. 히틀러는 이 프로그램을 비밀로 유지하기를 원했기에 공식적인 법률이나 규정을 제정하지 않으려 했다. 그럼에도 뉘른베르크 법정에서 변호인들은 총통의 명령이 명확했고 그 명령은 그 자체로 법이라는 주장을 펼쳤다. 법조문이 존재하지 않은 것은 형식의 문제일 뿐 실질적 문제가 아니며, 히틀러는 그 형식을 언제든지 변경할 권한을 가졌고, 히틀러의 명령을 받은 모든 당국은 이를 법적 근거로 인정했다는 주장이다.[38]

법무부와 로타 크라이지히Lothar Kreyssig 판사 사이에서 벌어진 일을 보자. 크라이지히 판사는 1940년 7월 8일 관할 의료기관에서 정신질환자 안락사를 시행하자 항의 공문을 보냈다. 관할 부서와 두 차례 회의에서도 법적 근거에 대해 제대로 된 설명을 듣지 못하자, 크라이지히는 관할 의료기관에 판사의 사전 승인 없이는 어떤 사람의 목숨도 빼앗을 수 없다는 공문을 발송했다. 11월 13일, 법무부장관은 그를 소환했다. 장관은 그에게 안락사 시행에 판사의 사전 승인이 불필요하다고 인정하면 지위를 유지해주겠다는 "극적 타협책"을 제안했다. 그가 거절하자 "법과 법규의 원천source으로 총통의 의지를 인정하지 않는 사람은 판사의 직책을 맡을 수 없다"라는 이유로 사임을 지시했다.[39] 알려진 바로는 크라이지히 외에 안락사에 항의한 판사는 없었다. 독일

---

* 독일어로 'Reichsleiter제국 지도자'라는 의미로, 나치당에서 히틀러를 제외하고는 가장 높은 계급이었다. 이 호칭은 히틀러의 직속 부하로서 중요한 당내 업무와 정책을 감독하는 역할을 맡은 인물들에게 주어졌다. 요제프 괴벨스(Joseph Goebbels)는 프로파간다를 담당하는 지도자였고, 하인리히 힘러(Heinrich Himmler)는 친위대와 게슈타포 담당 지도자였다. 안락사프로그램을 이끈 의료 분야 지도자는 필립 부흘러(Philipp Bouhler), 카를 브란트(Karl Brandt) 등 5명이었다.

연방공화국 법원도 결국 안락사에 가담한 혐의로 기소된 사람들이 그 명령의 합법성을 믿었으므로 무죄라는 항변을 인정했다.[40] 이는 전후 독일 법원이 안락사 자체를 합법으로 받아들이지 않았음에도 이루어진 판결이었다.

히틀러는 개별 사건의 사법행정에도 개입했는데, 그중 일부가 '법조인 재판'에서 다루어졌다.[41] 법원으로부터 징역형을 선고받은 사람들이 히틀러의 개별 명령에 따라 게슈타포로 넘겨진 사례이다. 몇몇 사건에서 히틀러는 징역형이 너무 관대하다는 이유로 사형 선고를 명하기도 했다. 미 군사재판소가 거론한 사례에서, 유대인 루프트가스Luftgas는 달걀 사재기 혐의로 2년 6개월의 징역형을 선고받았다. 그러나 히틀러는 그를 사형에 처하라고 명령했고, 그 명령에 따라 법무부는 루프트가스를 게슈타포에 넘겨 처형했다. 다른 사건에서는 법원장이 히틀러의 명령을 통보받고 재심을 지시하기도 했다.

그와 같은 자의적 개입은 어떤 규범이나 보편성에도 따르지 않으므로 가장 극단적인 법실증주의적 관점*에서 보더라도 "법"으로 정의하기는 어렵다. 그러나 사법부에 대한 이런 방식의 개입은 빈번하지 않았고 독일 법률가들이 그 전부터 수행해오던 전통적인 방식으로 법과 나치 이데올로기를 받아들이지 못하게 할 정도는 아니었다. 그 결과 당대나 나치 이후 시대의 관찰자들 모두에게 법적 행위로 인식될 수 있는 방식으로 법의 해석, 적용, 판결과 같은 통상적인 사법기능이 유지될 수 있었다. 그러므로 나치의 법체계가 그처럼 자의적이며 "그들 자신이 제정한 법령조차 무시하려는 확고한 의지"를 보여주기에 "법"의 특징을 갖지 않았다고 쉽게 단정할 수 없다.[42] 심지어 오늘날의 법

---

* 법을 정의할 때 형식적이고 제도적인 측면만을 강조하고 그 내용의 도덕성이나 올바름은 전혀 고려하지 않는 입장이다.

률가들에게도 나치 판사들이 취한 논증방식과 법적 방법론은 익숙하다. 데이비드 프레이저David Fraser는 "나치의 법과 우리의 법을 구분하는 내재적·인식론적·존재론적 법체계는 존재하지 않는다"라고 말했다.43

사법부의 관점에서 법은 그저 이데올로기이거나 공리주의적 논증의 기계적 주장으로 격하되지 않았다. 반대로 독일 판사들은 법을 재구성하면서 가능한 모든 범위의 법적 논거와 방법을 적용했다. 비극적인 소재이긴 하지만 사람들이 법적 추론의 문제로 받아들일 만한 사건을 보자. 독일 영토 밖에서 벌어진 범죄에 독일 형법을 적용할지에 관해 1938년 독일 대법원이 다룬 사건이다.44 형법은 독일제국 영토에서 발생한 범죄행위를 처벌 대상으로 삼고 있다. 유대인 남성과 아리안 여성이 프라하에서 성관계를 했다. 남자는 독일을 떠나 남미로 가는 중에 여행 경비를 마련하고자 프라하에 잠시 들렀고, 둘은 그곳에서 헤어지려 했다. 대법원 대심판부The Grand Senate of the Supreme Court는 독일 영토가 아닌 체코슬로바키아에서 발생한 범죄에도 독일 형법을 적용할지 판단하게 되었다.

대법원은, 법원은 법에 구속되며 법이나 법의 문구, 법의 기본목적에 포섭된 범죄만 처벌할 수 있다고 강조했다. 나치가 권력을 장악하기 전에 제정된 법도 마찬가지였다. "추가 조치가 있을 때까지 총통이 그대로 두기로 결정한 법 역시 총통의 법의 일부를 이룬다. 그러한 법들을 폐지해야 하는지와 시기는 총통의 결정에 달렸다."

대법원은 법의 문구뿐만 아니라 입법자의 목표와 목적도 고려해야 한다고 밝혔다. 대법원은 특정 사례에서 더 일반적인 규칙이나 목적을 도출하지 않도록 해야 한다고 경고했다. 이어서 대법원은, 문제된 행위가 독일 내에서 벌어진 유사 범죄와 마찬가지로 처벌가치가 있다는 게 일반적 견해라고 언급하면서, 독일 국민을 보호할 필요성에 비추어 볼 때 형법의 영토 조항이 지나치게 제한적이라고 지적했다. 그러나 국외에서 저지른 범죄를 처벌할지는 법원이 아닌 입법자가 결정할 문제로 봐야 한다고 덧붙이면서, 이러한 맥락에서 특정 사례로 일반적 규칙을 도출하지 않는 것이 특히 중요하다고 강조했다.

이 사건에서, 대법원은 일반적으로 독일 영토 밖에서 저질러진 범죄행위를 처벌할 수 있는지를 판단할 필요가 없다고 보았다. 대법원은 뉘른베르크혈통보호법Nuremberg Blood Law*에 독일 영토 밖에서 발생한 범죄에 대한 처벌 규정이 명시적으로는 포함되어 있지 않지만 그러한 조항을 암묵적으로 내포하고 있다고 해석해야 한다면서 "혈통보호법은 민족사회주의 국가의 기본법 중 하나이며 독일 민족을 영원히 보존하기 위한 조건으로 독일 혈통을 순수하게 유지하는 것이 법의 목적이다. 만일 특정 조건 아래에서 독일 영토 밖에서 저지른 범죄를 처벌할 수 없다면 이러한 목표가 심각하게 손상될 것"이라고 판시했다. 그에 따라 독일 영토 밖에서 발생한 범죄도 처벌이 가능하다는 결론을 내렸다.[45]

인종 정책의 중요성과 중심성을 전제로 한다면, 이 주장은 일종의 법적 논증으로 받아들여질 수 있다. 독일 형법의 적용 한계를 존중하지 않았다는 점에서 법을 무시한 것으로 볼 수도 있지만, 동시에 혈통보호법의 본질적 성격을 고려할 때 형법의 적용범위를 넘어선 해석 역시 정당한 것으로 간주될 수 있었다. 당시 혈통보호법은 나치 국가

---

* '뉘른베르크 인종법'이라고도 불리는 뉘른베르크법은 1935년 뉘른베르크에서 열린 당대회에서 제정된 두 가지 핵심 법률을 가리킨다. 첫째는 「제국시민권법(Reichsbürgergesetz)」으로 독일 국민과 제국시민을 구분하고 후자는 "독일 또는 관련 혈통을 가진 사람들"로 한정하여 유대인의 시민권을 박탈했다. 둘째는 「독일 혈통 및 독일명예 수호를 위한 법(Gesetz zum Schutze des deutschen Blutes und der deutschen Ehre)」으로 유대인과 독일인 간의 혼인 및 성관계를 금지하고 유대인은 독일 국기나 국가 상징을 사용할 수 없도록 규정했다. 이 법을 줄여서 「뉘른베르크혈통보호법」이라고 한다.

의 헌법을 구성하는 일부로 여겨졌기 때문이다.⁴⁶

그러나 이러한 대법원 판결이나 이를 옹호하는 주장이 법적 추론과 유사하다는 것은 피상적 판단에 불과하다. 법원은 법령 해석에 대한 합리적 접근법에서 이탈했다.⁴⁷ 물론 법원이 법조문과 관례에 따른 해석에서 벗어나 제한적 해석이나 유추를 통해 결론을 도출하는 경우가 전혀 없는 것은 아니다. 특정 의견에 반대하는 모든 주장을 명시적으로 다루지 않는 일도 법원 판단에서 흔한 일이다. 따라서 이런 결과 자체만으로는 "법을 무시하려는 의도"라고 평가할 수 없다. 언급한 사례에서도 대법원은 법과 사법적 자제의 중요성을 강조했다. 다만 그럼에도 우선해야 할 기본원칙이 몇 가지 있다고 밝혔다.

오늘날 법원도 법적 추론과정에서 의심스러운 경험적 주장으로 이루어진 포괄적 진술(예를 들어, "입법취지가 심각하게 훼손될 것이다")에 기대어 기본적인 법과 원칙을 우선시하는 경향을 종종 보인다. 어떤 사람들은 이러한 주장을 형사처벌의 근거로 삼는 것이 적절하지 않다고 반대하기도 한다. 그러나 그렇다고 해서 그 추론이 명백하게 죄형법정주의 원칙 nulla poena sine lege과 상충한다고 단정할 수는 없다. 당시 법원의 이러한 입장은 1935년 6월 28일자 개정형법에 들어간 원칙을 의식한 것으로 보인다. 개정형법은, "법이 처벌 대상으로 규정한 행위 또는 형법의 근본이념과 건전한 민족의식에 비추어 처벌받아 마땅한 행위를 한 자는 형벌에 처한다. 구체적인 형법 조항을 이 행위에 직접 적용할 수 없는 경우에는 그 행위에 가장 쉽게 적용 가능한 법의 기본원칙에 따라 처벌한다"라고 규정했다. 당시 대법원이 형사처벌의 근거로 이 형법 조항을 든 것은 아니다.

따라서 이 판결에 문제가 있다 할지라도 그 문제가 법원이 취한 접근방식이 법적이지 않았다는 점에서 비롯되지는 않는다. 또한 법이 중시하는 입법취지를 실현하려는 의지 자체를 원칙적으로 반대할 수도 없다. 이러한 목적론적 접근법은 많은 국가에서 취하는 법해석의 기본 방식이다. 유럽 인권재판소와 유럽연합 사법재판소가 취하는 접근법에서도 이런 사례가 발견된다. 현재 이 판결에서 문제 삼을 수 있는 지점은 당시 법원이 정권의 끔찍한 인종 정책을 수용하고 이를 실현하고자 법이 규정한 명확한 문구를 넘어 그 법적 효력을 더 넓히려 했다는 점이다. 에른스트 프랭켈의 분석에 따르자면, 법원은 유대인 문제에서 '특권국가'의 압력에 굴복했다.[48]

하지만 모든 사람이 홀로코스트를 비롯한 나치 독일의 잔혹행위를 법으로 보는 관점에 동의하는 것은 아니다. 프랭켈 자신도 이에 대해 모호한 입장을 취했다. 그는 규범국가에 대한 분석의 하나로 유대인 관련 사례를 분석하면서 다른 한편으로 "유대인이 연루된 모든 사건은 특권국가의 관할에 속한다"라고 주장한다.[49] 크리스틴 런들Kristen Rundle은 하트와 풀러 사이의 논쟁을 다루면서 나치의 1930년대 유대인에 대한 법적 취급과 1942년 이후 유대인 절멸 조치 사이에는 근본적 차이가 있다고 주장한다.[50] 나치가 행한 일련의 법적 조치들이 명백히 인종차별적이고 박해적이며 반인륜적인 범죄였음에도, 풀러는 여전히 자신이 이해한 바로는 법이라고 주장한다. 이에 대해 런들은 처음에는 나치가 유대인을 법적 주체로 인정했지만 절멸 조치에 이르러서는 그렇지 않았다고 본다. 당초 유대인에 대한 조치는 합법적인 틀에서 구성됐으며 단순히 도구적 성격만을 가진 것은 아니었다는 주장이다.

나치 법의 초기 단계에서 유대인이 법적 주체로 어느 정도 지위를 인정받았는지는 논쟁적 주제이다. 특히 1936년 6월에 있었던 대법원 판결의 관점에서 그렇다. 이 판결은 유대인의 법인격을 "파괴된 것"으로 묘사하고 사실상 육체적 죽음과 동일시했다.[51] 이는 본질적으로 유대인은 나치 정권 초기부터 법적 인격을 부정당했음을 보여준다.

2장 국가의 억압과 법치주의

유대인과 비유대인을 구분하는 문제는 전체적으로나 개별 사건에서나 끝까지 논쟁거리였다. 그 논쟁은 새로운 법령과 규정에 전통적인 법적 추론방식을 적용하는 형태로 이루어졌다. 개별 사건에서는 제출 증거를 조사하고 증거법칙에 따라 유대인 혈통 여부를 판단했다. 정권이 붕괴되기 직전까지, 독일인과 결혼한 대부분의 유대인들, 혼혈인들은 말살 대상에서 제외됐다. 베르나르트 뢰제너Bernard Loesener는 유대인에 대한 공격적 입법에 앞장섰던 독일 제3제국 내무부에서 공식적인 "유대인 전문가"로 활동했다. 그는 회고록에서 이에 관해 생생한 기록을 남겼다.52

히틀러 치하에서도 사면제도는 존재했으며, 1942년 9월까지 총 991명이 사면을 받았다.53 사면을 통해 어떤 사람이 유대인에서 아리안으로 재분류됐을 때 그 법적 의미는 절멸에서 구제한 것이 아니라 아리안족이 자칫 잃을 뻔했던 구성원을 되찾은 것으로 해석됐다.54 이 제도야말로 나치 독일이 유대인으로 간주한 사람들을 고유한 법적 권리를 가진 주체로 취급하지 않았다는 증거이다.

독일 유대인들의 관점에서 보면, 1938년은 명백한 단절의 해였다. 그해에 도입된 초법적이며 예측불가능한 조치로 인해, 유대인들은 더 이상 법의 보호를 받지 못하는 상태에 놓였다. 이후 그들에 대한 조치는 더 이상 "법"의 범주에 속하지 않았다. 반면 1938년을 기점으로 "유대인 문제"를 다루는 책임이 돌격대에서 친위대와 게슈타포로 확고하게 이관됐다. 나치 돌격대의 무법적인 길거리 폭력은 1938년 11월 9일의 포그롬pogrom*에서 정점을 찍고 사실상 종결되었다. 이후 유

---

* 특정 민족, 종교 또는 인종 집단을 대상으로 한 조직적이고 폭력적인 공격을 뜻한다. 주로 19세기 후반에서 20세기 초반에 러시아제국과 동유럽에서 발생한 유대인 공동체에 대한 폭력적인 공격을 설명하는 데 사용되었다. 나치 독일의 경우, 1938년 11월 9일에 발생한 '수정의 밤(Kristallnacht)'이 대표적인 예로 꼽힌다. 그날 밤 독일 전역에서 유대인 상점, 주택, 그리고 회당이 파괴되거나 약탈당

대인에 대한 박해는 친위대 책임 아래 체계적으로 이루어졌다.[55] 법적으로 "유대인"과 "비유대인"을 명확하게 구분하면서 박해 대상과 그 범위도 확정되었다. 법규범을 해석하고 적용하는 법률가들의 입장에서 볼 때, 그들은 여전히 법률사무를 취급하고 있었으며 그들의 업무 수행이 제도적으로 불법은 아니었다. 법이 바뀌었지만 그 내용을 해석하고 적용하기 위해 사용한 절차와 방법은 변하지 않았다.

법적 접근방식은 심지어 구체성과 일관성이 없고 모호한 것으로 알려진 나치당 강령에도 적용됐다.[56] 1939년 주 검사state attorney였던 프리드리히 빌헬름 아다미Friedrich Wilhelm Adami는 민족사회주의당 강령이 어느 정도나 "구체적으로 인식 가능하고 실효성이 있는지"를 판례를 통해 보여주려 했다.[57]

아다미에 따르면, 민족사회주의 원칙은 법적 확실성의 새로운 기초를 마련했다. 이전 정권에서는 정치 환경 때문에 통일된 세계관 아래 법을 제정하는 것이 불가능했다. 따라서 법적 확실성을 위해서는 법조문 하나하나에 절대적 권위를 부여해야 했다고 아다미는 설명한다. 그러나 상황이 변했다. 나치 통치 아래에서 법은 하나의 구체적인 세계관에 기초했으므로 이제 "합법은 독일 민족에게 봉사하는 것이고, 불법은 독일 민족에게 해를 끼치는 것"이며 "형식적인 법조항에 우선하는 삶의 법law of life"을 논할 수 있게 되었다는 것이다.

아다미는 세계관에 따른 사법적 판단의 올바름은 언제나 정치적 판단의 문제이며, 명확한 정치적 태도, 정치적 기지와 수완을 필요로 한다고 결론지었다. 따라서 법질서 안에 민족사회주의를 구현하는 문제는 무엇보다도 법관의 인격과 성향, 그가 민족사회주의 이념을 얼마나

했으며, 수천 명의 유대인이 체포되거나 살해되는 결과를 초래했다. '수정의 밤'이라는 명칭은 당시 유대인의 건물 유리창이 모두 깨진 것을 완곡하게 표현한 것이다.

잘 아는지에 달렸다. 이는 나중에 악명 높은 인민법원장인 롤란트 프라이슬러가 "법의 개혁이 아니라 법률가의 개혁이 필요하다"라고 말한 것과도 일치한다.[58]

나치 치하에서 벌어진 일들은 독재정권이 어떻게 이전 정권의 거의 모든 법령을 계승하고서도 법령의 재해석을 통해서 억압 체제로 변질시켜버리는지를 보여준다.[59] 법질서는 입법, 헌법, 법적 확실성, 계약, 재산, 공공안보와 같은 법 언어와 그 개념에 새로운 내용을 포함하면서 연속성을 보장받았다. 이것이 새로운 정권의 성격을 규정했고, 판사들이나 다른 이들조차 그 급진적 성격을 제대로 인식하지 못하게 만들었다.[60] 전체주의 국가로 나아가는 과정에서 사용된 긴급 입법조차도 바이마르공화국이 했던 조치를 모델로 삼았으므로 전혀 특별하거나 비정상적이라고 받아들여지지 않았다.[61]

법의 안과 밖

모든 억압적 국가가 법의 형식을 취해 합법적 외양을 갖춘 후에 어떤 조치를 시행하지는 않는다. 예를 들어 브라질 군부 지도자들은 반체제 인사들을 기소하는 데 평시平時 군사법원을 활용했으며, 헌법을 완전히 중단시키지 않았다. 반면 아르헨티나 법원은 인신보호영장 청구를 기각함으로써 국가 테러를 은폐하는 데 일조한 것을 빼고는 억압적 체제에 크게 관여하지 않았다.[62]

억압과 폭력은 대부분 아르헨티나처럼 합법과 불법의 경계를 따질 필요도 없이 그저 비공식적으로 이루어진다. 억압행위가 드러나더라도 가해자와 지휘 라인, 최종 책임자는 비밀에 부쳐진다.

때로 나치 독일과 남아프리카공화국에서 그랬듯이 법의 형식을 통해 억압조치가 이루어지기도 한다. 많은 경우 억압은 법의 안과 밖에서 이루어진다. 남아프리카공화국과 독일처럼 권력기반과 수단의 합법성을 강조하는 정권에서는 법 밖에서 잔혹행위가 발생한다. 나치는 집권 직후 돌격대*를 정치적 반대세력을 진압하고 테러를 가하기 위한 죽음의 부대로 활용했다. 1933년 베를린의 한 목격자는 이렇게 썼다.

> 그 규모로 널리 알려진 사례는 몇 달 후 베를린의 쾨페닉 지역에서 일어났다. 한밤에 나치 돌격대 소속 순찰대원들이 사회민주당 소속 노조원을 '체포'하고자 침입했고 노조원은 아들들과 함께 돌격대를 막아섰다. 그는 두 명의 특공대원을 총으로 쐈는데, 이는 명백한 정당방위였다. 그 결과 그날 밤 그와 아들들은 돌격대원들에게 붙잡혀 마당 헛간에서 교수형에 처해졌다. 다음 날 돌격대 소속 순찰부대가 쾨페닉의 모든 사회민주당원들의 집으로 일사불란하게 쳐들어가 사람들을 살해했다. 정확한 사망자 수는 공개되지 않았다.[63]

하프너Haffner는 여기에서 돌격대의 "야만적" 테러를 묘사한다. 그 뒤 친위대와 게슈타포, 경찰이 법의 영역 밖에서 권력기관으로 작용하면서 소위 '이중국가'가 더욱 체계적으로 수립되었다. 이는 경찰이 독일 안에서 적들과 싸우기 위해서는 어떠한 법적 통제도 받지 않아야 한다는 친위대 지도자들의 의도를 반영한 정책의 결과였다. 반면 공공행정은 계속 합법성을 토대로 시행되었다.[64] 게슈타포의 관할에 놓인 사람들은 사실상 법의 보호 밖으로 내몰렸다. 원칙적으로 일반법원이

---

* SA, Sturmabteilung은 나치당의 준군사조직으로 나치당 초기에 정치적 폭력과 군사행동을 담당했다. 나치 집권 전후에 그 세력을 급속도로 확장하면서 독일 내 폭력정치의 주역이 되었다. 그러나 지도자 에른스트 룀의 권력강화에 히틀러가 반발하면서 친위대와 게슈타포를 동원한 히틀러의 숙청이 시작되었고 룀을 포함한 수백 명의 간부가 체포되면서 몰락했다. 그 숙청일을 '장검의 밤(Nacht der langen Messe)'으로 부른다.

강제수용소에 수감된 사람들에 대한 사법권을 가지고 있었으며 이들이 범죄를 저질렀을 경우 일반 법원에 기소되었어야 했으나, 실제 그런 일은 전혀 일어나지 않았다.[65] 수용소 안에서는 법적 절차나 법원에 어떤 호소도 할 수 없는 상태에서 가혹한 규율이 시행됐다. 그러나 이러한 일은 합법적인 법률 아래에서 발생한, 단지 실무상으로 불법적인 사례였을 뿐이다. 일부 수용소 관리들은 수감자 살해 혐의로 친위대 법원에서 처벌받기도 했다. 중요한 것은 유대인 말살의 일환으로 이루어진 조직적 살해가 불법이 아니었다는 점이다.

"특권국가"는 "규범국가"의 운영에 무제한으로 개입할 수 있는 권력을 가졌다. 이에 대해 1940년 에른스트 프랭켈은 다음과 같이 썼다. "법에 구속되는 권력과 구속되지 않는 권력이 공존한 결과는 다음과 같다. 정치적으로 필요하다고 여겨지면 법원 판결은 경찰당국에 의해 변경되어 무죄판결을 받은 사람일지라도 강제수용소에 무기한 수감된다. …… 합법적 조치와 독단적 조치가 공존하는 이러한 상황이 최근 독일 헌법 체제의 중요한 변화이다."[66] 특권국가의 개입을 제한하는 명확한 한계는 존재하지 않았다. 그러나 당과 친위대는 법원에 직접 간섭할 수 없었고, 판사들에게 지시하려면 법무부를 거쳐야 했다. 동시에 홀로코스트의 일부로 추방과 말살 대상이 된 사람들은 "유대인"이라는 법적 분류 범위 내로 제한됐다. 비록 힘러와 친위대가 그 범위를 "반#유대인" 및 아리안과 결혼한 유대인으로 확장하려 했지만, 법적 개념은 이러한 확장을 억제했다.

법은 종종 합법적 외관을 만들어내는 데 동원된다. 초법적인 억압이 사람들을 짓누르는 상황에서도 마찬가지이다. 여기에서 법과 법관 계자들은 중요한 역할을 한다. 심지어 법이 제대로 작동하지 않는 상황, 예를 들어 유고슬라비아 붕괴 후 발칸 반도에서 발생한 전쟁과 학살조차도 법과 연관되어 있었다. 마크 오시엘Marc Osiel은 대학살을 조사하기 위해 임명된 세르비아 조사담당 판사 사례를 언급한다. 현장에 도착해 피해자들이 아직 살아 있음을 발견했을 때, 판사는 동행한 현지 특수부대원들에게 그들을 살해하라고 지시했다.67

나치 독일에서 엄청나게 많은 살인과 범죄가 사법체계의 외부에서 일어났다는 사실은 명백하다. 그러나 법체계는 나치의 억압 정책을 구성하는 한 부분이자 도구였다. 따라서 나치 정권에서 법과 법제도가 폐지되었다거나 무법 상태가 됐다고 말하는 것은 오해의 소지가 있다. 오히려 사법기관들은 독일인이 아닌 외부인, 범죄적 인물들, 정치적 반대자들에 대한 광범위한 억압에 적극 참여했다.

판사들의 태도와 행동은 권위주의 정권에 힘을 실어줄 수 있다. 1933년 4월 사법부가 유대인 판사들의 숙청에 항의하지 않고 오히려 히틀러에게 비상대권을 부여하는 수권법the Enabling Law*의 합법성을 인정한 일이 집권 초기 몇 주, 몇 달간 불확실한 정세 속에서 나치에게 얼마나 큰 안도감을 주었을지는 쉽게 상상할 수 있다.

법의 영역 밖에서 벌어지는 정권의 조치와 사법부의 조치 및 대응은 명백한 상호작용의 관계에 있다. 칠레와 남아프리카공화국의 진실·화해위원회가 사법부를 비판한 것처럼, 법원이 기본권을 보호하지 못한 것은 정권의 억압을 적극적으로 지지한 것과 동일한 의미일 수 있다. 그들의 태도가 정권에 힘을 실어주기 때문이다. 여러 권위주

---

* Ermächtigungsgesetz의 전체 명칭은 「국가와 민족의 위난을 제거하기 위한 법」으로 흔히 수권법 또는 전권위임법으로 불린다. 국회의사당 방화 사건 이후 치러진 하원 총선에서 나치당이 과반을 차지하지 못하자, 히틀러는 독일공산당의 활동을 전면 금지하고 나머지 의원들에 대한 협박과 회유에 나섰다. 회의 당일에는 의사당을 친위대와 돌격대가 둘러싸는 방식으로 공포를 조성한 후, 출석의원의 3분의 2 찬성으로 수권법을 통과시켰다. 이 법은 입법권을 의회에서 내각으로 이양하는 방식으로 히틀러에게 독자적인 입법권을 부여하였으며, 대통령의 권한과 의회 등의 제도를 제외하고는 정부 형태를 변경할 권한도 부여했다. 또한 외국과 조약 체결 시 국회의 동의권도 삭제하는 등 히틀러 독재체제로 가는 합법적 길을 열었다.

의 정권에 대한 연구에서 법원과 법이 단순히 통치자의 요구를 따르는 것을 넘어 정권의 억압에 가담하고 이로써 억압을 더욱 확장하며 보다 효율적으로 만드는 데 협력한 사례들이 발견된다. 물론 판사들이 억압에 저항하고 정권에 대한 법적 투쟁의 장을 제공하기도 했다. 그러나 대부분의 경우 법원은 억압에 저항하지 않음으로써 그에 대해 합법성이라는 외양을 입혀주고 결국 권력에 정당성을 부여한다.

3장
사법부에 대한 억압

권력의 정당성 추구

오토 키르히하이머Otto Kirchheimer는 정치적 정의에 관한 저서에서, 정치행위를 공인authenticate하는 동시에 이를 제한하는 것이 사법의 역할이라고 주장한다. 이 절차는 권력자와 피지배자 모두에게 일정한 영향을 미친다. 공인 절차는 권력자로 하여금 탄압받는 이들의 저항과 보복에 대한 두려움을 덜도록 하는 동시에 그들이 권력유지에 필요한 안전장치를 보다 우호적이고 이해하는 태도로 받아들이도록 돕는다.[1]

법체계는 정권과 반대세력들 간의 주요 대결무대가 아니다. 따라서 법원은 종종 법원 밖에서 이루어진 타결과 결정을 승인해주는 역할을 맡게 된다. 정권은 필요에 따라, 선택의 결과로, 혹은 단지 편리해서 법원을 활용한다.[2] 대체로 법원은 정치적·사회적 문제를 다루는 가장 효율적인 수단이 아니다. 그러나 법원이 법과 합법성legality과 긴밀히 연관되어 있다는 특성 때문에, 법원의 절차와 결정은 민주주의 체제든 권위주의 체제든 모든 통치자들이 원하는 특별한 가치를 지닌다.

법원, 법, 정당성legitimacy은 억압적 정권에도 중요하다. 법원은 다양한 목적으로 필요하다. 사회를 통제하고, 정치적 반대세력을 배제하며, 정당성을 부여하고, 행정질서를 강화하거나 통제하고, 외국인 투자를 유치하고, 논란이 되는 정책을 시행하는 데 활용된다.[3] 정당성은 사회 엘리트층이 정권과 정권의 조치를 수용하게 하며 권력의 직접적 무력 사용을 줄여준다는 점에서 중요하다. 대외관계에서도 마찬가지이다. 예를 들어 전후 남한과 대만의 권위주의 정권은 미국과 동맹을 위해 합헌적 정부라는 형식을 유지했지만, 사법독립은 신중하고 치밀하게 통제했다.[4] 법치와 사법독립은 경제질서가 요구하는 법적안정성 유지라는 측면에서도 중요하다. 나치 독일에서도 경제법, 좁은 의미의 상업 및 경제 관련 법은 "민족사회주의 혁명"이 가장 손대지 않은 분야였다.[5]

모든 권위주의 정권이 법원에 정권의 합법성 승인을 동일하게 의존하지는 않는다. 스탈린의 소련, 마오쩌둥의 중국, 폴 포트의 캄보디아는 억압과 그 정당화 과정에서 법원을 거의 활용하지 않았다. 구 유고슬라비아와 르완다에서 벌어진 잔혹행위 역시 합법성의 외관조차 갖추지 않았다.

반면 적지 않은 권위주의 정권이 법원의 지지를 얻으려 했으며, 거기에는 충분한 이유가 있었다. 남아프리카공화국 진실·화해위원회는 아파르트헤이트가 오래 지속된 이유 중 하나로 "국민당NP 지도자들이 자신들이 저지른 가혹한 불의를 정당화하는 '법'의 후광을 갈망하여 피상적으로나마 '법에 의한 통치'가 이루어졌기 때문"이라고 밝혔다.[6] 연구에 따르면 위원회의 이 같은 판단이 타당한 것으로 보인다. 남아프리카공화국의 법체계에 대한 신뢰도 연구를 보면 아파르트헤이트 기간 동안 인구의 절반 이상이 당시 사법 시스템을 상당히 신뢰했고 흑인들의 신뢰도가 백인들과 동등했다.[7] 법원과 법의 지지는 서구의 법전통에 속한 국가들에서 특히 중요한 역할을 하는 것으로 보인다.

심지어 나치 독일과 같은 전체주의 국가조차도 합법성과 그 개념에 대한 대중의 인식을 중시했다. 나치는 권력장악을 신중하게 기획해 법 절차를 통해 실행했고 그 당시에는 실질적인 의미에서 합법적인 것으로 받아들여졌다.[8] 국외에서도 마찬가지였다. 비록 많은 비판이 제기되었지만, 나치 치하의 법 변화에 대해 당대 누구도 합법성의 문제로 다루지 않았다.[9] 나치 정권은 독일인들을 정권의 대의명분에 동조하게 하고 소수자들을 범죄자로 규정, 분리해낸 후 그들에게만 강제력을 행사하는 방식을 선호했다.[10] 그에 따라 법과 사법기관이 정권의 정당성 확보에 중요한 역할을 하도록 만들었다.

법원은 그 사회에서 무엇이 합법이고 불법인지를 판단하는 최종 결정권을 가진다. 그러나 법원의 판단과 사회 구성원들이 정권을 정당한 것으로 인식하는 정도 사이의 관계는 간접적이고 복잡한 문제이다. 정당성에 대한 인식과 정권의 정책 추진력 사이의 관계도 마찬가지이다. 이러한 관계는 사회마다 다르게 나타나며 전통과 문화, 경제적·사회적 복합성 같은 다양한 조건에 따라 달라진다. 정당성 개념이 사회 이론에서 매우 어려운 주제인 이유이다.

서구 법전통을 따르는 국가들에서 법치주의 개념은 통치자들의 정당성을 확립하는 데 중요한 역할을 한다. 따라서 이런 국가들에서는 법원이 합법성 통제를 통해 국가기관의 실질적·규범적 정당성을 결정하는 중요한 역할을 담당한다. 이 통제권을 어떻게 행사하는지는 법치주의가 위협받는 순간 그 존속에 결정적 영향을 미친다. 심지어 권위주의 통치자에게도 이것은 중요한 문제이다. 나치 정권이 합법성의 외형을 유지하기 위해 판사들을 필요로 했고 이것이 법원과 판사의 역할에 어떤 영향을 미쳤는지를 보여주는 많은 사례가 있다. 1944년 7월 20일, 히틀러 암살 시도가 일어났다. 괴벨스는 배후 공모자들에 대한 재판을 대중 선전에 활용하고자 재판절차를 촬영하도록 조치했다. 그러나 인민법원장인 롤란트 프라이슬러가 재판을 드러내놓고 편파 진행하는 것을 지켜본 괴벨스는 "프라이슬러의 요란스러운 진행은 대중에게 적절하지 않다. 이를 접한 사람들에게 혐오감을 줄 것이다"라는 말로 계획을 철회했다.[11]

대중의 반응에 대한 우려가 사법절차에 미친 영향을 보여주는 또 다른 사례가 있다. 1938년 독일 대법원은 증언을 거부한 증인을 구금하라는 하급법원의 결정을 취소했다.[12] 하급법원의 결정이 "사법절차의 근본을 훼손할 수 있다"라면서, "이 사건에서처럼 지방법원이 진실을 추구한다는 이유로 그런 수단을 사용한다면" 사법절차를 둘러싼 국민의 신뢰를 손상한다는 이유에서였다. 아르헨티나 대법원도 군부의 주장을 기각하면서 행정부가 "사법권에 대한 존중을 증명"함으로써 대중에게 큰 존경을 받을 수 있다고 판결했다.[13]

나치 정권은 정신장애와 불치병을 앓는 환자의 안락사 프로그램을 시행하는 과정에서도 합법성을 염두에 두었다. 1939년 9월 1일, 베를린에서 히틀러는 나치당 제국지도자Reichsleiter인 부흘러Bouhler와 의학박사 브란트Brandt에게 "특정 의사들에게 권한을 부여하여, 그들이 인간적 판단에 따라 완치가 어렵다고 본 사람들에게 신중한 진단을 거쳐 안락사를 시행할 수 있도록 하는 책임"을 맡기는 비밀 명령에 서명했다. 안락사 집행에 대한 유일한 권원權原은 히틀러의 비밀 명령이었다. 그 명령은 기존의 어떤 법에도 근거가 없었지만, 이 명령에 따라 7만 명 이상이 살해당했다. 심지어 법무부 관계자들도 히틀러의 명령은 법이 아니며 안락사를 합법화하려면 공식적인 입법이 필요하다고 저항했다. 심지어 법무부장관은 히틀러의 제국수상실로 서한을 보내 총통이 법 제정을 거부했으므로 정신이상자들을 비공개로 살해하는 행위를 즉시 중단해야 한다고 요청했다.

히틀러가 법을 제정하지 않은 이유는 아마도 대중의 시선에서 숨기려는 의도였을 가능성이 크다. 법 제정 없이도 살해는 계속되었고 끝내 격렬한 대중 시위를 촉발했다. 그제야 안락사 프로그램은 공식적으로 중단됐지만, 몇몇 병원에서는 이후에도 특히 아이들을 대상으로 "비공식 안락사"를 지속했다.

비슷한 논쟁이 유대인을 정의하는 문제에서도 있었다. 쟁점은 뉘른베르크법에 따라 혼혈인mixed ancestry 및 독일인과 결혼한 유대인을 추방과 학살 대상에 포함할 것인지였다. 1935년에 제정된 유대인 관련 법률들은 최소한 세 명 이상의 유대인 조부모를 둔 사람을 유대인으로 분류했다. 당과 친위대 내부에서는 그 범위를 넓혀 독일 사회에서 "유대인의 피가 한 방울이라도 섞인 자"를 모두 숙청하려 했다. 친위대는 법에 의해 유대인으로 분류된 사람들뿐 아니라 혼혈인이나 독일인과 결혼한 유대인까지 추방하기를 요구했다. 이 시도들은 대부분 좌절되었으며, 혼혈 유대인 및 독일인과 결혼한 유대인들은 대부분 홀로코스트에서 제외될 수 있었다. 내무부와 법무부 관료들은 자신들의 저항과 온건한 영향력 때문에 가능했다고 주장했다.[14] 그러나 나치 당국이 결혼제도를 해체하고 독일 내 다수의 가정을 파괴하는 법과 조치가 불러 일으킬 대중의 반발을 우려했다는 편이 좀 더 설득력 있는 설명이다.

> 괴벨스는 그가 제거하고 싶은 사람들, 즉 유대인 친척, 배우자, 동조자들을 모두 죽일 수 없음을 깨달았다. 어느 시점부터 독일인들은 더 많은 희생자를 계속 요구하는 정부보다는 서로에게 동질감을 느끼기 시작했을 것이다.[15]

민족사회주의 법학은 "법치국가Rechtsstat" 개념을 폐기했다는 비난을 피하기 위해 심혈을 기울였으며 기존 용어를 새롭게 재해석하는 방식으로 일부나마 목적을 달성할 수 있었다.16 이처럼 합법성을 의식하면서 그 안에서 정당성을 확보하려는 시도는 비록 "독일 인민의 요구"와 "총통의 의지"와 같은 새로운 개념을 창조해내기도 했지만, 합법성에 대한 믿음과 독일 국민의 지지를 유지하기 위해 권력에 일정한 자제를 요구했다. 나치 지도자들이 대중의 저항이 분명해졌을 때 나름의 자제를 보여준 것은 정권이 합법성의 외관을 얼마나 중시했는지를 보여준다.

사법부의 독립

권위주의 세력이 국가를 장악하고 입법부와 행정기관을 해체할 때에도 법원은 종종 기존 기능을 유지하도록 허용된다. 의회가 무력화되거나 해산되고 민간정부가 군사정부로 대체되는 상황에서도 법원은 제도와 인적 구성을 그대로 유지하는 경우가 많다. 제2차 세계대전 동안 독일이 서유럽 국가들을 점령했을 때에도 마찬가지였으며, 탈식민지 국가들에서 일어난 대부분의 쿠데타에서도 유사한 양상이 나타났다.17 이런 점에서 판사들의 상황은 정권이 바뀐 뒤에도 자신의 역할을 계속 수행하는 일반 공무원들과 비슷하다. 그러나 판사와 공무원 사이에는 중요한 차이점이 하나 있다. 공무원은 그 수가 매우 많고 전문화되어 있어서 국가 통치기능을 유지하기 위해 반드시 필요하지만, 판사는 상대적으로 쉽게 교체하거나 아예 배제할 수 있다. 따라서 판사들이 그 직위를 유지하도록 허용한다는 사실은 정권이 사법부 독립의 외관을 유지할 필요성을 인식하고 있음을 시사한다.

사법부 독립은 제도적·이념적·개인적 측면을 포함하는 다양한 문제와 관련되어 있고, "법원은 직접 또는 간접으로 어떤 경우나 어떤 이유에서든 어떠한 제한, 부적절한 영향, 회유, 압력, 위협 또는 간섭 없이 오로지 사실에 기초하고 법에 따라 공정하게 판단해야 한다"라는 요구를 포함한다.[18] 이러한 의미에서, 많은 권위주의 정권이 정권의 필요에 부응하도록 사법부를 압박하려 한다는 점에서 사법부의 독립을 침해한다. 그러나 이러한 압력이 있다 할지라도 판사에게 개별 사건에서 어떻게 판단할지를 지시하거나 정권의 이익에 반하는 판단을 할 때 제재를 가하는 수준까지는 이르지 않는 경우가 많다. 제재가 있다 해도 판사에 대한 전보조치나 해임 정도이며 형사처벌이나 보복조치는 드물다. 통치자들은 다양한 방식으로 사법부에 영향을 미치려 한다. 예를 들어 정권에 충성하는 판사를 임명하거나 정권의 기대에 부응하지 않는 판사들을 해임하며, 사법절차에 간섭하는 방식 등이다.[19]

나치는 사법부의 독립이 형식적으로라도 유지되는 것이 중요하다는 점을 강조했다. 그러나 동시에 언론과 학술지, 법무부 서한 등을 통해 사법부에 상당한 이념적 압박을 가했다. 많은 판결이 확정되기 전에 행정부의 확인을 거쳐야 했다. 행정부가 그 판결에 동의하지 않을 경우 재심절차가 개시됐다. 반면 정권은 판사 임명과 해임을 통한 영향력 행사는 일정하게 자제했으며, 개별 재판에 개입하는 문제는 신중하게 접근했다. 사법부의 독립은 나치 독일과 "볼셰비즘"을 구분하는 주요 특징 중 하나로 여겨졌다. 민족사회주의독일법률가협회Bund National-sozialistichen Deutschen Juristen 대표 한스 프랑크Hans Frank는 그들의 "부르주아 문화"의 존재 자체가 사법부의 독립에 달렸다고 주장했다.[20] 1944년까지도 독일 최고 사령부는 "군 판사들은 사실판단과 사법권 행사에서 어떤 명령도 받지 않는다. 그들은 재판에 제출된 자료에 근거해 군인의 가치관과 민족사회주의적 세계관Weltanschauung에 근거한 법해석에 따라 각자의 소신껏 결정해야 한다"라는 내용의 지

침을 내놓았다.²¹

히틀러와 그의 내각은 나치당 조직을 통해 법원을 통제하지 않았다. 집권 초기에 발생한 당과 관료들 사이의 권력투쟁이 종결된 후, 히틀러는 주로 제국 법무부장관에게 권한을 위임하는 방식으로 사법부에 대한 통제권을 행사했다. 1942년 사법부에 대한 정책 변경 이전까지 법무부는 정치적으로 민감한 일부 사건에만 개입했을 뿐이며, 사법부는 정치적 압력과 영향력에서 일정한 독립성을 보장받았다.²² 당은 판사 임명에 어느 정도 영향을 미쳤지만 임용의 주요 근거는 여전히 직업적 전문성이었다. 1940년대까지만 해도 판결에 대한 뚜렷한 통제는 없었으며 대다수 판사들은 자신의 판결이 정치적 감시에 노출될 수 있다고 여기지 않았던 것으로 보인다.²³

정권은 형식적인 사법부의 독립 유지에 분명한 이해관계가 있었다. 뉘른베르크 전범재판 변호인이자 공법 및 국제공법교수인 헤르만 야라이스는 이 재판에서 다음과 같이 말했다.

> …… 완전히 명확하지 않았던 것은 히틀러와 사법부의 관계였다. 히틀러의 독일에서도, 독립적인 법원이 정의를 실현해야 한다는 생각을 아예 없앨 수 없었기 때문이다. 특히 대중의 일상과 관련된 문제에서 더욱 그랬다. 당 고위층도 마찬가지였다. 여기서 인용된, 법률분야 제국지도자였던 피고인 프랑크 박사의 연설에서도 드러났듯이, 민사사건과 일반 형사사건에서조차 '내가 원하니 그렇게 하라sic volo sic jubeo'라는 식의 독단에 사법이 종속되는 것에 저항이 있었다. 비록 그 저항이 큰 효과를 거두지는 못했지만, 결국 사법부마저도 점차 굴복하면서 절대적인 독재체제가 완성됐다.²⁴

전쟁이 진행되면서 사법부에 대한 압력도 점점 강해졌다. 1942년 4월 26일, 히틀러는 제국의회에서 다음과 같이 연설했다.

나는 한 가지를 기대한다. 그것은 누구든지 무조건적인 복종을 다하지 않을 경우, 내가 즉각 개입하고 즉각 조치할 권한을 국가가 나에게 부여하는 것이다. …… 이에 나는 제국의회에 요청한다. 모든 사람에게 자신의 의무를 다 하도록 강제할 수 있는 법적 권한, 그리고 내 판단과 숙고에 따라 그가 누구든, 이전에 어떤 권리나 지위를 가지고 있든 상관없이, 의무를 다하지 않은 자를 면직하거나 직위에서 해임할 수 있는 권한을 명시적으로 승인해줄 것을 요구하는 바이다. …… 앞으로 나는 이러한 사안에 직접 개입할 것이며, 시대의 요구를 제대로 이해하지 못하는 판사들을 직위에서 물러나게 할 것이다.[25]

미 군사재판소의 견해에 따르면 이 연설이 독일 사법부의 지위를 근본적으로 변화시켰으며, 이 시점 이후로는 더 이상 사법부의 독립을 의미 있는 수준에서 논할 수 없게 되었다. 미 군사재판소는 당시 상황에 대해 "나치 법원의 기능은 극히 제한된 의미에서만 사법적이었다. 그들은 준사법적인 방식으로 윗선의 지시에 따라 움직이는 심판기관tribunals에 더 가까웠다"라고 묘사했다.[26] 하지만 당시 법무부는 법원을 달리 평가했다. 법무부는 오히려 전시의 군사적 필요성과 관련한 법들처럼 매우 민감한 영역에서조차도 판사들을 제대로 통제하지 못했다고 평가했다.[27]

히틀러의 연설이 실제로 얼마나 많은 변화를 가져왔는지에 대해 의문이 있을 수 있다. 히틀러는 당 간부들이 판사들에게 직접적인 영향력을 행사하지 않게 하고 그들 사이의 갈등을 장관급에서 정리하도록 조치했다.[28] 이러한 조치 중 하나는 법무부의 최고위급 인사를 교체하는 것과 "판사 서한judge letters"을 도입하는 것이었는데, 이 서한은 판사들을 민족사회주의 법 감각으로 훈육하고자 개별 판결에 대한 논평을 담았다.

1942년의 정책 변경과 히틀러의 제국의회 연설 이후에도 정권은 법원을 완전히 통제하지는 못했다. 판사들 스스로는 히틀러의 비판을 그의 진의라고 믿지 않고, 히틀러의 자문역들이 근거 없는 비판을 하도록 만들었다고 탓했다. 판사들은 히틀러가 법원에 대한 직접 개입을 허용하지 않으리라고 믿었고 사법부의 독립을 지켜줄 것이라고 확신했다.29 나아가 히틀러가 개별 판사에 대한 간섭을 허용하지 않으리라고 믿었다.30 사법 실무례들을 살펴보면, 1942년 이후 대체로 판사들의 자유로운 권한 행사가 줄어들기는 했어도 어느 정도 독립적으로 활동했음을 알 수 있다.

사법부의 독립을 보여주는 또 다른 증거는 나치 정권이 비협조적인 판사들을 징계하거나 처벌하는 사례가 극히 드물었다는 점이다. 카를 뢰벤슈타인Karl Loewenstein은 나치즘 이후 독일법 재건에 관한 보고서에서 다음과 같이 기록했다.

> 사직한 판사가 강제수용소에 보내지거나 연금까지 박탈당한 사례는 단 한 건도 보고된 바 없다. 원한다면 그는 퇴직하고 연금을 받으면서 "정권의 종말"을 기다릴 수도 있었다. 그런 일이 자주 일어나지는 않았지만, 법원 내에서는 점차 알려지고 언급되었다. 게다가—이 또한 잘 알려진 일이지만—특히 구세대 판사들 중에, 사임도 양보도 하지 않고 끝까지 압력에 저항한 판사들이 있었다. 당원이 아닌 판사들이 일률적으로 배제되고 승진에서 탈락했을 것이라는 가정도 사실이 아니다. 의심할 여지없이 판사들 중 정권에 반대하는 판사가 거의 없었기 때문이다. 일부 판사들이 공개적으로 정권을 비판했더라도 다른 지역으로 전보되거나, 승진에서 배제되는 정도였으며, 경우에 따라 사직당해 연금수령자 신분으로 바뀌는 정도였다. 그보다 더 무거운 제재는 없었다.31

나치 정책에 반대한 판사들은 가벼운 견책을 받았고 심각한 경우 퇴직조치를 당했다.32 안락사 프로그램에 반대했던 로타 크라이지히 판사, 다른 이유였지만 동일한 처분을 받은 후베르트 쇼른Hubert Schorn 판사가 그 예이다. 나치당원이 되기를 거부한 판사들은 승진하거나 고위 경력직에 올라가려면 더 오랜 시간을 견뎌야 했다.33 그렇다 해도 많은 판사가 불복종으로 간주될 경우 받게 될 불이익이 두려워서 정권에 충성하고 극악무도한 처벌에 관여했을 가능성이 아예 없었다고 단정하긴 어렵다.34

전쟁기 독일의 영향력 아래에 있던 국가들에서도 사법부의 독립은 어느 정도 존중됐다. 프랑스 비시 정부에서는 변호사들이 억압적 법률에 맞서는 데 큰 위험을 감수할 필요가 없었다.35 독일은 점령국 사법부의 저항을 다루는 데 대체로 온건한 태도를 취했다. 노르웨이에서도 대법관들이 독일 제국판무관Reichskommissar과 갈등 끝에 항의의 뜻으로 사임했으나 추가 제재를 받지 않았다.36 독일 전쟁재판소와 친위대 법정에 출석한 변호사들은 특별한 제재 없이 점령당국을 자유롭게 비판하고 발언할 수 있다는 사실에 놀랐다.37 네덜란드에서는 두 명의 판사가 피고인이 독일 수용소로 끌려가 학대당하는 것을 막으려고 의도적으로 관대한 형을 선고했지만 해임으로 처분이 종결되었다.38

벨기에서는 대립이 더 격렬했고 독일의 조치도 더욱 강경했다. 벨기에 판사들은 독일 군정당국이 제정한 법령을 적용하라는 요구에 반발하여 업무를 중단했을 때, 불법 파업으로 간주되어 형사처벌 대상이 될 것이며, 체포 또는 구금될 수 있다는 경고를 받았다.

벨기에 판사들은 점령기간 내내 끈질기게 저항했다. 점령이 장기화되면서 독일군은 판사들이 점령군에 불리하게 판결하지 않도록 협박하기도 했다. 실제 판사들이 체포되어 "반독일 행위"로 처벌받기도 했고, 점령국의 이익에 반하는 판결을 내린 판사들은 사법부를 겁박하기 위한 억류 대상자로 분류됐다.39 벨기에 대법원Court of casscation*은 판사들이 정당한 권한에 따라 직무를 수행했고 벨기에법을 준수했을 뿐

3장 사법부에 대한 억압 77

이며 이러한 조치가 사법부의 독립과 존엄에 대한 공격이라며 항의했다. 공식적인 직무 수행을 이유로 면직된 판사들에 대해서는 대법원이 적절히 개입해 복직을 이끌어냈지만 정치적이거나 다른 간접적 이유로 면직된 경우에는 별다른 성과를 내지 못했다.⁴⁰

대표적 사례가 행정조직 개편과정에서 제정된 행정법규administrative regulation와 관련된 사건이다. 그 합법성이 쟁점이 되자 군정당국은 브뤼셀 항소법원과 대법원에 소송 중단을 명령했다. 대법원은 이 명령을 받아들였지만 브뤼셀 항소법원은 사법부 독립에 대한 침해로 간주하고 문제의 행정법규는 법적 권한을 넘어 제정된 것으로 무효라고 판결했다. 군정당국은 판결에 참여한 판사 세 명을 체포하고 다른 판사 몇 명을 추가로 강제 억류하여 사법부를 압박했다. 그러면서도 군정당국은 그와 같은 조치가 브뤼셀 법원의 판결과는 무관하다고 부인했다.

대법원은 업무 중단으로 맞섰고 브뤼셀 항소법원과 다른 법원들도 뒤따랐다. 군정당국은 업무를 재개하지 않으면 엄중조치가 따를 것이라고 경고했는데, 당시 파업금지령에 따르면, 파업은 최고 사형으로 처벌할 수 있었다. 브뤼셀 법원은 체포된 판사들의 석방과 관련해 민간당국이 해결책을 찾을 것이라는 말을 '신뢰하고' 업무 재개를 결정했다. 대법원도 판사들이 곧 석방될 것이라는 법무부 사무총장Secretary General of Justice**의 확언을 바탕으로 업무를 재개했다. 판사들이 풀려나긴 했으나 그로부터 2주나 지나서였다.⁴¹ 한편 벨기에 법조계는 유대인 동료들이 축출되자 강하게 항의했으며, 독일, 프랑스와 달리 벨기에 판사들은 '유대인'의 법적 범주(개념, 정의)를 사법체계에 도입하

---

* 벨기에의 최고법원으로, 하급법원이 한 법령 적용의 옳고 그름만을 판단하며 사건을 직접 판결하지 않는다. 법제처는 '파기원'이라는 용어를 쓰지만, 여기서는 '대법원'이라고 한다.
** 점령기 벨기에에서 공식 장관은 공석이거나 실권이 제한되었고 대신 각 부처의 사무총장이 행정 업무를 주도했다.

지 않았고, 독일의 반유대인 규범을 벨기에법에 적용하려는 시도를 끝까지 거부했다.[42]

남아프리카공화국의 경우, 몇몇 판사가 자유주의적 시각에서 권력의 억압적 조치를 제지하려 했음에도 불구하고 정권은 "판사들에 대한 직접적 조치는 신중하게 자제"했다.[43] 아르헨티나, 브라질, 칠레의 군부 지도자들은 법원의 권위를 활용해 관료와 경제 엘리트층의 지지를 유지했다.[44] 브라질 대법원은 군사정권에 지속적으로 반대 견해를 표명했지만 정권은 오랜 기간 그 반대 견해를 용인했다. 대신 군부는 법령을 개정하고, 비공식적인 방식으로 억압조치를 취하거나, 중요한 정치범죄는 군사법원에 이전하는 방식으로 대응했다.[45] 칠레의 장군들은 자신들의 정책에 법적 형식을 부여하려 노력했다. 법치주의를 지키기 위해 권력을 장악했다고 주장하거나 아옌데의 사회주의 정부가 법치주의를 훼손했다고 비난하는 방식이었다. 그들은 겉으로는 법과 사법부의 독립을 존중하는 듯 행동했고, 실제로 판사들은 군부로부터 어떤 위협이나 간섭을 받지 않았다.[46] 반면 아르헨티나 군부는 법치주의의 외관 유지에 별다른 관심을 두지 않았고, 심지어 뿌리 뽑아야 할 국가전복 세력에 "교활한 법률가"를 포함시켰다. 하지만 그들조차도 국내 엘리트들의 지지를 확보하기 위해서는 최소한의 법률적 정당성을 유지할 필요가 있었다.[47] 권위주의 정권 치하 법원에 대한 연구들에 의하면 판사에 대한 직접적인 공격은 대체로 드문 편이다.[48]

권위주의 정권이 법원의 판단에 개입하거나 판결을 이유로 판사를 제재하기를 꺼리는 현상은 사법부의 핵심 역할이 무엇인지를 보여준다. 직접 지시를 받는 판사는 더 이상 사법기능을 수행하는 것이 아니다. 나치 판사였던 외셰이Oeschey는 다음과 같이 표현했다.

개별 사건에서 판사에게 어떻게 결정하라고 지시하는 것은 터무니없는 일이다. 그러한 시스템은 판사를 불필요하게 만들기 때문이다. 나는 결코 판사의 독립성 원칙, 즉 단지 양심에 따라 판결하며 다른 모든 것에서 '중립적'인 판사, 즉 정치적으로 완전히 독립적이며 공공의 종복으로서 법치주의 틀 안에서 행동하는, 그런 원칙의 확고한 지지자는 아니었다. …… 물론 그런 일은 공개적으로 이루어지지 않았다. 그러나 아무리 교묘하게 위장한다 해도 그 지시가 내려왔다는 사실을 숨길 수는 없었다. 그로 인해 판사라는 직위는 자연스럽게 무의미해지고 재판절차는 우스꽝스러운 형식적 절차로 전락했다.[49]

이러한 점을 고려하면, 제한적인 의미에서 사법부의 독립이 권위주의 정권에서도 존중된다는 사실은 그리 놀라운 일이 아닐지도 모른다. 정권이 사법기관의 유지를 원하거나 그에 의존하는 한 어느 정도의 사법부 독립은 필연적이다. 그렇지 않으면 정권은 법과 사법기관을 정책 수행수단으로 유지함으로써 얻을 수 있는 이점을 잃게 된다.

정권의 이와 같은 의존성 때문에 판사들은 권위주의적 상황에서도 일정한 힘을 갖는다. 그러나 동시에 그들의 입지는 불안정할 수밖에 없다. 권력행사에 대한 도전을 용납하지 않는 것은 권위주의 정권의 속성이다. 법원은 판결을 집행하기 위해 정권에 의지할 수밖에 없으며, 정권은 판사를 해임하고 새로운 판사를 임명할 수 있고 심지어 법원 자체를 폐지할 수도 있다. 다만, 사법부를 과도하게 굴복시키면 그들 자신의 이익도 훼손된다는 점이 정권이 가지는 딜레마이다. 이러한 역학관계로 인해, 판사들은 종종 생각보다 더 넓은 행동 여지를 가지는 경우가 많으며, 이는 심지어 전체주의 정권에서도 마찬가지일 수 있다.

판사 숙청과 법원 재편

정권은 개별 판사를 압박하는 것 외에도 사법부의 지지를 끌어내기 위한 다양한 수단을 갖고 있다. 통치자들은 정책에 대한 사법적 지지를 확보하고 정치적으로 민감한 형사 사안들을 관리하고자 정권에 협력적인 판사들을 임명하려 한다. 정권이 '정치적으로 건전하지 못한' 판사들을 해임하고 동조적인 법률가를 판사로 임명해 지지를 끌어내는 일은 꽤 흔하게 벌어진다.

나치 정권이 취한 첫 조치 중 하나가 1933년 4월 7일 「직업공무원제의 재건을 위한 법」 제정이다.[50] 이 법은 악명높은 "아리안 조항Aryan clause"*을 두었으며, 나치당 집권 이전 공무원들의 정치 활동을 평가해 그들이 거리낌 없이 정권을 수호할 것 같지 않으면 사직하게 하거나 해고할 수 있도록 규정했다. 이 법에 따라 유대인과 사회민주당 당원들이 법조계에서 대거 축출됐다. 그러나 이 일이 판사들 대부분에게 큰 영향을 미치지는 않았으며 법원 구성은 대체로 기존과 동일하게 유지되었다.[51]

이 숙청 때문에 어느 정도는 젊은 법률가들이 판사가 될 기회가 커졌다. 특히 전쟁과 점령지에 행정 수요가 생김에 따라, 판검사 수요도 증가했다. 판사와 검사는 1933년에 1만여 명에서 1942년에는 1만 7,000명 가까이 증가했다.[52] 그러나 이런 증가가 나치 정권에 대한 사법부의 충성을 강화했는지는 확인하기 어렵다. 새로 임명된 판사들 중 오래된 당원들은 거의 없었다. 열성 당원들은 좀 더 전략적인 지위, 즉 대법원과 인민법원의 공석을 채우거나 특별법원에 배치돼 반역죄, 정

---

* 특정 인종 혹은 인종 혼합을 기준으로 공무원의 자격을 결정하는 조항. 이 조항은 나치당의 인종주의 정책을 반영하여 아리안 인종에 속한 공무원들을 우선적으로 유지하고, 비아리안 인종이나 혼혈인 공무원들은 배제하거나 해고하는 것을 목적으로 했다.

치범 등 정권에 특별히 중요한 형사 사안을 처리했다. 그러나 이런 법원도 임용의 주요 조건으로 사법 구성원의 자격을 요구했다.53

판사 숙청과 법원 재편은 나치보다 덜한 수준의 전체주의적 정권에서도 흔하게 이루어진다. 남아프리카공화국에서는 1955년 정부와 대법원 항소부Appellate Division of the Supreme Court* 사이에 입법심사권을 둘러싼 갈등이 발생하자 정부가 재판부 구성원을 여섯 명에서 열한 명으로 늘리고 입법심사가 쟁점인 사건에는 재판관 전원이 참여하도록 했다.54 이 방식으로 정부는 결국 유색인종 유권자들의 선거권을 박탈하는 정책을 법적으로 정당화하는 데 성공했다.55 아르헨티나에서는 쿠데타 직후 장군들이 기존 판사를 숙청하고 쿠데타를 지지하는 판사들을 새로 임명했다. 1930년대부터 이런 방식이 시작되어 1980년대까지 새로운 정권 교체와 함께 대법관 또한 교체되는 것이 일종의 관례가 됐다. 브라질에서는 기존 판사들이 직위를 유지하기는 했지만 대법원이 정권에 비판적인 판결을 내리자 정부가 대법관의 숫자를 늘려버렸다. 군부의 조치에 반발해 대법관 두 명이 사임하고 나서야 다시 원래 규모로 복귀했다.56

칠레의 군사정권은 법원을 그대로 유지했으며 직접 판결 방향을 지시하거나 내용에 간섭하지 않았다.57 대신 대법원은 쿠데타를 지지하는 극우 보수파가 장악했고, 이들을 통해 사법부가 통제됐다. 1974년 대법원은 사법부의 감독자로서 권력을 행사해 사법부 구성원의 12%를 해임했으며, 그 중에는 40여 명의 판사도 포함되어 있었다.58

비슷한 사례는 다른 나라에서도 찾아볼 수 있다. 노르웨이에서는 독일 점령군과 퀴슬링Quisling 정권**이 협조적인 사법부를 확보하는

---

* 1910년부터 1994년까지 남아프리카공화국의 최종심급의 역할을 하면서 헌법 및 법률해석을 함께 맡았던 법원이다. 그 이후 헌법재판소가 신설되어 헌법심사 기능은 별도로 분리되었다. 이하 글에서는 편의상 대법원으로 칭한다.

방안으로, 판사의 퇴직 정년을 낮추고 판사가 정권에 순응적인지를 파악해서 그 임기를 선별적으로 갱신하려 했다. 대법원이 그 조치의 합법성을 인정하지 않자, 퀴슬링과 법무부장관 리스네스Riisnæs는 새로운 판사들을 대법원에 추가해서 다수를 확보하는 방안을 검토했다. 그 방안을 시행하기 전에 독일 점령당국의 포고령에 대해 법원이 사법심사권을 가지는지 논란이 됐고 이와 관련해 갈등이 빚어지자 대법관들이 전원 사직서를 제출했다.59 그러자 퀴슬링은 정권을 지지하는 판사들을 새로 임명했다. 판사 후보들이 법원의 사법심사권에 반대하는지 그 의향을 먼저 확인한 후의 일이었다.

이처럼 억압적 정권이 판사들, 특히 상급법원 판사들에 대한 통제권을 행사하는 일은 드물지 않다. 일반적으로 판사들은 상급법원의 판결지침을 참고하려는 경향이 있다. 그 때문에 상급법원은 자연스럽게 전략적으로 중요한 위치를 차지한다. 상급법원의 판결은 대륙법계에서도 중요한 법원法源이며, 무엇보다도 정권에 불리하다고 판단하면 하급법원의 판결을 파기할 수 있는 권한을 가진다.

법원의 관할권 제한과 특별법원

억압적 정권이 자주 사용하는 또 다른 방식이 있다. 국가기관이나 행정기관의 조치와 결정을 심사하는 법원의 권한을 제한함으로써 사법에 대한 접근을 통제하는 것이다. 독일 바이마르공화국 시절, 대법원

** 비드쿤 퀴슬링은 나치 독일이 점령 노르웨이에 세운 괴뢰정권의 총리이다. 1940년 4월 독일이 노르웨이를 침공하자 퀴슬링은 쿠데타를 일으켜 집권을 선언하고 1942년부터 점령 노르웨이의 총리가 되어 노르웨이 국민의 통제 및 유대인 박해와 강제노동에 앞장섰다. 전쟁 후 반역죄로 체포되어 1945년 처형당했다.

과 정부는 사법심사권을 둘러싸고 서로 다른 입장을 취했다. 대법원은 법원이 입법자의 실책을 바로잡아야 한다고 언명했다.[60] 그러나 나치가 권력을 장악한 후 법원의 사법심사는 주어진 법적 권한을 뛰어넘는 행위로 간주되었다. 법은 곧 총통의 명령이었고 총통은 법의 최고 원천이자 동시에 절대적인 판단자였기 때문이다. 1934년 독일 대법원은 정치적 필요에 따른 정부의 행위는 사법심사 대상에서 제외된다고 판결했다.[61]

이와 유사하게, 칠레 대법원은 쿠데타가 일어난 지 불과 두 달 만에 전시 군사재판소는 자신들의 관할권 밖에 있다고 판결했다.[62] 또한 인신보호영장 청구 결정에 대한 항소를 전면적으로 기각했다. 1975년 3월 1일 대법원장은 사법 신년사에서 다음과 같이 말했다.

> (인신보호영장에 대한) 항소 사건들 때문에, 산티아고의 항소법원과 본 대법원은 정부의 체포영장이 위법하다고 주장하는 수많은 인신보호영장 심사청구가 넘쳐나게 됐다. 상급법원들, 특히 산티아고 고등법원은 긴급 사안을 처리할 수 없을 정도라 사법행정이 위태로울 지경이다.[63]

아르헨티나 법원은 정권의 억압적 조치를 제한하려고 주기적으로 시도했다. 예를 들어 불법 구금된 사람들에게 인신보호영장을 발부하는 방식이었다. 그러나 대부분 법원이 행정부에 철저한 조사를 지시하는 데 그쳤다.[64] 스나이더Snyder는 이 조치를 두고 실제로는 정부가 합법성을 갖추도록 비교적 간단한 절차를 마련해준 것에 불과했다고 평가했다.[65] 브라질 법원은 수감자를 고문한다는 의혹이 제기됐음에도 조사에 나서지 않았으며 오히려 조직적 고문행위를 은폐했다. 드물게 고문을 이유로 무죄판결이 내려지기도 했지만 이 또한 1970년대 후반에 이르러서야 발생한 일이다.[66] 아르헨티나, 브라질, 칠레 어느 나라에서도 사법부가 행정권력의 행사나 국가폭력을 제대로 감시하지 않았으며, 정부가 실종자들에 대한 정보를 전혀 가지고 있지 않다고 부인해도 문제 삼지 않았다. 그럼에도 브라질 법원은 정치범들에게 비교적 높은 비율의 무죄를 선고했다는 점에서 독특한 면이 있다.67

사법부의 권한을 제한하는 또 다른 방법은 정치적으로 민감한 사건들을 처리하기 위해 특별법원과 재판소를 설립하고 "신뢰할 만한 인물들"로 채우는 것이다. 무스타파Moustafa는 법원의 정규 시스템을 그대로 유지하면서 동시에 정권이 강한 통제권을 갖는 예외적 법원을 두어 "분절된 사법 시스템"을 구성하는 방식을 언급한다.68 오시엘에 따르면, 권위주의 통치자들이 가장 흔히 사용하는 전략은 법원의 관할권을 통제해 정부가 법치주의를 준수하는지가 문제된 사건들을 아예 다룰 수 없게 하는 것이다.69 하지만 특별법원의 역할은 단순히 기존 법원의 관할을 제한하는 것에 그치지 않는다. 나아가 권력의 조치를 효과적으로 집행하는 수단으로 적극 활용될 수 있다.

나치 정권은 1933년 3월 21일 포고령을 통해 기존 항소법원의 관할이던 사안을 전담할 특별법원을 따로 설립했다. 반역죄와 정치적 사건을 신속하고 강경하게 처리하기 위한 조치였다. 특별법원은 나치 정권에 대한 음해성 비난이나 체제 비판 사건들을 전담했으며 전쟁 중에는 약탈 관련 사건도 처리했다.70 당원이면서 법률적 자격도 갖춘 인물들이 판사로 임명됐으며, 이들은 일반법원의 판사직도 함께 수행했다.71

국회의사당 방화 사건에 대한 대법원 판결의 여파로* 1934년 4월

---

* 1933년 2월 27일 제국의회의사당이 네덜란드 출신의 마리뉴스 판 데르 뤼버(Marinus van der Lubbe)에 의해 불탄 사건이다. 당시 판 데르 뤼버는 끝까지 단독 범행을 주장했지만 나치당은 이 사건을 공산주의자들의 조직적 음모에 의한 계획범죄로 몰아갔다. 이에 따라 공산주의자 5명이 함께 기소되었으나 대법원은 판 데르 뤼버를 제외한 나머지 5명에게 무죄를 선고했다. 히틀러는 이 판결에 격분

24일 제정된 법률에 따라 인민법원이 설립됐다. 인민법원은 반역죄, 암거래, 범죄모의 불고지죄, 전쟁 수행능력 저해죄* 등에 대한 사법심사권을 부여받았다. 그 관할권은 지속적으로 확장됐으며 특히 전쟁 기간 동안 두드러졌다.

남아프리카공화국에서 사법적 탄압의 주된 역할을 맡은 것은 판사들이 아니라 치안판사였다. 치안판사는 법조계 출신이 아닌 공무원들로 구성되었으며 판사들보다 낮은 지위를 가졌다. 이들은 법무부로부터 지시를 받았고, 본인의 동의 없이 전보될 수 있었으며 성과 평가로 승진과 급여 인상이 결정됐다. 또한 불법부당 혐의로 행정부의 조사를 받을 수 있었다. 이러한 치안판사들이 정치적 사유로 구금된 자들과 관련된 청원 처리와 수감자 권리 보호 등 중요 사항을 담당했으며 실제 정치재판의 대부분을 처리했다.[72]

아르헨티나는 군사법원을 설치해 군인, 보안요원, 경찰의 규칙 위반 사건을 관할하도록 했다. 이로써 일반법원은 정권의 억압적 조치에 대한 사법심사권을 박탈당했다.[73] 브라질에서는 일반법원의 관할권을 제한해 인신보호영장 청구 사건을 다룰 수 없게 하고, 기존 군사법원이 국가안보 관련 사건을 전담하도록 했다.[74] 칠레 군사정부는 정치범죄를 다루는 군사법원을 설치했다. 이들 법원은 민간인에 대한 광범위한 관할권을 가졌으며 그 결과 재판받은 사람들 중 민간인이 군인보다 네 배 가량 많았다. 군사법원 판사들은 법률 교육을 받지 않은 중급 장교들이 맡았으며, 상급 지휘관의 명령을 충실히 따라야 할 의무를 지고 있었다. 1973년부터 1976년까지 군사법원에서 200건의 사형 판결이 내려졌으며 수천 명의 사람들이 가혹하고 과중한 징역형을 선

해 사법부를 무력화하기 위해 인민법원을 설립하고 사법부에 대한 전면적 통제에 나섰다.
* 정보 유출, 군사자원 파괴, 생산 방해, 징집 거부, 패배주의를 조장하는 선전·선동, 허위정보 유포 등 전쟁 수행능력을 약화시키는 행위들을 일컫는다.

고받았다.[75]

노르웨이의 나치 협력 정권은 인민법원과 특별법원을 설립해 정치 범죄 및 정권과 점령군에 대한 저항 행위를 처리했다.

특별법원은 기존 법원을 우회해 정권이 지향하는 목적과 정책에 충실한 법원을 확보하는 방법이다. 이런 법원은 법률 교육을 받지 않았거나 일반법원의 판사 경력이 없는 인물로 채우기도 하고, 점령하 노르웨이와 같이 정치 성향을 반영해 판사를 채용하기도 한다. 일반 자격 기준에 따라 채용된 일반법원의 판사들이 특별법원에 들어간 사례도 있다.

특별법원 자체가 본질적으로 정당성이 없다고는 할 수 없다. 어떤 나라에서는 법치주의 하에서 사법기능을 실현하는 일반적인 방식으로 전문법원을 운영하기도 하고, 다른 나라에서는 특별법원을 부정적으로 바라보기도 한다. 어쨌든 특별법원의 설립과 권한 부여에 필요한 조건이 충족된 이상, 그 자체로 특별법원을 불법이라고 간주할 일반적 기준은 없다. 악명 높았던 나치 독일의 특별법원과 인민법원조차 전후 미 군사재판소, 전쟁범죄를 취급한 연합국 법원, 독일연방공화국 법원으로부터 정식 법원으로 인정받았다.[76]

권위주의 정권이 집권하기 전에 설립된 일반법원의 판사와 달리, 정권이 세운 특별법원의 판사들은 오직 그 정권에만 충성해야 한다. 만약 새로 들어선 정권이 기존 헌법질서나 권리체계에 반하는 행동을 한다면, 정권 교체에도 직위를 유지하던 판사들은 그들을 임명했던 이전 정권과 헌법에 계속 충성할지, 아니면 현재 권력에 충성할지를 결정해야 한다. 그들은 헌법이 법치주의에 근거를 두며 그것이 자신들의 존립 근거라는 주장을 새로 들어선 정권에 대한 견제수단으로 삼을 수 있다. 반면 새로 들어선 정권이 설치한 법원에 임명된 판사들은 이런 기회를 이용할 수 없다. 그러나 그들 역시 법에 충성해야 한다. 브라질 군사법원의 사례가 보여주듯이, 법이 여전히 법치주의의 요소를 간직하는 한 그들 역시 정권을 견제할 수 있는 무기를 가진 셈이다. 브라질 군사법원은 기소된 사람들 중 70%를 무죄로 판결해 군사 통치자들의 폭력이 불러올 피해를 줄이는 데 기여했다.[77]

법적 사고체계의 왜곡: 당근과 채찍

정권에 협조적인 판사를 찾고, 법원의 관할권을 제한하는 것 외에도 권위주의 정권은 판사들이 정권의 이익에 부합하는 법적 사고체계legal minds를 갖추도록 회유와 강요에 나선다. 그리고 이를 위해 여러 방식을 동원한다. 나치 독일에서 사법부는 공공의 비판 대상이 되었으며 친위대나 당이 불만을 가지는 판결은 공개적으로 비난받았다.

법체계와 사법부는 나치당이 1933년 정권을 장악하기 훨씬 전부터 나치당의 공격대상이었다. 바이마르공화국에서 독일법은 "게르만적"인 것과 대비되는 "자유주의적", "로마법스러운" 것이거나 "유대인 친화적"이라고 여겨졌다.[78] 사법부의 독립은 나치 정권이 들어선 이후에도 형식적으로는 폐지되지 않았다. 히틀러는 직접 판사들에게 사법부의 독립을 존중하겠다고 약속했다.

1933년 4월 7일의 「직업공무원제의 재건을 위한 법」은 사법부 공무원을 포함한 공직 임명의 조건으로 정치적 신뢰성을 요구했다. 이 법에 따라 비非아리안 출신 판사들은 물론 사회민주당 소속 판사들도 공직에서 해임되었다. 판사 노조는 해체됐고, 판사들은 민족사회주의독일법률가협회에 가입하도록 권고받았다. 1933년 6월 1,600명이던 회원 수는 1933년 말까지 3만 명, 1935년에는 판사 1만 5,000명을 포함해 8만 명으로 늘어났다.[79] 이는 사실상 모든 판사와 검사가 나치 법률가협회 회원이었음을 의미한다.

판사들은 예전 법령의 문구를 무시하고 "민족사회주의의 가치와 원칙"을 적용하라는 법무부의 지시를 받았다. 판사와 개별 판결은 언론과 법학술지에서 공개적으로 비판받았다. 히틀러는 1934년 돌격대와 에른스트 룀Ernst Röhm의 숙청과정에서 자신을 법에 의해 구속되지 않는 최고 재판관으로 지칭했다. 그러나 후대의 역사학자들에 따르면, 이 모든 일에도 나치당에 의한 사법부의 완전한 통제는 없었다. 대다수 판사들은 자신들이 내린 판결로 징계받을 위험이 있다고 생각하지 않았다.[80]

판사들을 "훈육"하고 민족사회주의 법원칙을 지도하고자 법무부는 1942년부터 판사들에게 사법부를 위한다는 명목으로 개별 판결에 대한 논평과 비판을 담은 서한을 발송하기 시작했다. 이 서한은 특정 판결을 선정해 모범 사례나 비판 사례로 논평하는 방식으로 나치 이데올로기를 법에 어떻게 반영할지에 관한 정치적 지침을 제공했다. 그 서한들은 기밀로 분류되어 외부인이 볼 수 없도록 철저히 관리되었다.[81]

4장
억압에 대한 사법부의 수용

권위주의 정권의 합법성 수용

권위주의 통치자들이 억압적 수단을 동원하고 집행하며 그 억압을 정당화하라고 요구할 때 판사들은 어떻게 대응할 수 있으며, 무엇을 해야 하는가? 법치주의 이상에 따르면 사법부의 독립을 지키고 옹호하며 기본권을 보호해야 하지만, 역사적 경험은 불행하게도 그런 판사는 예외이고 대다수는 그렇지 않음을 보여준다.

 법원은 종종 새로운 권위주의 정권의 합법성을 인정한다. 무력으로 수립한 정권에 맞설 수 있는 세력은 그보다 더 강한 세력뿐이며, 어떤 사법적 판단도 정권을 무력화할 수 없다는 것이 현실이다.[1] 타이야브 마흐무드Tayyab Mahmud는 식민지배를 벗어난 영미법계 국가들에서 발생한 1994년까지의 쿠데타 이후 판례를 연구한 결과 "대부분의 법원들은 최악의 선택, 즉 초헌법적인 권력찬탈의 정당성과 효력을 인정하는 선택을 했다"라고 결론짓는다.[2] 마흐무드가 지적했듯이 절차나 실체에서 불법적으로 권력을 잡은 통치자들과 맞닥뜨렸을 때 판사들이 선택할 수 있는 대응책이 그리 많지는 않다. 그들은 새 정권을 승인하거나 기존 헌법질서에 따라 새 정권이 효력이 없다고 선언하거나, 판사직을 사임할 수 있다. 아니면 새로운 정권의 합법성에 대한 판단이 아예 사법심사 범위 밖이라고 선언할 수도 있다.

대체로 통치자들은 판사들이 정권의 핵심 이익에 도전하지 않으리라고 믿는 경향이 있다. 이러한 점은 중요한 의미를 가지는데, 결국 권위주의 통치자들이 법원으로부터 정당성을 부여받게 됨을 뜻한다. 칠레와 남아프리카공화국의 진실·화해위원회가 지적했듯이, 이전 자유주의 시기에 독립적인 법치주의 수호자로서 확고한 위상을 가졌던 사법부가 이런 지지를 보여줄 때 정권의 정당성은 더욱 강화된다. 사법심사를 하지 않는 방식의 소극적 지지 또한 결코 가볍게 볼 수 없다. 정권이 법치주의와 기본원칙을 적극적으로 공격하는 상황에서 그 가치를 지켜야 할 법원이 제대로 방어하지 못한다면, 이는 결국 정권에 대한 긍정적 지지와 다름없다.

마흐무드는 자신의 연구에서 쿠데타, 즉 권력승계를 위한 기존의 규칙을 따르지 않고 이루어지는 급진적 정권교체를 다뤘다. 그 경우 새로운 정권은 기존 헌법 규범에서 공식적 정당성을 확보할 수 없다. 따라서 비상입법, 국가적 필요 또는 이미 정권이 국가기구를 실효적으로 장악하고 있다는 기정사실을 통해 스스로를 정당화해야 한다. 독일이 나치 치하로 이행한 경험에서 알 수 있듯이, 정권이 비상조치를 발동해 권위적인 조치에 의존하는 것부터 시작해 완전한 혁명에 이르기까지는 점진적인 이행과정을 거친다.

바이마르공화국 말기에 독일 의회는 상당 부분 기능을 상실해서 주요 통치작용은 독일 의회를 거치지 않고 우회했고, 폰 힌덴부르크von Hindenburg 제국 대통령이 선포한 긴급명령*에 따라 통치됐다. 헌법이

---

* 바이마르공화국 헌법 제48조는 공공의 안전과 질서가 심각하게 위협받을 경우 헌법상 기본

보장한 시민적·정치적 권리들이 이 명령에 따라 정지됐다. 히틀러의 권력장악 역시 힌덴부르크가 통과시킨 유사한 조치들로 가능해졌다. 1933년 3월 24일 제정된 수권법은 헌법 개정까지 포함한 입법권을 아돌프 히틀러에게 직접 부여했는데, 그 권한은 공식적으로 바이마르 헌법에 근거했다. 그러나 다른 한편으로 나치 법률가들은 즉시 나치의 집권을 하나의 혁명으로 간주하고, 이를 바이마르 헌법에 근거한 결과가 아니라 그 자체로서 독립적인 법적 기초를 갖춘 새롭고 독자적인 체제로 취급하기 시작했다.[3]

기존 법체제의 연속인지 아니면 단절인지 그 경계가 모호한 상황은 라틴아메리카에서도 발견된다. 아르헨티나, 브라질, 칠레의 경우 사회적·정치적 상황이 비슷함에도 각 권위주의 정권은 기존 헌법과 관계를 달리 취급했다.[4] 아르헨티나 장군들은 헌법과 비상사태 조항에서 그들이 권한을 행사할 근거를 찾았다. 그들은 자신들의 통치를 혁명이라고 선언하지 않았으며, 새 정권이 명시적으로 폐지하지 않는 한, 이전 법이 그대로 유효하다고 선언했다. 브라질 군사정부는 자신들의 행위를 혁명으로 규정하고 법원의 역할을 혁명의 합법성을 강화하는 것으로 정의했다. 그들은 혁명을 스스로 정당화하면서 자신들은 이전 헌법을 지킬 의무가 없다고 주장했다. 칠레 군사정권은 법치주의의 이름으로 권력을 장악하면서 이전 정권이 저지른 법치주의 훼손을 바로잡아 법치주의를 회복하겠다는 명분을 내세웠다.[5]

권을 일시 정지시키고 필요한 조치를 명령할 수 있는 권한을 대통령에게 부여했다. 이 긴급명령권은 법령의 효력을 갖고 있었으며, 힌덴부르크는 헌법 제48조에 기해 수십여 건의 긴급명령(Notverordnungen)을 발령하며 국정을 운영했다. 국회의사당 방화사건 이후 최초로 발령된 긴급명령이 1933년 2월 28일 발표한 '국가와 국민을 보호하기 위한 대통령령'으로, 이 명령에 의해 헌법상 기본권이 정지되고 공산당 출신 의원들에 대한 체포가 개시되어, 의원들이 도주하거나 체포되는 등 사실상 활동 불능에 빠지게 되었다.

권력교체가 있든 없든, 그러한 교체가 공개적으로 쿠데타로 규정되든 아니든 간에, 법원은 기존 헌법이 보장했던 시민적·정치적 권리를 침해하는 권위주의적 조치를 수용할 것인지 거부할 것인지 선택의 기로에 놓이게 된다. 자유주의 헌법 체제에서는 기존에 인정된 권리를 제한하는 데 엄격한 제약이 따른다. 일반적으로 개인의 권리는 필요성과 비례성 요건을 충족하는 경우에만 제한할 수 있으며 그 과정에서 사법심사의 통제를 받는다. 고문 금지 등 어떤 경우에도 결코 예외를 둘 수 없는 절대적 권리가 존재한다.

헌법이 정한 제한에서 정권이 벗어나려는 경우, 정권은 반드시 헌법 외부의 이유를 근거로 그 주장을 뒷받침하게 된다. 그 이유는 사실상의 필요일 수도 있고, 헌법 조문을 초월하는 어떤 원칙일 수도 있다. 그러나 성공한 쿠데타에 대해 헌법질서를 적극 옹호하며 그 합법성에 도전한 법원은 극히 드물다. 긴즈버그Ginsburg와 무스타파는, "다수의 권위주의 국가"에서 사법부가 정권의 이익과 관련해 "핵심적 순응"의 모습을 보인다고 지적한다.[6] 이러한 현상은 독일, 아르헨티나, 칠레에서도 동일하게 나타났다. 아르헨티나 법원은 군사정권의 합법성이라는 본질적 쟁점을 결코 직접 다루지 않았다.[7] 인신보호영장 청구 사건에서 대법원은 구금조치의 구체적 근거를 제시하도록 요구했다. 하지만 대부분의 경우 정권이 이를 거부해도 법원은 수감자 석방을 명령하지 않았다.[8] 독일 법원은 나치의 권력장악과 긴급입법이나 그에 근거한 권력행사의 합법성을 결코 문제 삼지 않았다.[9] 반대로 바이마르 공화국에서 인정되었던 사법심사권은 법이론과 법원 판결을 통해 명시적으로 폐지됐다. 당시 법학 문헌들에 대한 연구에 따르면, 바이마르공화국 시기의 독일 법학계는 독재를 긍정적으로 생각하는 경향이 뚜렷했고, 문제가 없다는 식으로 취급했다.[10] 많은 판사에게 나치 집권은 그저 기존 독재에서 더 강화된 형태로 바뀐 것이었을 뿐이며 그 이상으로 극적인 일은 아니었다.

브라질 대법원은 군사정권 조치의 합법성을 심사하고 때때로 이를 부인하기도 했다. 남아프리카공화국 대법원도 마찬가지였다. 초기에는 희망봉 지역 내 유색인종의 선거권을 박탈하는 입법조치를 헌법 위반으로 거부했다.[11] 해당 법은 두 번의 소송과 헌법 개정, 정부에 우호적인 판사들의 충원을 거친 후에야 합법으로 인정됐다. 식민지배를 벗어난 영미법계 국가들에서 발생한 쿠데타에 대한 무스타파의 연구에는 법원이 쿠데타의 합법성을 인정하지 않은 몇몇 사례가 나온다. 그중 하나가 로디지아의 스미스 정부 선포를 둘러싼 영국 추밀원*의 결정이다.[12] 그러나 이 사건에서 문제가 된 법원은 기존 헌법에 근거해 설립되었으며 아울러 런던에 있었기에 현장으로부터 안전한 위치에서 혁명의 합법성을 심사할 수 있었다. 다른 사례들은 쿠데타가 실패하고 구질서가 회복된 후에야 법원이 판결을 내린 경우이다. 그 결과 브라질과 남아프리카공화국 정도만이 권위주의 통치에 어느 정도 사법적 저항을 보여준 사례로 남았다.

외세가 점령한 국가의 법원조차도 종종 상황의 압력에 굴복해 점령세력이 내린 억압적 조치의 정당성을 인정하게 된다. 마흐무드가 보여준, 쿠데타 상황에서 법원이 선택할 수 있는 방안은 점령상황에서도 마찬가지이다. 제2차 세계대전 당시 독일의 유럽 점령 사례들을 보면, 법원의 대응은 대체로 순응, 항의, 사임 또는 사법관할 밖의 문제로 간주하는 방식으로 나눌 수 있다. 덴마크와 네덜란드 법원은 독일 점령군의 핵심 이익에 순응하면서 점령군이 제정한 억압적 법률을 그대로 적용했다. 반면 노르웨이 대법원은 독일 점령당국의 조치에 대한 심사

---

* 영국 추밀원(Privy Council)은 산하에 사법위원회를 두어 대영제국 및 영연방(Commonwealth) 국가의 최종심을 담당한다. 반면 영국 본토 사건의 최종심은 상원이 담당해 왔는데, 2009년 10월 대법원 출범으로 상원의 최종심 기능은 폐지되었다.

권한을 고수했고 이 주장이 받아들여지지 않자 판사들이 집단 사퇴했다. 벨기에 법원은 독일군의 점령조치를 그들의 사법심사 관할권 밖의 문제로 보고 국내법으로 적용하기를 거부했다.

네덜란드 대법원은 독일 점령당국의 조치나 점령군의 위임에 따라 네덜란드 당국이 취한 조치의 합법성을 일체 문제삼지 않았다. 대부분의 하급법원도 이를 따랐다. 이로써 나치는 법원을 통해 유대인에 대한 조치를 시행할 수 있었다.13 점령 기간 동안 새로 임명된 판사들은 "점령된 네덜란드 영토에서 시행 중인 법"에 대한 충성서약을 했는데, 그 법은 점령군의 조치까지 명시적으로 포함하는 것이었다.14 대법원은 점령자의 권리에 관한 국제공법을 근거로 이러한 입장을 옹호하면서 "사법부 공무원들은 충분한 독립성이 보장되고 다른 주권자의 이름으로 재판하도록 강요받지 않는 한, 국가이익을 위해 직무를 수행하는 것이 관례"라고 주장했다.15

덴마크에서는 덴마크 정부가 계속 국내 행정업무를 수행할 수 있도록 하기 위한 노력에 법원이 협력했다. 독일이 점령했지만 덴마크 정부 구성은 변화가 없었고, 다른 나라들처럼 기존 정부나 국가원수가 외국으로 망명하지도 않았다. 사법행정 분야에서 정부가 최우선으로 고려한 사항 중 하나는 덴마크 경찰과 법원이 덴마크 시민에 대한 관할권을 계속 갖는 것이었다. 이를 위해 덴마크 정부는 독일의 요구를 수용하고 억압적 내용으로 형법과 형사절차 개혁을 단행했고, 법원은 이 법들을 철저하게 적용하면서 엄중한 처벌을 내렸다.16

주목할 만한 사례가 1940년 베를린에서 덴마크 조종사들을 영국 편에 서도록 회유한 혐의로 체포된 덴마크 장교 사건이다. 당국은 그를 덴마크로 인도받기 위해 독일과 협상에 나섰는데, 독일은 송환 조건으로 그가 무기징역 이상의 처벌을 받도록 해달라고 요구했다. 이는 당시 덴마크법으로는 불가능했지만 1941년 1월 덴마크 의회는 적군 지

원을 범죄로 규정하고 최대 무기징역으로 처벌하는 법안을 통과시켰
다. 이 장교는 같은 날 덴마크로 송환됐고 얼마 지나지 않아 코펜하겐
시법원에서 종신형을 선고받았다.[17]

표현의 자유와 집회의 자유 같은 정치적 권리 또한 심각하게 제한
받았고, 제한조치 위반은 범죄로 처벌됐다. 가장 논란거리였던 사건
은 1941년 6월 22일 독일이 소련을 공격한 후 덴마크 내 공산당원들
을 전부 구금한 일이다. 대법원은 1941년 8월에 제정된 법을 소급적용
해, 공산주의자들에 대한 구금조치가 헌법에 부합한다고 판결했다. 판
결을 위한 심의도, 이유 제시도 없었다.[18] 탐Tamm은 이 판결을 두고 당
시 대법원으로서는 정부와 의회가 독일과 협상한 결과에 따른 방침을
거부하기 어려웠다고 설명한다. 그러나 이렇게 반론할 수 있다. 법원
의 역할은 정확하게 그 방침의 한계를 설정하는 것이지, 그 방침을 시
행하는 것이 아니다.

좁은 의미에서 사법부의 독립은 판사가 개별 사건의 판단에 관해
외부로부터 직접적인 지시를 받지 않음을 의미한다. 이러한 상황에서
정권은 개별 판사들의 법적 추론과 선택에 의존할 수밖에 없다. 판사
들이 내리는 결정의 원인과 동기는 다양하지만, 사법적 판단은 대부분
법적 형식에 맞춰 이루어진다. 정권을 지지하든 반대하든 간에 판사들
은 자신들이 내린 판결을 법에 따른 불가피한 결과로 묘사하며, 그들
이 사용하는 법적 추론은 방법론적 관점에서 거의 흠잡을 게 없는 듯
보인다. 권위주의 체제 아래의 판사들도 자유주의나 민주주의 체제의
판사들과 동일한 방식의 법적 추론을 사용한다.

법의 근본원칙과 가치에 반하는 조치를 마주했을 때, 판사에게는
두 가지 방안이 있다. 법을 따르고 그 조치의 효력을 부인하거나 아니
면 법을 무시하고 그 효력을 인정하는 것이다. 그러나 법을 따르는 것
자체가 하나의 선택이 될 때가 많다. 법의 뜻이 언제나 명확하게 하나

로 정립된 것이 아니기 때문이다. 그 선택이란 법을 해석하거나 사실 관계를 판단하는 과정에서 최선의 해석을 결정하는 것이기도 하고, 어떤 규칙을 적용할지에 관한 정책적 판단이기도 하다.[19] 많은 경우 판사는 법의 확립과 해석에 일정한 재량권을 갖는다. 다이젠하우스는 아파르트헤이트 시기 남아프리카공화국 법원에 대한 연구에서, "단순 사실 접근법plain fact approach"과 "커먼로적 접근법common law approach"을 구분한다.[20] "단순 사실 접근법"에서 법은 도덕의 요구에 따르지 않는다. 법은 존재하는 그대로as it exists 적용된다. 이때 판사는 법을 "과거의 법적 조치와 판결— 주로 입법자가 제정한 법과 법원의 판결에 역사적 사실로 존재하는 하나의 법적 틀"로 이해한다. "커먼로적 접근법"에서는 법해석이 이루어지는 맥락이 "법의 의미를 결정하는 핵심요소"이며 법 제정 당시의 의도나 목적보다 우선한다. 단순 사실 접근법에 따르면, 아파르트헤이트 입법자의 의도가 명백하면 평등이나 법치주의와 같이 커먼로에 내재한 원칙이라도 그 의도에 굴복해 차별조치를 시행해야 한다. 이 접근법이 대부분의 남아프리카공화국 판사들이 사용한 해석방식이었다. 이 접근법으로 판사들은 정권의 권위주의적 조치를 지지하는 데서 더 나아가 확장 적용했고 커먼로에 전통적으로 깃든 개인의 권리와 자유를 무시했다. 반면 커먼로적 접근법을 사용한 소수의 판사들은 억압적 조치에 의문을 제기하고 그 적용범위를 좁게 해석했다. 이 접근법은 근본적인 법적 가치에 대한 충성 의무와 권력의 명시적인 요구에 대응해 최소한의 균형을 유지하고자 했다.

아르헨티나 대법원도 이와 유사한 방식으로 균형을 맞추려 했다. 반면 브라질 대법원은 더 나아가, 일부 사건에서 자연법이라는 불문법에 근거해 실정법상의 조치를 무효라고 판단하고 그 적용을 거부하기도 했다. 오시엘은 두 나라의 법원이 취한 접근법의 차이를 각국의 사회적 배경 및 통치기관과 사법부의 관계 차이로 설명한다.

아르헨티나 대법원은 법현실주의라는 이론 틀을 군사정권과 공유했다. 법원의 법적 논리 전개는 군사정권을 염두에 두고 이루어졌으며, 정권의 조치를 심사할 때에도 정권의 기준에 입각해 판단했다. 아르헨티나 대법원은 독재정권과 일종의 사법적 대화를 나눈 셈이었다. 반면 브라질 대법원은 정권이 설정한 기준을 따르지 않았다. 정권이 특정 법률을 제정하면 대법원은 자연법적 논거를 활용했다. 브라질 대법원 판결은 아르헨티나처럼 법원이 군부와 법적 가치나 원칙을 공유한다는 느낌을 주지 않는다. 이 점에서 브라질 판사들은 남아프리카공화국의 커먼로 판사들과 유사하지만 실정법을 무효화하려는 의지에서 훨씬 더 적극적인 태도를 보였다. 브라질 판사들은 정권과 직접 대화를 나누려 하지 않았다. 그들의 법적 논증은 정권을 향한 것이 아니라 대중과 민간 전문가, 광범위한 법률공동체를 향한 것이었다고 오시엘은 설명한다.[21]

이처럼 판사들이 상대하는 대상이 다른 이유는 정권에 대한 정치적 공감 수준의 차이에서 비롯되었을 수 있다. 아르헨티나의 판사들은 군사정권에 호의적이었던 반면, 브라질 판사들은 상대적으로 군사정권에 비판적이었다. 그러나 이러한 판단은 피상적인 수준의 분석일지 모른다. 페레이라Pereira에 따르면, 사법부와 군부의 조직적 관계는 아르헨티나와 칠레보다 브라질이 훨씬 더 긴밀했고, 법조계와 군을 연결하는 주요 법조인들도 다수 있었다.[22] 따라서 브라질에서는 군사정권의 법적 운영방식에 대해 보다 폭넓은 논의가 이루어질 수 있었던 반면, 아르헨티나에서는 법원의 역할이 그보다 미미하고 불안정했기 때문에 정권이 설정한 틀 안에서만 활동할 수밖에 없었을 가능성이 있다.

이 가설은 아르헨티나와 브라질의 군사법원에 대한 페레이라의 연구 결과와도 일치한다. 브라질 정부는 기존 군사법원을 활용했는데, 이 법원들은 군부와 오랫동안 좋은 관계를 유지해왔다. 반면 아르헨티나에서는 새로운 군사법원이 설립되었다. 브라질에서는 정부가 군사법원을 적극적인 탄압 도구로 활용했음에도, 군사법원은 비교적 독립적으로 운영되어 상대적으로 무죄 선고 비율이 높았고 형량도 비교적 관대했다. 반면 아르헨티나에서는 대부분의 탄압이 사법절차 밖에서 벌어졌으며, 군과 민간인으로 구성된 비정규 암살부대가 주도적으로 자행했다.

판사는 법을 적용할 의무가 있다. 법적 추론은 국가가 제공하는 권위 있는 법적 출처, 즉 법원法源에 의존한다는 점에서 일반적인 도덕적 또는 정치적 추론과 다르다. 어떤 법이론적 접근방식을 취하든 판사가 그러한 법원法源을 완전히 무시하고 법을 집행할 수는 없다. 즉, 권력이 확고해지고 억압적 조치가 입법화되면 판사로서는 그 억압적 조치를 적어도 일응 prima facie 권위 있는 법원法源의 하나로 받아들이게 됨을 의미한다. 그 후에는 법원이 정권의 합법성과 주요 권력 기제 같은 핵심 이익에 거의 도전하지 않는 방향으로 사법부의 역할과 기본적 권력관계가 정리된다.

억압적 목표와 정책 수용

법원이 압도적인 힘 앞에 굴복할 수밖에 없다는 것은 결코 놀라운 일이 아니다. 그러나 더 중요한 문제는 많은 경우 법원이 새 권력과 권위주의적 조치를 적극적으로 지지한다는 점이다. 판사는 한 사회의 엘리트 계층에 속하며 대개 권위주의적 통치자들은 이 엘리트층을 자신들에 대한 지지를 확보하기 위한 세력으로 활용한다. 아르헨티나, 브라질, 칠레 사법부는 "사회질서를 위협하는 전복세력"으로부터 사회를 보호하기 위해 권위주의적 통치가 필요하다는 군사 쿠데타 세력의 주장에 상당히 호의적이었다. 1933년 독일 판사들은 일부 법률가들과 마찬가지로 바이마르공화국을 비판했으며 나치 정권이 구舊질서를 회복하는 방편이 될 것이라 기대했다. 비시 정부 프랑스에서는 전쟁 이전부터 계속되던 반유대주의 선전이 반유대주의 입법으로 진화했다. 남아프리카공화국 판사들도 정부의 논리를 그대로 받아들이고 강력한 보안법에 근거한 조치를 승인했다. 이처럼 판사들이 권위주의 정권에 순응하는 것은 단순히 힘이 정의를 결정한다는 문제로만 볼 수 없다.

오토 키르히하이머는 법원과 배심원들이 일반적으로 체제나 권력의 전복과 같은 문제를 다루게 되면 정부를 전문가로 간주하고 그 노선을 따르는 경향이 있으며 심지어 자신을 국가 수호자로 생각하고 정부보다 더 국가안보에 열성적인 모습을 보인다고 주장한다.[23] 더글러스 린더Douglas Linder는 판사와 악에 대한 연구에서 다음과 같이 지적했다.

> 아렌트가 예루살렘에서 관찰한 '무사유와 악의 기이한 상호 의존성'은 최근 몇 년간 미국 법체계의 명예를 훼손시킨 많은 불의의 밑바탕에 놓여 있었다. 그 시점에서 대중의 관심을 끄는 명분과 자신을 지나치게 동일시하면서 전문적 법기술에만 몰두한 결과, 사법체계의 핵심 인물들은 자신이 내린 결정이 사람들에게 실제로 어떤 인간적 결과를 초래하는지 제대로 볼 수 없게 됐다. 관료주의적 사고는, 더 나은 판단을 내려야 할 사람들로 하여금 자신은 단지 주어진 임무나 역할을 수행하는 기능적 존재에 불과하며 자신이 하지 않더라도 다른 누군가가 똑같은 부정의를 저지를 것이라는 결론을 내리게 만들었다. 아렌트는 아이히만 재판을 통해 '현실과 단절 그리고 무사유가 모든 사악한 본능을 합친 것보다 더 큰 재앙을 초래할 수 있다'라고 결론지었는데, 오늘날의 우리 또한 같은 결론에 이르게 된다.[24]

사법부가 억압적인 법을 제정하는 데 앞장서기도 한다. 유대인의 법적 범주를 설정하고 이를 가족법, 노동법, 계약법과 같은 여러 분야에 적용하는 데 중요한 역할을 한 나치 법원과 인종차별과 보안법을 적극적으로 확장해석한 남아프리카공화국 사법부가 대표적이다. 그 사례에서 우리가 목격하는 것은, 권력에 굴복할 수밖에 없었던 사법부가 아니라 자신들의 역할을 단순히 기능적·법적인 도구로 치부하면서 정권의 목표와 자신을 과도하게 동일시해서 법치주의를 훼손하는 데 한 몫을 차지한 판사들이다.

나치의 반유대주의

입법부와 행정부가 어떠한 자제를 보이지 않는 권위주의적이고 전체주의적인 상황에서 사법부마저 정권의 억압적 이데올로기를 공유할 때, 더욱 비극적인 결과가 초래된다. "나치 독일의 법은 그 법을 원하지도 않았고 제대로 알지도 못했던 대중과 판사에게 어쩌다가 적용된 게 아니다. 판사들은 대체로 사법부의 승인을 받은 법을 적용했으며 대중 또한 대체로 대중의 지지를 받은 법을 준수했다."[25]

20세기 전반기 독일 판사들은 동성애자, 독일 공동체에 속하지 않은 인물, 반사회적 인물 등 이른바 열등한 인종으로 간주된 집단에게 일반 대중과 마찬가지로 반감을 품고 있었다.[26] 나치 집권 이전부터 법원에는 반유대주의 정서가 존재했으며,[27] 그 결과 법원은 나치 이데올로기의 해당 부분을 신속하게 수용하고 실행하는 데 별다른 어려움을 겪지 않았다. 오히려 유대인의 권리와 법적 지위를 박탈하는 문제에서 입법자와 나치 행정부보다 앞서 행동하는 경우도 빈번했으며, 법원은 단순히 나치 정권의 법적 기반을 승인하는 데 그치지 않고 나치법 이데올로기의 적극적인 추진자가 되었다.

1933년 이후 몇 년간 독일법의 개혁은 "게르만적 쇄신"이라는 방향으로 이루어졌으나, 이것이 입법자에게 최우선의 과제는 아니었다. 뤼터스Rüthers는 이 과정에서 사법부가 나치의 법 이념과 결탁하여 자유주의적 법질서를 억압의 질서로 바꾸기 위한 도구와 기술을 고안했다고 분석한다.[28]

가족법 분야, 그중에서 독일인과 유대인 배우자의 관계는 반유대주의 조치의 구축 과정에서 법원이 적극적 역할을 했음을 명확히 보여주는 분야이다. 첫 번째 사례는 1934년 7월 12일 대법원 판결이다.[29] 부부 중 아내는 유대인이었고 남편은 아리아인이었다. 한때 성직자였던 남자는 아내를 1928년 여름에 만나 2년 후에 결혼했다. 남자는 1931년 봄에 처음으로 아내를 상대로 이혼소송을 제기했다가 기각당했다. 첫 번째 이혼소송 사유는 아내의 히스테리와 부양 약속 불이행이었다.

의학도가 된 남편은 두 번째 소송을 제기했다. 그는 혼인무효를 주장하며 그 사유로 "배우자의 신분이나 개인적인 특성에 대해 착오를 일으킨 당사자는 혼인의 무효를 주장할 수 있으며, 그들이 혼인 당시에 알았다면 합리적 고려에 따라 혼인하지 않았을 것이라는 사유를 주장할 수 있다"[30]라고 규정한 독일 민법 제1333조 조항을 들었다. 원고는 결혼 당시 피고 부모가 유대인이라는 사실을 알고 있었다. 그럼에도 그는 소송을 제기하면서 "배우자의 그러한 개인적 특성을 합리적으로 고려했다면 결혼을 미뤘을 것"이라고 주장하면서 결혼 당시에는 배우자가 다른 인종이라는 것이 무엇을 뜻하는지 그 의미를 제대로 몰랐다고 주장했다. 그는 민족사회주의 혁명 덕분에 독일과 유대 민족의 차이를 처음으로 알게 됐으며 이제는 그것이 상식이라고 주장했다.

이에 대해 대법원은 "삶의 자연적 관념a natural conception of life"에 따르면 한 사람의 인종적 특성, 특히 그가 유대인이라는 사실은 법적 측면에서 "개인적 특성"으로 간주해야 한다고 판단했다. 대법원에 따르면 인종적 특성은 결혼한 부부의 자녀에게도 유전되기 때문에 법적으로 중요한 요소이며, 이 부분에 착오를 일으켜 결혼한 배우자가 결혼 당시에 그 특성을 제대로 알았다면 합리적 고려에 따라 결혼을 보류할 사유가 된다는 것이다.

항소심은 이 사건을 혼인무효로 판결해 남편의 청구를 받아들였다. 항소법원은 "유대인 인종이 혈통, 성격, 생활방식에서 아리안 인종과 완전히 다르다는 사실이 최근에서야 인정됐다"라는 사실과 "이런 혼인은 바람직하지 않을 뿐더러 유해하고 부자연스럽다"라는 점을 근거로 들었다. 그러나 대법원은 항소심의 논리를 따르지 않았고, 남편의 청구를 기각했다. 대법원이 결과적으로 혼인의 효력을 인정했기에 당시에는 이 판결이 나치 이데올로기를 법적 차원에서 수용하라는 정치적 압력에 법원이 저항한 사례로 인용됐다.[31] 그러나 그러한 인용은 잘못된 것이다. 대법원은 아리안과 유대인의 인종적 차이라는 이데올로기를 사실상 수용했기 때문이다.

대법원은 다른 인종 간 결혼이 바람직하지 않다는 판단을 포기하지 않았다. 오히려 대법원은 인종적 차이의 중요성은 이전 세기 중반부터 널리 알려져 있었으며 적어도 1920년 2월 나치당 강령이 발표된 이후에는 이를 알지 못했다는 주장을 인정하기 어렵다고 판단했다. 따라서 해당 사건에서 원고가 결혼 당시 배우자의 개인적 특성을 알 수 없었다고 인정하기 어려우며, 나아가 자신과 자녀들이 그후 나치 정권에서 제정된 아리안법의 적용을 받게 될 줄 몰랐다는 사실 때문에 혼인을 무효로 할 수 없다고 판단했다. 위 법률은 결혼 후에 제정됐으므로 결혼 당시 배우자가 가진 특성이라고 볼 수 없다는 것이다.

대법원은 법원이 현 정권의 인종 관련 법률을 고려해야 한다고 하면서 이를 근거로 민법 제1333조에서 말하는 "개인적 특성"에 인종을 포함시킬 수 있다고 해석했다. 그러나 이어서 대법원은 "법원은 민족사회주의 정부의 입법이 설정해 놓은 범위를 넘어서 민족사회주의가 지향하는 바를 더 발전시키거나 추진할 권한은 없다"라고 판단했다.

대법원은, 결혼 당시에는 다른 인종 간 결혼이 법으로 금지되지 않았으며 유대인인 줄 알고서 결혼한 배우자는 민법 제1333조에 따라 혼인무효를 청구할 수 없다고 지적했다. 또한 민법 제1333조를 일반조항으로 간주하여 민족사회주의 사상에 따라 법적 개념을 발전시킬 수 있는 근거로 삼을 수도 없다고 판단했다. 법 제1333조는 혼인무효 사유를 열거하는 조항일 뿐이며, "판사들은 이전이나 현재나 마찬가지로 법에 구속된다"라는 것이다.

이 사건에서 법원은 새로운 정권의 이념에 대한 충성과 법이 설정한 사법재량의 한계 사이에서 균형을 맞추려 했다. 법원은 나치의 인종 이데올로기를 그대로 받아들였으며 나아가 나치 집권 이전에는 인종적 차이의 중요성을 알 수 없었다는 남편의 주장을 기각하면서 이는 명백한 사실이라고 판단했다. 그러나 이를 뒷받침하는 논거는 다소 불명확하다. 법원은 오로지 나치당의 공공정책만을 판결에 언급했을 뿐이며, 나치당 강령을 직접적인 사실판단의 근거로 삼지는 않았다. 그러나 법원의 실제 논리는 1933년 이전에 독일 국민이 나치당 강령을 인종적 차이의 생물학적 증거로 받아들여야 했다는 것이었다.

물론 실제로 인종적 차이는 생물학적 사실이 아니라 이데올로기적 구성물이었을 뿐이며, 그런 점에서 인종적 차이를 혼인무효로 주장할 수 있는 충분한 근거는 오로지 나치당 강령밖에 없었다. 그러나 이러한 관점에서 보면 1933년은 중요한 전환점이 된다. 나치의 집권 이전에는 이러한 이데올로기적 차이가 독일 국민에게 자명한 사실로 확립된 것이 아니었기 때문이다. 이러한 사실과 이데올로기의 차이는 1934년의 독일 대법원도 분명히 알고 있었을 것이다. 그렇다면 법원은 왜 그렇게 명백하게 논리적으로 취약한 논거를 내세웠을까?

한 가지 이유는 법원이 남편의 주장을 터무니없다고 생각했을 수 있다. 법원으로서는 남편이 기회주의적인 동기에서 즉, 어떻게든 아내와 이혼하기 위해 새로운 시도를 해보는 것이라고 의심했을 수 있다. 혼인무효 청구를 기각하려면 법원은 유대인이 법적 측면에서 "개인적 특성"이 아니라고 판단하거나 결혼 당시 이러한 특성을 알지 못했다는 주장을 받아들이지 않아야 했다. 법원은 후자를 선택했다. 법원은 전자를 택하지 않음으로써 정권의 인종 이데올로기를 그대로 승인해 가족법체계에 포섭했다. 대법원의 판단은 인종적 차이를 인정하고 다른 인종 간 결혼은 사회적으로 바람직하지 않다는 이데올로기에 기반한다. 다만 그 점이 모두에게 너무 명백하므로 원고가 그 사실을 몰랐다고 주장하는 것은 인정하기 어렵다는 것이다. 이 문제의 중대성과 판사들의 전통적이고 형식적formal인 추론방식만 아니었다면 대법원의 논리는 오히려 일종의 반어적 표현으로 읽고 싶은 유혹마저 들 정도이다.

물론 법원이 단지 정권의 눈치를 보며 형식적으로 동조한 것인지, 아니면 실제로 그렇게 믿고 논리를 전개한 것인지 단언하기는 어렵다. 어쨌든 결과적으로 차이가 없으며, 법원이 법을 적용할 때마다 정권의 인종 이데올로기를 충분히 고려해야 한다는 결론에는 변함이 없다. 그러면서 한편으로 대법원은 정권의 이데올로기를 고려해야 할 의무에도 한계가 있으며 그 한계는 법 자체와 법원의 기존 역할에 따라 규정된다는 점을 명확히 보여준다. 즉, 법원이 기존 법체계를 나치 법으로 전환하는 과정에 있었음에도, 익숙한 법적 추론방식에 따라 법원에 의해 독립적으로 적용된다는 의미에서 기존 법은 여전히 법으로 기능하고 있었다는 점을 시사한다.

법원이 인종 이데올로기를 거부하고 인종은 민법 제1333조가 정한 개인적 특성에 해당하지 않는다고 판결하지 않은 이유는 무엇일까? 이 질문에 대한 답은 결국 추측에 불과할 수밖에 없다. 한 가지 이유로는, 당시 유대인에 대한 일반적 인식이 영향을 미쳤을 가능성이다. 법원은 1933년 이전부터 인종적 편견을 보인 전력이 있다.32 그럼에도 이는 상당히 창의적인 해석이었다. 다만 실질적인 파급력은 거의 없었는데, 법원이 개인적 특성을 알지 못했다는 주장을 엄격하게 판단해 원고의 청구를 기각했기 때문이다. 그래서 그 해석은 대부분의 사람들에게 인종을 혼인무효 사유로 삼는 것을 사실상 불가능하게 했고, 이러한 해석은 누구에게도 법적 구제를 위한 방편이 되지 못했다. 또 다른 이유로는, 인종 이데올로기를 부정하는 판결이 오히려 정권에 대한 도발로 보일까 우려해 법원이 되도록 피하려 했을지도 모른다는 것이다. 만약 그렇다면 법원은 새로운 정치질서에서 자신들의 입지를 지키려고 인류애와 법치주의의 기본원칙을 저버렸다는 비판을 피하기 어렵다. 어떤 경우든, 법원은 이 판결을 통해 "모든 사람은 평등하게 창조됐다"라는 근본원칙을 수호하지 않았다.

대법원은 위 판결로 인종 순수성을 입법과 새로운 게르만법의 최우선 목표로 삼은 민족사회주의의 인종 신화를 수용하고 지지한 셈이다. 이는 과거에 취했던 로마법에 기초한 자유주의적 태도와 대조된다.33

같은 날 대법원의 다른 심판부에서 두 번째 사건에 대한 판결이 내려졌다. 이 사건에서 법원은 원고가 결혼 당시 유대인과 한 혼인이 의미하는 바를 알지 못했다고 인정했다. 시간이 지나면서 원고는 아내와 근본적 차이가 드러나게 되었으며 몇 년 후인 1926년, 서로 아무런 공통점이 없다고 느껴 별거에 들어갔다. 법원에 따르면 이 시점에 원고는 인종적 차이와 그 차이가 초래할 결과를 분명히 알고 있었다. 이 사건의 법적 쟁점은 혼인무효 소송과 관련해 법이 규정한 6개월의 제소시한이 언제 만료되는지, 소송이 제소시한 내에 제기됐는지였다. 만약 그가 아내를 떠난 시점인 1926년을 그 기산일로 본다면, 1933년에 제기된 혼인무효 소송은 명백히 시한을 넘겼다.

그런데 법원은 민법 조항 중 "당사자가 통제할 수 없는 상황으로 인해 법적 구제를 청구할 수 없는 경우"에는 시한을 유예하는 조항을 인용하면서 무효 판결을 받을 가능성이 없는 경우도 이에 해당한다고 판단했다. 즉, 배우자가 유대인인 사실이 혼인무효 사유가 되는 것은 민족사회주의 혁명 이전에는 생각할 수 없었다는 것이다. 1933년 4월 7일「직업공무원제의 재건을 위한 법」제정으로 상황이 바뀌었다. 이를 통해 국가가 공식적으로 인종의 법적 의미를 규정했으므로 비로소 이날부터 제소시한이 진행되었고 그로부터 6개월 안에 소 제기가 가능하다는 것이다.

대법원은 새로운 법률이 기존에 있던 사법적 구제의 장애요소를 제거하는 것으로 볼 수 있는지에 관해 1923년 판례를 들었다. 언급된 판결은 새로운 판례가 법적 장애를 제거하는 효과를 가진다고 보았는데, 대법원은 새로운 입법 역시 유사하다고 판단했다. 그러나 새로운 입법과 법원의 판결을 동일 선상에서 비교할 수 있는가에 대해 의문이 제기될 수 있다. 법원의 판결은 그 성격상 소급적용되는 반면, 입법의 변화는 보통 미래의 법적 문제를 규율하는 방식으로 작동하기 때문이다. 그러나 법원은 이 차이에 대해 어떤 언급도 하지 않았다. 법원이 원고의 주장, 즉 불화의 원인이 인종적 차이 때문이었다는 주장을 인정한 방식에도 의문이 남는다. 이 쟁점은 항소심에서 다루어졌으며 대법원에서는 따로 다루지 않았지만, 법원이 나치 인종 이데올로기를 수용하고 적용할 준비가 됐을 뿐만 아니라 그것을 그 자체로 자명하게 여길 준비가 되었음을 보여준다. 그렇다면, 법원이 이를 자명한 것으로 취급한 것은 단순한 이념적 동조였을까, 아니면 오히려 이 문제에 거리를 두고 국가 통치자들에게 책임을 넘기는, 일종의 상징적인 "손 씻기"였을까?

그다음 사건에서는 더 적극적인 대법원을 목격한다. 원고는 나치당에 가입한 뒤 1933년 12월에 유대인 아내에 대해 이혼 청구를 접수했다. 소송이 진행되던 중인 1934년 10월, 그는 독일 민법에 따라 혼인무효를 확인해달라는 청구를 추가로 제기했다.

대법원은 1934년 판결을 언급하며 인종 간 결혼이 바람직하지 않음을 재확인하고 "민족사회주의 세계관에서 상정하는 결혼의 본질에 대한 합리적인 이해에 근거하면 혼혈 결혼은 허용되지 않는다"라고 명시했다. 흥미로운 것은 악명 높은 뉘른베르크혈통보호법, 즉 「독일 혈통 및 독일 명예 수호를 위한 법」이 제정되기 1년 전에 이미 법원에서 혼인의 합법성을 두고 이와 같은 판결을 했다는 점이다.

대법원은 종전의 견해, 즉 혼인이 무효가 되려면 유대인이라는 특성이 갖는 의미를 대부분의 사람들이, 특히 1920년 나치당 강령 발표 이후에는 알고 있어야 한다고 보았던 법원의 입장이 하급심과 법학계의 비판을 받아 더 이상 유지될 수 없다고 밝혔다. 비록 민족사회주의 혁명 이전에도 유대인 문제가 사회문제로 인식되긴 했지만 당시 대부분의 사람들에게는 인종적 문제라기보다는 종교적 문제로 여겨졌다고 지적했다. 또한 법원은 정치적 논쟁과 반나치 캠페인에서 나치당의 인종 정책이 가장 강력한 저항에 부딪혔으며 다른 모든 정치세력의 공격을 받았다는 점을 강조했다. 그런 상황에서 나치의 권력장악 이전에 일반 대중들이 인종 문제의 중요성을 충분히 인식하고 있었다고 기대하기란 어렵다고 판단했다. 이에 따라 제소시한의 기산일은 국가가 인종 문제를 공식적으로 인정한 「직업공무원제의 재건을 위한 법」 시행일(1933. 4. 7.)부터 시작하는 것이 타당하다는 것이다.

그러나 이러한 사정만으로는 원고가 원하는 결과를 이끌어낼 수 없었다. 혼인무효 청구는 이미 6개월의 제소시한이 지난 후인 1934년 10

월에 제기되었기 때문이다. 이에 법원은 다시 한번 창의적 해석을 시도했다. 가장 중요한 논리는 이혼소송 중 새로운 이혼 사유를 추가로 주장할 수 있다면, 혼인해소를 위한 새로운 법적 근거가 제시된 경우에도 동일하게 적용되어야 한다는 것이었다. 이 논리에 따라 법원은 혼인무효 청구의 제소시점을 1934년 10월이 아닌, 이혼소송을 제기한 1933년 12월로 소급하여 인정하였다.

그러나 이 날짜 또한 제소시한을 충족하기에는 너무 늦었다. 법원은 위의 1934년 소송에서 권리 주장에 장애가 있는 경우 제소시한 만료가 유예된다는 논리를 재확인했다. 이어 원고가 1933년 8월에 법률구조를 신청했으며 법률구조 결정을 받은 직후에 이혼소송을 제기했다는 사실을 찾아냈다. 법원은 원고가 제소시한을 못 지킨 이유는 당국이 그 시간 내에 법률구조 결정을 하지 않았기 때문이며, 결국 원고로서는 법률구조를 받기 전에는 이혼소송을 제기할 방법이 없었으므로 제소시한은 법률구조 결정이 내려질 때까지 진행되지 않았다고 판단했다.

방금 살펴본 사례들은 민족사회주의 인종 이데올로기가 어떻게 법을 재해석하고 변경하기 위한 권위 있는 법적 추론의 원천source으로 작용했는지, 그럼으로써 형식적으로는 법치주의를 무시하지 않으면서도 나치 이데올로기에 영합하는 결과를 끌어낼 수 있었는지를 보여준다. 이 모든 사건에서 대법원은 기존 가족법 조항의 본래 의미나 입법자의 의도에 법원이 구속되지 않음을 분명히 보여주었다. 여기서 말하는 입법자는 모두 "과거, 즉 이전 정권의" 입법자를 의미한다. 그렇다면 "새로운" 법이 제정된 경우, 대법원은 새로운 입법자에게 어떻게 충성했는가?

1935년 제정된 뉘른베르크인종법, 즉 「독일 혈통 및 독일 명예 수호를 위한 법」을 둘러싼 대법원 판례들이 이에 대해 말해준다. 법원은 유대인과 아리아인의 결혼 등을 범죄로 처벌하기 위해 제정된 위 법률의 조문과 입법취지 모두를 뛰어넘었다. 입법자가 단순히 인종 위생racial hygiene 조치로 제정한 법을 대법원은 일반적 인종 정책을 위한 수단으로 바꾸었다.³⁴ 1938년 사례는 입법의도와 나치 이데올로기 사이의 관계를 잘 보여준다. 이 사건에서 원고는 상대방 조부모 중 한 명이 유대인이라는 이유로 혼인무효를 주장했다. 항소법원은 뉘른베르크인종법이 그 경우까지 혼인을 금지하지 않고 있다는 이유로 원고의 청구를 기각했다. 그러나 대법원은 항소법원의 판단을 뒤집었다.

> 인종법이 특정 혼인을 금지하지 않는다고 해서 그와 같은 혼인이 인종적 관점에서 문제없다는 결론이 나오는 것은 아니다. 또한, 독일 혈통의 사람이 그러한 혼인을 기피하지 않을 것이라고 볼 수도 없다. …… 비록 인종법은 그와 같은 혼인에 따른 불이익이 혼인 자체를 전면적으로 금지할 정도로 심각하다고 보지는 않지만, 인종적 차이에 대한 민족사회주의적 관점을 잘 아는 사람은 결혼으로 아이를 가질 경우 어머니와 아이를 고려해 이를 피하고자 할 수 있다.³⁵

다른 접근법이 불가능하지 않았다. 입법에서 설정한 경계를 따르되, 부모의 혈통이 민법 제1333조가 규정한 "개인적 특성"으로 간주되는 시점이나 조건을 한정하는 방법이다. 그러나 법원은 법 자체의 문언이 아니라 해당 법이 제정된 배경 논리를 활용해서 법을 확장해석함으로써, 그 목표를 더욱 효과적으로 실현하려 했다. 즉 대법원은 입법자가 추구하려는 목적이나 취지에 근거해서 법을 해석하는 목적론적 접근법을 적극 활용했다.

1937년 6월 27일 사건에서, 작가인 원고는 2월 24일에 자신의 작품에 관한 영화 제작 계약을 체결했다.³⁶ 덧붙여 원고는 감독 C가 영화를 제작하는 것을 조건으로 계약금 13만 마르크를 피고에게 분할 지급하기로 약정했다. 첫 번째 대금은 3월 1일에 지불했는데 4월 5일, 원고는 C가 유대인이기 때문에 독일법에 의하면 더이상 대중영화 제작을 할 수 없다는 이유로 계약을 철회하고 피고에게 지불한 돈의 반환을 요구했다.

이 사건의 법적 쟁점은 "사망, 질병 또는 이와 유사한 상황으로 인해 C가 영화를 감독할 수 없어 계약을 이행할 수 없게 된 경우"라는 계약 제6조의 계약해제권에 대한 해석이었다.

1심 법원은 원고의 손을 들어주었다. 재판부는 "사망, 질병 또는 이와 유사한 상황으로 인해"라는 계약 조항은 신체적·정신적 무능뿐만 아니라 감독 개인과 관련한 모든 상황을 포함하는 것으로 해석해야 한다고 보았다. 또한, "이행할 수 없게 된 경우"는 영화감독에게 필요한 신체적 능력뿐만 아니라 계약 의도에 따라 작업을 할 수 없는 경우, 즉 독일 대중영화 제작이 불가능해진 경우를 포함한다고 판단했다.

재판부는 전통적인 방식으로 논리를 전개했다. 쟁점은 계약 해석에 근거해 변화된 상황에 따른 위험을 어느 당사자가 부담해야 하는가이다. 물론 인종의 함의를 둘러싼 새로운 평가가 그 사람의 개인적 특성으로 여겨져야 하는지, 아니면 사회적 조건의 변화로 여겨져야 하는지를 문제삼을 수 있었다. 만약 후자라면 이 문제는 새로운 공적 규제로 발생한 위험을 계약 당사자 중 어느 쪽이 부담해야 하느냐는 쟁점으로 다루어야 했을 것이다. 그러나 이 사건에서 법원은 "유대인이라는 점"을 이미 개인의 무능력으로 전제했고, 이런 태도는 법원이 나치 인종 이데올로기를 그대로 수용했음을 보여준다. 이 부분이 실제 심리과정에서 쟁점조차 되지 못했기 때문이다.

대법원은 여기서 한 걸음 더 나아갔다. 원심의 판단과 이유를 지지하면서 "민족사회주의자의 권력장악 후 개인의 권리와 특권의 범위는 인종과 연계된다는 사실"을 그 근거로 덧붙였다. 법원은 과거의 여러 사례를 언급하면서 "모든 권리를 박탈당하는 것은 결국 법적 인격이 완전히 파괴됐기 때문에 육체적 죽음과 같은 것으로 여겨졌다"라고 판단했다. 재판부는 이를 근거로 감독이 업무를 수행할 수 없는 상태를 사망이나 질병과 유사한 상황으로 간주한 것은 지극히 타당하다고 밝혔다.

엄밀히 말하자면, 대법원이 원고의 승소를 위해 추가 논리를 더 제시할 필요는 없었다. 이 사건의 법적 쟁점은 익숙한 종류의 것이었다. 즉, 변화된 상황에 따라 어느 당사자가 그 위험을 부담할지였다. 그러나 원심의 논리 전개에는 약점이 있었다. 유대인과 관련해 발생한 새로운 상황을 사회적 상황 변화 또는 규제 변화가 아닌 그 사람 개인과 관련한 사정의 변화로 봐야 하는가이다. 대법원이 보완하려 했던 지점이 바로 이 부분이다. 이 논리적 공백을 메우려다 보니 법원은 유대인들의 상황을 육체적 죽음과 유사한 것으로 간주하면서 1933년 3월 이후로 모든 권리를 박탈당하여 법인격이 완전히 파괴된 상태에 놓였다고 평가했다.

1936년 6월, 대법원이 이런 접근법을 취했다는 점은 주목할 만하다. 인종 관련 법률의 해석에서 법원은 두 가지 중 하나를 선택할 수 있었다. 유대인의 권리를 특정한 범위 내로 제한하는 규정으로 해석하는 방법과 유대인이 아예 그들의 법적 인격을 박탈당한 새로운 법적 상황의 출현으로 간주하는 방법이다. 이 사건은 1936년에 이르러 대법원이 후자의 방식을 확고히 정립했음을 보여준다. 대법원은 단순히 유대인 배척을 위한 입법을 시행·적용한 것에 그치지 않고 나아가 스스로 법을 사회적 축출의 도구로 변질시키는 데 주도적 역할을 담당했다.[37]

유대인과 아리아인의 성관계에 대한 대법원의 판결도 마찬가지다. 법원은 간통 금지 조항을 해석하면서 성행위로 이어질 가능성이 있거나 심지어 성행위와 직접적인 관련이 있는지와 상관없이 성적 암시가 있는 모든 관계로 법의 적용대상을 확대했다.[38] 나아가 법원은 독일 밖에서 이루어진 행위까지 법의 적용대상이 된다고 확장해석했다(위 56-57페이지의 사례 참조).[39]

이런 사례들을 통해 법적 주체로서 유대인의 지위를 박탈하는 일에 법원이 얼마나 적극적인 태도를 보였는지 확인할 수 있다. 어떤 경우에 법원은 법조문 자체는 물론 나치 입법자가 설정한 범위를 넘어서 법을 적용했다. 결국 나치 시대 법원이 사법적 역할 때문에 어쩔 수 없이 해야 하는 일 이상은 절대 하지 않았으며, 독일법의 변질에 소극적으로 참여했을 뿐이라고 보기는 정말 어렵다.

인종을 넘어서

민족사회주의가 법질서에 미친 영향은 인종 문제와 유대인 처우에 국한하지 않는다. 민족사회주의와 그 이데올로기는 법질서 전체에 침투해 이를 근본적으로 바꿔버렸다.[40] 에른스트 프랭켈은 1933년 이후 독일 법원이 어떻게 체계적으로 정치의 영역을 확장함으로써 게슈타포와 특권국가의 지배력을 사회 전반에 걸쳐 강화했는지 보여준다.[41] "법치주의에 사형 선고를 내린 것"은 법원 자신이었다.[42]

주 검사 프리드리히 빌헬름 아다미는 1939년 그의 글에서 민족사회주의 기본 세계관의 영향 아래에서 얼마나 많은 법제도가 "본질과 내용"에서 바뀌었는지를 보여준다.[43] 노동법은 기업공동체 개념에 기반한 법으로, 임대차법은 거주공동체 개념에 기반한 법으로 바뀌었다. 시장의 자유 개념은 공동선을 위해 공동체의 틀 안에서 행동해야 하는 모두의 의무로 수정됐다.

나치 이데올로기가 여성과 여성의 역할 개념에 미친 영향을 보여주는 사례가 있다. 프로이센 행정항소법원 부원장이 판결한 내용이다. 경찰이 여성 권투 시합의 공개 개최를 금지하자, 해당 단체가 소송을 제기했다. 이전에도 같은 소송이 제기된 바 있었는데, 당시 법원은 선수들이 부적절한 복장을 하지 않았다면 권투 시합 공개를 허용해야 한다고 판결했다.

그러나 1933년 11월 9일 법원은 공공질서 개념이 사회적 통념과 풍습의 변화에 따라 달라질 수 있다고 밝혔다. "국가 혁명"의 성취로 인해 이제 독일 정신사에 여성의 사회적 역할에 대한 전례 없는 인식 변화가 일어났다면서, 이전에는 여성 권투 시합 공개를 허용하는 문제가 품위 문제로 여겨졌지만, 이제는 "여성의 본질적인 특성, 독일 공동체 내에서 여성의 지위 및 가치"와 연관해 봐야 한다는 것이다. 두 여성이 서로 치고 받으며 상처를 입히는 행위는 "공공시설에서 대중의 관음증을 만족시키는 것"으로 여성의 지위와 가치에 반하는 것으로 봐야 한다고 판단했다.[44]

아다미는 새로운 시대가 열려 법 정신이 바뀌었다고 말한다. 여러 정당이 경쟁하는 의회제도 하에서 법은 다수결과 타협이라는 방식을 통해서 제정되기 때문에 특정 세계관이 법 전체를 관통하지 않는다. 그러나 민족사회주의 체제에서는 다르다. 법은 하나의 세계관, 즉 민족사회주의에 기초한다. 아다미는 나치당 강령을 여덟 가지 원칙으로 구조화했다. 1) 독일 민족 공동체 원칙 2) 인종 개념 3) 사익에 우선하는 공동체의 이익 4) 이자 노예제 폐지 5) "사회의 기생충, 악명 높은 범죄자, 고리대금업자, 밀수업자 등"에 대한 투쟁 6) 법의 기초를 독일 민족에 두는 것 7) 종교의 자유 8) 직업별 협회 설립이 그것이다. 아다미는 이 모든 원칙과 관련된 판례를 언급하며, 법원이 어떻게 이런 원칙들을 고려했는지, 그리고 당 강령을 통해 그 원칙들이 어떻게 법으로 전환됐는지 보여준다. 그는 나치 통치 아래에서 법이 특정한 단일 세계관에 결합됐으며, 그에 따라 "법은 독일 민족에 봉사하는 것이며, 불법이라 함은 독일 민족에 해를 끼치는 것이다"라거나 "형식적인 법에 우선하는 삶의 법Law of life"이라는 말이 가능해졌다고 주장한다.

"법은 독일 민족을 위해 봉사하는 것"이라는 민족사회주의 법의 기본원칙은 결국 "법은 총통의 의지"라는 원칙으로 바뀌었다. 이는 모든 법적 추론의 기초를 이루는 근본규범이 되었을 뿐 아니라 독일법이론의 기반이 됐다.[45] 전통적으로 독일 판사들은 입법에 대한 충성을 보여 왔으나 이제 그 충성은 독재자의 의지와 정치적 목표에 대한 충성으로 대체됐다. 대법원의 유대인 관련 판례들은 이러한 충성의 전환이 매우 빠르게 일어났음을 보여준다.

남아프리카공화국 사법부와 아파르트헤이트

남아프리카공화국은 정권이 법적 수단을 통해 체계적 억압과 차별을 실현한 또 다른 사례이다. 데이비드 다이젠하우스는 "아파르트헤이트의 특별한 점은 법을 통해 집행되고 유지됐다는 데 있다"고 지적한다.[46] 나치 독일과 마찬가지로 남아프리카공화국의 법제도는 인종 차이를 강조하는 이데올로기에 기반을 두었으며, 특정 공동체를 보호해야 한다는 인식 아래 시행되었다.[47] 여기에서 특정 공동체는 백인 기독교 문명을 뜻했다.

남아프리카공화국법은 흑인에게 차별적이었지만, 법적 주체의 지위를 박탈하거나 열등한 지위를 부여하지는 않았다. 아파르트헤이트 체제가 끝나갈 무렵, 법학자인 헤이섬Haysom과 플래스킷Plaskte은 다음과 같이 평가했다.

남아프리카공화국 사회의 독특한 특징 중 하나는 가난한 흑인 직원이 백인 고용주를 법정에 세우거나 투표권이 없는 흑인 주민이 백인 각료를 법정에 소환할 수 있다는 것이다. 그 나라에서는 대다수 시민이 참정권과 같은 전통적인 책임 추궁 수단을 박탈당했으면서도, 그나마 약화된 형태의 책임성을 보장하는 도구로 법을 이용해 왔다.48

아파르트헤이트 법은 크게 두 가지로 나뉘는데 하나는 인종분리 및 차별에 관한 법제이며 또 다른 하나는 아파르트헤이트에 대한 의회 외부의 반대를 억제, 통제, 근절하기 위해 제정한 보안법이다.49

아파르트헤이트 체제의 "헌법"은 20년에 걸쳐 제정된 일련의 법령들로서 이 법령들은 인종 간의 물리적 분리를 규정했다. 농촌 지역에서는 아프리카 부족 정부 체제하에 아프리카인들을 두고, 도시 지역의 아프리카인들은 별도로 통제하는 시스템을 구축했다.50 「주민등록법 the Population Registration Act」과 「집단지구법 the Group Areas Act」은 이 법령들의 핵심으로 둘 다 1950년에 제정됐다. 「주민등록법」은 인종에 대한 정의 조항을 두고 인구조사 책임자가 모든 거주자를 인종별로 분류하고 등록하도록 요구했다. 「집단지구법」은 모든 지역에 특정 구역을 설정해서 각 인종은 그 구역 안에서만 거주하고 영업하게 했다.

토착민 보호구역을 제외한 모든 지역은 백인의 소유로 정해졌으며 아프리카인은 백인의 허락 아래에서만 거주하고 노동할 수 있었다. 농촌 지역에서는 아프리카인들이 백인 농장에서 노동 소작인으로 등록되어 일했으며 도시 지역 출입이 통제되었다. 「도시지역법 the Urban Areas Act」에 따르면, 아프리카인은 누구든지 무위도식 idle하는 자이거나 부적격자 undesirable라는 이유로 영장 없이 체포되어 치안판사 앞에 끌려갈 수 있었다. 판결이 내려지면 집, 노동수용소* 또는 유사 기관이나 지정시설로 이송됐다. 법원은 법을 해석해 '무위도식'과 '부적격'이 실제로 어떤 의미인지를 정하고 적용했다. 법원은 행정당국에게 사법절차를 엄격히 준수하라고 요구했지만 대체로 사실관계가 명확하면 당국의 판단을 존중했다.[51]

1960년 샤프빌에서 경찰이 평화적으로 시위를 벌이는 사람들을 공격해 69명의 사망자와 180명의 부상자가 발생했다. 비상사태가 선포되고 남아프리카공화국은 법치주의의 새로운 고비로 접어들었다. 시민적·정치적 권리가 제한되면서 경찰에게 사법심사 없이 사람을 장기간 구금할 수 있는 권한이 부여되었다.[52]

남아프리카공화국 판사들은 나치 판사들이 유대인에 대한 차별을 확대한 방식과 거의 동일하게 아파르트헤이트 법을 확장했다. 1934년의 한 사건에서, 트란스발의 한 우체국을 유럽인 전용구역과 비유럽인 구역으로 나누는 우정청장의 지시가 합법적인지가 판단대상이 되었다.[53] 관련 법은 그러한 차별을 허용하지 않았으므로 이는 입법 문제가 아니었다. 사건의 중요한 쟁점은 다음과 같았다. 법 앞의 평등이라는 기본원칙이 존재하는 상황에서 인종차별적 조치는 반드시 의회가 제정한 법조문에 명시적으로 표현된 것에 한해서만 가능한가 아니면 비록 법조항으로 명시된 것이 아니라도 그 조치가 합목적적이고 타당하며sensible and rational 그 자체로 명백하게 불합리한unreasonable 경우만 아니라면 괜찮은지였다.

우정청장은 우체국을 설치, 운영, 폐지하고, 업무를 감독하고 통제

---

* 흑인들은 등록의무 불이행이나 통행증 미소지 등과 같은 규정 위반으로 체포되면 처벌과 별개로 정부기관이나 민간기업 또는 백인 농장에 넘겨져 채석장, 도로 건설, 농장 관리 등의 노동을 저임금 또는 무상으로 강요당했다. 형식상으로는 본문에 나온 것처럼 무직이거나 부랑자로 간주된 사람들에게 노동을 통한 갱생의 기회를 제공하고 사회정화를 꾀한다는 명목이었으나 실제로는 강제노동과 흑인통제 목적으로 운영되었다. 노동수용소 자체가 제도화된 시설로 존재한 것은 아니었으나 위와 같은 구금과 강제노동 동원 시스템은 현대판 노예제라는 국제사회의 비판을 받았다.

할 권한을 가지고 있었으며, "법 규정 시행과 관련해 공무원의 업무와 지도에 필요하다고 인정되는 경우 특정 조치"를 지시할 권한도 있었다. 문제의 조치 이전에는 원주민들을 위한 별도의 분리된 공간이 있었다. 우정청장의 조치로 인도 출신 사람들은 유럽인 전용창구를 이용할 수 없게 됐고 비유럽인 구역으로 가야 했다. 하급심은 청장의 조치가 인종이나 피부색에 따른 차별을 초래했으므로 무효라고 판결했다.

스트래트퍼드Stratford 대법관은 "어떤 권한을 부여하는 법률은 명문으로 특별히 정하고 있지 않다면, 그 조항을 해석할 때 불합리한 행위에 대한 권한까지 부여한 것으로 해석해서는 안 된다"라는 것을 논리 전개의 출발점으로 삼았다. 그러면서도 그는 공동체를 백인과 유색인종으로 나누는 것이 그 자체로서 불합리하다고 보기 어렵고 오히려 "그런 구분이 불합리하다고 보는 게 일반적인 상식과 원칙에 어긋난다"라고 판단했다. 드빌리에De Villiers 대법관은 "정당한 사유가 없는 자의적 차별과 정당하고 합리적인 이유가 있는 차별"을 구별하고 인종과 피부색에 따른 차별은 후자에 속한다고 판단했다. 그의 의견에 따르면 유럽인과 비유럽인 사이의 차별은 권리, 의무, 특권 또는 처우의 차이를 가져오지 않는 한 그 자체로 불합리하지 않다는 것이다.

반면, 가디너Gardiner 대법관은 의견을 달리했다. 그는 법 앞에서 모든 사람은 평등하다는 근본원칙을 강조하며 피부색이나 인종을 이유로 분리하는 것은 모욕적 처우라고 판단했다. 이에 근거해 그는 우정청장에게 규칙 제정권을 부여한 법 규정이 법의 근본원칙을 위반할 수 있는 권한까지 부여한 것은 아니라고 주장했다. 그의 견해에 따르면, 인종차별은 의회가 제정한 법률에 명시적으로 허용된 경우에만 가능하다는 것이다.

비록 법원의 다수의견은 두 집단에 제공되는 서비스가 동일하다는 전제에 기반하고 있었지만, 결과적으로 행정부가 인종차별 조치를 시행할 수 있도록 승인하는 효과를 낳았다. 이 사건은 이후 아파르트헤이트가 공식적인 국가정책으로 도입된 후 중요한 선례로 활용되었다.[54]

1960년, 대법원은 만델라Mandela와 탐보Tambo 법률사무소에서 함께 활동했던 변호사 피체Pitje가 법정모독죄로 기소된 사건을 심리했다.[55] 그는 비백인 변호사석에서 변론하라는 치안판사의 지시를 따르지 않았다는 이유로 기소되었고, 결국 벌금형을 선고받았다. 당시 변호사석은 치안판사의 명령에 따라 두 개로 분리되어 설치되어 있었다. 스테인Steyn 대법관은 라술Minister of Post and Telegraphs v. Rasool 사건을 언급하면서, 치안판사는 법에 위배되거나 불합리하지 않는 한 재판절차에 관한 부수적 명령을 내리는 것이 가능하다고 판단했다. 당시 피체는 별도의 변호사석에서 변론하면 의뢰인에게 최선의 이익을 제공할 수 없게 된다고 주장하려 했으나, 치안판사는 먼저 비백인석에서 변론하지 않는 한 어떤 주장도 듣지 않겠다고 이를 거부했다. 피체는 이에 응하지 않았는데, 스테인 대법관은 이를 두고 오히려 "법정에서 모욕적 진술을 하려 한 것"이라며 유죄 판단을 내렸다. 「편의시설분리법Separate Amenities Act」에 변호사석 분리를 특정해서 구체적으로 정하고 있는 조항이 없었음에도, 스테인 대법관은 이 법률에 근거가 있다고 주장했다.

> 1953년 법률에 따라 어떠한 조치도 취해진 바 없었다고 해서, 법률이 그러한 조치를 금지한다는 것을 의미하지 않는다. 치안판사의 법정에서 변호사석을 분리한 것은 본질상 입법부가 승인한 사항이며, 따라서 해석상 치안판사의 명령이 불합리하다는 주장은 인정하기 어렵다.

이 판결이 보여준 결론은 다음과 같다. 법원이 보기에 특정 법률에 구체적으로 명시하고 있는 조문이 있어야만 편의시설 분리가 합법으로 인정되는 게 아니며, 법원은 입법에서 정해 놓은 범위를 넘어서는

차별을 정당화하는 데 주저하지 말아야 한다는 것이다.[56]

1961년, 대법원은 특정 법률이 차등대우를 규정하고 있다면 그 법의 적용 결과 실질적으로 불합리한 차별을 초래하는 경우에도 이를 허용할 수 있는지 판단해야 했다.[57] 1961년 더반 시Durban city를 구획, 분리하는 과정에서 백인들에게 가장 좋은 지역을 할당한 반면 낙후된 지역은 유색인종에게 할당했는데, 인도계 사람 한 명이 해당 지역에는 유색인종 모두를 수용할 적절한 거주공간조차 부족하다는 이유로 소송을 제기했다. 종전 판례들에서 법원은 불합리한 차별이 가능하려면 반드시 법률에 명시적 조항이 있어야 한다고 판단해왔다. 그러나 법원은 이전의 선례를 뒤집고, 국가를 두 구역으로 나누는 것은 "거대한 사회적 실험"이며, "의회는 특정 지역에서 살고 있던 사람들을 강제 이주시키면 필연적으로 혼란이 초래될 것이며 가까운 미래에 실질적인 불평등이 초래될 것임을 충분히 예측하고 있었다"라고 판단했다. 다이젠하우스의 주장대로, 이 판결은 아파르트헤이트 정책의 전반적인 설계와 시행을 정당화했으며, 이를 통해 사회적·정치적 생활의 모든 측면에서 백인이 흑인보다 훨씬 우월한 위치를 차지하도록 하는 데 기여했다.[58]

남아프리카공화국 대법원은 이처럼 아파르트헤이트 법을 폭넓게 적용하는 데 제한을 두지 않았다. 정권이 제정한 보안법도 마찬가지였다. 잘 알려진 사례가 로수Rossouw v. Sachs 사건이다.[59] 사건의 쟁점은 1963년 제정된 법률 제37호* 제17조에 따라 구금된 사람에게 독서와 필기구 사용을 제한할 수 있는지였다. 일반 교도소 규정에 의하면 재판을 기다리는 미결수에게는 독서와 필기구 사용이 허용되었다. 그러나

---

* '90일 구금법'으로 알려진 1963년 법률 제37호는 남아프리카공화국 경찰관이 정치적 동기에 의한 범죄로 의심되는 사람을 변호인의 접견 허용 없이 최대 90일 동안 영장 없이 구금할 수 있도록 허용했다. 실제로는 용의자는 석방 직후 90일 동안 다시 구금했다.

경찰청장은 위 법에 의한 90일 구금조치를 당한 사람에 대한 처우지침을 별도로 정하면서 독서와 필기구 사용을 금지하는 규정을 두었다.

법률 제37호는 구금 시 처우 조항을 별도로 두지 않고 다만 피구금자에 대한 특정 조치는 법무부의 허가가 있어야 한다고만 규정했다. 여기에는 변호사의 도움을 받을 권리도 포함됐다. 그리고 위 법률은 어떤 법원도 구금 이후에는 피구금자의 석방을 명령할 사법권을 가질 수 없다고 명시했고, 경찰 등 행정부에게 구금과 관련한 규칙 제정권을 부여하지 않았다. 이 사건에서 경찰청장이 내린 명령은 법원에 제출되지 않았다.

케이프 지방법원은 피구금자에게 독서와 필기구 사용권이 있다고 판결했다. 도서와 필기구를 제공받을 권리를 박탈하는 것은 사실상 형벌에 해당한다는 판단에 따른 것이었다. 법원은 "입법부가 미결수에게 형벌과 동일한 조치를 시행하려는 의도를 가졌다고 해석한다면 이는 놀라운 일"이라고 지적했다.

그러나 대법원의 판결은 달랐다. 대법원은 경찰청장이 피구금자의 처우에 관한 명령을 내릴 법적 근거가 있는지, 그 법적 근거가 읽고 쓸 자유를 박탈할 권한을 포함하는지를 검토하지 않았다. 그 대신 사건의 쟁점을 피구금자가 읽고 쓸 권리를 가지는가로 설정했다. 이 쟁점을 검토하면서 주심인 톰슨Thompson 대법관은 다른 대법관들의 동의하에 법률 제37호의 "제17조에 따라 허용된 지속적인 구금의 진정한 목적"이 무엇인지를 해석하는 쪽으로 심리 방향을 잡았다.

톰슨 대법관은 법률의 진정한 목적이 "피구금자가 자백하도록 유도하는 것"에 있다고 판단했다. 따라서 판단이 내려져야 할 쟁점은 의회의 의도가 무엇인지 즉, 피구금자가 일상적 권리를 누리게 하려고 했는지, 아니면 구금이 좀 더 효과적으로 집행되도록 의도했는지였다. 이에 관해서 법률이 명시하고 있지 않으므로 법원은 상황에 맞춰 의회의 의도를 추론해야 했다. 그런데 해당 조항의 목적은 공공질서와 국가안보에 위해를 끼치는 범죄를 방지하는 것임을 고려할 때 개인의 자유를 보호하는 방향으로 법률을 좁혀 해석할 여지가 없다는 것이다. 톰슨 판사는 해당 법률 자체가 형사법의 두 가지 기본원칙, 즉 자기부죄負罪의 특권과 변호인의 도움을 받을 권리를 배제하고 있다는 점을 지적했다. 이는 피구금자의 자백 유도에 필요한 수단을 허용하는 것으로 의회의 의도를 해석하는 논거가 되었다. 이에 따라 톰슨 대법관은 '피구금자가 자유롭게 읽거나 쓸 수 있는 권리를 의회가 당연히 허용하려 했다고 볼 수 없다'고 결론지었다.

나치의 집권 이전부터 독일 판사들이 반유대주의 이념을 수용했던 것과 마찬가지로 남아프리카공화국 사법부도 인종분리 이념을 타당한 것으로 생각하고 있었다.[60] 두 사례에서 판사들이 억압적 정권의 법을 받아들이고, 적용하고, 나아가 확장한 것은 그들의 법적 추론방식이나 법에 대한 의무감만으로는 완전히 설명할 수 없다. 그들은 자신들의 일반적인 가치관과 전혀 동떨어진 법을 강요당하여 집행한 것이 아니었다. 오히려 그들이 적절하다고 여겼던 가치관에 부합하는 판단을 내리고자 했다. 이런 현상은 다른 나라의 사법부에서도 확인할 수 있다. 아르헨티나 대법관들은 전반적으로 군사 쿠데타를 지지하고 군사 통치의 정당성이 지속되리라 믿는 정치적 보수주의자들이었다.[61]

자유주의 사회에서 이루어지는 억압에 대한 동의

필수적 국가이익 보호

비상시기에 권위주의 조치를 받아들이는 것은 반드시 전제정권에서만 벌어지는 일이 아니다. 자유민주주의 체제의 법원에서도 그런 일이 벌어진다. 권위주의 정권의 억압적 조치와 민주주의 국가에서 이루어지는 억압적 조치 사이에 어떤 유사점이 있을까? 거기에서 얻을 수 있는 교훈은 무엇인가?

잘 알려진 사례로는 1941년 영국 상원이 재판 없이 개인을 구금하는 내무부장관의 재량권 행사가 정당하다고 한 판결,[62] 일본계 미국인의 강제수용 조치가 적법하다고 인정한 미국 대법원 판결, 1950년 반공법을 승인한 미국 대법원 판결이 있다.[63] 이러한 사례는 정부가 사회적 위협에 대응하기 위해 강력한 조치가 필요하다고 주장할 때, 판사들이 이에 동조하면 개인의 자유와 권리는 부차적인 것으로 밀려날 수 있음을 보여준다.

영국 방위 규정The British Regulation 18B에 따르면 내무부장관은 "적대적 출신hostile origin이거나 그와 관련이 있다고 여겨지거나, 공공안전이나 국가방어에 해를 끼치는 행위에 최근 관여했거나 또는 그러한 행위를 준비하거나 선동했다고 믿을 만한 합리적 이유가 있는 사람"을 구금할 수 있다. 즉, 이 규정은 특정 개인에 대해 명확한 범죄 혐의가 입증되지 않았거나 공식 기소가 되지 않았더라도 내무부장관이 필요하다고 판단하면 구금할 수 있다는 전제를 갖고 있었다.

이 규정에 따라 총 1,874건의 구금명령이 발부되었는데 여기에는 영국 파시스트당 당원 750여 명이 포함됐다.[64] 조종사 리버시지Liversidge는 1940년 5월 28일에 이 규정에 따라 체포됐는데 구금 사유를 통지받지 못했다. 그는 법원에 이의신청을 제기해 자신을 적대적 단체와 관련된 인물로 판단한 합리적 이유와 그에 따라 자신을 구금해야 할 이유를 제시하라고 요구했다. 이 사건에서 상원House of Lords이 다룬 법적 쟁점은 내무부장관이 리버시지를 구금할 합리적 이유가 있다고 '믿었다'는 점을 법원이 심사할 수 있는지였다. 몸Maugham 자작이 다수의견을 대표해 다음과 같이 논점을 정리했다.

어떤 사람이 특정 상황이나 사실을 믿을 만한 합리적인 이유가 있다는 표현은 두 가지 방식으로 해석할 수 있다. 첫째는 실제로 그 사실을 '믿을 만한 합리적인 이유가 있는 경우'이고 둘째는 그 사람이 문제의 사안에 대해 자신의 판단에 따라(그리고 당연히 선의good faith를 전제한다) 합리적 이유가 있다고 믿은 경우이다.

첫 번째 해석에 따르면, 법원은 내무부장관이 그렇게 믿을 만한 합리적인 이유가 있었는지를 심사할 수 있다. 그러나 두 번째 해석에 따르면 당국이 그렇게 믿었다고 진술하는 것만으로도 충분하며, 이는 사실상 행정부에 무제한의 권한을 부여하고 사법심사를 무력화하는 결과를 낳을 것이다.

몸 자작은, 법원이 취해야 할 해석방식에 대해 "사용된 단어의 의미에 대해 합리적 의문이 있는 경우, 우리는 입법자의 명백한 의도를 실현하는 해석을 선호해야 하며, 그 의도를 저해하는 해석을 택해서는 안 된다"라고 밝혔다. 이러한 접근법에 따라 다수의견은 두 번째 해석을 선택했다. 개인의 자유가 문제되는 경우 법률은 가능하면 개인에게 유리하고 국가에 불리하게 해석해야 한다는 원고의 주장에 대해, 몸 자작은 "국가의 안전이 걸린 상황에서는 그런 원칙이 적용되지 않으며, '공공의 위험을 방지하기 위한 행정조치를 다루는 것과는 아무런 관련이 없다'고 생각한다"라고 반박했다.

이에 대한 유명한 반론에서, 애트킨Atkin 경은 이렇게 비판했다.

이 나라에서, 법은 전쟁의 포화 속에서도 침묵하지 않는다. 법은 변경될 수 있지만 전시와 평시를 막론하고 동일한 언어로 말한다. 판사들이 인간을 차별 대우하지 않으며 개인의 자유를 침해하려는 시도에 맞서며 모든 강제조치가 법적으로 정당한지를 철저히 감시하는 것, 그것이 오랫동안 우리의 자유를 지켜온 원칙 중 하나였고, 우리가 지금 지키고자 싸우는 원칙이다.

그러나 현실에서는 몸 자작과 다른 이들의 견해가 우세했다.

리버시지 판결은 영국이 전쟁 중이던 시기에 내려진 점을 감안해, 이후에는 특별한 상황에서만 적용되는 것으로 간주되어 왔다. 그러나 1977년 외국인 기자 추방 사건에서 데닝Denning 경은 "평화로운 시기에도 위험은 존재한다. 간첩, 정부 전복 시도범, 사회 파괴범들이 우리 사이에 섞여 겉으로는 가장 무고한 척하고 있을지도 모른다"라고 하며 추방조치를 옹호했다.65 추방조치를 당한 기자는 조치의 위법을 주장하면서 법률상 오류가 있고 청문대상 사안임을 제대로 통지받지 못해 자연적 정의 원칙principles of natural justice 위반이 있었다고 주장했으나, 항소법원은 선례인 리버시지 판결을 인용하면서 그 주장을 기각했고 상원에 대한 상고도 불허했다. 리버시지 판결은 남아프리카공화국 대법원이 아파르트헤이트 정권에서 억압적인 보안법을 지지하고 확장하는 데 중요한 선례이자 논거로 쓰이기도 했다.66

비상조치의 승인은 반드시 전쟁 상황에서만 이루어지는 게 아니다. 1950년 미국 대법원은 「스미스 법Smith Act」이 미국 수정헌법 제1조 또는 제5조 위반인지를 판단해야 했다. 이 법은 "누구든지 고의로 무력이나 폭력을 사용해 미합중국 정부의 전복 또는 파괴를 옹호하거나 그렇게 할 목적으로 단체를 조직하거나 공모하는 것"을 범죄로 규정했다.67 미국 공산당 총서기 유진 데니스Eugene Dennis는 이 법이 언론의 자유를 침해하며, 유죄판결의 근거로 삼기에는 지나치게 모호하다고 주장했다.

대법원은 만장일치로 그 법을 지지했다. 다수의견을 대표한 빈슨Vinson 대법관은 정부의 주장을 전적으로 수용하며 공산주의 위협의 정도와 그에 대한 대응조치로서 형사처벌의 필요성을 인정했다. 그는 다음과 같이 판시했다.

> 피고인들은, 지도자인 자신들이 행동에 나설 때가 되었다고 판단하면 조직원들이 즉시 응할 수 있도록 훈련시키고 고도로 조직된 음모를 꾸미며 엄격한 규율을 유지해 왔다. 여기에 더해 지금의 세계 정세가 일촉즉발의 상태이며, 다른 나라에서 유사한 봉기가 발생하고 있으며 피고인들이 최소한 이념적으로 동조하는 나라와 미국의 관계가 불안정하다는 점을 고려할 때, 피고인들에 대한 유죄판결은 정당하다.

그는 다음과 같은 말로 마무리했다.

> 위험 요소가 이미 존재하는 상황에서, 우리는 그것이 폭발할 때까지 정부에게 기다리고만 강요할 수 없다.

프랑크푸르터Frankfurter 대법관은 이전 판례들을 인용하며 같은 결론을 내렸다.

> 독립을 수호하고 외국의 침략과 침탈로부터 국가의 안전을 보장하는 것은 모든 국가의 가장 숭고한 의무이다. 이 목적을 달성하기 위해서는 거의 모든 다른 고려사항을 부차적인 것으로 취급해야 한다. 침략과 침탈이 어떤 형태로 일어나는지는 중요하지 않다. 국민의 보호와 안전을 위해 행사되어야 하는 정부의 권한에는 언제 어느 상황에서 발동할 것인지를 결정할 권한도 포함된다.

그는 공산당의 정치 발언들을 두고 "지금까지 우리가 인정해 온 어떤 가치척도에 비추어 봐도 이런 유형의 연설은 순위가 낮다"라고 평가했다.

우생학

억압적 조치에 대한 사법부의 동조는 권위주의 또는 전체주의 정권이나 사회불안, 국가 위기 상황에 국한되지 않는다. 1920년대부터 1970년대까지 많은 자유주의 국가가 우생학적 관점에 따라 이른바 정신적으로 열등하다고 여겨진 사람들을 대상으로 억압적 조치를 시행했다. 예를 들어 스웨덴에서는 2만 1,000명의 사람들이 강제로 불임수술을 받았다고 추정되는데, 그 조치 대부분은 1935년과 1955년 사이에 시행됐다.[68] 강제 불임수술과 같은 조치를 지지하는 모든 사람이 열등한 유전자로부터 인종을 보호하려는 목적을 가지고 있었던 것은 아니었다. 많은 사람이 사회 정책적 이유, 즉 범죄와 반사회적 행동을 방지하고, 심지어 사회적 고통과 빈곤 속에서 새로운 생명이 태어나는 것을 막기 위해 이를 지지했다. 이러한 억압적 조치들은 사법부의 승인과 집행을 통해 이루어졌다.

1927년 미국 대법원은 강제 불임수술과 관련된 첫 번째 판결을 내렸다. 원고 캐리 벅Carrie Buck은 시설에서 "지적 장애"가 있는 어머니에게서 태어난 사생아였고, 그 역시 "지적 장애"가 있었다. 당국은 캐리 벅이 "그녀가 고통받는 것처럼, 장래에 사회적으로 부적절한 아이를 출산할 가능성이 높다"라며, "불임수술이 그녀의 건강에 해를 끼치지 않으며, 그녀와 사회복지에 도움이 될 것"이라고 주장했다.

다수의견을 작성한 유명한 대법관 올리버 웬델 홈즈Oliver Wendell Holmes는 이에 대한 판결에서 그의 의견을 밝혔다.

우리는 공익을 위해서라면 최고의 시민들에게도 목숨을 요구할 수 있음을 여러 차례 목격했다. 그렇다면 우리 공동체가 무능의 늪에 빠지는 사태를 막기 위해, 이미 국가의 힘을 약화시키는 사람들에게 이러한 작은 희생조차 요구할 수 없다면 그게 오히려 이상하다. 이런 희생은 그들 스스로는 희생이라고 느끼지 못하는 경우도 많으며, 저능한 후손이 태어나 범죄를 저질러 사형에 처해지거나, 혹은 저능한 까닭에 굶주려 죽게 내버려두기보다는, 애초에 명백히 부적합한 사람들이 자손을 생산하지 못하도록 막을 방법이 있다면 그것이 세상을 위해 더 낫다. 바보들은 3대로 충분하다.[69]

미국의 단종법과 그 시행은 나치가 아리안 혈통의 보존 필요성을 주장하면서 자신들의 인종 이데올로기를 정당화하는 데 적극 활용됐다. 캐리 벅 사건은 판사들이 그 사회의 통념을 흔히 공유한다는 사실을 보여준다. 통념이 악의적 조치의 근거가 될 때도 마찬가지이다. 사회를 열등한 사람들로부터 정화해야 한다는 신념이 더 심각한 결과를 낳지 않은 것이 입법자의 자제 덕분이었는지, 아니면 법원의 통제 덕분이었는지는 정확하게 추론하기 어렵다. 그러나 적어도 이러한 조치의 시행을 억제하는 역할을 법원이 맡지 않았음은 분명하다.

형평성을 잃은 처벌

억압적 조치에 대한 사법부의 지지를 보여주는 미국의 최근 사례는 범죄행위에 비해 과도한 형벌을 부과하는 것이다. 유럽 인권재판소는, 유럽법에 따르면 "원칙적으로 적절한 형의 선고에 관한 문제는 대부분 협약 범위 밖이지만(Léger, 위에서 인용한, §72), 현저하게 형평성을 잃은grossly disproportionate 형의 선고는 제3조(고문 및 반인도적이거나 품위를 손상시키는 처벌 또는 대우 금지) 위반의 학대행위에 해당할 수 있다"라고 판단했다.[70] 그러나 "현저하게 형평성을 잃은"이란 매우 제한적이고 엄격한 기준이며 "매우 드물고 특별한 상황"으로만 한정된다. 예를 들어 가석방 없는 종신형도 살인과 같은 중대한 범죄에 대해 관련된 모든 참작 및 가중요소를 고려하여 부과되었다면 위 법 제3조 위반으로 간주되지 않는다.

미국 수정헌법 제8조는 잔인하고 이례적인 처벌을 금지한다. 연방대법원은 이 조항을 범죄행위에 상응하지 않은 극단적이고 현저하게 형평성을 잃은 형벌의 금지로 해석해왔다. 그러나 무엇이 그처럼 형평성을 잃은 것인지의 판단기준은 유럽 국가들보다 훨씬 엄격하게 설정되어 있다. 그래서 상대적으로 덜 심각한 범죄에도 형사정책상 이유로 사형이나 종신형이 허용되고 있다.

여기에서 사형 문제는 다루지 않으려 한다. 비록 많은 나라에서 사형이 문명사회를 이루는 최소한의 기준에 반한다는 견해들이 있지만, 그에 대한 명확한 합의가 존재하지 않기 때문이다. 여기서 논의할 것은 비례성 원칙이라는 보다 일반적인 개념이다. 국가가 형벌을 부과할 권리는 무제한이 아니다. 비례성 원칙이나 잔인하고 이례적인 처벌 금지 원칙에 따라 일정한 제한을 받는다.

미국 판사들은 엄격한 양형기준과 최소 형량을 의무적으로 정하게 한 제도로 인해 도덕적 딜레마에 직면해 있다. 미국 대법원은 사형이 그 자체로 위헌은 아니지만 특정 유형이나 특정 계층의 범죄자에게 적용하는 것은 너무 가혹한 형벌이라고 판단해, 사형 선고를 살인죄를 범한 경우로 제한하고 행위 당시 18세 미만인 범죄자에게는 금지했다. 또한 지나치게 가혹한 형의 선고가 수정헌법 제8조의 "잔인cruel하고 이례적인unusual 처벌" 금지 조항 위반이 아닌지를 검토하고, 범죄에 비해 현저하게 형평성을 잃은 형의 선고는 위헌이라고 판단했다. 그러나 동시에 대법원은 이 판단에 매우 엄격한 요건을 두어, 실제로는 각 주 및 연방에서 입법부가 제정한 최소형량 의무제를 사실상 그

대로 수용하고 있다.⁷¹

안드레이드Lockyer v. Andrade 사건에서 피고인 안드레이드는 두 차례에 걸쳐 총 150달러 상당의 비디오테이프를 훔친 혐의로 각각 25년형 내지 종신형을 연속으로 선고받았는데,* 대법원은 다수의견으로 이 형량을 유지하는 판결을 내렸다.⁷² 안드레이드는 1977년부터 헤로인 중독자였으며 1982년 이후 여러 범죄를 저질러 반복 수감되었다. 캘리포니아주는 이전에 유죄판결을 받은 경범죄 절도 두 건을 고려해 이번 절도행위 2건을 중범죄 혐의로 기소했다.** 캘리포니아 삼진아웃법은 세 번째로 중범죄를 저지르는 경우에는 최소 25년에서 종신형까지의 징역형을 선고하도록 규정하고 있었다. 배심원단은 안드레이드의 유죄를 인정하고 그가 삼진아웃법이 규정한 심각하거나 폭력적인 중범죄로 인정되는 범행을 세 번 저질렀다고 판결했다. 수터Souter 대법관은 반대의견에서 "안드레이드의 형량을 두고 현저하게 형평성을 잃은 것이 아니라고 말한다면, 잔인하고 이례적인 형벌을 금지한다는 헌법 원칙은 아무 의미가 없다"라고 말하며 형량의 적정성에 의문을 나타냈다.

항소심을 포함한 많은 하급심 판사들이 이 캘리포니아 주법으로 갈등을 겪어 왔다. 마리온 헝거포드 사건United States of America v. Marion Hungerford을 담당한 판사는 "비이성적이고 반인도적이며 터무니없는 양형 선고"에 대한 좌절감을 토로하기도 했다.⁷³ 52세의 마리온 헝거포드는 중증 정신장애였으나 범죄 전력이 없고 법을 지키며 살아왔다. 그런데 공범 캔필드를 알게 됐고 그와 친해지면서 일련의 무장강도

---

* 그에 따라 안드레이드의 최소 복역기간은 50년이 되었다.
** 캘리포니아 형법에 의하면 이전에 절도 관련 유죄판결이 있는 경우 새로운 절도행위가 비록 경범죄일지라도 중범죄로 격상되어 기소될 수 있다. 다만, 안드레이드는 경범죄 절도 처벌 전력도 있었지만 1급 주거침입절도 행위에 따른 처벌 전력도 가지고 있었다.

사건에 연루되었다. 비록 그가 공모 및 방조를 하긴 했지만 강도행위 자체에서 그 가담 정도는 상당히 제한적이었으며 특히 범행을 주도한 캔필드의 역할과 비교하면 더욱 미미했다. 헝거포드는 캔필드를 범죄 현장까지 태워주거나 범행 대상이 될 가게를 사전에 둘러 보는 정도 외에는 적극적으로 범행에 가담하지 않았다. 모든 강도 사건에서 다친 사람은 없었고, 피해액도 총 1만 달러가 되지 않았다.

그럼에도 헝거포드는 공모 1건, 강도 7건, 총기사용 7건의 혐의로 유죄판결을 받았다. 그는 총기에 손댄 적조차 없었음에도 공모와 강도 혐의로 57개월의 징역형을 선고받고 동시에 첫 번째 총기사용 혐의로 60개월, 다른 총기사용 혐의 각각에 대해 300개월의 징역형을 선고받 았다. 선고 형량은 모두 합쳐서 1,917개월로 159년의 징역형이었다.

이런 가혹한 형이 선고된 이유는 두 가지였다. 첫째는 미국의 최소 형량 의무제이며 둘째는 헝거포드가 유죄인정협상plea bargain*을 거부 했기 때문이었다. 유죄인정협상을 받아들인 공범 캔필드는 32년형을 선고받았다. 헝거포드는 항소했으나 항소심은 만장일치로 항소를 기 각했다.

그러나 항소법원의 한 판사는 의견에서 "이 판결이 얼마나 비이성 적이고 비인간적이며 불합리한지, 나아가 이 사건에서 선고된 형이야 말로 의회가 채택한 잔인하고 부당한 최소형량 의무제의 예측 가능한 결과임을 언급하지 않을 수 없다"라고 비판했다. 또한 그는 "범죄와 형벌 사이에 합리적 비례성이 유지되어야 한다고 믿는 사람들이라면 양심에 충격을 받을 것"이라고 지적했다.

또 다른 사례를 보자. 웰던 안젤로스Weldon Angelos는 경찰 정보원에

---

* 피고인이 유죄를 인정하거나 다른 사람에 대해 증언을 하는 대가로, 검찰 측이 형량을 낮추거나 가 벼운 죄목으로 다루기로 거래하는 것을 말한다.

게 수차례에 걸쳐 총 350달러 상당의 마리화나를 판매한 혐의로 유타주 지방법원에서 55년형을 선고받았다.[74] 이에 따라 안젤로스가 가장 빨리 석방될 수 있는 나이는 77세였다. 재판부는 "이 사건은 미국연방법전 제18편 제924조 c항*에 따라 최소 55년형이 의무적으로 부과될 수밖에 없다. 이는 부당하고 잔인하며 비합리적이다"라고 하면서도 "헌법체계는 법원이 법이 어때야 하는지에 대해 판사 개인의 의견이 아닌, 법을 따를 것을 요구한다"라고 덧붙였다.

안젤로스는 범죄 전력이 없었다. 그의 불운은 자기 집에 마리화나와 무기를 보유하고, 마약을 판매하면서 무기를 함께 가지고 있었다는 상황에서 비롯됐다. 이로 인해 마약 거래 중 총기를 소지한 판매자들은 의무적으로 최소형량 이상의 형을 선고하도록 정한 연방법의 적용 대상이 됐다.

1심 판사는 검토 끝에 최소형량 의무제에 따르는 방안 외에는 대안이 없다고 결론 내렸다. 그는 이 법률이 "부당한 처벌을 부과하고 비합리적인 차별을 초래한다"라고 말하면서도 "법률이 국가의 정당한 목표를 달성하기 위한 합리적이고 타당한 근거를 갖추고 있는지를" 판단한 결과, 이 법률이 유지될 수 있다고 보고 따라서 법원은 이를 적용할 의무가 있다고 판단했다. 그는 수정헌법 제8조가 금지하는 잔인하고 이례적인 처벌에 해당하는지도 검토했다. 그와 관련해 대법원이 허토Hutto v. Davis 판결에서 "200달러 가량의 마리화나 9온스를 소지한 행위에 대해 20년 연속으로 두 번의 징역형(총 40년)을 선고한 것은 수정헌법 제8조 위반이 아니다"라고 판결했음을 언급하며, 자신의 판결이 대법원 판례에 의해 제약 받음을 강조했다. 문제의 대법원 판결을 언

---

* 폭력범죄나 마약밀매 범죄 중에 총기를 사용하거나 소지하는 행위에 대해 최소형량을 의무적으로 추가하여 부과하는 조항이다.

급하며 그는 다음과 같이 설시했다.

> 법원은 이 판결을 따를 의무가 있다고 본다. 실제로 데이비스 사건에서 대법원은 연방지방법원 판사들에게 "우리가 연방 사법체계 내에 무질서가 만연하기를 원하지 않는 한, 하급 연방법원들은 대법원 선례를 준수해야 한다"라고 지적했다. 데이비스 사건을 참고하건대 안젤로스에게 부과된 형량은 잔인하고 이례적인 처벌이라 할 수 없다. 그러므로 수정헌법 제8조에 위반된다는 그의 주장을 기각한다.

법적 쟁점을 모두 정리한 뒤, 판사는 "이 사건에 대한 결론에 개인적 의견을 덧붙이는 것이 적절하다"고 하며 자신의 의견을 밝혔다. 그는 해당 형의 선고를 "불공정하고 해당 범죄에 비해 지나치게 과중하며 실제 폭력범죄 피해자들의 존엄을 훼손하는 처벌"이라고 평가했다. 그에 따라 "대통령이 안젤로스의 형량을 배심원들이 권고한 평균 형량인 징역 18년 아래로 감형할 것"을 권고했다. 또한 그는 연방 의회에 해당 법률의 개정을 권고했다.

안젤로스에 대한 판결은 항소심에서도 유지됐다. 항소심은 오히려 "1심은 마약밀매범죄와 관련해 반복하여 총기를 소지한 범죄자들을 엄벌하기로 한 의회의 결정을 충분히 고려하지 않았으며 피고인이 저지른 범죄의 심각성을 과소평가했다"라고 밝혔다.[75]

이를 통해 우리는 판사들이 자신들조차 부당하고 비합리적이라고 생각하는 형벌을 적용하고 집행하는 현실을 목격한다. 그들은 도덕적 또는 사회적 이유에서 해당 범죄행위가 본질적으로 비난받아야 하는지에 관한 판단에 따르지 않고, 단지 정부가 수립한 형사정책을 고려해 범죄자의 처벌수위를 정해놓은 법을 그대로 따를 뿐이다. 수터 대법관의 말을 빌리자면 "해당 범죄가 그토록 엄중하게 취급되는 이유는 그 자체로 중대한 범죄이기 때문이 아니라 오히려 피고인이 사회에 위험한 존재임을 입증하는 역할을 하기 때문이며, 그 위협에 대응해 그를 사회로부터 격리할 필요성 때문"이다.[76] 다시 말해, 형량은 범죄의 본질과 그와 관련된 가중 및 감경 요소들의 평가에 따라 결정되지 않고 범죄자의 특성에 따라 결정된다.

이러한 사건에서 판사들은 법을 집행하고 수호하는 사법적 의무를 강조한다. 그러나 미국 법원은 단순히 법률의 엄격한 해석과 적용으로만 스스로의 역할을 한정하지 않았다. 몇몇 사례에서 대법원은 선택가능한 다른 해석보다 개인의 자유를 더 침해하는 해석을 택하기도 했다. 딜Deal v. the United States 사건에서 피고인은 각각 다른 날에 저지른 여섯 건의 은행 강도와 관련해 단일 재판에서 총기휴대 및 사용 혐의 6건으로 유죄판결을 받았다.[77] 대법원에서 법적 쟁점은 연방법 제924조 c(1)항, 즉 초범은 징역 5년, 두 번째 또는 이후의 유죄 선고second or subsequent conviction가 내려지는 경우에는 징역 20년을 선고하도록 한 것이 단일한 재판절차에서 복수의 범죄로 기소된 사건에서도 적용돼야 하는지였다. 지방법원은 딜의 첫 번째 범죄행위에 징역 5년, 나머지 다섯 건은 후속 범죄에 해당한다는 이유로 이 조항을 적용해 각각 징역 20년을 선고하고 이를 연속해서 집행하도록 판결했다. 항소법원도 1심의 유죄판결과 양형을 그대로 인정했다.

이 조항은 1968년 의회에서 제정됐으며, 시행 초기에는 검찰과 법원 모두 재범에 한정해 적용되는 규정으로 해석했다. 그러나 어느 시점부터 일부 검사들이 입장을 바꿔 초범에게도 적용해야 한다고 주장하기 시작했고, 이 주장이 1987년 항소법원인 제11순회법원에 의해 받아들여졌다. 1993년 이 논란은 미국 연방대법원으로 넘어갔다.

다수의견에 선 스칼리아Scalia 대법관은 문리적 접근법textual approach을 취했다. 법령의 "유죄 선고conviction"는 유무죄의 판단, 즉 배심원이 내린 유·무죄의 평결을 의미하며, 따라서 단일 절차 내에서도 "이후의 유죄 선고"가 가능하다고 주장했다.* 그는 의회가 이전에 유죄판결을 받은 후에 다시 새로운 범죄를 저지른 사람들을 대상으로 하려 했다는 주장은 "개인적 신념"으로서 "조악한 정책적 견해"일 뿐이므로 "그러한 주장이 그와 다른 견해, 예를 들어 범죄자들이 범죄를 반복해서 저지르는 것을 막거나 사회가 상습범에게 더욱 무거운 응보를 가하려는 것과 같은 정책적 견해를 배제할 수 없다"라고 밝혔다. 이에 대해 스티븐스Stevens 대법관은 반대의견에서 "법 제정 후 19년이 지나서야 처음으로 등장한 해석이 유일하며 가능한 해석이라고 보기는 어렵다"라고 지적하면서 스칼리아 대법관의 문리적 접근법에 따른 해석을 거부했다.

스미스 사건Smith vs the United States에서 피고인 스미스는 잠복 수사 중인 경찰관에게 코카인과 총기를 교환하려다 체포돼 기소되었다.[78] 쟁점은 "거래"와 관련해 총기를 그 지불대가로 삼은 행위를 법 규정상 "마약 밀매 거래와 관련해 또는 거래 중에 총기를 사용한 행위"로 보아야 하는지였다. 오코너O'Connor 대법관은 다수의견에서 피고인이 총기를 거래수단으로 사용한 것도 마약밀매 범죄와 관련해 총을 "사용"하는 경우에 해당한다고 판시했다. 해당 법조항에 총기를 "무기"로 사용하는 것으로만 한정한다는 언급이 없었다는 이유에서였다.

그러나 이 사건에서 스칼리아 대법관은 소수의견을 취했다. 이 사건에서도 그는 문리적 접근법을 사용했지만, 이번에는 피고인 편을 들었다. 그는 총기를 교환수단으로 사용하는 것이 "사용"이라는 단어가 가지는 의미에는 포함될 수 있지만, "총기의 사용"이라는 표현이 가지

---

* conviction은 유죄의 선고를 의미하는데, 미국은 배심제도가 있는 형사절차에서 배심원이 유죄의 선고를 하고 판사가 양형을 결정하게 된다. 따라서 단일 절차에서도 유무죄의 판단과 관련해 배심원의 평결이 여러 번 이어지면 위 조항의 subsequent conviction 요건을 충족한다고 본 것이다.

는 일반적인 의미에는 해당하지 않는다고 주장했다.

두 사건 모두에서 판사들이 최소형량 의무제의 적용을 제한하기를 원했다면 활용 가능한 수단과 대안이 존재했다. 그러나 대법원의 다수의견은 해당 법률을 가장 광범위하게 해석하는 방식을 선택했다. 따라서 미국 사법부가 개인의 권리와 자유를 옹호하고 그 가치를 지키기 위해 헌신하면서 이를 침해하는 법률을 최대한 제한적으로 해석하고 있다는 주장은 현실을 정확하게 묘사하지 못한다. 미국에서도 법원은 입법자만큼이나 개인의 자유를 제한하는 데 많은 역할을 해왔다. 두 사례에서 보듯이, 판사가 채택한 해석방식과 억압적인 법 조항의 적용 또는 반대 사이에는 명확하거나 일관된 관계가 존재하지 않는다. 문리적 접근법은 딜 사건에서는 법률의 적용범위를 확장하는 결론으로 이어졌다. 스미스 사건에서는 문리적 접근법으로 법률의 적용범위가 확장됐지만, 스칼리아 대법관의 소수의견이 보여주듯 동일한 접근법으로도 그 적용범위를 제한하는 해석이 가능했다.

무엇이 현저하게 형평성을 잃은 처벌에 해당하는지에 대한 대법원의 견해가 덜 억압적인 방향으로 바뀌고 있다는 징후가 있다. 2010년 그레이엄Graham v. Florida 사건에서, 대법원은 다수의견으로 살인을 저지르지 않은 소년 범죄자에게 가석방 없는 종신형을 부과하는 것은 위헌이라고 판결했다.[79] 이에 반대의견을 낸 판사들은 다수의견이 기존 판례와 배치된다고 주장했다.

테런스 자마르 그레이엄Terrance Jamar Graham은 1987년 1월 6일에 태어났다. 부모는 코카인 중독자였고 그레이엄의 어린 시절 내내 그러했다. 그레이엄은 초등학교 때 주의력결핍 과잉행동장애 진단을 받았다. 그는 아홉 살에 흡연과 음주를 시작했고 열세 살에 마리화나를 피웠다. 2003년 7월 열여섯 살이던 그레이엄은 다른 세 명의 또래와 함께 플로리다 잭슨빌의 바비큐 식당을 털려 하다가 체포됐다. 그레이엄은 유죄인정협상을 받아들여 혐의를 모두 인정했다. 그레이엄은 재판부에 편지를 제출해 "이번이 처음이자 마지막으로 문제를 일으킨 것"이라고 말한 뒤, "제 인생을 바꾸기로 결심했습니다"라면서 "두 번째 기회가 주어진다면, 내셔널 풋볼 리그에 나가기 위해 모든 일을 다하겠다고, 신과 나 자신에게 약속합니다"라는 말을 덧붙였다.

재판부는 그레이엄이 유죄인정협상을 받아들인 점을 고려해 두 건의 범죄 각각에 3년의 보호관찰형을 선고했다. 하지만 6개월이 채 지나지 않아 그레이엄은 무장강도 혐의로 다시 체포됐다. 강도 범행일은 열여덟 번째 생일을 34일 앞둔 날이었다. 이번에는 다른 판사가 그에 대한 재판을 담당했다. 재판부는 그레이엄이 체포 면탈을 시도했으며, 그 과정에서 보호관찰 조건을 위반했음을 시인했다고 인정했다.[80] 또한 총기소지, 주거침입강도의 공모와 실행이 보호관찰 조건 위반 사유로 추가되었다.

플로리다 주법에 따르면 그레이엄이 판사의 특별감형 처분 downward departure* 없이 받을 수 있는 최소 형량은 징역 5년이었고 최대치는 종신형이었다. 각각의 혐의에 대한 최고형량, 즉 무장강도 혐의에 종신형, 무장강도 미수 혐의에 15년형을 선고하면서 판사는 다음과 같이 부언했다.

> 나는 피고인이 이렇게 좋은 기회를 얻고도 왜 스스로를 수렁에 내던졌는지 이해할 수 없다. 내가 유일하게 납득하는 사실은 피고인이 삶을 이런 방식으로 살겠다고 결정했고 우리가 피고인을 위해 할 수 있는 일이 아무것도 없다는 것이다. 검사가 지적했듯이, 피고인의 범죄는 더 심각해졌으며 우리는 더

---

* 법원이 특정 사유를 근거로, 법에서 정한 최소 형량보다 낮은 형을 선고하는 것. 범죄 가담 정도가 경미하거나 피고인에게 심각한 건강상·가정상 사정 등 참작할 만한 사유가 있는 경우 판사의 재량으로 감형한다.

이상 도울 수도, 그런 행위를 하지 못하도록 막을 수도 없다. 왜 그러는지 모르겠지만 이것이 피고인이 살아가는 방식이다. 결정은 피고인의 몫이며, 나로서는 달리 생각할 수가 없다. …… 분명한 것은 피고인 자신이 그렇게 결정했다는 것이다. 그렇다면 여기에 초점을 맞춰보겠다. 내가 피고인을 도울 수 없다면, 피고인을 올바른 길로 돌아오게 할 수 없다면, 나는 이제 피고인에게서 공동체를 보호하기 위해 집중해야 한다. 안타깝지만, 그것이 지금 우리가 처한 현실이다. 나는 더 이상 피고인을 도울 방법이 없다. 매우 유감스럽게도, 피고인이 스스로 이 길을 선택했다. …… 관련 법률을 검토했으나, 피고인을 소년법에 따른 형사제재나 양형으로 처벌하는 것은 적절하지 않다고 생각한다. 피고인의 범죄가 점점 더 심각해지는 점을 볼 때, 피고인 스스로 이런 삶을 선택했다고 밖에 볼 수 없으며, 이제 내가 할 수 있는 유일한 일은 그의 행위로부터 공동체를 보호하는 것이다.[81]

플로리다주는 가석방제도를 폐지했기 때문에 종신형을 선고받은 피고인은 사면받지 않는 한 석방될 가능성이 없다. 그레이엄은 열아홉 살의 나이에, 열여덟 살이 되기 전에 저지른 범죄 때문에 평생을 감옥에 갇혀 살게 됐고 세상으로 나아갈 방도를 잃어버렸다.

케네디Kennedy 대법관은 다수의견에서, 살인하지 않은 자, 살인을 모의한 자, 생명을 해치지 않은 범죄자가 살인자보다 더 중한 형을 받을 수 없음은 명백하다고 전제했다. 그는 또한 강도나 강간과 같은 범죄는 "무거운 처벌을 받아야 할 심각한 범죄"이지만, 그럼에도 도덕적 측면에서 살인죄와는 구별된다고 밝히면서 가석방 없는 종신형은 사형과 유사한 특성을 지녔으며, 이는 다른 형벌에서 찾아보기 어려운 점이라고 지적했다. 게다가 미성년자는 성인보다 도덕적 책임이 덜하며 성격과 행동이 변화할 가능성이 더 크다는 점도 강조했다. 이에 따라 대법원 다수의견은 형벌의 비례성을 판단할 때 실제 범죄의 심각성과 범죄자의 도덕적 책임성 두 가지 모두를 고려해야 한다는 점을 강조했다. 이 두 요소는 입법자가 형사정책의 목적을 달성하기 위해 가혹한 처벌을 가할 수 있는 한계를 설정한다. 이에 따라 대법원은 이전 판례들에서 판결에 제약이 되었던 "양형의 차이를 구별할 명확하고 객관적인 기준의 부재"라는 문제에 더 이상 시달리지 않게 됐다.[82]

반대의견에서 토머스 대법관은, "법원이 검증 불가능한 철학적 결론에 근거해 민주적 양형 선택에 이처럼 엄격한 제약을 가하려 하는 것은 놀랍다. 어떤 행위가 어떤 처벌을 '받을 만한' 행위인지를 둘러싼 질문은 도덕성 및 사회적 조건과 긴밀하게 연관되어 있기에 본질적으로 입법부가 결정할 사안이다"라고 밝혔다.

범죄자를 처벌할 때 그의 행위보다 그가 누구인가를 중점적으로 고려하는 경향은 나치 독일의 형사재판과 유사하다. 당시 독일 법원에서는 피고인이 특정 법률을 위반했는지가 아니라 그가 그 공동체의 일원으로 인정될 수 있는지가 재판의 주요 쟁점이었다고 잉고 뮐러Ingo Müller는 기록했다.[83]

이것을 피고인 그레이엄에게 형을 선고할 때 판사가 했던 말과 다시 한번 비교해보자.

> 우리는 더 이상 도울 수도, 그런 행위를 하지 못하도록 막을 수도 없다. 왜 그러는지 모르겠지만 이것이 피고인이 살아가는 방식이다. …… 피고인을 올바른 길로 돌아오게 할 수 없다면, 나는 이제 피고인에게서 공동체를 보호하기 위해 집중해야 한다.

뮐러에 따르면 중요한 요소는 실제 범죄행위가 아니라 범죄자의 성향이었다. 물론 이 사실이 미국의 사법체계가 나치 독일의 사법체계와 본질적으로 유사하다는 것을 의미하지는 않는다. 이와 관련해 오토 키르히하이머는 다음과 같이 주장했다.

어느 사회이건 법의 지배가 기껏해야 불확실하고 추측에 불과하며 종종 작동하지도 않는, 섬과 같은 영역이 존재한다. 이 섬들은 눈으로 보이는 지리적 공간이기도 하고, 특정 집단과의 관계, 즉 사회·정치 환경이 변화하고 통제력이 약화될 때 즉시 모습을 드러내는 특정 집단의 성향일 수도 있다. 정상 국가와 범죄 국가를 구별하는 결정적 차이는 그러한 영역이 얼마나 통제되고 있는지, 그리고 그것이 사회의 더 넓은 영역으로 침투하고 있는지에 달려 있다.[84]

독일 나치체제와 미국 형벌체계는 결정적 차이가 있다. 미국 형벌체계는 국가와 민족문화를 지키기 위해 전쟁을 벌여야 한다는 인종신화를 기반으로 사람을 "국민"과 "적"으로 나누는 이데올로기의 일부가 아니다. 그러나 미국 형법 역시 국가의 정책목표를 달성하기 위한 도구로 전락할 위험이 있으며 그중 하나가 처벌이 범죄의 죄질에 비례해야 한다는 법치주의의 핵심원칙에서 벗어나는 것이다. 이런 관점에서 보면 두 체제의 차이는 추진되는 정책의 성격과 범위의 차이일 뿐이다. 나치 독일이 인종적 이유와 국민에 대한 국가의 전면적 지배에 근거해 박해라는 극악한 정책을 펼친 반면, 미국의 범죄예방 정책은 그 자체로는 사악한 것이 아니다. 그렇다고 해서 이런 목표를 위해서라면 어떤 수단이건 괜찮다는 의미로 해석해서는 안 된다. 미국의 양형 관행은 본질적으로 권위주의적이지 않은 체제에서도 판사들이 권위주의적 조치를 지지하거나 집행하는 일을 삼가도록 요구하는 것이 과연 가능한지에 대한 날카로운 의문을 제기한다.

만약 판사들이 법치주의가 작동하지 않는 "섬"같은 사법의 사각지대에서 무법 상태를 지지하고 나아가 유지하고 있다면, 그들을 범죄적 국가의 판사들과 달리 봐야 하는가? 미국 대법원이 확정하고 승인한 많은 양형 사례는 유럽 인권재판소 기준을 충족하지 못할 가능성이 크다. 특히 가석방 없는 종신형이 범죄의 중대성에 비례해서 결정되지 않거나 모살謀殺이나 우발적 살인과 같은 중대범죄에 한정되지 않는 경우들이 더욱 그러하다. 민주주의 체제에서 판사에게 부과되는 법 준수 의무는 전체주의 체제에서보다 더 강한 구속력을 가지고 있는가?

어떤 이들은, 양형 시스템이 판사로 하여금 법적으로 옳은 것과 도덕적으로 옳은 것 중 하나를 선택하도록 강요한다고 본다.[85] 미국에서는 이와 관련한 논의에서 법적용이 극히 부당하고 터무니없는 결과로 이어질 때 판사가 이를 거부해야 한다는 주장도 제기된다. 헝거퍼드 사건의 판결에 대한 논평에서 《하버드 법률평론Harvard Law Review》의 편집자는 다음과 같이 말했다.

> 헝거퍼드 사건에서 판사들은 자신들의 의무라는 이유를 내세우며 극히 과중한 징역형을 확정했다. 이로써 그들은 강력하고 상징적인 시민불복종 행동에 동참할 기회를 스스로 포기한 셈이다. 시민불복종 운동은 불합리하고 부당한 법을 직접적이고 공개적으로 거부해 오면서 우리 역사를 통틀어 사회 변화를 이끌어 온 추동력이었다. 그러나 재판부는, 다른 판사들과 마찬가지로, 정부가 자칫 관심을 기울이지 않거나 자발적이며 유기적인 사회운동이 조직되기 어려운 분야에서 미국이 표방한 가치에 실제로 헌신할 기회를 놓쳤다.[86]

잔인하고 경직된 양형 시스템에 대처해야 하는 데 좌절감을 느끼고 사임한 판사들도 있었다.[87] 아마도 이러한 학자들과 판사들의 반응이 그레이엄 사건에서 대법원의 태도 변화를 가져오는 데 영향을 미쳤을 수도 있다.

법원과 사법적 억압

민주주의 사회에서도 권위주의적 조치가 수용되는 현상에서 어떤 일반적인 결론을 이끌어낼 수 있을까? 대체로 법원은 국가의 존립이나 안정 또는 권력의 핵심가치가 심각하게 위협받을 경우, 정권의 성격과 무관하게 이를 보호할 필요성을 쉽게 인정하려 한다. 이런 상황에서 정권은 비상조치가 필요한 상황인지 스스로 판단할 권한을 가지며, 평상시라면 기본권침해로 간주될 만한 조치를 실행하게 된다. 결국 사안이 충분히 심각하다고 판단되면 정부의 억압적 조치는 정당화되기 쉽다.

폭정과 민주주의 사이를 가르는 극단적 상황에 직면한 판사들끼리는 어느 정도 서로를 이해하고 공감한다. 뉘른베르크 군사재판소의 미국 판사들은 독일 판사들이 국가안보를 명분으로 삼아 시행했던 조치들을 두고 다음과 같은 구절로 상당한 공감을 표시했다.

> 군사적 효율성을 저해하는 행위에 관해서는 훨씬 더 어려운 문제가 따른다. 이 법의 집행과정에서 부과된 표현의 자유에 대한 제한은 우리의 정의감에 반한다. 만약 이런 제한이 평화 시기에 적용된다면 바이마르공화국을 포함한 어떤 자유 헌법 아래에서도 법원은 이를 규탄하는 데 주저하지 않을 것이다. 그러나 미국 헌법의 보호 아래에서도 전시에는 정부를 공격하거나 정부의 군사적 목표를 방해하는 행위가 완전히 자유롭게 허용될 수는 없다. 실제적이고 현존하는 위험에 직면하면 미국에서도 언론의 자유가 어느 정도 제한될 수밖에 없다. 그렇다면 전면전이 벌어지고 재난이 눈앞에 닥친 상황에서 패배를 막기 위한 필사적인 최후의 시도로 이런 잔혹한 법을 집행한 관리들이 반인도적 범죄를 저질렀다고 말할 수 있을까?[88]

그러나 아무리 절박한 상황이라고 해도 이런 견해가 보편적인 것은 아니다. 당시 독일 군사법원의 판사는 "패배를 막기 위한 필사적인 최후의 시도"였던 잔혹한 법들을 두고 "이것이 법질서의 종말임은 명백하다"라고 평했다.[89] 그는 나치 법질서를 심판한 미국 판사들보다 더 엄중한 시선으로 상급자들과 동료들이 잔혹한 조치를 따르고 집행할 준비가 되어 있었다고 평가했다. 미국 판사들이 표현한 공감은 독재정권 판사들이 억압에 가담하고 인권을 침해한 책임을 묻기 어렵게 만든다.

민주주의 국가에서 사법부가 권위주의적 조치를 승인하면 그 조치 자체가 정당화되는 것을 넘어서 권위주의적 체제의 억압적 조치를 정당화하는 데 활용된다. 1990년대 남아프리카공화국 판사들은 미국 리버시지 사건을 보안법 해석에 활용했으며, 나치 독일은 미국의 단종법 사례를 우생학적 관행으로 드러내놓고 참조했다.[90] 법원의 접근방식 사이의 유사성과 서로의 어려움에 대한 상호 공감은 권위주의 정권의 판사들도 법률가로서 크게 벗어난 모습이 아니라 통상적인 사법기관으로서 그 역할을 수행하는 존재임을 보여준다.

판사들 사이의 공감대는 정권을 초월해 서로의 동료애를 불러일으킨다. 남아프리카공화국 판사들은 국제 판사회의에 참여했고, 독일 판사들은 다른 나라 판사들과 우호적 관계를 유지했다. 민족사회주의 독일법률가협회 대표이자 독일법학술원 원장이던 한스 프랑크는 점령 폴란드의 총독을 지냈고 뉘른베르크 재판에서 사형을 선고받았다. 1939년 6월 덴마크를 공식 방문한 그는 그날 저녁에 열린 덴마크법학회에서 "민족간 교량bridge의 역할을 하는 법"에 대해 연설했고, "나치 법질서를 지탱하는 다섯 원칙—인종, 토지, 노동, 국가, 명예"에 대해 발언했다. 그의 연설은 열렬한 환영을 받았으며 저녁식사 동안 덴마크법학회장은 덴마크와 독일법률가협회 간의 귀중한 협력을 언급했다.[91]

법치주의가 확립된 체제에서도 권위주의적 조치에 법적 정당성을 부여하는 사례는, 정권이 권력 방어 차원에서 억압적 수단을 사용하는 행태를 이해하고 공감하려는 태도가 비단 권위주의 체제하의 판사들에게만 국한되지 않는다는 점을 떠올리게 한다. 개인의 권리를 보호하는 오랜 사법 전통을 가진 나라에서도 법원이 억압적 조치를 승인하는 일이 벌어지며 정부의 조치를 사법심사 대상에서 제외하는 일들이 일어난다. 이처럼 "법치주의가 불확실한 '섬'은 대부분의 입헌민주주의 국가들에도 존재하는 잠재적 위해요소이며 평소에는 드러나지 않거나 미약한 수준에 있다가 상황이 변하면 언제든지 표면화한다."92 비비언 그로스월드 커런Vivian Grosswald Curran은 이 점을 비시 정권하 프랑스의 법적 변질과 관련해 보여준다. 당시 프랑스는 일련의 법 제정으로 유대인의 기본권을 박탈했으며, 이렇게 제정된 법들을 판사, 법학자를 포함한 법조계 전체가 재빨리 받아들이고 승인했다.93

물론 그러한 사법적 승인의 결과는 체제의 성격, 즉 기본적으로 민주적인지 아니면 권위주의적인지에 따라 다르다. 민주주의 체제에서는 법원 외에도 정부에 통제권을 행사하는 다른 기관들이 존재하며, 정부는 부여받은 권한을 절제된 방식으로 사용한다. 민주주의 체제는 일반적으로 법원이 그어준 한계를 존중한다. 반면 권위주의 체제에서는 법원이 어떤 제한을 가하면 정권은 이를 극복해야 할 장애물로 받아들이고 종종 더 억압적인 법을 새로 제정하거나 아예 사법적 통제를 벗어난 영역에서 억압적 조치를 시행하는 방식으로 법원의 제한을 무력화하려 한다. 법치주의와 권위주의 통치 사이의 중요한 차이점은 법원과 판사의 역할과 태도에 있는 것이 아니라 다른 사회적 기관의 성격과 그것을 통제하는 이들의 태도에 달렸다.

**5장
저항**

"법의 불꽃은 결코 꺼지지 않는다"

법률가들은 자유주의적 제도 수립에 적극적으로 임해왔다. 전제적이고 억압적인 통치 아래에서도 변호사뿐 아니라 판사 또한 용감하게 인권과 자유를 지킨 사례가 많다. 그러나 이 책에 다룬 사례에서 사법부는 그러한 역할을 수행하지 못했고 오히려 억압의 공범이 됐다. 비록 사법부가 정권의 만행에 가담하긴 했지만, 사실 이것이 전부는 아니다. 나치 정권이 붕괴한 후, 바이마르공화국에서 사회민주당 소속으로 법무부장관을 지낸 구스타프 라드브루흐Gustav Radbruch 교수는 "우리의 최고 법집행자들의 타락에도, 가장 어려운 이 시기 속에서도 사법부에서 법의 불꽃이 완전히 꺼진 적은 없었다"라고 언명했다.[1] 독일 제국 대법원Reichgericht 판사였던 에밀 니트하머Emil Niethammer는 좀 더 자기만족적인 어조로 다음과 같이 말했다.

> 이 모든 것에도 불구하고, 대법원의 모든 판결은 인간다움, 진리, 정의를 궁극의 목표로 삼았다. 인간다움, 진리, 정의는 영원불변의 최고 목표이며, 인

간 조건에 좌우되지 않고 신이 인간에게 부여한 것이다. 이러한 목표는 세속적인 문제, 특히 국가에 대한 태도와 관점이 바뀔 때조차도 변함없이 지속된다. 이 때문에 이전 판례와의 연계를 끊으려 했던 입법자의 시도는 결코 완전히 성공할 수 없었다. 과거와 내적 결속은 여전히 유지되었으며 따라서 그로부터 벗어나려는 외형적 변화는 허상이거나 겉치레였을 뿐이다. 그런 외양에 아랑곳없이 "이전 판례"의 진정한 가치는 지속됐다.[2]

나치 정권이 요구한 수준을 넘어 유대인에 대한 인종차별적 법이론을 발전시키는 데 적극 기여한 사람의 발언에 진정성이 담겼다고 믿기는 어렵다. 또한 "대법원의 모든 판단은 인간다움, 진리, 정의를 궁극적 목표로 삼았다"라는 주장에도 동의하기 어렵다. 비시 정권하 프랑스 판사들 또한 유대인에 대한 인종차별법이 제정·시행되는 상황에서도 자신들은 헌법에 명시된 기본권을 계속 수호하고 있다고 믿었다.[3] 마찬가지로 독일 판사들 역시 악의 세력이 "법의 불꽃"을 꺼뜨리려는 극한 상황에서 자신들이 그 불꽃을 지켜내고 있었다고 믿으며, 실제로 일부는 그러한 신념을 실천하려 했을 수도 있다. 그러므로 니트하머의 말은 당시 판사들의 정신상태를 보여주는 발언으로 받아들여야지 법의 실제 상태를 보여주는 증거로 받아들여서는 안 된다. 라드브루흐와 니트하머의 발언은 법이 정의, 평등, 법치와 같은 보다 보편적인 가치를 보호하는 자율적 체계라는 관념이 나치 시대에도 존재했음을 보여준다. 이러한 관념은 적어도 어떤 이들에게는 추앙할 가치를 지닌 이념으로, 어떤 이들에게는 양심의 갈등을 일으키는 요소로 존재했음을 시사한다. 또 어떤 사람들에게는 그 이상으로 중요한 의미를 지니고 있었다.

아파르트헤이트가 폐지된 후, 남아프리카공화국 헌법재판소장인 아서 차스칼슨Arthur Chaskalson은 다음과 같이 말했다.

비록 여러 모순이 존재했지만, 법체계의 기반은 어느 정도 유지되었으며 커먼로에 내재한 자유와 정의의 원칙은 여전히 살아 남았다. 물론 그저 말뿐이었을 때도 있었고 기본권을 실질적으로 보장하고 이를 지켜낼 기회가 있음에도 이를 놓쳐 버린 판결들도 있었다. 어떤 경우에는 권리를 확인해주기는커녕, 그에 대해 불편한 기색조차 없이 그냥 지나쳐버린 중대한 판결들도 있었다. 그러나 자유와 공정이 법의 본질적 속성이라는 인식은 여전히 살아 있었으며, 모든 판결에 반영되지는 않았을지라도 수많은 판결에서 그와 같은 인식을 받아들이고 강화해 왔다. 이것이 우리의 중요한 법적 유산이며, 그 어떤 점에서도 폄훼되거나 무시돼서는 안 되는 가치이다.[4]

남아프리카공화국 진실·화해위원회는 판사들 사이에서도 정권에 반대하는 움직임이 있었음을 강조했다.

아파르트헤이트 치하에서 법과 법률가들이 보여준 압도적 행태가 비록 이런 모습이기는 했으나 그럼에도 항상 그 흐름에서 벗어나기를 주저하지 않은 일부 법률가들(판사, 교사, 학생을 포함하여)이 있었다. 이들은 모든 기회를 이용해 불의를 정당화하는 법령의 채택과 집행에 반대하고 공개적으로 발언했다. 그들은 불의한 법에 의해 범죄자로 몰려 재판받는 사람들을 변호하고 모호하거나 불합리한 행정조치의 효력을 다투는 데 자신들의 법적 역량을 아낌없이 쏟아부었다. 그들은 종종 어려운 조건에서, 물질적 보상을 거의 받지 않으면서도 국가의 표적이 된 사람들의 사건을 맡아 쉼 없이 일했다. 또한 농촌 빈곤층, 노동자 등 공권력 남용에 가장 취약한 이들에게 상담소와 종교단체 등을 통해서 법률 자문과 교육을 제공했다. 그들은 학생들에게 법과 정의의 관계를 성찰하여 그들의 이상을 실천으로 옮기도록 독려했다. 그들은 수익 활동에 따르는 물질적 안락함을 포기하고 권력에서 배제된 사람들을 위해 헌신하며, 필요하고 가능하다면 어디서든 정의와 자유를 위해 나섰다.[5]

오시엘은 억압적 국가에서도 판사들이 통치자와 진정한 대화를 나누는 것이 종종 가능하다고 지적한다. 일반적으로 권력자는 사법적 논쟁을 무시하지 않는다. 때로는 정책 변경에까지 영향을 미칠 정도로 고려하기도 한다. 법적 주장이 언제나 결정적인 영향을 미치는 것은 아니지만, 그렇다고 아예 배제되는 것도 아니다. 판사들은 법정에서 공개적으로 권력을 비판할 수 있으며 대체로 그 이유만으로는 제재를 받거나 사임을 강요당하지 않는다.[6] 오시엘은 이를 전체주의 체제와 대비되는 권위주의 체제의 특징으로 보지만, 나치 독일에서도 일정한 범위의 사법독립과 정권 비판, 그리고 통치자들과 대화가 가능했던 사례가 존재했다.

공개된 판결문으로 확인할 수 있는 사법 저항의 사례를 제외하면, 독일과 남아프리카공화국, 라틴아메리카 국가들에서 권위주의 통치에 대한 저항 사례로 널리 알려진 것이 많지 않다. 그 이유는 그러한 저항이 극히 드물었기 때문일 수도 있다. 그러나 전체주의에 대한 저항을 연구하는 방법론적인 어려움도 있다. 이런 활동은 특성상 공안기관이 추적할 만한 흔적을 남기지 않고 비밀리에 이루어지기 때문이다. 따라서 역사적 기록자료가 거의 없는 경우가 많으며, 자료가 있더라도 일부러 사실과 다르게 기록됐을 소지가 있다.[7] 저항에 직접 참여한 사람들이 나중에 자신의 책임을 회피하고자 사실을 꾸며내거나 과장했을 가능성도 있다.[8] 이는 실재했던 저항 행위를 간과할 가능성, 보고된 행위가 거짓이거나 최소한 오해의 소지가 존재할 가능성을 의미한다. 여기서는 당시 법원의 공식 판결을 통해 공개적으로 이루어진 저항부터 살펴본다.

합법성의 문제

법원이 언제나 권력자에 대한 저항 없이 억압적 법률을 집행하는 것은 아니다. 억압적 조치의 합법성을 문제 삼거나 엄격한 해석방식을 적용해 적용범위를 제한하거나 법치주의 원칙을 강하게 적용하려 했던 사례도 존재한다. 법원이 억압적 조치의 합법성을 정면으로 다룬 사례로는 남아프리카공화국 대법원이 유권자등록관련법에 관해 내린 판결이 대표적이다. 1951년 남아프리카공화국 의회는 「유권자대표분리법Separate Representation of Voters Act」을 통과시켜, "케이프주Cape of Good Hope에서 중앙의회와 지방의회에 보낼 대표를 유럽인과 비유럽인으로 나눠서 정한다"라고 규정했다.9 이 법에 따라, 유색인종 유권자는 하원의 일반 선거구 의원을 선출할 권리를 박탈당했으며, 대신 별도 선거를 통해 하원의원 네 명만을 선출하게 되었다. 이 법은 열등한 비유럽계 유권자가 총선에 참여할 경우 백인 우월주의를 위협할 것이라는 이데올로기에 근거했다.

법률이 제정되자, 「남아프리카법South Africa Act」을 근거로 법률의 효력을 다투는 소송이 제기됐다. 1909년 영국 의회가 남아프리카연합을 설립하면서 제정한 「남아프리카법」에 따르면 선거권 변경은 남아프리카공화국 의회의 상하 양원이 공동으로 의결하고 3분의 2 이상의 찬성을 얻어야 했다. 의회는 「유권자대표분리법」을 제정할 때 이 절차를 따르지 않았다. 이를 문제삼은 해리스 사건Harris v. Ministerof the Interior에서 대법원은 법률의 원천무효를 선언했다.10 이 판결은 법원이 의회의 입법에 대한 법원의 사법심사권을 제한적으로 해석했던 선례를 뒤집었다는 점에서 더욱 주목할 만한 것이었다.11

의회는 이에 대응하여 "의회최고법원High Court of Parliament"을 설립하는 법률을 제정했다. 이 법원은 법률의 효력이 쟁점이 된 사건의 최종심 법원으로, 상하 양원으로 구성되었다. 이 "법원"은 해리스 사건을 다시 심리하여 기존 결론을 뒤집었고, 이에 대법원은 의회최고법원을 설립하는 법률 역시 무효라고 판결하였다.[12] 정부는 대법원의 이러한 판결에 대응하여 형사소송법에 따라 부여받은 권한을 행사해 다섯 명의 새로운 대법관을 지명하는 등 대법원의 구성과 지위를 대대적으로 변경했다. 그 후 1955년 의회는 「대법원 정족수법Appellate Division Quorum Act」을 제정해, "형사 및 민사사건을 포함하여 의회에서 제정한 법률(여기에는 법률로 간주되는 문서와 총독이 법률로 인정하고 서명한 문서를 포함한다)의 효력이 문제되는 상소 사건을 심리할 때 의사정족수는 대법관 열한 명으로 한다"라고 규정했다.

정부는 상하 양원을 합산해 3분의 2 이상의 다수를 확보하지 못하자 상원의 구성을 변경하고 확대하는 방식으로 필요한 다수를 확보했다. 이를 통해 양원은 합동회의에서 「남아프리카법」 개정안을 통과시켜 유권자 분리등록의 법적 근거를 마련했다. 또한 "법원은 1909년 남아프리카법 제137조 또는 제152조를 변경 또는 폐지하는 법을 제외하고 의회에서 통과된 법의 효력을 심리, 판결할 권한이 없다"라는 내용의 개정안을 통과시켰다. 이 법률의 무효를 주장하는 소송에서 대법원은 11 대 1의 다수결로 법의 효력을 인정했다.[13] 대법원은 정부가 상원을 개편해 "인위적 다수"를 만들어냈음에도 이러한 조치가 합법적이라고 판단했다.

법원이 여전히 「남아프리카법」 자체의 개정을 심사할 수 있었지만 이는 실질적으로 정부에 큰 문제가 되지 않았다. 왜냐하면 정부는 상원을 재구성할 권한을 이미 확보하고 있었기에 하원의 과반만 확보하면 언제든지 필요한 3분의 2의 찬성을 보장할 수 있었다.[14]

독일 법원과 남아프리카공화국 법원의 접근방식에는 공통점이 있다. 헌법이 정한 형식적 요건을 충족하면, 새 정권의 권력기반은 합법으로 간주됐다는 점이다. 법원은 이러한 형식적 요건이 충족되는 과정에서 실질적 문제가 있었는지, 절차적 정당성이 결여된 것은 아닌지를 깊이 살펴보려 하지 않았다. 독일의 경우, 나치가 선거 전후로 반대파들의 의회 참석을 막고 자신들에게 필요한 다수를 확보한 후에 수권법을 통과시켰는데도 법원은 그 정당성을 따지지 않았다. 남아프리카공화국에서도 정부의 상원 재편은 법원의 비판과 검토 대상이 되지 않았다. 「남아프리카법」에 이런 방식의 의회 입법권을 제한하는 구체적 조항이 없었기 때문이다.

피점령국의 상황을 살펴 보면, 법원이 점령국의 요구에 일관되게 순응하거나 저항한 것은 아니다. 제2차 세계대전 당시 독일이 점령한 여러 국가에서 법원은 점령당국의 이익을 반영한 법률을 충실히 집행했다. 프랑스 비시 정권은 반유대주의 법령 제정으로 악명이 높았는데, 사법부는 이 법령들을 충성스럽게 집행했다.[15] 덴마크에서도 법원은 독일 점령군을 위해 제정된 억압적 법률들을 그대로 집행했다.[16]

그러나 예외도 있었다. 노르웨이 대법원 판사들은 1940년 12월 독일 제국판무관 테르보벤Tervoben과 그에 결탁한 퀴슬링 정권과 갈등 끝에 집단 사임했다. 이 갈등의 핵심은 점령군이 사법체계 개혁을 단행할 권한을 갖는가의 문제였다.[17] 독일과 노르웨이 당국 사이의 협력이 깨지자 1940년 9월 독일은 친독 인사들을 각 행정부처 수장으로 임명했다. 동시에 노르웨이 사회를 민족사회주의 체제로 변모시키는 일련의 법령이 제정됐다. 이러한 입법조치는 계속됐고, 1940년 11월에는 법무부에 형사 및 민사사건의 배심원과 참심위원 인사권을 부여하는 규정이 제정됐다.

대법원은 이 조치에 반대하는 서한을 법무부로 보내 이 조치가 노르웨이 헌법의 일반적 정의 원칙에 반할 뿐 아니라 국제공법상 점령군의 권한을 넘어섰다고 주장했다. 당국은 이 서한에 두 가지로 대응했다. 첫째로 공무원 정년을 70세에서 65세로 낮추었고 동시에 담당 장관이 그 임기를 무기한 연장할 수 있는 권한을 갖게 했다. 둘째로 제국판무관의 서한으로, 노르웨이 법원은 점령당국이나 그 대리인이 제정한 법률 및 규정의 합법성을 심사할 권한이 없음을 밝혔다.

대법원 판사들로서는 새로운 정년 규정을 받아들일 수 없었다. 정권이 보기에 "신뢰할 수 없는" 사람은 65세에 퇴직당하고 그 자리가 충성스러운 인물로 대체될 것이기 때문이었다. 한편 독일은 테르보벤의 서한으로 국제공법상 점령조치의 합법성 심사를 용납하지 않음을 분명히 했다. 테르보벤은 자신이 노르웨이에서 법의 궁극적 원천이라고 주장했다. 12월 9일, 대법관 전원은 장관에게 보내는 정년규정 철회 요구 서한에 서명했다. 3일 후 대법관들은 새로운 서한을 보내 "사법심사에 대한 제국판무관의 견해를 수용하는 것은 노르웨이 대법원 판사로서 우리의 의무에 어긋난다"라며 사직서를 제출했다. 법무부장관은 65세 이상 판사들을 즉시 해임하고 나머지 판사들을 개별적으로 불러서 면담하는 방식으로 대응했다. 그러나 어떤 판사도 이에 굴복하지 않자, 법무부는 판사들의 사임을 기정사실로 받아들일 수밖에 없었다.

벨기에 판사들도 독일 점령군에 저항했다. 1940년 10월, 독일 군정은 유대계 혈통의 공직 수행을 금지하는 조치를 발표했다. 대법원은 독일 총사령관 팔켄호르스트Falkenhorst 장군에게 공문을 보내 이 조치가 벨기에 헌법과 법률에 위배된다고 항의했다.[18] 벨기에 사법부는 군정이 제정한 규정을 사실상 공개적으로 적용하지 않으려 했으며, 점령 당시 행정부를 이끌었던 사무총장에 대한 권한 위임 자체도 인정하지 않았다. 다만, 벨기에 법률의 적용범위 안에서 이루어진 조치에 대해서는 효력을 인정했다.

대법원이 한 사건에서 사무총장령의 심사권한이 법원에 있다고 판단하자, 이에 대한 대응으로 벨기에 군정은 1942년 5월 14일 사무총장령이 사법심사 대상이 되지 않는다는 규정을 제정했다. 그러자 법원은 이 규정으로 향후 사무총장령에 근거한 형사사건을 심리할 수 없게 됐다고 공식 발표했다. 군정은 이를 파업 선동으로 간주, 성명문의 공개를 금지했다. 그러나 대법원의 입장은 벨기에 전역의 모든 판사들에게 곧 알려졌고, 판사들 역시 사무총장령과 관련된 재판을 중단하기 시작했다.

군정은 판사들의 급여 지급을 중단하고, 열 명의 판사를 체포해 처형할 것이며 나머지 판사들은 동부 지역으로 강제 이송 또는 추방하겠다고 위협했다. 법원에 엄청난 압력이 가해졌다. 사무총장들은 자신들의 행정조치에 대해 벨기에법에 근거한 경우로 한정해 법원이 합법으로 간주함에 따라 정당성을 확보하고 있었는데, 그렇지 않을 경우 아예 벨기에 행정업무 전체가 군정의 직접 행사방식으로 넘어갈 가능성이 있었다. 1942년 7월, 결국 법원은 압박을 이기지 못하고 타협안을 받아들였다.[19]

노르웨이와 벨기에 법원의 대응방식에는 중요한 차이가 있다. 노르웨이 대법원은 점령군이 제정한 규정이라도 국제공법상 점령군의 권한범위 내라고 인정된다면 이를 적용하려 했다. 벨기에 법원은 점령군이 직접 제정한 규정뿐 아니라 점령군의 권한을 위임받은 벨기에 행정부가 제정한 규정조차 적용을 거부했다. 그러나 점령이라는 비상 상황에서 벨기에 행정부가 시행한 조치가 벨기에 법률에 비추어 합법이라고 인정되면 적용할 용의가 있었다.

두 경우 모두 법원은 사법심사권을 유지하려 했지만 점령군은 이를 인정하지 않았다. 노르웨이 판사들은 이러한 상황에서 직무를 수행하는 것이 불가능하다는 판단 아래 사직했다. 판사직을 유지하려면 충성의 대상을 노르웨이 헌법에서 점령체제로 바꿔야 했기 때문이다. 반면 벨기에 판사들은 계속 직무를 수행했다. 독일 점령 이전에 제정된 벨기에 법이 판사의 자발적 사직을 금지했기 때문이다. 대신 그들은 점령군 규정에 따른 형사사건의 심리를 거부하려 했다. 그러나 결국 강한 압력에 굴복할 수밖에 없었으며, 이에 대한 항의로 사임하려 했으나 점령군은 이를 범죄로 간주하고 심지어 형사재판에 회부해 처형할 수도 있다고 위협했다.

제한적 해석

또 다른 저항 방식은 억압적 조치의 효과를 축소하는 해석이다. 즉, 이러한 조치를 좁게 해석하거나 인권을 보호하는 기존 법이나 원칙에 비추어 제한적으로 해석하는 것이다. 마크 오시엘은 아르헨티나 대법원이 긴급조치의 적용범위를 좁게 해석해 보다 자유주의적인 기존 법률과 조화되도록 한 여러 사례를 소개한다. 남아프리카공화국 대법원이 단순 사실 접근법을 취해 정권의 의도를 법해석에 반영한 것과 달리, 아르헨티나 대법원은 기존 법률을 법실증주의적 방식으로 해석, 적용했다. 오시엘은 그 예로 재판 없이 구금된 수감자를 긴급조치라는 명분으로 헌법이 정한 기간을 초과해 구금할 수 있는지에 관한 사건을 들었다. 당시 정권은 사회질서 교란자들이 단지 헌법이 정한 기간보다 더 오래 구금되었다는 이유만으로 석방해야 한다는 것이 비논리적이며 오히려 사회질서 교란에 해당한다고 주장했으나, 법원은 이 주장을 기각했다.[20]

브라질 대법원은 군사정권의 억압적 조치를 일관되게 좁게 해석했다. 처음에는 쿠데타 이전에 제정된 법률에 명시된 권리와 자유를 근거로 군사정권이 제정한 법률을 제한적으로 해석했다. 정권이 이전 법률을 폐지하는 법을 제정하고 마침내 헌법까지 개정하자 법원은 헌법

에 내재된 도덕적 원칙을 들어 새로운 입법조치에 대응했다.21

프로이센 행정항소법원도 이런 방식으로 나치 정권의 조치를 다루었다. 쇼른은 베를린 프로이센 행정항소법원을 나치 시대 독일 사법부의 "명예의 전당"이라고 묘사했다.22 그의 표현에 따르면 이 법원은 "용감하고 비타협적인" 일련의 판결로 오랜 법적 전통을 수호했다.

프로이센 행정항소법원의 법적 신조는 1936년 부장판사Senatspräsident* 프란츠 숄츠Franz Scholz 박사가 발표한 논문에 소개됐다.23 그는 법원이 "새로운 법적 사고"로 전환했다고 인정하면서도, 이 전환은 나치 집권 이전부터 시작됐으며 초인플레이션으로 법원이 "1마르크는 1마르크"라는 기존 원칙에서 벗어난 판결을 했던 때로 거슬러 올라간다고 주장했다. 이 판결에서 법원은 초인플레이션 때문에 화폐가치가 급격히 하락한 현실을 반영해, 계약상 의무에 대한 엄격한 문리적 해석법에서 벗어나 실질적 가치를 고려하는 방향으로 해석했다. 이러한 판결은 법조문의 문구에 얽매인 형식주의적 법적 추론에서 벗어나 실체와 정의에 기반한 접근방식의 길을 열었다. 숄츠는 프로이센 행정항소법원의 접근방식이 신뢰, 법치, 평등한 대우, 입법자의 의도와 목표에 대한 충성이라는, 독일민족공동체Volksgemeinschaft의 핵심가치에 기반한다고 설명했다.

숄츠는 프로이센 행정항소법원이 기존 법률은 새로운 정권에 의해 명시적으로 폐지되지 않았거나, "새로운 법질서의 총체성"에 명백히 위배되지 않는 한 그대로 유지돼야 한다는 입장을 결코 저버린 바 없다고 강조했다. 게슈타포가 유대인, 사회주의자, 기타 "신뢰할 수 없는 자"의 사업장을 폐쇄한 사례가 이를 잘 보여준다. 쟁점은 기존 법률이

---

* 독일 법원의 'senate'는 법원의 특정 분야나 사건을 다루는 심판부를 의미한다. 그 수장을 맡은 판사를 'senate president'라고 한다.

보장하는 영업의 자유가 해당 상인들에게도 적용되는지였다. 법원은 여러 사건에서 일관되게 상인들 편에 서는 판결을 내렸다. 한 사건에서 법원은 다음과 같이 판단했다.

> RGO* 제1조에 규정된 영업의 자유는 민족사회주의 입법자에 의해 상당 부분 제한되었으며 더 이상 시장의 지배 원칙이 되지 못하는 것은 사실이다. 그러나 법 제1-1조와 제143조는 폐지되지 않았다. …… 입법자가 정책 추진과정에서 제1조 및 제143조를 폐지하지 않기로 결정했다는 사실은, 이 조항을 더 이상 침해하지 않겠다는 입법자의 의지를 보여주는 것으로, 해당 조항들은 이에 대한 구체적인 입법이 없는 한 여전히 효력을 가진다.24

이런 논리에 따라 판사들은 "이전 법이 민족사회주의 세계관과 충돌한다고 생각하는 경우에도" 이전 법을 적용할 의무가 있었다. 한편 숄츠는 신의성실, 본질적 고려, 공공질서 등과 같은 일반조항은 민족사회주의적 관점에 부합하는 방식으로 해석·적용해야 한다고 주장했다.

프로이센 행정항소법원의 판례는, 숄츠가 말한 법원의 처리방식이 개별 사건에 한정된 게 아니라 당시 법원이 판결을 내리는 데 전반적으로 취한 태도였음을 보여준다.25 숄츠는 게슈타포가 반정부 신문사를 폐쇄한 조치를 두고 법원이 사법심사를 허용한 사례를 언급한다. 1934년 10월 25일자 판결에서 법원은 폐쇄조치의 합법성 심사는 가능하지만, 경찰 재량권 행사는 심사할 수 없다고 구분했다. 법원은 합법성 심사에서 해당 조치가 관련법이 정한 요건인 "공산주의자의 폭력행위 예방"을 위해 시행된 것인지 판단해야 한다고 봤다. 행정법 원칙

---

* 'Reichsgewerbeordnung(제국산업법)'의 약어로, 이 법은 상업 및 산업 활동을 규제하기 위해 19세기 후반에 제정한 법률이다. 「제국산업법」 제1조는 "누구든지 이 법에서 정한 예외나 제한이 없는 한, 영업을 영위할 수 있다"이다.

에 따르면 법원은 해당 요건의 충족 여부를 심사할 의무가 있다는 것이다.

나치 정권 초기에는 비밀경찰, 나치 친위대, 강제수용소가 법원의 재판 관할에 속하는지 명확하지 않았다. 법무부와 내무부는 나치 친위대와 그 지부들도 경찰이나 강제수용소와 마찬가지로 국가 기능의 하나이므로 사법심사 대상이어야 한다고 주장했다. 이 문제를 둘러싼 논쟁은 나치 친위대와 법무부, 내무부 사이에서 3년 동안 계속됐고, 결국 히틀러가 직접 개입해 매듭을 지었다. 그 결과 1936년 2월 10일 제3차「게슈타포법」이 제정되었다. 이 법은 비밀경찰 관할에 속하는 모든 행위와 사무는 행정법원의 관할에서 제외한다는 내용이었다.[26]

프로이센 행정항소법원은 게슈타포법에 대해 제한적 해석방식을 취했다. 제2차「게슈타포법」은 게슈타포의 조치를 사법심사 대상에서 명시적으로 제외했다. 이에 따라 1935년 5월 2일 법원은 게슈타포가 사법심사 대상이 아니라고 판결했다. 그렇지만 법원은 이 법을 엄격하게 해석하여, 1935년 5월 23일 판결에서 일반 경찰이 게슈타포를 지원한 경우에는 사법심사가 가능하다고 판결했다. 세 번째로 법이 개정되자 법원은 다시 개정법에 적응해야 했지만 이번에도 법을 엄격하게 해석했다. 1936년 3월 19일 판결에서 법원은 일반 경찰의 지원조치가 실제로 게슈타포 사안에 해당하는지를 법원이 검토할 수 있다고 판단했다. 즉, 일반 경찰이 지원 결정을 내릴 때 그 사유가 지원 결정에 명시됐는지, 실제 사실관계와 부합하는지를 법원이 검토해야 한다고 명시했다. 단지 게슈타포를 돕기 위한 조치였다는 경찰의 주장만으로 바로 사법심사 대상에서 제외할 수는 없다는 판단이었다. 숄츠는, 연이은 법 개정으로 결국은 게슈타포 사무실에서 이루어진 조치이기만 하면 그처럼 형식적 요건만 충족해도 사법심사에서 배제되는 상황으로 발전했다고 평가했다. 그 결과 법원이 경찰의 자의적 조치를 통제할 수단을 상실하게 되었으며, 오로지 일반 경찰의 조치에 대해서만 그 조치가 실제로 단순한 법집행인지 아니면 특정 정치적 의도를 가진 조치인지 판단할 수 있게 되었다. 프랭켈에 따르면 1936년 판결은 "독일 법치주의의 마지막 흔적"이 완전히 사라진 순간을 의미했다.[27] 나치 친위대가 두 부처(법무부, 내무부)의 저항을 물리치자 법원도 굴복할 수밖에 없었다.

숄츠는 행정조치에 대한 사법심사의 중요성을 강조한다. 그는 롬인에 대한 상거래 허가 취소 사건을 예로 들었다. 1935년 12월 30일 판결에서 법원은 일반적으로 롬인이 절도와 사기 은폐 목적으로 상거래 면허를 이용한다는 이유만으로는 면허를 취소할 수 없다고 판결했다. 취소는 해당 상인의 개별 사정에 따라 결정해야 한다는 것이다.

법원이 이러한 방식으로 구시대의 주관적 권리 이론*을 고수했다는 비판에 대해 숄츠는 법원의 판례에 주관적 공권론이 적용된 적이 없으며, 주관적 권리 부여와 법질서의 유지 사이에는 분명한 구분이 있어야 한다고 반박했다. 숄츠는 "주관적 권리에 대한 사법적 보호가 동시에 공동체와 국가의 이익을 보호함은 자명하다"라고 밝혔다.[28] 또한 법원은 여러 판결에서 적법절차, 문서와 증거에 대한 접근권, 공정성을 강조하며 이는 "모든 법절차의 근본적인 토대"에서 도출되는 원칙이라고 선언했다.

프로이센 행정항소법원은 합법성과 사법적 보호를 중시하는 전통적 입장을 유지하면서도 동시에 자신들의 판례가 새로운 법질서와 민

---

* 법학에서 개인이 법에 따라 보호되는 특정한 권리를 가진다는 개념을 설명하는 이론이다. 여기서 주관적 권리란 개인이 국가, 다른 개인, 또는 단체에 대해 주장할 수 있는 법적 권리를 의미한다. 이와 대조적으로, 객관적 법질서론은 법이 단순히 사회규범을 유지하거나 공익을 위해 존재한다고 본다. 즉, 법의 목적이 개인의 권리를 보호하는 데 있다기보다 사회질서와 공익을 유지하는 데 있다고 보는 관점이다.

족사회주의 법사상에 기반함을 강조했다. 법원 부원장 바흐 박사Dr. Bach는 1938년 기고문에서 법원이 의식적이고 의도적으로 민족사회주의의 세계관과 법사상을 판결에 반영하는 것을 목표로 삼았다고 강조했다.29 그는 판결문에 사용된 문구가 아니라 그 정신에 주목해야 한다고 강조했다. 이어서 그는 "개인의 이익보다 공동선", "신의성실, 합리성, 선량한 풍속, 법에 대한 당대 인식 등"과 같은 구호, "목적론적 해석", "형식주의 거부"라는 슬로건이 법원의 판결례에 어떻게 반영됐는지 구체적 사례로 보여주었다. 그러나 바흐 박사가 나치 법사상의 더 사악한 기본교리들, 즉 인종 개념이나 "해충, 상습범죄자, 고리대금업자, 밀수업자 등"에 대한 투쟁을 언급하지 않았다는 점은 주목할 만하다.30

프로이센 행정항소법원의 태도는 비판 없이 넘어가지 않았다. 라인하르트 횐Reinhard Höhn 교수는 법원의 접근법을 혹독하게 비판하며 함부르크 법원과 비교했다. 횐에 따르면 함부르크 법원은 "국가의 본질이 반드시 경찰의 법적 지위에 반영돼야 한다"라고 제대로 인식했으나 프로이센 법원은 "감히 그 같은 결단을 내리지 못했다"는 것이다. 그는 프로이센 법원을 다음과 같이 비판했다.

> 법원은 법과 현실을 적대적 방식으로 분리하여, 경찰을 독일 국민의 삶과 별개인 힘의 질서로 간주하고 있다. 만약 민족사회주의 경찰이 권력장악 후에 이 같은 태도로 움직였다면 제국의 내부 치안을 유지하는 데 실패했을 것이다. 프로이센 행정항소법원은 실제 현실에 전혀 부합하지 않는 입장을 취하고 있다.31

실제로는 프로이센 행정항소법원도 어느 정도까지는 나치 이념을 받아들여 법치주의 전통과 결합했다고 할 수 있다. 발터 함퍼Walter

Hampfer는 위 항소법원의 판례에 대한 연구에서, 법원은 공식적으로 법이 폐지되지 않는 한 그 법을 준수해야 한다는 원칙에 기대어, 나치 법체계에 맞서 자유주의적 법적 보호장치가 완전히 망가지는 것을 간신히 막아냈다고 결론지었다.32 법원 판결에 민족사회주의 법 이념이 반영되기는 했지만, 법원은 이를 실정법보다 우위에 있는 법원法源으로 인정하는 것을 거부했다. 법원은 이러한 변화가 헌법체제에 미치는 영향을 제한하고자 고심했다. 하지만 실정법에 대한 법원의 충성심은 억압적인 입법자가 등장했을 때 이를 저지할 근거를 찾을 수 없었다는 점에서 한계를 드러냈다. 결국 법원은 나치 권력을 합법으로 인정함으로써 비록 나치가 제정한 법이 법치주의의 근본원칙에서 벗어나더라도 그 법을 집행할 수밖에 없었다.

프로이센 행정항소법원의 접근방식은 다른 상급법원, 특히 제국대법원과 비교하면 주목할 만하다. 제국대법원은 빠르게 나치화됐다. 전직 판사였던 에밀 니트하머는 1938년까지의 대법원 판결들을 굴종적이고, 우유부단하고, 병적으로 열정적이고, 맹목적이라고 묘사했다.33 니트하머 자신은 1937년에 법원을 떠났기 때문에, 이는 그가 퇴임한 후의 법원을 묘사한 것이다. 유대인과 관련된 많은 사건에서 보았듯이, 나치의 권력장악 후 법원은 나치의 차별적이고 억압적인 정책을 발전시키는 데 초기부터 적극 가담했다. 이 흐름은 1936년 판결에서 유대인의 법적 지위를 그들의 신체적인 죽음에 비유하고 1933년 3월 이후 그들이 처한 상황을 모든 권리를 박탈당하고 법적 인격이 말살된 상태로 판단한 데서 절정을 이루었다.34

한스 폰 도나니Hans von Dohnanyi는 1938년부터 1941년까지 법원에서 판사로 일했으며, 히틀러 정권에 적극 저항하고 몇몇 암살 음모에 가담했다. 도나니는 빌헬름 카나리스Wilhelm Canaris*와 관련된 저항 단체의 일원으로 1945년 4월 재판을 받아 처형됐다. 그를 기소하고 재판한 검사와 판사는 훗날 살인죄로 기소됐다.[35] 그는 뛰어난 법률가로서 법무부 내에서 성공적인 경력을 쌓았다. 1938년 나치의 인종 정책을 비판하자 애국심에 문제가 있다는 이유로 대법원으로 전보조치됐다. 그는 형사사건을 담당하는 데 어려움을 느껴 1941년 판사직을 사임하고 라인란트 베스트팔렌 크레디트 은행의 경영팀에서 일했다.[36]

도나니가 관여한 대법원 판결에서 그가 반대의견을 남긴 사례를 찾아보기는 어렵다.[37] 그러나 이는 크게 놀라운 일이 아닐 수 있다. 대법원 근무 시절 도나니는 최연소 판사였으며 근무기간도 짧았다. 게다가 이미 히틀러 암살 모의에 가담 중이었으므로 자신의 반대 입장을 드러내지 않고 저자세를 유지할 필요를 느꼈을지도 모른다. 그러나 1935년 그는 형법개혁위원회에 참여해 같은 위원인 롤란트 프라이슬러에 맞서 적극적인 반대의견을 폈다. 그는 아내에게 쓴 편지에서 "공동체의 명예 보호와 관련해 치열한 논쟁"을 벌이는 중이며, 그 문제가 "법을 정치적 관점에서 볼지, 아니면 비정치적인 관점에서 볼지"와 관련되어 있어 타협이 불가능하다고 토로했다. 그는 위원회의 다른 회의에서 "우리는 미묘한 상황에 처했는데 그 때문에 혈통과 명예Blut und Boden에 대한 내 감정에 깊은 상처를 입었다"라고 자조적으로 표현했다.[38] 그러나 가장 선도적이며 악명 높았던 나치 법률가와 여러 차례 충돌했다는 이유로 그가 개인적 불이익을 받은 것으로는 보이지 않는다. 그가 1943년 체포돼 처형된 것은 게슈타포의 조사 끝에 나치 정권에 저항하는 과정에서 그가 맡은 역할이 드러났기 때문이지 판사와 변호사 활동 때문이 아니었다.

---

* 빌헬름 카나리스는 국방군 정보국 수장으로 독일 군사정보 활동을 총괄한 인물이다. 나치에 대한 저항운동에 깊이 관여해 히틀러 암살이나 기타 정권전복 모의에 참여했다. 1944년 7월 20일, 슈타우펜베르크장군이 주도한 히틀러 암살 시도 실패 이후 체포되어 1945년 4월 플로센뷔르크 강제수용소에서 처형되었다.

1938년 이후에도 일부 대법관이 정권의 의도를 가로막은 사례들이 있었다. 후베르트 쇼른은 1944년 파울 폭트Paul Vogt 대법관과 관련된 사건을 언급한다.39 한 여관 주인이 전쟁포로들과 금지된 거래를 했다는 이유로 유죄판결을 받았다. 그의 항소는 검찰이 법무부를 거쳐 처리했는데* 법무부는 항소를 즉시 기각하고 형을 집행할 것을 명령했다. 그러나 폭트는 사건을 검토한 결과 형식적·실체적 측면에서 판결에 문제가 있으므로 형 집행이 불가하다고 검사에게 통지했다. 그는 재판을 함께 담당한 동료 대법관들에게 판결의 파기를 제안했고 동시에 이 사건에 대한 법무부의 지시 내용과 그에 따라 법무부의 반발이 있을 가능성도 알렸다. 대법관들은 그의 의견에 동의해, 판결을 파기하고 사건을 다른 법원으로 이송했다.

그 후 베를린의 티어라크Thierack 장관은 폭트를 소환해 해당 판결이 정치적으로 부정적 영향을 끼쳤다는 이유로 질책했다. 이에 폭트는 판사로서 행정부서의 명령에 구속되지 않으며 오히려 장관의 명령이 사법부의 독립을 해친다고 주장하며 사임 권고를 거절했다. 6개월 후 그는 65세 정년으로 퇴직했다. 당시 판사 부족 현상 때문에 판사 대부분이 65세 이후에도 퇴직하지 않았음을 고려할 때, 그의 사임은 정치적 결정이었을 가능성이 크다.

판결로 정권에 저항했던 다른 사례들도 전해진다. 그중에서 용감한 판사로 잘 알려진 이는 지방법원 판사 로타 크라이지히이다.40 크라이지히는 1928년에 판사로 임명됐고 상관들에게 유능한 법학자이자 판사로 인정받았다. 나치의 정권 장악 후 그는 정치행사 참여를 거부하면서 여러 차례 나치의 눈길을 끌었다. 크라이지히는 아돌프 히틀러의

---

* 당시 1차 항소 심사는 법무부에서 처리했는데 법무부는 특정 사건에 대해 항소를 기각하라는 지시를 내릴 수 있었다. 이는 나치 정권이 법체계를 통제하기 위해 사용한 방식으로, 주로 정권에 불편한 판결을 막기 위해 활용했다.

초상화 개막식에서 방을 나가버리거나 다른 사람들이 세 차례 히틀러식 거수경례를 하는 동안 "입술을 살짝 움직일 뿐이었으며" 정치 교육에는 아예 참석하지 않았다.

무엇보다도 복음주의 교회에서 활동했던 그는 교회와 정권의 갈등에서 교회 편을 들었다. 나치 정권은 그를 해임하라는 여러 건의 민원을 법무부에 제출했으나 받아들여지지 않았다. 법무부는 유능한 판사를 해임할 충분한 사유를 찾지 못했고 교회의 저명한 지지자들 중 한 명을 해임함으로써 교회와 갈등을 키우기를 원치 않았다. 크라이지히는 농장을 구입한 후 브란덴부르크 시골 지역 법원으로 전보를 신청했다. 그는 그곳에서도 전단을 작성 배포하는 등 교회를 지지하는 정치활동을 계속했고 그의 활동은 관련 부처의 감시를 받았다.

그를 유명하게 만든 동시에 결국 퇴직하게 만든 사건은 안락사 프로그램과 관련한 활동이었다. 판사로서 그는 정신질환으로 스스로 돌볼 수 없는 사람들의 후견을 담당했다. 그런데 그는 자신의 관할에 있던 사람들이 시설로 이송된 후 살해됐다는 사실을 알게 됐다. 그는 법원장에게 이 문제에 관한 항의서한을 보냈고, 법원장은 "부적절한" 서한을 회수해가라고 크라이지히에게 요구했지만 거절당했다. 이 사건은 법원장에 의해 법무부에 보고되었다.

크라이지히는 법무부에 보낸 서한에서 안락사 프로그램이 종교적인 이유뿐 아니라 독일 국민이 가진 정의 관념에 끼칠 결과를 언급하며 항의했다.

"독일에서 아직까지 어느 누구도 반박하지 않은 끔찍한 구호, 즉 '법은 국민에게 이로운 것이다'라는 구호 아래 아무 비판 없이 사회의 한 계층 전체가 법치주의의 사각지대로 떨어졌다"라고 쓰면서 그는 "강제수용소에서처럼 이제는 의료기관에서 그런 일이 벌어진다"라고 개탄했다. 그는 판사로서 후견인 역할이 이러한 상황에 개입할 법적 권한을 부여하지는 않는다고 인정하면서, 그러나 법과 정의의 편에 서는 것이 판사의 의무이며 그에 따라 법무부에 그 해결을 요구해야 한다고 보았다.

크라이지히는 법무부에서 롤란트 프라이슬러와 몇 차례 면담했으나 그로부터 안락사 조치의 정당한 법적 근거를 제시받지 못했으며, 법무부 또한 그 근거에 대해 침묵했다. 그는 판사로서 브란덴부르크 지방법원이 후견하는 사람들에 대한 안락사 금지명령을 관계기관에 통지했다. 프란츠 귀트너Franz Gürtner 법무부장관이 그를 다시 소환해 직접 면담했는데, 그 자리에는 한스 폰 도나니도 있었다. 귀트너 장관은 크라이지히에게 금지명령을 철회할 기회를 주면서 심지어 총통이 내린 비밀명령 사본도 보여주었다. 그럼에도 크라이지히는 안락사 프로그램이 합법이라는 설명을 납득하지 않았다. 장관은 그에게 총통의 의지를 궁극적인 법의 원천으로 받아들일 수 없다면 판사직 수행이 어렵다는 것을 분명히 했다. 며칠 뒤 크라이지히는 양심상 자신이 내린 명령을 철회할 수 없다며 판사직 사임을 요청했다.

1941년 5월 10일 내무부장관에게 제출된 크라이지히 해임에 대한 의견서에서 슐레겔베르거Schlegelberger 법무부차관은 다음과 같이 썼다.

> 크라이지히 박사는 조사 과정에서 공적 업무와 기독교인의 의무가 충돌할 경우, 자신이 속한 "고백교회"*의 신앙을 우선할 것임을 분명히 밝혔다. 그는 당원 자격과 기독교 신앙이 양립할 수 없다고 본다. 그는 국가권력을 절대적인 것으로 인정하기를 거부하고, 국가가 교회 사무를 규제할 권리를 가

---

* 고백교회(Bekennende Kirche)는 1934년 독일 개신교 내에서 민족사회주의(Nazism)에 저항하기 위해 형성된 신학적·교회적 운동을 뜻한다. 나치의 집권 이후 독일 개신교 내에 나치 이념에 영합하려는 시도가 생기자, 이에 반대하는 목사와 신학자들이 1934년 바르멘선언을 통해 교회의 독립성과 신앙의 순수성을 지키는 고백교회를 결성했다.

지는 것을 부인한다. 그는 민족사회주의 국가의 법적안정성에 의문을 드러내며, 심지어 법치국가라고 부를 수 있는지조차 의심하는 태도를 보인다. 조사 결과를 보건대, 크라이지히 박사는 공직자로서 요구되는, 개인적 신념의 자제를 실천할 준비가 되지 않았음이 분명하며, 그의 태도는 민족사회주의 이념과 근본적으로 상충한다. 따라서 크라이지히 판사의 퇴직이 불가피하다고 본다.41

의견서를 제출하며 슐레겔베르거는 크라이지히에 대한 징계절차의 취소를 제안했는데, 크라이지히의 행위가 공직 의무 위반이라기보다 자신의 인생관에 따른 신념에서 비롯된 것이라고 판단했기 때문이다. 크라이지히는 해임됐고 정권은 더 이상 그를 탄압하지 않았다. 그는 자신의 농장을 가꾸며 종교활동에 전념했다. 전쟁이 끝난 후 그는 마그데부르크 복음주의교회 종교회의 지도자가 됐고, 두 번째의 독일 독재* 하에서 신앙에 바탕을 둔 종교적 저항을 이어가다가 1986년 세상을 떠났다.

또 다른 사례는 일명 '베를린 커피 사건'으로, 베를린 지방법원 판사인 빌리 자이델Willi Seidel 판사가 내린 판결이다.42 1940년 가을, 커피 특별 배급이 베를린 시민에게 시행됐다. 당시 6,000명의 유대인들이 커피 배급을 신청했지만 "유대인이라는 이유만으로 배급에서 제외"됐다. 식량사무소는 오히려 배급 신청을 한 유대인들에게 벌금 150마르크를 부과했다. 그들 중 대부분은 벌금을 냈지만, 500명의 유대인들은 지방법원에 소송을 제기했다. 자이델 판사는 장문의 판결을 통해, 인정된 사실에 비추어 식량사무소의 유권해석을 받아들일 수 없으며, 법적인 측면에서 유대인들이 범죄를 저지르지 않았으므로 벌금 부과

---

* 동독을 의미한다.

가 위법하다고 판결했다. 그들은 배급품을 받을 자격이 없음을 알면서도 배급 신청을 했기에 벌금을 부과받았는데, 법은 그러한 행위를 범죄로 규정하지 않는다는 판단이었다. 또한 공소시효도 만료되었다.

법무부장관은 이 판결에 대해 다음과 같이 논평했다.

형식으로나 내용으로나 지방법원 판결은 유대인에게 편향됐으며 독일 행정 당국을 난처하게 만들었다. 판사는 스스로에게 다음과 같은 질문을 던져야 했다. 이 20쪽 분량의 판결로 그와 500명의 유대인이 옳았음을 증명하고 독일 당국을 상대로 승리했음을 드러내면서 동시에 이처럼 무례하고 거만한 유대인들의 행동을 둘러싼 우리 국민들의 반응에는 왜 한마디도 없는지 말이다. 설령 식량사무소가 법적으로 잘못 판단했음을 판사가 확신하더라도 필요하다면 상급 당국이 그 문제를 명확하게 판단할 때까지 기다려야 했다. 아니면 어떤 경우에도 담당 기관의 권위를 손상시키지 않으면서 유대인들로 하여금 기관의 권위를 존중하도록 판결의 형식을 택해야 했다.

식량사무소는 법원장에게 자이델의 전보조치를 요구했다. 법원장이 이를 거부하자 나치당 지역지도자 Gauleiter*가 나섰고 식품사무소장은 제국 선전부에 이의를 제기했다. 결국 선전부와 법무부의 협의 결과, 롤란트 프라이슬러로부터 자이델에게 견책 처분이 내려졌다는 답변을 끌어냈다.

자이델 판사는 당 재판소 Party Court에 제소돼 민족사회주의 당원 자격을 박탈당했다. 당 재판소는 그가 유대인 문제를 제대로 이해하지 못해 적절한 정치적 품성을 갖추지 못했다고 판단했다. 자이델이 판사

---

* 나치당의 계급으로, 나치당의 지역 책임자를 의미한다. 이들은 Gau라고 불리는 지역 단위를 책임졌다. 이들은 히틀러 직속으로 단순히 당직을 맡는 것이 아니라 해당 지역의 정치·행정·경찰권력을 사실상 독점하면서 행정 관료들에게 영향력을 행사했다.

로서 법을 해석한 결과 해당 조치가 위법하다고 확신했더라도 유대인들 앞에서 국가기관의 권위를 훼손할 만한 판결을 내리기 전에 법무부와 협의해야 했다는 논평을 덧붙였다.

법무부는 자이델 판사를 민사부로 옮겨 더 이상 형사사건을 다루지 못하도록 조치했다. 형사부 판사와 달리 민사부 판사는 징집 면제 특전을 받을 수 없었기에 그는 군에 징집되었고 전쟁에서 살아남아 종전 후 베를린 지방법원장을 지냈다.

나치 친위대 판사를 지낸 콘라트 모르겐konrad Morgen의 경우는 좀 더 상황이 복잡하다.⁴³ 그는 전쟁 전에는 민사재판부에서 근무했지만 당원이 아닌 교사가 히틀러 소년대원에게 불법적인 과도한 체벌을 가했다는 혐의로 기소된 사건의 재판에서 당의 방침을 따르지 않았다는 이유로 직위 해제됐다. 이후 그는 무장친위대에서 복무한 뒤 1941년 친위대 판사로 임명됐다. 하지만 인종오염Racial Defilement* 혐의로 기소된 피고인에게 무죄를 선고하자 1942년 친위대장 하인리히 힘러Heinrich Himmler에 의해 해임됐다. 1943년 그는 다시 베를린 소재 제국범죄경찰청Reich's main criminal office에서 친위대 판사로 복무하라는 명령을 받았다. 그는 강제수용소에서 벌어진 부패행위 조사를 맡게 되었는데, 부헨발트 수용소 조사 과정에서 우연히 수용자들을 살해한 증거를 찾아냈다. 조사 끝에 그는 전직 사령관과 수용소 의사를 횡령과 불법살인 혐의로 체포했고, 이들은 기소돼 사형을 선고받았다. 그럼에도 힘러는 그에게 강제수용소 조사를 중단하라고 명령했다.

전쟁이 끝난 후, 모르겐은 스스로를 최선을 다해 정의를 지키고 품위를 유지하려 했던 판사로 거듭 묘사했다. 그는 아우슈비츠 조사 과

---

* 유대인과 비유대인의 혼인이나 성관계를 뜻하는 나치 독일의 반유대주의 개념으로, 순수한 아리안 혈통 수호를 위해 이를 금지했다.

정에서 대량학살 계획의 존재를 알게 됐지만 히틀러와 힘러의 명령에 따라 이루어진 학살은 합법이라고 생각했다. 하지만 그는 이 계획 밖에서 일어난 살인이나 수감자 착취에는 기꺼이 조사에 나섰다.

파우어-스투더Pauer-Studer는 "비록 그가 여러 사건에서 개인적으로 상당한 위험을 감수하고 용기 있게 행동했지만, 모르겐의 업무 수행에는 뭔가 근본적인 결함이 있다"라고 평가한다.[44] 그는 "정의를 추구하되, 법에 따라 친위대에 주어진 관할 내에서 정의롭고 공정한 판결을 내리려 애쓴" 판사인가, 아니면 재정적·인간적 부정부패에 맞서 싸우며 친위대의 이념과 가치에 헌신해온 확신에 차고 충직한 나치인가? 파우어-스투더는 모르겐이 자신을 판사이자 나치당원으로 번갈아가며 규정했는데, 이 규정은 전후 조사관들에게 한 진술에 따라 달라졌다고 결론짓는다. 어느 경우든, 법치주의와 품위를 지키겠다는 그의 사명은 그 조건이 충족될 수 없는 상황이었기에 완수가 불가능했다.

> 나치 친위대의 관할 아래에서 모르겐은 법치주의를 지향하는 판사로서 그 역할을 제대로 수행할 수 없었다. 그 이유는 간단하다. 법치주의가 요구하는 가장 기본요소들, 즉 법적안정성, 예측 가능성, 공공성과 같은 원칙들이 이미 훼손되었기 때문이다. 사법의 최고 권위자가 대량학살을 명령할 때, 그 사법체계 내에서 법치주의를 추구하기란 단순히 어려운 정도가 아니라 실제로 불가능하다.[45]

나치의 법과 정책에 사법부가 어느 정도로 저항했는지 평가하기란 쉽지 않다. 후베르트 쇼른에 따르면, 많은 판사가 실정법과 정의가 충돌함을 깨닫고 나서 실정법을 따르기보다 양심에 따른 판결을 내리는 쪽으로 돌아섰다고 한다.[46] 그는 증거 불충분에도 판사가 용의자를 구금한 사례들을 언급하는데, 그 이유는 게슈타포에 의해 체포되는 사태를 막기 위해서였다는 것이다. 또 피고인이 석방되는 경우 강제수용소로 끌려갈 우려 때문에 단기형 대신 그보다 장기의 징역형을 선고하는 일도 있었다. 그러나 쇼른이 인용한 실제 사례는 극히 적으며, 나치 정권 동안 1만 5,000명 이상의 판사들이 수만 건의 판결을 선고했다는 사실을 감안하면 더욱 그렇다.

대부분의 논평가들은 나치 정권에 대한 사법적 저항이 미미했다고 본다. 그렇다고 해서 당시 독일 법원의 판결들이 자의적이며 불공정하고 가혹한 형벌 남용 사례로만 점철됐다는 의미는 아니다. 좀 더 면밀한 연구들은 당시의 미묘한 풍경들, 즉 범죄, 피고인의 신원, 지역, 판사의 성향에 따라 형량 차이를 보이는, 즉 보다 복잡한 양상을 보여준다.47

어떤 저항은 당시 정권과 후대 역사가들 모두에게 드러나지 않은 은밀한 형태로 이루어졌을 가능성이 있다. 당대 풍경을 그려내는 삽화와 같은 이야기는 극소수에 불과하다. 독일 군검사였던 베르너 오토 뮐러-힐Werner Otto Müller-Hill은 전쟁 마지막 해에 작성한 일기에서 판사의 성향 차이가 억압적 법의 집행에 어떤 영향을 미칠 수 있는지를 두고 다음과 같이 썼다.

> 내가 기소한 피고인이 무죄를 선고받으면 나는 판결을 그대로 받아들이고 굳이 항소해서 '내 주장의 옳음을 증명'하려 하지 않았다. 상대편은 브레슬라우에 함께 근무한 오랜 동료로, 독선적이지만 선량한 프로이센인이었다. 그는 군판사로 임명되면서 완전히 다른 존재로 변해버린 전형적 사례였다. 그에게 무죄판결은 개인적인 모욕이자 국가의 원칙에 대한 모욕이었다. 그는 무죄판결이 취소될 때까지 멈추려 하지 않았다. 항소심에서 종종 다시 무죄 선고가 내려져 그의 판단 대부분이 잘못임이 드러났음에도 그는 이 비참한 행태를 이어갔다. 그는 비스마르크적 권력콤플렉스와 또 다른 콤플렉스가 뒤섞인 독일인으로, 나와 같은 남서부 출신으로서는 이해하기 어려운 유

형이었다.⁴⁸

그는 형의 선고와 관련해 다음과 같은 글도 남겼다.

나는 카토비체 출신의 폴란드인을 재판해야 했다. 그는 군무 이탈 후 스위스를 거쳐 프랑스로 도망쳤다가 체포됐는데 감옥에서 믿기 어려운 일을 저질렀다. 두 명의 반란군을 위해 스위스로 가는 국경 지도를 그려준 것이다. 지도는 곧 발각됐고, 검사는 사형을 구형했는데 우리는 독일어를 거의 알아듣지 못하는 이 불쌍한 녀석에게 징역 15년을 선고했다. 최고사령관 프롬 장군은 너무 관대한 처벌이라고 판결을 취소했고, 법원은 그에게 다시 15년형을 선고했다. 하지만 결과는 똑같이 반복되었다. 이로 인해 우리 부대 판사들은 더 이상 사건을 맡을 수 없게 되었고, 이 사건은 바덴바덴 사령부로 이관되었다. 전문판사가 재판을 맡았는데, 그나마 다행으로, 다시 15년의 징역형이 선고되었다.⁴⁹

전쟁이 끝나갈 무렵, 나치 정권은 "전쟁수행능력 저해" 행위를 훨씬 더 가혹하게 처벌하기 시작했고 정권 비판 발언조차도 사형에 처하라고 요구했다. 이 조치를 두고 뮐러-힐은 다음과 같이 논평했다.

총통에 대한 비판은, 과거에도, 그리고 지금도 악의적 비방Heimtücke* 금지 조항에 따라 처벌 대상이다. 이 조항은 국가의 주요 인물들에 대해 적대적 또는 반체제적이거나 악의적 발언을 공공연히 하는 자들을 징역형에 처하도록 했다. 오늘날에는 이러한 비판은 '사회 방어 저해 행위'로 간주되어, 수많은 사람이 처형당하고 있다. 이것이 법질서의 종말임은 명백하다.⁵⁰

---

* 'Heimtücke'는 독일어로 '기만' 또는 '교활한 배신'을 의미한다. 나치 독일은 'Heimtückegesetz'라고 불리는 『악의적 중상모략법』을 1934년에 제정해 히틀러나 나치당에 대한 비판, 국가지도자에 대한 모욕적 발언을 처벌했다.

그는 또한 전쟁 막바지에 군 기강을 유지하기 위해 설립된 순회 특별법원도 언급한다. 이 법원의 일부 재판부는 심지어 독일군이 연합국에 항복한 후에도 탈영병에게 사형 선고를 내렸다.

그리고 우리에게 군사법원 설립에 관한 힘러의 명령이 내려왔다. 마치 마지막 순간 법원의 가혹한 처벌이 군의 기강해이를 막을 수 있기라도 한 것처럼 말이다. 슈투트가르트 참모법정staff-court에서 명성을 날린 우리 중 '가장 명석한' 판사가—나는 효율성 측면에서는 괜찮은 편이었지만 너무 관대해 업무수행에는 적절치 않았다—튀빙겐 군사법원 책임자로 임명됐다. 그는 최후의 승리를 위해 수많은 사람들의 목을 날려야 했다! 매우 명석하고 동정심이 없는 그에게조차도 전혀 편하지 않은, 전혀 부럽지 않은 업무였다. 나는 내 우유부단함 덕분에 임명을 피했다. 사실 나는 그것이 외려 자랑스럽다. 나는 곤경에 빠진 정직한 군인들을 돕고 그들이 과중하고 감당하기 어려운 처벌을 받지 않도록 하는 것이 내가 할 일이라고 생각해 왔다. 이런 식으로 공익에 봉사했다고 믿으며, 이처럼 내가 최선을 다해 도와준 군인들이 나를 실망시킨 경우는 거의 보지 못했다.51

우리는 이런 사례들을 통해 사법 저항이 가능하며, 심지어 전체주의 체제에서도 때때로 실제로 이루어진다는 것을 알 수 있다. 완전한 형태의 저항 사례로는 노르웨이 대법원 판사들의 집단 사임, 로타 크라이지히 판사 사례, 그리고 정권의 조치를 합법으로 인정하기를 거부한 판사들을 들 수 있다. 그 대표적인 사례가 초기 남아프리카공화국 대법원 항소부, 프로이센 행정항소법원이 내린 판결들이다. 어떤 사례에서는 정권이 가혹한 조치를 완화하도록 설득하기 위해 판사들이 정권 또는 다른 엘리트와 협상을 시도한다. 보다 은밀한 형태의 저항도 존재한다. 예를 들어 정권과 정면으로 충돌하지는 않는 선에서 판사가 자신에게 주어진 재량권을 최대한 활용해 개별 사건에서 피해자에게 유리하도록 판결하는 방식이다.

권위주의가 쇠퇴하는 시기의 저항

제도적으로 안전이 보장되지 않는 판사들은 정부와 거리를 두는 방식으로 자신의 입지를 지키려 하지만, 집권 정부의 세력이 약해지면 오히려 그에 맞서는 판결을 내릴 동기를 얻게 된다. 아르헨티나에서는 정권이 바뀌면 대법원 판사를 교체하는 관행이 되풀이됐는데 1983년과 1989년에 정권 교체 가능성이 높아지자 대법원의 반정부적 판결 비율이 눈에 띄게 증가했다.[52]

위에서 살펴 본 바와 같이 1960년대 남아프리카공화국 판사들은 아파르트헤이트법과 보안법을 충실히 집행했을 뿐만 아니라 정권의 억압조치를 극대화하는 방향으로 확대 적용했다.[53] 데이비드 다이젠하우스는 이를 "단순 사실 접근법"이라고 명명했다. 그런데 1985년 학생과 노동자들의 보이콧 후 비상사태가 선언되자 일부 판사들이 이전과 다른 태도를 보이기 시작했다. 1960년 샤프빌 학살 이후 법원은 보안조치의 효력을 다투는 청구를 철저히 기각해왔지만, 1985년에는 많은 판사가 비상사태 관련 규정을 커먼로체계에서 해석하면서 그 적용을 제한했다.[54] 1964년 대법원은 개인의 권리를 종전보다 제한하는 법이 제정되는 경우, 이는 그 입법목적을 달성하기 위해 필요한 수단을 사용하도록 의회가 의도한 것이라고 해석했다.[55] 반면 1985년에는 법률이 자유를 제한할수록 커먼로에 따라 인권의 옹호자로서 법원이 그 역할을 더 적극적으로 수행해야 한다는 태도를 취했다.[56] 당대 논평가들은 "1985년을 기점으로 판결에서 보다 적극적인 태도가 나타났으며 이후로 사법 판단의 특징으로 자리잡았다"라고 평가했다.[57] 다이

젠하우스는 이것을 "커먼로적 접근법"이라고 명명했다.[58]

초기에는 하급심 판사들이 취한 커먼로적 접근법이 대법원에서 뒤집혔으며 대법원은 여전히 정부 친화적 태도를 유지했다. 그 결과 대법원은 "형식적으로는 관할권을 행사하는 척 하면서 실제로는 그 권한을 스스로 포기했으며 정부가 법의 지배라는 허울 좋은 명목 아래에 권력을 행사할 기회를 제공했다"라는 비판을 듣기에 이른다.[59] 그러나 아파르트헤이트 종식이 가시화되자 대법원조차도 기존 입장에서 변화를 보이기 시작했다. 그럼에도, 1985년부터 1990년 사이에 하급심 법원에서 내려진 정권에 저항한 판결들은 단순히 입법자에 대한 도전에 그치지 않고 그간 대법원이 제시했던 해석방식에 공개적으로 반기를 든 것으로 보는 것이 타당하다.

브라질에서는 군사법원이 정치재판을 담당했다. 이들 법원의 판단은 전적으로 자의적이지만은 않았고, 국선변호인을 통해 변호권도 충분히 보장했다. 또한 비교적 높은 무죄 선고 비율을 유지했다.[60] 1970년대 중후반부터 정치적 비상사태 분위기가 잠잠해지기 시작하자 좀 더 자유주의적 경향을 담은 판결들이 나오기 시작했다. 이 판결들은 "국가보안법 내에서 허용되는 활동과 표현의 범위를 넓혔고 인권에 대한 완전한 존중을 요구하는 시민사회의 기초를 닦는 역할"을 담당했다.[61]

아르헨티나, 브라질, 남아프리카공화국의 변화는 헬름케Helmke가 판사들의 "전략적 이탈"이라고 명명한 사례에 해당할 수 있다. 네덜란드에서도 독일 점령 말기에 일부 법원이 민사사건에서 네덜란드 점령 당국의 권한을 문제삼기 시작한 사례가 있었다.[62] 하지만 헬름케의 논리에는 약점이 있다. 그는 판사들이 제재에 대한 두려움 때문에 장차 등장할지 모르는 새로운 정권의 가치에 전략적으로 부응한다고 주장한다. 그러나 이 책의 다음 장에서 다루겠지만, 판사들은 이 점에서 별로 두려워할 바가 없었다.

　이러한 "배에서 탈출하기" 현상은 법치주의 전통에서 교육받고 양성된 판사들의 존재가 얼마나 중요한지 보여주며, 극심한 억압 속에서도 법치주의 가치는 완전히 사라지지 않는다는 것을 시사하는 사례가 될 수 있다. 나치 붕괴 이후 독일 사법부가 새로운 정치적·사회적 조건에 놀랍도록 재빨리 적응한 일도 마찬가지이다.

　저마다의 저항 방식들이 그다지 인상적이거나 중요해 보이지 않을 수도 있지만, 지배 정책의 실행 목적으로 취해진 법적 조치를 지지하거나 심지어 적극적으로 확대시킨 많은 사례들과 비교해 보면 모두 주목할 만한 가치가 있다. 권위주의 정권이 조성하는 공포와 두려움을 고려할 때 이러한 저항들은 개인적으로 상당한 용기를 필요로 했을 것이다. 불이익에 대한 두려움은 종종 많은 판사들이 정권에 공개적이거나 은밀하게 맞서지 않는 이유, 최소한 이를 회피하는 명분이 되었을 것이다. 이러한 요인은 정권이 일단 약해지기 시작하면 사법적 저항이 증가하는 현상을 설명하는 이유가 될 수 있다. 정권이 일단 몰락할 조짐이 보이기 전까지는 판사들이 정권의 핵심 이익에 도전하는 일이 거의 없다는 사실은 판사들을 영웅적 존재로 바라 볼 수 없게 한다. 하지만 그럼에도 권위주의 정권 말기와 법치주의 재건 과정에서 판사들이 의미있는 역할을 할 수 있음은 변하지 않는 사실이다.

저항과 법적 방법론

비록 사법적 저항 사례들은 드물게 존재하지만, 중요하다. 저항이 가능함을 보여주기 때문이다. 저항은 법의 테두리 안에서도 가능하며, 개인적 차원에서도 가능하다. 어떤 판사들은 어렵사리 정권을 지지하지 않는 판결을 내리는 결단을 한다. 때로 법원 지도자들과 사법 엘리트들이 그런 판결을 내리기도 하고, 소수의 판사들이 결단을 감행하는 경우도 있다. 어느 경우든, 권위주의 정권의 합법성을 인정하거나, 정권의 폭압적인 조치를 수용하는 것이 사회적으로나 법적으로 반드시 불가피한 것이 아님을 보여준다. 또한 이러한 일들이 발생해도 정권은 이를 우회하기 위한 법적·제도적 방안을 모색하지만, 판사 개인 차원의 반대는 종종 용인한다는 점도 알 수 있다.

정권과 그 지배적인 법적 견해에 대한 저항은 종종 법에 대한 대안적 접근방식을 통해 가능해진다. 때로는 이러한 법적 저항의 핵심 전장은 법해석 방법론 그 자체가 되기도 한다. 예를 들어 노르웨이와 벨기에에서 판사들이 점령당국의 법적 견해와 충돌했던 사례가 있다. 두 국가의 대법원 모두 국제법에 대한 해석과 국내 법원에 국제법 원칙을 적용하는 문제를 다루었다. 벨기에 대법원은 국제법 규범이 국내 법원에서 직접 적용되거나 강제될 수 없다는 입장을 취했고 그에 따라 점령당국은 자신의 조치를 벨기에 헌법에 근거해 정당화해야 했다. 반면 노르웨이 대법원은 점령당국의 조치를 적용하는 전제조건으로 먼저 노르웨이 법원이 국제법 원칙에 따라 그 조치의 적법성을 심사할 수 있어야 한다는 입장이었다. 대법원에 따르면 당시 정권의 유일한 법적 근거는 독일 점령군의 위임에 있었다. 이 판단은 퀴슬링 정권의 모든 조치가 이 원칙에 따라 검토된다는 정치적 의미를 내포했다. 노르웨이 헌법에는 퀴슬링 정권의 존립근거가 없었기 때문이다.

남아프리카공화국 법원에서 단순 사실 접근법을 취하는 판사와 커먼로 접근법을 취하는 판사 사이의 차이는 단순히 법해석 방식의 문제에 그치지 않고 정치적 영향도 미쳤다. 무엇보다도 두 집단은 본질적으로 법해석의 방법론적 접근법에서 차이를 보였다. 그 차이점은 410~419쪽에서 자세히 살펴볼 예정이다. 여기서는 법해석에서 서로 다른 다양한 접근법이 가능하며, 그 접근법에 따라 권위주의 정권의 억압적 조치를 지지할 수도, 그에 저항할 수도 있다는 점만 언급한다. 프로이센 행정항소법원의 사례는 이러한 현상의 한 예로, 법해석을 둘러싼 세 번째 유형의 접근법을 보여준다. 이 법원이 1930년대 독일 법학계에 촉발한 논쟁은 정치와 법적 방법론의 관계를 잘 보여준다.

당시 일부 판사들이 보여준 정권에 대한 저항은 합법적 사법작용으로 인식되었다. 그들의 방법론과 그에 따른 결론은 상급법원에서 비판받거나 때로 변경되었지만, 그것이 정치적 행동이라거나 "법을 벗어난" 행위로 치부되지는 않았다. 방법론 논쟁은 통상적인 법이론 논쟁의 형태로 이루어졌으며, 정치적 논쟁으로 간주되지 않았다. 그러나 이러한 논의가 정치적 결과를 고려하지 않은 채 단지 법적 방법론을 채택하는 식으로 이루어졌다면, 그 논의에 참여한 사람들은 눈을 가린 채 행동했던 것과 다름없다. 이러한 태도는 결국 한나 아렌트Hannah Arendt가 아돌프 아이히만Adolf Eichmann에게서 발견하고 비판했던 직업적 편협함을 통해 잔혹행위에 가담하는 결과를 초래할 수 있다. 한나 아렌트는 이를 "악의 평범성"이라 일컬었다. 3부에서 법이론과 사법의 공모 또는 저항 사이의 관계를 다시 살펴볼 것이다. 그 전에 판사가 악법을 적용하고 집행함으로써 잔학행위에 공모한 행위에 대해 형법상 어느 정도까지 책임을 지게 되는지 살펴본다.

2부 불의에 대한 판사들의 책임

6장
형사책임을 둘러싼 논쟁

들어가는 말

국제인권법에 따르면 국가는 심각한 인권침해를 일으킨 가해자를 기소할 의무가 있다. 판사도 국내법을 적용하고 집행하는 과정에서 자행한 잔혹행위에 국제법상 책임을 질 수 있음은 오래 전에 이론적으로 확립되었다. 이는 나치 법체계의 지도자들을 대상으로 한 미 군사재판소에서 처음 확립됐으며 이후 유럽 인권재판소에서도 재확인되었다. 그러나 개별 국가 차원으로 들어가면 상황은 더 복잡하다. 불법적 판결을 둘러싼 사법부의 책임을 규정하는 법은 국가마다 다르며, 사법작용과 관련한 "불법unlawful"의 정의도 서로 다르다.

    대체로 판사는 권위주의 정권과 부당한 제도 및 악법을 유지하고 집행에 가담한 책임을 국제법이나 국내법 어느 쪽에 따라서도 추궁받지 않는다. 내가 알기로는 독일을 제외하고는 20세기 중반 나치 전범재판 이후 전환기 정의transitional justice* 사건에서 판사가 사법부 일원으

---

* 광범위한 인권침해가 발생한 사회에서 정의와 화해를 달성하기 위해 적용하는 일련의 사법적·비

로서 한 행위로 기소된 적이 없다. 남아프리카공화국에서는 판사들과 치안판사들이 진실·화해위원회에 출석하지 않고서도 책임을 면제받았다. 아르헨티나에서는 민주정권이 들어서서 군사법원의 민간인 관할권을 박탈하고 대법원 판사들을 교체했으나,[1] 기소된 군사정권 관계자들 중 판사는 없었다. 브라질 사법부는 민주주의로 전환된 후에도 군사통치 시기와 크게 달라지지 않은 채로 존속했다. 판사들은 독재 기간 동안 벌어진 수천 건의 탄압에 관여한 책임이 있음에도 심각한 비판조차 받지 않았다.[2] 칠레에서는 진실·화해위원회가 독재정권과 사법부의 공모 책임을 지적한 바에 따라 사법 시스템의 개혁이 이루어졌다. 그러나 형사 기소된 판사는 단 한 명도 없었다.[3]

독일이 점령했던 국가에서 진행된 전후 재판은 해방 후 복귀한 정권이 이러한 상황을 어떻게 처리했는지 보여준다. 많은 나라에서 국가기관은 독일 점령군의 지배와 통제를 받으면서 업무를 계속 수행했다. 일부 국가, 특히 프랑스와 노르웨이에서는 특정 정치집단이 권력을 장악하고 불법적인 국가 통치자로 자리 잡았다. 대표적 사례가 프랑스 비시 정권의 페탱Pétain 정부와 노르웨이의 퀴슬링 정권이다.

노르웨이에서는 독일 군사법원과 나치 친위대 법원이 노르웨이 저항군 231명에 대한 처형을 명령했음에도 전후 전범재판에서 이들 판사 중 단 한 명도 기소되지 않았다.[4] 약식군사재판소Standgericht 소속 판사 세 명이 살인 혐의로 기소됐으나 대법원에서 무죄판결을 받았다. 지난 수십 년 동안 권위주의 체제에서 사법부의 역할에 대한 연구가 활발해진 덕분에 우리는 판사가 어떤 방식으로 행동하고 왜 그렇게 하는지를 상당히 이해하게 됐다. 하지만 판사가 그런 행동에 어느 정

사법적 조치를 의미한다. 이러한 조치에는 형사 기소, 진실·화해위원회, 배상 프로그램, 제도 개혁 등이 포함된다.

도까지 책임을 져야 하는지를 두고는 아직도 참고할 사례가 거의 없으며, 그에 관한 자료 또한 부족하다.

방법론적 고려

그나마 발견되는 몇 안 되는 사례는 대부분 나치 독일과 제2차 세계대전의 전후 처리과정에서 나온 것이다. 즉, 이 사례들은 전쟁 후라는 특징을 공유한다. 당시 군사재판소는 전쟁범죄와 반인도적 범죄에 관한 국제법을 적용해 재판을 진행했으며, 각국의 국내 재판은 전시 협력자 및 반역자들에 대한 청산 작업의 일환으로 진행됐다. 이러한 배경 때문에 이 사례들은 일반적이라기보다는 전환기 정의 문제로 국한되는 한계가 있다. 또한 그 후 국제법과 인권법의 발전 덕분에 1940~1950년대 사례들이 현재의 법적 기준에 그대로 적용되기 어려운 면이 있다. 오늘날에는 국내법과 무관하게 판사의 사법적 행위를 평가할 수 있는 정교한 기준이 마련되어 있다. 그러나 여전히 개별 판사의 형사 및 민사책임 문제를 국제법과 국내법에서 어떻게 적용하고 판단해야 하는지는, 판례와 관련 자료의 부족 때문에 명확하지 않은 채로 남아 있다.

그런 이유로 성문법화된 법적 근거는 극히 제한적이다. 몇몇 국내 사건을 제외하고 여전히 가장 중요한 출처는 미 군사재판소의 법조인 재판이다. 그러나 판사의 형사책임에서 이 판례가 갖는 중요성에 비해 이 사건에 관한 연구문헌은 놀라울 정도로 적다. 특히 이 문제는 독일에서 거의 무시되다시피 했으며,[5] 최근 몇 년 동안 영어로 작성된 논문 몇 편이 발표되어 관심이 늘고 있지만 법이론 관점에서 분석한 논문은 거의 없다.[6]

누구도 행위 당시 법에 따라 범죄로 규정되지 않은 행위로 처벌받을 수는 없다는 원칙, 즉 죄형법정주의는 법치주의의 핵심원칙이다. 이 원칙이 본 연구와 같은 경우에 적용될 때, 판사의 국내법상 책임은 개별적인 국내법의 모든 법원法源을 검토해야만 성립할 수 있음을 뜻한다. 지금처럼 보편적 주제를 다루는 연구에서는, 그러한 책임 모델을 어떻게 확립할지, 책임을 부인하는 데 쓰이는 가장 일반적인 변명에 대한 반박 논거, 이러한 변명을 극복한 사례들을 다룰 수 있을 뿐이다. 각 개별 국가마다 최종적인 결론은 각 나라의 법원法源에 근거해 내려져야 한다. 따라서 본 연구는 국내법에 따른 사법적 책임에 관한 한, 법이 마땅히 존재해야 하는 모습에 관한 연구de lege ferenda이자, 판사에게 재량권이 부여된 경우 어떤 논증을 통해 판사의 책임 문제를 판단해야 하는가에 관한 연구, 즉 판결론de sententia ferenda이라고 할 수 있다.

반론

억압적인 법을 옹호하고 적용한 판사에게 책임을 묻는 것을 반대하는 주요 논거는 다음과 같다. 판사의 행위가 당시에 합법적이었다면 이후 입법자와 법원이 새로운 기준에 따라 판단해서는 안 된다. 책임을 물으려면 행위 시에 존재했던 법을 위반해야 한다. 판사가 객관적인 의미에서 법치주의에 근거한 규칙을 위반했다고 판단하더라도 가능한 최선의 방법으로 자기 직무를 수행했을 뿐인 판사를 처벌해서는 안 된다. 처벌에 필요한 범죄 구성요건인 고의가 존재하지 않는다. 권력을 가진 입법자가 제정한 법을 적용하는 판사는 판사의 역할에 구속된다. 어떤 의미에서 그는 의무에 따라 행동했을 뿐이다. 모든 사회에는 판사가 필요하며, 법치주의는 판사가 외부 압력으로부터 독립해 자신의 직무를 수행하기를 요구한다. 이 원칙이 유지되려면 판사가 자신의 사법적 판단 때문에 나중에 책임을 추궁당하지 않아야 한다. 이러한 이유로, 판사의 면책특권은 법치주의의 필수적 요소이며, 억압적인 환경에서 특히 그렇다는 것이다.

이러한 반론에 대한 답변은 명확하다. 판사는 인권을 침해하는 법을 집행한 것에 대해 책임을 져야 하며, 이는 명백하고 실질적인 substantial and obvious 인권침해행위이기 때문이다. 그러한 행위가 범죄라는 것은 국제법상 확립된 이론이며 국제관습법과 「국제형사재판소에 관한 로마규정」도 인정하고 있다. 대부분의 국가 법체계에서, 심지어 형법 조항조차도 오랜 전통에서 확립된 정의正義의 원칙과 국제인권법의 기준에 따라 해석되어야 하며, 이런 해석이 법치주의의 기본원칙을 훼손하는 것은 아니다. 즉, 살인, 자유 박탈 및 기타 개인에 대한 범죄를 금지하는 국내 형법 규정은 명백한 인권침해를 요구하는 정권의 법률보다 우선할 수 있다.

개인이 명백하고 실질적인 인권침해행위를 저지르면서 권력관계가 변하더라도 처벌받지 않을 것이라고 스스로 믿었다고 주장하는 것은 설득력이 없다. 중대한 인권침해는 결코 처벌을 면할 정당한 기대를 허용하지 않는다. 법 역시 그러한 기대를 보호해서는 안 된다. 이는 사법면책의 경우에도 해당된다. 사법면책은 개별 판사의 이익을 위한 것이 아니라, 법치주의를 수호하기 위한 중요한 제도이다. 따라서 이 면책이 법치주의를 훼손하거나 무너뜨리는 자들을 보호하는 장치로 해석되어서는 안 된다.

판사의 범죄

우리는 흔히 억압적 정권 아래 판사들을 "피의 판사blood judges", 즉 정의와 적법절차 기준을 대놓고 어기면서 운 나쁘게 걸린 희생자를 가혹하게 처벌하는 존재로 상상하곤 한다. 나치 시대 사법관료이자 판사였던 롤란트 프라이슬러가 가장 악명 높은 예이다. 그는 인민법원 재판장으로 수많은 사건을 직접 진행하면서 피고인을 능멸하고 괴롭히다가 사형을 선고했다. 1944년 미 공군의 베를린 공습으로 사망했기에 그는 자신이 저지른 잘못으로 법정에서 심판받지 않았다. 하지만 나치 사법부의 판사 대부분은 그런 사람이 아니었다. 법조인 재판에서 미 군사재판소는 나치 법체계에 대해 다음과 같이 서술했다.

> 나치 체제는 판사들을 두 가지 범주로 구분했다. 첫 번째 범주는 여전히 사법부 독립의 이상을 지키고 어느 정도 공정성과 중용을 갖추고 재판을 진행한 판사들이다. 이들이 내린 판결은 판결무효청구nullity plea*과 특별이의절차extraordinary objection**에 따라 취소됐다. 그들이 판결한 피고인들은 형기가 끝나면 게슈타포로 이송돼 총살당하거나 강제수용소로 보내졌다. 판사들은 위협과 비난을 받았고 때로는 해임되기도 했다. 두 번째 범주는 광적인 충성심으로 당의 의지를 철저히 집행해 당 관계자들의 간섭을 받지 않고 어떤 어려움도 겪지 않은 판사들이다.[7]

광신도들의 책임을 다루기란 어렵지 않다. 판사나 사법관료가 다른 목적을 위해 법을 악용하는 일은 절대 허용되지 않으며, 어떠한 면책이론도 악의적 사법행위로 타인에게 심각한 피해를 가한 판사를 면책하지 않는다.[8] 판사가 고의로 법절차를 어겨가며 사실에 맞지도 않는 판단을 하거나 법을 애초에 잘못 적용하는 경우, 그 책임을 져야 한다는 데 이의를 제기하는 사람은 거의 없다. 그가 속한 법체계가 어떠하

---

* 상급 검찰기관, 특히 제국 검찰총장이 확정된 하급법원의 판결일지라도 법적으로 잘못되었거나 정치적 관점에서 수용할 수 없다고 판단한 경우, 그 판결을 취소하도록 상급법원에 요청할 수 있던 특권적 절차를 말한다.
** 검찰 또는 법무부가 일반적 항소절차와 별도로 판결이 이념적 또는 정치적으로 부당하다는 판단에 기해 이의할 수 있도록 한 절차를 말한다.

든 간에, 범죄행위라는 점에는 차이가 없다. 그러나 이런 논의는 일반적인 판사들에게 시사하는 바가 크지 않다. 대부분의 사람들은 자신을 광신도나 극단적 인물과 동일시하지 않기 때문이다.

판단이 어려운 문제는, 법을 기술적으로 흠잡을 데 없이 적용했으나 결국 잔학행위와 동일한 결과를 낳았을 때, 법을 오용한 것에 판사가 어느 정도까지 책임질 수 있는지이다. 이는 법률가로서 사실과 법률 문제를 균형 있고 정직하게 다루고자 노력하며, 기존의 해석규범을 충실히 지키고자 하는 대부분의 사람들에게 훨씬 더 어려운 문제를 제기한다. 사악한 체제에서 판사의 역할을 평가할 때 우려되는 지점은 "괴물"이 아니라 "좋은" 판사이다.[9]

정권이 개인을 차별하고 자유를 박탈하며 심지어 노골적으로 살해하는 등으로 탄압할 때 우리는 그 책임자에게 책임을 묻는 데 주저하지 않는다. 우리는 결정을 내리는 사람뿐만 아니라 경찰과 보안군, 조치를 실행하는 데 관련된 이들에게도 책임을 추궁한다. 그런데 억압적 조치가 법원에 의해 명령되고 집행되는 경우에는 다르다고 생각하는 경향이 있다.

나치 독일의 안락사 프로그램을 생각해 보자. 7만 명 이상을 살해한 이 프로그램을 학살이라고 부르는 데 대부분 주저하지 않을 터이다. 그런데 1941년부터 1945년 사이에만 3만 5,000명 이상을 처형한 특별법원과 군사법원은 그와 같은 이름으로 부르지 않는다.[10] 전후 독일연방공화국에서 이러한 처형과 관련해 유죄판결을 받은 독일 판사는 단 한 명에 불과하다.

일반적으로, 억압적 정권의 대표자들은 후속 정권에 의해 자국민의 기본권을 침해한 책임을 추궁당하는 경우가 드물다.[11] 이 경향은 특히 사법부에 두드러지게 나타난다. 판사들은 거의 예외 없이 지난 정권의 악행과 억압에 가담한 책임을 묻는 법정에 서지 않았다. 남아프리카공화국에서는 아파르트헤이트 종식 이후 진실·화해위원회가 설치되어 판사를 소환했으나 어느 누구도 응하지 않았다. 그럼에도 그들은 어떤 후속 조치도 받지 않았다. 제2차 세계대전 후 뉘른베르크에서 열린 전범재판인 법조인 재판에서는 일부 판사들이 유죄판결과 처벌을 받았지만, 여기에는 한 가지 예외적 사항이 존재한다. 유죄를 선고받은 판사들은 모두 법무부에서 정책 수립과 법집행에 직접 관여했거나, 판사로서 극도로 잔혹하고 광적인, 그리고 차별적 방식으로 법을 집행한 경우였다. 전후 서독 법원은 나치 정권 출신 판사들을 유죄로 판단하는 것이 사실상 불가능한 기준을 수립했다. 반면 동독에서는 전직 군사법원 판사 여섯 명이 이른바 발트하임 재판Waldheimer-prozesse에서 사형을 선고받았다. 그러나 이 재판은 그 성격상 일반적인 재판이라 하기 어려웠다. 피고인 수가 지나치게 많았으며 심리에 할당된 시간도 짧아 재판소가 개별 피고인의 유무죄 여부를 면밀하게 검토하지 않았으며 그에 따라 형의 선고도 자의적이었기 때문이다.[12]

나치 정권하에서 활동했던 판사들 사례가 예외적인 경우가 아니다. 오히려 판사들이 억압적 조치와 독재정권 유지에 기여한 책임을 진 사례를 찾기가 훨씬 더 어렵다. 1990년 독일 통일 이후 구舊동독 판사들 중 일부가 통일 독일 법원에서 기소되어 처벌을 받았다. 그러나 이러한 사례는 법치주의를 훼손한 판사들에게 면죄부를 주는 게 일반적인 국제 관행이라는 점에서 오히려 예외에 해당한다.[13]

노르웨이의 부역자 재판은 판사들도 유죄판결을 받은 몇 안 되는 사례 중 하나이다. 노르웨이 법원은 나치 점령 당시 대법원과 퀴슬링 정권이 설립한 특별법원에 임명된 모든 판사에게 유죄를 선고했다. 이들은 판사직을 수락하고 정권을 위해 재판을 수행함으로써 불법적 방법으로 노르웨이 헌법을 변경하려는 시도에 협력한 혐의로 유죄를 선고받았다. 퀴슬링의 특별법원은 불법 기관으로 판단됐고 그 법원에서 사형 선고에 관여한 판사들은 살인방조죄로 유죄판결을 받았다.

이와 별개로, 노르웨이든 독일이든, 억압적 법률을 집행한 판사들이 재판에 회부된 경우는 없었다. 벨기에, 덴마크, 네덜란드도 마찬가지였다. 독일이 점령국에 설치한 법원에서 활동한 독일 판사들도 역시 전쟁범죄로 유죄판결을 받은 경우는 극히 드물었으며, 그마저도 공정한 재판 형식조차 갖추지 않은 채로 점령지 주민에게 유죄를 선고한 경우로 한정되었다.

이를 통해서 볼 때, 나치 정권의 정책 결정에 관여하지 않았거나, 정권 전복을 시도하다 실패한 경우가 아니라면, 판사들은 자신이 담당한 재판에서 어느 정도 객관성을 유지하기만 하면 처벌받지 않았다고 볼 수 있다. 이는 당시 실정법이 아무리 억압적이고 법치주의의 근본정신에 반하더라도 판사가 단지 이를 적용했다는 것만으로는 처벌받지 않았음을 의미한다. 판사가 법해석의 기본원칙을 따랐는지, 실정법의 억압적 측면을 최대한 완화하려 노력했는지 아니면 이를 더욱 확장하려고 시도했는지에 대한 검토조차 이루어지지 않았다. 미국측 텔퍼드 테일러 수석검사의 표현을 빌리자면 "극히 형식적이었던 법절차를 이용해 온 나쁜 희생자들을 조롱하는 데 가담한" 나치 특별법원의 판사들을 처벌하려는 시도는, 전후 독일연방공화국 대법원에 의해 사실상 차단되었다. 세계적으로 독재에서 민주주의로 이행하는 과정에서 판사들을 처벌한 사례가 거의 없다는 점을 감안한다면, 전후 나치 정권 판사들에 대한 이러한 처리방식은 유별난 것이 아니며 일반적인 현상이라고 할 수 있다. 결국, 판사들은 억압적 체제를 옹호하고 그 조치의 집행에 가담한 것에 대해 책임지지 않는다.

어떤 사람들은 판사가 억압과 불의의 주요 가해자는 아니라고 주장할지도 모른다. 사법부가 나치 정권의 잔혹행위에 기여한 정도는 미미했고, 나치 범죄 대부분은 친위대와 특무부대원Einsatzgruppen*들이 강제수용소와 동부 전선에서 법의 통제가 미치지 않는 상황에서 저질렀다고 주장할 수 있다. 수치상으로는 어느 정도 사실일 수 있지만 이는 나치 독일에서 판사가 맡은 역할과 사법체계에 대한 올바른 묘사라고 할 수 없다. 나치 정권 12년 동안 독일 법원은 3만 5,000명이 넘는 사람들에게 사형 선고를 내렸다.14 대부분 사소한 죄목이었다. 사법체계는 나치의 탄압 정책을 이루는 필수 요소이자 실행도구였다. 법조인 재판에서 "사법부가 수천 명을 죽일 수 있다면 경찰이 수만 명을 죽일 수 없는 이유가 무엇인가?"15라고 했던 미 군사재판소의 질문이 이를 잘 표현한다. 미 군사재판소는 다음과 같이 덧붙였다.

> 피고인이 자신의 능력으로 말살할 수 있었던 사람의 숫자가 그가 섬겼던 지도자들이 감행한 대규모 박해와 학살의 희생자들보다 적다고 해서 그의 책임이 경감되지 않는다. 그의 행위는 오히려 더 끔찍하다. 마지막 피난처를 사법부에서 찾으려 했던 사람들로 하여금 오히려 사법부가 자신들을 외면하고 테러와 억압의 도구로 움직였음을 깨닫게 했기 때문이다.16

여기에서 미 군사재판소는 법원과 판사의 사회적 역할에 관하여 중요한 측면을 지적한다. 법원은 어떤 정권이든 그 정당성을 유지하는 데 핵심적 역할을 수행한다. 어떤 정권도 "총칼로만" 오래 지속될 수는 없으며 국민 대다수의 승인과 협력이 필수적이다. 사법 시스템은 이러한 승인을 확보하는 데 결정적 역할을 한다.

법 자체가 괴물같은 존재일 때 과연 누가 괴물이고 누가 좋은 판사인가? "좋은" 판사들조차도 법의 이름으로 이런 끔찍한 행위에 가담

---

* 친위대의 사설 무장부대로 주로 독일군 점령 지역에서 독일군의 후방을 맡아 유대인, 공산주의자, 장애인 등 나치가 학살 대상으로 삼은 민간인을 총기로 살해하거나 집단 처형했다. 이들의 활동으로 수백만 명의 무고한 사람이 살해당했다.

한다. 인종, 신념 또는 국적을 이유로 사람을 차별하고, 경미한 범죄임에도 사형을 선고하고, 그 무시무시한 "밤과 안개" 작전으로 사람들을 참혹한 탄압에 내몰고, 정권의 정당성을 유지·강화하는 데 가담한다. 이러한 행위가 단지 "공평과 절제의 원칙을 준수하는 사법"의 틀 안에서 행해졌다는 이유만으로 어느 정도까지 면책 가능한가?

어느 경우에 판사가 자신의 판결에 형사책임을 져야 하는지를 정하려면, 먼저 형법상 책임을 묻기 위한 일반 요건을 검토해야 한다. 즉, 어떤 법규를 위반했으며, 그 행위 당시 범죄의 고의가 있어야 한다. 즉, 문제가 되는 행위가 범죄의 객관적 구성요건actus reus과 주관적 구성요건mens rea을 모두 충족해야 한다. 이러한 형사책임의 기본요건조차도, 과거 정권의 판사들을 처벌하고자 했던 극히 일부의 사례에서 법원의 깊은 고민거리가 되어 왔다.

사법부의 역할은 법 개념 자체에서 중심적 위치를 차지한다. 특히 법현실주의와 같은 중요이론에서는 법을 정의할 때조차 법원을 기준으로 삼는다. 다른 법이론에서도 법원은 선례의 확립 원칙이나 사법적 판단에서 판사의 재량을 인정하는 방식으로 법을 형성하는 핵심적 역할을 담당한다. 그렇다면 당시 사법부가 법으로 인정한 것을 판사들이 적용하고 해석하는 과정에서 어떻게 법을 위반할 수 있는가?

일부 법체계에서는 법원의 지위와 구조상 사법부가 위법행위를 저지른다는 것, 적어도 최고법원이 법을 위반하는 판단을 내린다는 것은 상상하기 어려운 일이다. 더욱이 억압적 법률과 정권을 지지하는 법원의 역할을 고려해볼 때, 우리가 마주하는 법원은 대체로 정권이 제정한 법에 따라 판결을 내리는 것이지, 그 법을 위반하는 것이 아니다. 문제의 핵심은, 법원이 입법자의 조치를 따르고 정권의 법적 해석에 순응한 결과, 법치주의를 수호한 게 아니라 오히려 그 훼손에 기여했다는 점이다. 그렇다면 이 경우 판사들의 행위를 형사범죄로 인정하는 데 필요한 위법성 요건은 어떻게 충족될 수 있을까?

이 질문에 대한 답변은 맥락에 따라 달라질 수 있다. 국제법적 관점에서 보면 사법적 판단의 정당성은 다중심적polycentric 관점에 따라 평가할 수 있다. 국내법으로는 합법이라도 국제법으로는 불법일 수 있다. 쿠데타나 정권 장악 시도가 실패해서 전 정권이 복귀한 경우에도 이런 문제가 생긴다. 쿠데타 주동자들의 행위는 전 정권의 법에 따라 판단되며 종종 반역행위로 간주된다. 다른 경우는 한 정권에서 다른 정권으로 이행하는 과정에서 두 정권 모두 합법으로 간주되는 상황이다. 이와 같은 상황에서 억압적 조치 여부를 판단할 때, 기존 정권의 기준과 무관하게 판단할 외부 기준을 설정하는 일이 매우 어렵다. 그러나 이러한 상황에서야말로 다음과 같은 질문이 가장 절실하게 제기된다. 법치의 수호자여야 하는 법원이 오히려 억압과 폭정이 들어서도록 문을 열어준다면, 우리는 그들을 어떻게 다루어야 하는가?

7장
국제법에 따른 위법성의 조건

연합국 전범재판소의 법적 근거

국제법상 사법적 범죄의 기본정의는 미 군사재판소의 법조인 재판에서 확립됐다. 연합군 전범재판소는 국제법을 근거로 삼았으며 나치 판사들도 다른 전범들과 동일한 범죄 혐의로 기소됐다. 연합군 전범재판소의 법적 근거는 1945년 8월 8일 체결한 런던협정으로, 이 협정에 따라 국제군사재판소 헌장이 제정됐다. 헌장 제6조는 군사재판소에 평화에 대한 범죄, 전쟁범죄 및 반인도적 범죄에 대한 개인 책임을 판결할 권한을 부여했다. 헌장 제7조와 제8조는 피고인의 공식적인 지위나 피고인이 명령에 따라 행동했다는 사실이 면책사유가 될 수 없다고 명시했다. 1945년 12월 20일 연합군 통제위원회는 독일 내에서 국제군사재판소가 직접 다루지 않는 전범과 기타 유사 범죄자의 기소를 위해 사용할 통일된 법적 근거로,「통제위원회법 제10호」를 제정했다. 이 법은 평화에 대한 범죄, 전쟁범죄 및 반인도적 범죄를 처벌 대상으로 정하고 개별 피고인에 대한 관할권을 부여했다. 이 법은 "법조인 재판"을 다룬 미 군사재판소의 직접 근거가 됐고 나치 판사들도 다른 전범들과 동일한 범죄 혐의로 이 재판소에 기소됐다.

국제법에 근거한 기소와 유죄판결의 정당성을 둘러싼 논의는 이미 많은 연구에서 다뤄왔으므로 여기서는 그 논의로 들어가지 않겠다.[1] 오늘날 국제법 위반에 대한 개인의 책임과 형사처벌 가능성은 국제관습법과 「국제형사재판소에 관한 로마규정」 양쪽 모두에서 널리 인정되며, 국제재판소 및 국내 법원에서 모두 재판할 수 있다는 점도 확고한 원칙으로 자리잡았다.

미 군사재판소의 법조인 재판

법조인 재판은 판사나 다른 사법관료들에 대해 가능한 한 가장 포괄적인 혐의를 두고 심리가 이루어졌다. 그때까지 어느 사법행위에 대해서도 그렇게 한 사례가 없었다. 미 군사재판소는 국내법상 위법행위가 아닌 범죄조직 가입, 침략전쟁, 전쟁범죄, 반인도적 범죄 등 국제법상 범죄 해당 여부를 판단했다. 재판소는 독일 국적자에 대한 독일인의 형사책임을 판단할 때에도 국내법이나 국내 사법 관할권에 근거하지 않았음을 분명히 했다.

> 자국민을 학살한 독일 관리들을 처벌하겠다는 승전국들의 의지 표명이 국제 정의의 원칙에 부합한다고 선언하는 지금, 재판소는 어떠한 권한도 스스로 창설하는 것이 아니라, 단지 미국과 그 동맹국들의 최고 책임자들이 이미 공포한 선언을 그 근거로 인정할 뿐이다. 또한 「통제위원회법 제10호」가 외견상 독일 전범의 처벌에 국한됐다고 해서 이 재판소가 독일 법정으로 변모하지는 않는다. 4개국이 독일을 통치하고 독일 전범 처벌을 위해 최고 입법권을 행사한다고 해서 이 재판소 관할권이 독일의 법, 특권 또는 주권에 조금이라도 의존함을 의미하지 않는다. 우리는 4개 점령국의 의지와 명령으

로부터 유일한 권한과 관할권을 부여받았다.[2]

이는 나치 정부관료 21명을 대상으로 한 관료 재판The Ministries Case에서 군사재판소가 내린 판단과 동일한 맥락이다.[3] 해당 재판에서 재판소는 피고인들이 1933~1939년 사이에 저지른 "정치적·인종적·종교적 이유로 자행한 살인, 학살, 부당한 대우, 노예화, 투옥, 재산 약탈과 탈취, 기타 박해 및 반인도적 행위 등 독일 국민에 대한 잔학행위와 범죄"에 대한 공소를 기각했다. 그 이유는 이러한 행위가 당시 국제법상 전쟁범죄 또는 평화에 대한 범죄와 관련되지 않았기 때문이다. 재판소에 따르면 "한 정부가 자국민에게 저지른 반인도적 범죄"가 당시에는 그 자체로 국제법상 범죄가 아니었으며 "인권과 관련해 국제적 수준에서 포괄적 입법이 시급히 필요한 상황"이었다.[4] 오늘날 기준으로는 이러한 행위가 국제분쟁과 무관하게 자행된 경우에도 국제법상 범죄에 해당하므로 이러한 법적 상황 변화를 염두에 두어야 한다.

"법조인 재판"에서 대부분의 피고인들에게 적용된 공소사실 중 하나는 범죄단체 가입 혐의였다. 나치의 정치와 군사 지도부 중 일부 그룹, 친위대, 게슈타포, 보안방첩대는 국제군사재판소의 제1차 판결에 따라 범죄단체로 규정됐고 이 판단은 법조인 재판에도 이어졌다. 많은 판사와 저명한 변호사들이 범죄단체에 소속되어 있었다는 사실은 나치 정권에서 법률가들이 수행한 역할과 법적 정당화의 중요성을 보여주지만, 이것이 판사의 역할과 직접 연결되는 것은 아니다.

피고인들은 법무부 고위 관리, 검사나 독일 법원 판사로서 전쟁범죄에 가담한 혐의로 기소됐다. 당연히 일부 전쟁범죄는 다른 전쟁범죄보다 그들의 사법적 역할과 더 밀접하게 관련되었다. 특히 군사재판소는 "점령지에서 이루어진 민간인에 대한 부당한 대우 또는 노예 노동이나 다른 목적의 추방"에 주목했다.[5] 특히 문제가 된 것은 "밤과 안개" 작전의 수립과 시행이었다. 이 작전은 독일 점령군에 맞서 저항활동을 한 피점령국 민간인을 법무부 명령에 따라 비밀리에 체포해서 독일 내 특별법정에서 비밀재판을 받도록 한 조치이다. 이 작전은 체포된 이의 소재, 재판 및 후속 처분을 완전히 비밀로 유지함으로써, 그 가족들과 동료들을 공포에 떨게 하고 적법한 증거에 따른 절차를 보장받을 권리나 변호인의 도움을 받을 권리를 모두 침해했다. 피고인이 전쟁 기간 동안 무죄판결을 받아 풀려나거나 유죄판결을 받은 후 형기를 다 마친 경우에도 게슈타포에 넘겨져 "보호관찰" 처분을 받았다. 이 절차로 수천 명이 고문, 학대, 살해를 당했다. 군사재판소 조사 결과는 다음과 같다.

"밤과 안개" 작전에 따른 재판은 전혀 공정하거나 정의롭지 않았다. 피고인들은 체포된 후 독일과 다른 국가로 비밀리에 이송돼 재판받았다. 그들은 외부와 연락이 차단된 채로 구금됐다. 많은 경우에 그들은 증거를 제출하거나, 자신에게 불리한 증인과 대질하거나, 자신을 위해 증인을 출석시킬 권리를 거부당했다. 그들은 비밀리에 재판을 받았고 때로는 변호인을 선임할 권리도 거부당했으며 변호인의 도움도 제대로 받을 수 없었다. 많은 경우 기소된 후에도 공소장을 받지 못했으며, 재판 시작 몇 분 전에야 자신에게 씌워진 혐의를 알게 됐다. 처음부터 끝까지 모든 절차가 비밀에 부쳐졌으며 기록 공개도 허용되지 않았다.[6]

반인도적 범죄는 "전쟁 전 또는 전쟁 중에 민간인에게 자행된 살인, 학살, 노예화, 추방 및 기타 비인도적 행위, 또는 정치적·인종적·종교적 이유로 가해진 박해로서 단독으로 수행했든 재판소 관할에 속한 다른 범죄와 관련하여 수행했든 간에 그 행위가 실행된 국가의 국내법을 위반했는지와 무관하게 이루어진 범죄행위"로 구성된다.[7] 이때 범죄행위가 점령지 주민을 대상으로 했는지 자국민을 대상으로 했는지는 무관하다는 점이 중요하다. 점령지 주민에게 저지른 행위는 전쟁범죄이지만 자국민에게 저지른 행위는 반인도적 범죄의 소지가 있다.

> 증거에 따르면, 피고인들의 행위는 주민들에 대한 학대 및 인종적 이유에 따른 박해행위로서 「통제위원회법 제10호」에 따라 처벌되는 범죄에 해당하며 정부가 조직하고 승인한 체계적인 절차에 따라 실행된 행위임이 인정된다. 점령지에서 이루어진 이런 행위는 전쟁범죄와 반인도적 범죄에 해당한다. 구舊제국(나치) 내 독일 국민을 대상으로 행해진 행위 역시 반인도적 범죄에 해당한다.[8]

인종적 이유로 자국민을 박해하고 차별하는 행위뿐 아니라 정치적 박해도 반인도적 범죄로 간주된다. 군사재판소는 1945년 4월에 열린 몽겔라스 백작에 대한 즉결 군사재판에 대해 다음과 같이 판시했다.

> 「통제위원회법 제10호」는 인종적 이유 외에 정치적 이유에 따른 박해도 범죄로 인정한다. 몽겔라스가 나치 정권에 적대적인 발언을 했다는 이유로 기소된 사실만으로는 「통제위원회법 제10호」 위반에 해당하지 않지만, 몽겔라스가 재판에 회부된 상황과 재판 진행방식을 보면, 그는 무너져 가던 패전국 방어력을 약화시켰다는 혐의로 유죄판결을 받은 것이 아니라 오히려 정치적 박해극의 마지막 복수 대상이 되었음이 명백하다. 그 과정에서 나치 지역지도자였던 홀츠Holz는 법을 악용했고 외세이가 집행을 맡았다. 「통제위원회법 제10호」가 이 사건을 다룰 수 없다면 어떤 종류의 정치적 박해를 다룰 수 있는지 알 수 없다.[9]

몽겔라스 백작은 히틀러에 대해 모욕적 발언을 했는데, 그 중에는 히틀러의 본명이 쉬켈그루버Schickelgruber*라는 내용이 있었다. 그는

---

* 히틀러의 아버지인 알로이스는 유대인 프랑켄베르크 가문의 시녀로 일하던 마리아 아나 쉬켈그루

1944년 7월 20일에 발생한 히틀러의 암살 시도를 지지하는 발언을 하기도 했다. 이에 따라 그는 군사재판에서 사형을 선고받고 총살당했다.

반인도적 범죄의 특별한 측면은 범죄행위가 특정 집단 전체를 말살하려는 행위, 즉 집단학살genocide의 일환으로 이루어진 경우와 그 행위가 특정 집단에 대한 조직적 차별의 일환으로 이루어진 경우이다. 특히 폴란드인과 유대인에 대한 범죄는 법조인 재판에서 중요한 쟁점이었다.

폴란드인과 유대인에 대한 법률은 나치 사법체계에 의해 철저하게 집행됐다. 폴란드인과 유대인은 같은 범죄를 저지른 독일인과 다른 유형의 처벌을 받았다. 그들은 법정에서 피고인의 권리를 심각하게 제한받았다. 법원은 폴란드인과 유대인에게는 증거에 따라 "특히 부적절한 범죄 동기"가 인정되면 명시적 규정이 없어도 사형을 선고할 수 있었다. 또 경찰은 사법절차를 거치지 않고서도 직권으로 유대인이 저지른 모든 "범죄"행위를 처벌할 권한을 부여받았다. "판사들은 폴란드인과 유대인에 대한 법률과 법령을 왜곡해 적용했으며 사법작용의 기본 원칙을 완전히 무시"했음이 밝혀졌다.[10]

법조인 재판의 피고인들 중 일부는 자신들이 당시 국내법에 따른 공식적인 권한에 근거해 행동했다고 항변했으나, 군사재판소는 이 항변을 기각했다. 그 행위가 국내법상 합법이었는지 불법이었는지는 국제법 위반 여부를 판단하는 데 고려대상이 아니었다. 군사재판소는 이 항변을 배척한 근거로 소송절차의 법적 근거를 제시했다.

버에게서 태어났고 출생 당시 생부를 알 수 없었다. 그는 모친의 성을 따라서 알로이스 쉬켈그루버로 등록했다가 후에 모친이 게오르그 히들러(후에 히틀러로 개명)와 결혼하자 그를 생부로 주장하며 알로이스 히틀러로 이름을 바꾸었다. 히틀러의 조부가 누구인지 확인되지 않은 소문에 심지어 유대계라는 주장도 있던 상황에서 히틀러의 친할머니 성을 언급한 것은 당시 모욕적인 언사로 인식됐다.

독일법에 따랐을 뿐이라는 항변은 이 재판의 전 과정을 뒷받침하는 기본이론을 오해한 데에서 비롯된다. 뉘른베르크 재판소는 독일 법원이 아니며, 독일법을 집행하지 않는다. 본 공소는 피고인들의 독일법 위반을 근거로 하지 않는다. 오히려 이 재판소의 관할권은 국제적 권한에 기초한다. 이 재판소는 국제군사재판소 헌장과 「통제위원회법 제10호」에 명시된 법을 집행하며, 부여된 권한 범위 내에서 독일 국내법에 우선하는 국제법을 적용한다. 피고인이 주장하듯이, 제3제국 아래에서 독일 법원은 국제법을 위반하는 경우에도 독일법(즉, 히틀러의 명령)을 따라야 했던 것이 사실이다. 그러나 이 재판소는 그러한 제한을 받지 않는다. 여기에는 독일 국내법에 우선하는 최상위의 실체법이 존재하며, 비록 국내법과 상충하는 조항이 있더라도 재판소는 이를 적용할 권한과 의무가 있다.[11]

군사재판소는 인민법원 검사였던 에른스트 라우츠Ernst Lautz에게 유죄판결을 내리면서 다음과 같이 국내법을 방어수단으로 삼는 것을 배척했다.

> 라우츠는 당 활동에 적극적이지 않았다. 그는 자신의 행동을 좌우하려는 당 관료들의 모든 시도에 저항했지만 자신의 업무가 독일법에 따라 요구된다고 믿었기에 제국 법무부를 통한 히틀러의 영향력과 지시에는 순순히 따랐다. 그는 엄격하고 가차 없는 검사였지만, 독일법이 그를 변호할 수 있다면(물론 그렇지는 않지만) 그의 행위 중 상당수는 항변이 가능하다고 말할 수 있다.[12]

오히려 국내법의 집행 자체가 바로 국제법 위반을 구성하는 요소가 되었다. 다음의 재판소 판결 내용은 이를 명확하게 보여준다.

> 우리는 정부의 개입 자체가 반인도적 범죄의 중요한 요소임을 지적했다. 공식적인 주권 기관이 잔혹행위와 박해에 가담해야만 이러한 범죄들이 국제적 규모로 이루어진다. 정부의 개입은 유죄 입증을 위한 필수 증거이지, 면

책 항변이 될 수 없다.13

군사재판소가 이러한 법적 근거를 적용함에 따른 중요한 결과 중 하나는 피고인들이 법치주의 붕괴에 가담했다는 사실 자체만으로는 처벌받지 않았다는 점이다. 군사재판소는 이 점을 명확히 밝혔다. 먼저 군사재판소는 나치 법원에서 어떤 사건들에 사형이 선고되었는지를 열거했다.

검찰은 나치 형법의 잔혹한 성격을 입증하고 수천 건의 사건에서 법원이 사형을 부과했음을 증명하는 문서를 다수 확보해 제출했다. 사형이 부과된 사건은 크게 다음 그룹으로 분류할 수 있다.
1. 상습 범죄자에 대한 사건.
2. 폐허가 된 독일 지역에서 공습 후 정전을 틈타 저지른 약탈 사건.
3. 배급 탈취, 사재기 등 전쟁 중 경제범죄.
4. 국가 방어력을 약화시키는 범죄, 패배주의 발언, 히틀러에 대한 비판 등.
5. 반역 및 고도의 반역범죄.
6. 폴란드인, 유대인 및 기타 외국인이 저지른 다양한 유형의 범죄.
7. "밤과 안개" 작전 및 이와 유사한 절차에 따라 처벌된 범죄.14

그리고 나서 재판소는 평의를 진행해 다음과 같이 정리했다.

우리가 언급한 모든 법률은 차별적으로 적용될 수 있었고 실제로 많은 사건에서 그렇게 운용됐다. 그 중 다수는 법무부와 법원이 자의적이고 잔혹한 방식으로 집행했는데, 이는 인류의 양심에 큰 충격을 주는 행위로서 이 법정에서 처벌돼야 마땅하다. 우리는 단지 제1호부터 제4호의 법이 제정됐다거나 시행됐다는 사실만으로는 피고인에게 유죄를 선고할 수 없다고 본다. 하지만 유형 제5호, 제6호 및 제7호에 해당하는 사건은 사정이 다르다.15

이에 따라 재판소는 상습 범죄자, 약탈자, 사재기범 또는 국가 방어력을 약화시키는 죄를 범한 자를 처벌하는 법의 통과 또는 집행에 참여했다는 사실만으로는 어떤 피고인도 유죄로 판단하지 않을 것이라고 밝혔다. 반면 이러한 법들을 자의적이고 잔인하게 집행한 행위는 "인류의 양심에 충격을 주는" 행위로 처벌 대상이 되었다.[16]

나치 판사들에 대한 무죄판결

법조인 재판에서는 총 열여섯 명이 기소되어 네 명이 무죄를 선고받았다. 피고인 대부분은 나치 법무부의 고위 관료들이었다. 그중 여섯 명은 판사 또는 검사이거나 둘을 겸직한 사람들이었다. 인민법원 선임검사 파울 바르니켈Paul Barnickel과 에른스트 라우츠, 인민법원장 귄터 네벨룽Günther Nebelung, 판사 헤르만 쿠호르스트Herman Cuhorst, 검사 겸 판사였던 오스발트 로트아우크, 인민법원 참심위원 한스 페테르센Hans Petersen이 바로 그들이다. 피고인 바르니켈, 페테르센, 네벨룽, 쿠호르스트는 무죄판결을 받았다. 로트아우크는 반인도적 범죄로 종신형을, 라우츠는 10년 징역형을 선고받았다.

오스발트 로트아우크는 판사 활동을 이유로 종신형을 선고받았다. 그는 가장 무거운 처벌을 받은 네 명 중 한 명이었다. 그는 반인도적 범죄 혐의로만 유죄가 인정되었으며, 당 지도부의 일원이었음에도 범죄단체 구성원이라는 혐의에 대해서는 무죄를 선고받았다. 그는 판사 직책을 수행한 결과로 유죄를 선고받은 유일한 피고인이다.

로트아우크가 폴란드인과 유대인에게 품은 지독한 적대감은 여러 자료로 증명됐다. 한 증언에 따르면 그는 외국인, 특히 폴란드인과 유대인을 가혹하게 다뤄야 하며 독일인 범죄자와 달리 취급해야 한다고 생각했다. 로트아우크는 이 점에서 법에 빈틈이 있다고 보고, 자신의 법정에서는 법해석을 통해 차별적으로 처리했지만 다른 판사들은 그렇지 못했다고 주장했다. 로트아우크는 폴란드인과 유대인을 특별 대상으로 분류해 별도로 규정하는 방식으로 법의 빈틈을 메꿔야 한다고 주장했다.[17]

미 군사재판소는 로트아우크가 담당한 사건을 예로 들었다. 이 사건에서 두 명의 폴란드 여성(한 명은 17세, 다른 한 명은 그보다 나이가 많았다)이 바이로이트 무기공장 방화 혐의로 기소되었다. 당시 화재로 공장에 실질적인 피해는 없었는데, 화재 발생 시점에 근처에 있었다는 이유만으로 두 여성은 게슈타포에 체포돼 신문을 받았다. 미 군사재판소는 재판에 제출된 증거를 조사하여, 이 두 젊은 여성이 충분한 증거가 없었는데도 나치의 박해와 말살 계획에 따라 단지 폴란드 국적자라는 이유로 유죄로 인정, 처형됐다고 판단했다.[18]

그 외 로트아우크는 한 폴란드 출신 농장 인부가 농장주의 아내를 성폭행했다는 혐의로 기소된 사건에서 사형을 선고하며 다음과 같이 말했다.

> 결론적으로, 피고인은 완전히 타락한 인성을 보여주는 바 쉽게 흥분하고 변덕스러우며 거짓말을 밥 먹듯 한다. 피고인이 드러낸 열등감은 전적으로 인격의 문제이며 이것이 그가 폴란드의 하류 인간이라는 점에서 비롯된다.[19]

판사로서 단지 법을 집행했을 뿐이라는 로트아우크의 변명에 대해 재판소는 다음과 같이 판단했다.

> 그는 자신이 오로지 법정에 제출된 증거에 따라 판결했다고 항변한다. 그러나 수많은 사례에서 (증거가 아닌) 자신의 주관적 견해에 따라 판결했다. 심지어 재판이 시작하기도 전에, 공개적 또는 비공개적으로 그의 사적 견해를

표명하기도 했다. 로트아우크는 범죄정보국* 소속이자 자신의 보좌관인 엘카Elkar와 수시로 의견을 나눴고 엘카는 판사실에서 매주 열리는 회의에 동석했다. 로트아우크는 재판 전에 제출된 신빙성 없는 기록을 읽어 보고서 사건에 대한 심증을 굳혔다. 그는 그와 같은 태도와 재판 진행방식으로 법원을 공포의 도구로 만들었으며 사람들의 두려움과 증오를 불러일으켰다. 그의 가까운 동료들과 희생자들의 증언을 통해 우리는 오스발트 로트아우크가 나치의 비밀 음모와 잔혹함의 화신이었음을 알 수 있다. 그는 가학적이고 사악한 사람이었다. 문명화된 사법 시스템 아래에서라면, 계획적인 악행으로 불의를 초래했다는 이유로 탄핵돼 공직에서 해임되거나 직권남용죄로 유죄 판결을 받았을 것이다.[20]

에른스트 라우츠는 1939년 9월 20일부터 전쟁이 끝날 때까지 베를린 인민법원 수석검사로 재직했다. 그는 1933년 5월 나치당에 가입했다. 그가 근무하는 동안 그의 지휘를 받는 "고위 관료"는 25명에서 약 70명으로 증가했다. 라우츠는 10년 징역형을 선고받았다. 그는 폴란드인과 유대인에 대한 법집행에 관여했으며 재판소는 그의 행위를 특정 인종말살을 위한 정부 계획의 일부로 판단했다. 이에 따라 그는 집단학살의 방조자이자 적극적인 공범으로 인정되었다. 또한 "밤과 안개" 작전에 기여한 혐의도 유죄로 인정받았다. 재판소는 형량을 정하면서 다음과 같이 언급했다.

그에게는 형량 감경에 참작할 점이 많았다. 라우츠는 당 문제에 적극적이지 않았다. 그는 자신의 행동에 영향을 미치려는 당 간부들의 모든 시도에 저항

---

* 범죄정보국(SD), Sicherheitsdienst은 나치의 친위대 소속 정보기관으로, 나치 정권의 주요 정보·첩보·감시 활동을 수행했다. 초기에는 나치당 내부의 적대세력을 감시하다가 이후 국가적 차원의 정보 및 보안기구로 성장해서 독일 내외의 반체제 인사나 저항세력, 공산주의자 등을 감시하고 탄압했다.

했지만 제국 법무부를 통해 내려온 히틀러의 영향력과 지침이 독일법에 따라 요구된다고 믿고 순종했다. 그는 엄격한 사람이었고 가차 없는 검사였지만, 독일법에 의한 정당한 직무 수행이라는 항변이 받아들여진다면, 물론 그렇지 않지만, 그의 행위 중 상당수는 변명이 가능하다고 할 수 있다.21

나머지 네 명의 판사와 검사는 무죄를 선고받았다. 그중 한 명은 슈투트가르트 특별법원 판사인 헤르만 쿠호르스트였다. 쿠호르스트는 "나치 판사의 원형"으로 묘사될 정도였으며, 그가 재판절차에서 보여준 "자의성, 불공정성, 사법적 행위라고 볼 수 없는 행위들"을 입증하는 충분한 증거들이 재판부에 제출됐다.22 하지만 군사재판소는 그러한 범죄에 대해 재판소의 관할권이 없다고 판단했다.

이번 공소에서 어느 피고인도 특정한 개인을 살해하거나 학대한 혐의로 기소되어 있지 않다. 만약 그러한 혐의가 있었다면 공소장에 피해자의 이름을 명시했을 것이다. 단순한 살인이나 개별적인 잔혹행위는 이 사건의 본질적인 쟁점이 아니다. 피고인들은 단순한 범죄를 넘어서는 중대한 범죄 혐의로 기소되어 있으며, 개별적인 범죄 사례는 이들 혐의의 규모 앞에서 오히려 상대적으로 대수롭지 않아 보일 정도이다. 요약하자면, 피고인들에 대한 핵심 혐의는 피고인들이 전쟁법과 인도humanity에 관한 법을 위반하여, 국가 차원에서 주도한 잔혹행위와 불의한 체제에 의식적으로 가담했다는 점이다. 이 범죄는 법무부의 권한 아래 법원을 도구로 삼아 법의 이름으로 자행되었다. 살인자의 단검은 법관의 법복 아래 감춰져 있었다.23

법조인 재판은 국제법상 범죄를 다루었고, 주요 혐의는 범죄단체 가입, 침략전쟁, 전쟁범죄, 반인도적 범죄였다. 재판소는 사형을 공포정치의 수단으로 사용한 것이 반인도적 범죄에 해당하는지 여부를 검토한 후 다음과 같은 이유를 들어 기각했다.

가혹한 법률Draconic laws이나 그에 따라 내려진 판결이 전쟁범죄나 반인도적 범죄에 해당하는가?

상습범 처벌에 관해서는 우리는 그 답이 명확하다고 본다. 많은 문명국가에서 법원은 세 건 이상의 중범죄 유죄판결이 확정될 경우 법원이 종신형을 선고하도록 법으로 규정한다. 우리는 평화 시기 미국에서 상습범에게 종신형을 선고하는 것이 합당하고 합리적인 처벌이라고 인정하면서 동시에 전쟁 중 독일 상황에서 내려진 사형 선고를 반인도적 범죄라고 주장할 수는 없다. 약탈죄도 마찬가지이다. 모든 국가는 비상시기에 형법을 더욱 엄격하게 집행해야 할 절대적 필요성을 인정한다. 독일 대도시가 완전히 폐허가 된 모습을 본 사람이라면 누구나 불타는 도시의 거리를 돌아다니며 시체를 강탈하고 폐허가 된 집을 약탈하는 하이에나 같은 인간을 엄벌에 처해야 함을 깨닫게 된다. 사재기범과 전시 경제명령 위반범에도 비록 정도가 덜하다 해도 동일한 고려 지점이 존재한다. 전시 상황에서 군사적 효율성을 저해하는 행위에 관해서는 훨씬 더 어려운 문제가 따른다. 이 법의 집행과정에서 부과된 표현의 자유에 대한 제한은 우리의 정의감에 반한다. 만약 이런 제한이 평화 시기에 적용된다면 바이마르공화국을 포함한 어떤 자유 헌법 아래에서도 법원은 이를 규탄하는 데 주저하지 않을 것이다. 그러나 미국 헌법의 보호 아래에서도 전시에는 정부를 공격하거나 정부의 군사적 목표를 방해하는 행위가 완전히 자유롭게 허용될 수는 없다. 실제적이고 현존하는 위험에 직면하면 미국에서도 언론의 자유가 어느 정도 제한될 수밖에 없다. 그렇다면 전면전이 벌어지고 재난이 눈앞에 닥친 상황에서 패배를 막기 위한 필사적인 최후의 시도로 이런 잔혹한 법을 집행한 관리들이 반인도적 범죄를 저질렀다고 말할 수 있을까?[24]

이러한 논리를 통해 재판소는 여러 측면에서 전후 독일 사회에서 형성된 인식, 즉 나치 판사들은 대부분 어려운 시기에 단지 자국의 법률을 적용했을 뿐이며 따라서 법적 잔학행위에 책임이 없다는 주장에 힘을 실어주었다.

8장
불법적 권력과 위법성의 조건

판사와 혁명

판사가 쿠데타에 가담하거나 새로운 정권을 수립하려는 세력을 지지하는 경우, 책임을 물을 법적 근거는 비교적 명확하다. 혁명세력은 자신들이 전복하려 했던 기존 정권의 법에 따라 처벌될 수 있고, 이는 그들의 행위가 불법으로 선언됨을 의미한다. 혁명세력이 특별법원과 같은 기관을 신설할 경우, 이러한 기관은 정당성을 결여하게 되고 그 사법적 결정은 사법기능의 행사로 간주될 필요가 없다. 하지만 실제로는 종종 그렇게 간주될 때도 있다.

남북전쟁 후 반군, 즉 남부연합이 세운 법원의 합법성 문제가 미국 연방대법원에서 다루어졌다.[1] 미국 연방정부에 대한 반역 혐의로 체포된 한 개인이 보상금을 청구하는 소송을 제기했다. 그는 남부연합의 법원이던 앨라배마 북부 지방법원에서 체포, 기소된 바 있었다. 미국 연방대법원은 "남부연합"이 미국 영토에 법원을 설립할 권한이 없는 반란군이었으므로 그 체포가 불법이라고 판결했다. 이 사건에서 스웨인Swayne 대법관은 다음과 같이 판시했다.

문제의 법원을 설립한 남부연합 의회의 법률은 무효이다. 마치 애초부터 존재하지 않는 것과 같다. 따라서 그에 기반해 설립된 법원은 애초부터 법적 실체가 없으며 정당한 관할권을 행사할 수 없다. 단지 법절차의 외양만을 취했다고 해서 이를 수행한 자들이 법의 보호를 받을 수는 없다.

이 판결에 따르면 반란군이 설립한 법원에서 공직을 수락한 사람은 반란에 동조한 공범이므로 정당한 사법체계의 공직자로 인정될 수 없다. 노르웨이 법원도 독일 점령기 퀴슬링 정권이 설립한 특별법원 판사들에게 같은 견해를 취했다.

혁명세력이 기존 법원을 장악한 상태에서 그 이전부터 존재했던 기존 법원의 판사들이 새로운 권력에 협력하는 상황은 더 복잡한 양상을 띤다. 이들은 기존 헌법에 따라 판사직을 부여받았기 때문에, 반란 정권이 제정한 법을 집행했다고 해서 그들의 행위를 사법적 행위가 아니라고 섣불리 단정할 수 없다. 법원은 주어진 상황에서 가능한 한 기존에 해왔던 통상적인 기능을 유지하려 하며, 경우에 따라서는 반란 정권이 제정한 법을 적용, 집행할 수밖에 없는 상황에 처할 수 있다. 국가권력을 놓고 경쟁하는 세력들 사이의 갈등에서 법원을 배제하고 어느 편을 선택하도록 강요하지 않아야 한다는 건전한 주장도 논리적으로 합당하다. 이와 관련해, 이언 스미스의 쿠데타 이후 설립된 정부에서 로디지아 판사들이 지닌 의무에 관해 피어스Pearce 경은 마짐바부토 사건 Madzimbamuto vs Lardner-Burk*에서 반대의견을 내며 이런 주장을 펼쳤다.

---

* 1965년 영국 식민지인 로디지아(현 짐바브웨)를 이끌던 이언 스미스 총리가 영국 정부의 동의 없이 남부 로디지아를 백인 통치 국가로 분리하는 독립선언을 일방적으로 하고, 쿠데타를 일으켰다. 그 과정에서 아프리카 민족주의자인 다니엘 마짐바부토가 구금됐는데, 아내인 스텔라가 그 합법성을 다투는 소송을 제기했다. 1심 고등법원은 신정부의 입법권을 인정해 구금조치를 합법으로 봤고, 최고법원은 1965년 헌법의 유효성을 인정하지 않았으나 대신 스미스 정부가 사실상의 정부이며 따라서 구금조치도 합법이라고 인정했다. 최종 결정권을 가졌던 영국 추밀원은 다수의견으로 1965년 긴급

로디지아의 실제 상황은 이렇다. 1961년 헌법에 따라 합법적으로 임명돼 사법권을 대표하는 판사들은 양측으로부터 계속 재임할 의무를 위임받았다. 그들은 여전히 1961년 헌법에 따라 판결을 내리고 있지만, 국가를 실제로 장악한 정부는 불법정권이며, 이 정권은 위 헌법을 인정하거나 준수하지 않으며, 영국 상원에 대한 항소권조차 인정하지 않고 있다. 이는 양측이 여러 요인을 고려한 끝에 채택한 불안정한 타협안이다. 그 주된 이유는 법과 질서를 지키고 혼란을 피하고자 하는 합리적이고 인도적인 고려로 보인다. 혼란이 발생하면 모든 인종의 사람들이 막대한 고통을 입게 될 것이며, 결국 누가 승리하든 국가 전체가 피해를 입을 것이기 때문이다. 이는 그로티우스 Grotius가 말한 상식적인 견해와 일치한다. 이러한 이유로 법원을 주요 정치적 갈등에서 벗어나게 하는 것은 분명 바람직하다. 그래야 정치적 투쟁이 어떻게 전개되든, 반란을 종식시키기 위해 어떤 압력이나 제재가 가해지든, 법원은 사회 근간을 보호하고 법과 질서를 유지하는 평화적 역할을 계속 수행할 수 있다.[2]

이러한 상황에서 어려운 문제가 제기된다. "국민의 당면한 필요를 충족하기 위해 단순히 직위를 유지하는 것과 점령세력의 통치를 암묵적으로 인정하는 행위를 구분 짓는 경계는 어디에 있는가?" 그리고 "적나라한 무력의 존재를 인정하면서도 동시에 그것이 정당한 권위로 변질되는 데 협력하지 않으려면 어디까지 복종할 수 있으며 어떻게 해야 하는가?"[3]

명령과 그에 따른 구금은 불법이라고 판단했으나, 소수의견을 낸 피어스 경은 구금이 사실상의 정부가 시행한 것이므로 그 효력을 인정해야 한다고 판단했다.

점령 치하의 판사

전후 점령국에서 이루어진 재판은 각국 국내법에 따라 진행됐다. 독일 외 지역에서 열린 재판에서는 독일인 처벌보다 내국인 협력자 처벌이 훨씬 더 큰 과제이자 우선 순위였으며, 그들에게 적용된 혐의는 반역죄와 적에 대한 협력, 즉 부역죄에 관한 것이 다수였다.[4] 이런 범죄 혐의는 판사 등 법조계 구성원에게도 적용됐다. 벨기에에서는 전후 나치 숙청과정에서 29명의 판사가 조사를 받았고 그중 다섯 명이 부역 혐의로 유죄판결을 받았다.[5] 덴마크에서는 세 명의 판사가 부역죄로 처벌받았다.[6] 룩셈부르크에서는 독일군이 법원을 재편했고 두 명을 제외한 모든 판사가 나치당에 가입했다. 나치 치하 룩셈부르크 법원이 내린 판결은 전후 룩셈부르크 대공령Grand Ducal Decree에 따라 모두 무효가 됐다. 19명의 판사에 대한 징계절차가 시작됐지만 그 후 파일이 분실돼 결과는 알 수 없다.[7]

네덜란드는 망명정부가 복귀하자마자 점령 기간 법원이 보인 행적을 불신임하고 나치 협력자들을 숙청하기 위한 특별법원을 구성했다. 독일 점령기에 임명된 모든 판사는 직무정지 처분을 받았으며 대법원 판사들도 한 명을 제외하고 모두 정직되었다. 직무정지가 해제된 후 법무부장관은 대법원에 서한을 보내 점령 기간 중 대법원의 활동을 비판하고 판사들의 자진 사퇴를 요청했다. 하지만 판사들은 사직하는 것이 "점령 기간 동안 양심에 따라 실천해 온 원칙에 반하고 문제 해결에 도움되지 않는다"라는 이유를 들어 요청을 거부했다.[8] 결국 대법원과 정부 간 협의 끝에 전쟁 전 임명된 판사들을 숙청하기 위한 기구가 설립됐다. 대법원은 숙청절차를 직접 거치지 않도록 보장받는 방식으로 숙청기구가 운영됨으로써, 전쟁 전 임명된 판사들의 독립성을 최대한 존중하는 방식으로 절차가 진행되었다.

특별법원은 16건의 조사를 수행했다. 네 명의 판사를 해임했고 11건의 사건은 아무런 조치도 취하지 않은 채 절차를 종료했다.

점령 시기 독일군이 임명한 대법원장은 저항세력을 지지하지 않았다는 이유로 기소돼 유죄판결을 받았다. 이 사건을 제외하고는 벨기에, 덴마크, 룩셈부르크, 네덜란드에서 독일 점령 시기 직무상 행위로 판사가 유죄판결을 받은 사례는 거의 없는 것으로 보인다. 이들 국가에서는 점령 기간에 임명된 판사들이 모두 직무정지되었고 별도의 심사를 거쳐서 복직했다. 그러나 점령 시 판사직을 수락했다는 이유만으로 어떤 제재를 받지는 않았다.

노르웨이에는 점령 후 사법적 숙청의 기본근거가 된 일반 형법 조항이 있었다. 부역죄를 정한 형법 제86조와 불법적인 방법으로 헌법을 변경하려는 시도, 즉 국가전복죄를 처벌하는 형법 제98조이다.

대법원은 비드쿤 퀴슬링에 대한 재판에서 이 두 가지 혐의 모두 유죄로 인정했다. 그와 그의 당은 독일 점령에 편승해 권력을 장악하려 했고 노르웨이를 민족사회주의 국가로 바꾸려고 했다. 물론 이것은 노르웨이 헌법에 위배되는 동시에 적의 군사적·정치적 목표를 돕는 행위였다. 또한 퀴슬링의 민족사회주의당에 가입한 행위만으로도 두 가지 혐의 모두가 인정되는 것으로 간주됐다.

퀴슬링 정부는 독일을 따라서 인민법원과 특별법원을 설립했다. 당시 기존 대법원 판사들이 특별법원 설립과 독일 점령당국의 명령에 대한 사법심사권을 둘러싼 논란으로 사임하면서 퀴슬링은 대법원을 새롭게 구성할 기회를 얻었다. 전쟁이 종료되자, 퀴슬링 정부가 임명한 판사들은 부역죄 및 국가전복죄로 기소됐다. 특히 나치가 설치한 법원에서 판사직을 맡은 행위와 기존 판사들이 사임한 후 대법원 판사직을 수락한 행위는 부역으로 인정돼 모두 유죄판결을 받았다.

부역죄 재판에서, 특별법원은 불법 정권의 반역 목표를 달성하기 위해 설립되었으며 국제법이나 헌법에 어떤 근거도 없이 일반법원 시스템을 무시한 조직으로 인정되었다. 퀴슬링 정권의 특별법원 판사들은 단순 부역 혐의 뿐 아니라 그들이 내린 판결 결과에 대해서도 유죄판결을 받았는데, 특히 사형을 선고해 그 판결이 집행된 경우에는 살인죄로도 처벌받았다.[9] 이는, 전후 법원이 특별법원 판결에 대한 형식적 근거 자체를 불법으로 인정해 법적으로 무효로 판단함에 따라 특별법원 판사들이 판사의 면책특권을 방어수단으로 내세울 수 없었음을 의미한다.

이러한 점에서 보면, 점령군에 협력한 노르웨이 판사들이 독일 국적 판사들보다 더 엄격한 기준에 따라 처벌받았다고 할 수 있다. 특별법원의 재판은 독일이든 노르웨이든 모두 점령국의 권리에 관한 국제규범을 형식적 근거로 삼아야 했으며, 특별법원이 진행한 사법절차의 독립성과 건전성에 대한 평가는 참여 판사의 국적이나 특별재판소의 법적 근거가 된 국내법과 무관하게 이루어져야 한다. 물론 독일 국적 판사들은 부역죄로 기소되거나 유죄판결을 받을 수 없었지만, 이 사실이 특별법원의 재판절차에서 사형을 선고한 검사나 판사를 살인죄로 처벌해야 하는지의 문제와 직접 연관된다고 볼 수는 없다. 노르웨이 법원은 나치가 설치한 특별법원에 독일 국적 판사가 참여한 경우 비록 그 절차가 요식적이거나 가혹한 조치를 포함했더라도 그 판결이 전쟁범죄나 반인도적 범죄에 해당하지 않는 한 따로 범죄로 간주하지 않았다. 이 점에서 노르웨이 법원의 입장은 미 군사재판소 및 다른 국가의 법원과 동일했다.[10]

특별법원 판사직 수락 행위에 대한 노르웨이 법원의 판결은 전쟁과 점령이라는 특수 상황을 고려해 이해해야 한다. 그러나 국가 전복 행위에 관한 법리는 원칙적으로 순수한 국내 상황에서도 적용될 수 있다. 즉 어떤 집단이 불법적 방법으로 국가권력을 장악하는 경우, 그 정권을 옹호하는 데 기여하는 행위, 곧 정치범죄 및 국가 전복 행위를 다루는 특별법원 판사직을 수락하는 것은 불법이며, 쿠데타 이전에 시행되던 법률을 적용하더라도 마찬가지이다. 반란세력이 세운 법원은 법원이 아니므로 그들이 내린 판결 역시 법적 효력을 가질 수 없다. 따라서 이러한 법원이 행사하는 강제력은 국가의 정당한 승인 없이 이루어진 것이므로, 다른 불법적 폭력행위와 구별될 수 없다.

특히 주목할 만한 점은 점령기 노르웨이 대법원에서 판사직을 수락한 이들에 대한 처리이다. 점령 이전에 임명된 기존 대법원 판사들은 1940년 12월 18일 법무부장관에게 보낸 서한을 통해 모두 일괄 사임했다.11 대법원은 후임 직책을 기꺼이 수락한 새로운 판사들로 다시 채워졌다. 전쟁이 끝난 후, 이들은 모두 부역죄와 국가전복죄로 기소돼 유죄판결을 받았다. 첫 번째 사건은 점령 기간 동안 대법원장이던 야코브 안드레아스 모어Jacob Andreas Mohr에 대한 것이었다.12 그는 오슬로 시법원 판사였는데, 1940년 12월 법무부장관에게 대법원장직을 맡아달라는 요청을 받았고 제안을 수락하자 즉시 임명됐다.

대법원은 만장일치로 모어에게 위 두 가지 범죄 혐의에 대해 유죄를 선고했다. 베르거Berger 대법관은 1940년 독일과 퀴슬링의 명백한 의도는 대법원이 당과 독일에 협력하도록 하는 것이었으며, 신규 판사 임명은 노르웨이의 저항을 꺾으려는 중요한 방법이었다고 판결했다. 국가 전복 혐의에 대해 베르거는 대법원이 퀴슬링에게 협력했으며 퀴슬링의 헌법 침탈 의도가 처음부터 분명했다고 지적했다. 모어는 대법원장직을 수락함으로써, 국제법과 헌법 위반을 이유로 사임한 판사들을 대신해 퀴슬링과 독일군 손아귀에서 기꺼이 도구 노릇을 할 판사들로 대법원을 채우는 데 일조하였다.

범죄의 고의 또한 인정됐다. 당시 모어는 대법원 판사들이 독일 제국판무관과 갈등을 일으켜 사임했다는 사실을 알고 있었다. 그는 법무부장관이 사법심사권과 관련해 독일 입장을 따를 판사를 수소문했다는 사실도 알았다. 더 나아가 그는 법원이 행정부에 종속될 위험성을 충분히 인식하고 있었으며, 공직 수락과 관련해 지방법원에 있는 동료로부터 판사직을 수락하지 말라는 분명한 경고도 받았다. 그는 판사로서 노르웨이 헌법과 국왕에 대한 특별한 충성 의무를 지니고 있었다.

베르거 대법관은 독일과 퀴슬링의 탄압이 더욱 노골적이 되고 법치주의가 완전히 훼손돼 자의적인 통치로 대체됐음에도 모어가 판사직을 계속 유지했다고 지적했다. 이에 대해 모어는 자신이 객관적이고 양심적으로 직무를 수행했으며, 정권이 한 판사를 탄압하려 했을 때 강력히 항의도 했다고 주장했다. 그러나 베르거 판사는 범죄의 중대성에 비추어 이러한 주장은 고려할 여지가 없다고 판단했다. 모어 사건의 판결 논리는 퀴슬링 정권이 설립한 대법원과 특별법원의 판사직을 수락한 모든 사람이 범죄자가 된다는 점을 명확하게 했다.

특별법원 판사들과 달리 퀴슬링 정권의 대법원 판사들은 개별 판결에 책임지지 않았다. 정치적 사건은 인민법원과 특별법원 관할이었고 대법원에 상고가 허용되지 않았기에 대법원은 대부분 논란의 여지가 없는 민사사건을 다루었다. 다만 한 가지 주목할 만한 예외가 있었다. 새 대법원이 맡은 첫 번째 사건은 경미한 형사사건의 상고 사건이었는데, 원심 법원은 1940년 11월 15일의 장관령에 따라 설치된 지역법원이었다. 항소심에서 법원의 설치 근거인 장관령이 국제법상 점령국 권한을 넘어섰으므로 지역법원 설치가 위법하다는 주장이 제기됐다.

이 주장이 바로 대법원 판사들의 집단 사임을 촉발한 논란의 중심에 있던 쟁점과 관련된다. 이전 대법원은 노르웨이 법원으로서 점령당국의 법령을 재판에서 적용해야 할 경우 국제법에 따라 해당 법령의 적법성을 검토할 권한이 있다는 견해를 가지고 있었다. 이제 새로운 대법원도 같은 문제에 직면했다. 새로운 대법원은 종전 대법원이 취했던 견해를 뒤집고, 만장일치로 점령자가 직접 또는 그를 대리하는 기관에 위임해 발령한 법령의 적법성을 검토하는 일은 노르웨이 법원의 심사권에 속하지 않는다고 결정했다.[13]

이 판결에 참여했다는 사실이 전후 대법원 판사들에 대한 공소사실 중 하나였다. 그러나 모어와 다른 판사들에 대한 판결에서, 이 판결은 별도의 형사범죄로 인정되지 않았다. 따라서 전후 법원은 점령국과 피점령국 법원의 관계에 관한 국제 전쟁법상의 법적 쟁점을 깊이 다룰 필요가 없다고 보았다. 이는 불법적으로 설립된 대법원 구성원들이 정상적인 사법기능을 행사해 내린 판결에 어느 정도 면책특권을 부여했다고도 해석할 수 있다. 그러나 이와 달리 현재 국제법상 가장 다수의 견은 노르웨이 대법원의 견해가 아니라 퀴슬링 대법원이 내린 의견과 같으며, 결국 이러한 딜레마 때문에 이런 식으로 노르웨이 법원이 전후에 직면한 어려운 문제를 회피했다고도 볼 수 있다.

9장
전환기 상황에서 위법성의 조건

나치 이후 독일의 재건

독일에서는 1933년 나치의 권력장악이 합법적 수단을 통해 이루어졌다고 받아들여져 왔다. 이는 나치당이 교묘하게 설계하고 실행한 전략의 결과였다.[1] 당대 독일 사회와 외부가 모두 나치 정권을 독일 헌법에 따른 합법 정권으로 보았다.[2] 사실상 독일 법학자들 한 세대 전체가 정권의 법적 정통성을 지지했다.[3] "민족사회주의 노선을 따르는 독일 재건의 헌법적 기반은 주로 거짓과 공포정치로 만들어졌다"는 사실에도 불구하고 나치 정권의 비판자들조차 정권의 정통성에 진지한 의문을 제기하지 않았다.[4] 법원도 처음부터 나치 정권과 그들이 제정한 법을 합법으로 인정했다. 나치 정권의 정통성에 대한 이러한 인식 결과, 정권 붕괴 후 그 법을 적용한 판사 및 나머지 법 관련 공무원들의 법적 책임 문제를 물을 근거를 어떻게 설정한 것인가에 대해 어려운 문제가 제기됐다.

판사와 법률가들에게 법적 책임을 물을 근거에 대한 문제가 제기된 것은 독일 항복 직후였다. 이 논의는 나치 정권에 저항해오던 주요 학자들이 처음 제기했으며, 가장 먼저 이 문제를 다룬 인물은 바이마르공화국에서 사회민주당 법무부장관을 지낸 구스타프 라드브루흐였다. 그는 널리 알려진 논문 '법형식의 불법과 초법적 법Gesetzliches Unrecht und Uergesetzliches Recht'*에서 이 문제를 다루었다.5 이 책에서 그는 정의의 근본요건을 갖추지 못한 법은 법으로 간주될 수 없다고 주장했다. 이러한 법은 제정된 순간부터 법으로서 효력을 갖지 않는다.

법실증주의와 달리 법은 그 본질에 의해 정의되어야 하며, 라드브루흐에 따르면 이는 정의를 지향하는 질서를 형성하는 것이다. 그렇다고 해서 모든 부정의한 법이 곧바로 법의 성격을 결여했다는 의미는 아니다. 그러나 부정의가 참을 수 없는 수준에 도달하면 더 이상 법으로 인정될 수 없다. 라드브루흐는 부정의와 감내할 수 없는 부정의를 명확히 구분하는 것이 불가능하다는 점을 인정하면서도, 다음과 같은 기준을 제시했다. 즉, 입법자가 정의 실현을 목표로 하지 않으며 정의의 핵심인 평등 원칙을 의도적으로 부정하는 경우 그러한 입법은 법의 성격을 상실한다. 이러한 논리를 바탕으로 그는 특정 사람들을 인간 이하의 존재로 취급하는 인종차별적 법률과 사건의 개별적 사정을 고려하지 않고 가혹한 처벌을 부과하는 법이 모두 법의 성격을 상실한 나치 입법의 예라고 결론지었다. 판사는 그러한 법을 무시해야 하며, 그에 근거한 판결 또한 불법으로 간주되어야 한다.

나치는 바이마르 시대에 제정된 많은 인권보호 관련 법률을 폐지하지 않은 채로 유지했다. 그럼에도 국제법상 전쟁범죄 또는 반인도적 범죄로 규정된 많은 행위가 독일 형법을 직접적으로 위반해 자행되거나 묵인되었다. 그러한 행위는, 그러한 행위를 허용한 나치 법률을 배

---

* 한국어로는 '법적 무법과 초법적 법률' 또는 '법률적 불법과 초법률적 법' 등으로 번역하기도 한다. '실정법의 외양을 띤 불법(不法)과 실정법을 넘어서는 법'이라는 의미를 살려서 이 책은 '법형식의 불법과 초법적 법'으로 옮겼다.

제할 경우, 당시 독일법에 따라서도 불법이었다. 라드브루흐의 견해에 따르면, 이는 부정의한 법률을 근거로 판결을 내리고 사형이나 징역형을 선고한 판사들이 객관적으로 살인죄 또는 불법 감금죄를 저지른 것과 다름없다는 의미였다. 즉, 부정의한 법과 명령을 따른 판사를 처벌할 근거는 기존 법체계에도 존재하는 불법적인 자유 박탈, 살인, 차별 등의 금지 조항에서 찾을 수 있다. 판사가 재판 수행과정에서 내리는 조치나 결정은 일응 합법적 행위로 간주되지만, 판사가 적용하는 법의 적법성이 부인되는 순간 그의 행위 역시 불법이 된다. 판결을 포함하여 억압적인 법률의 집행이 누군가의 기본권침해로 이어지는 한, 그의 행위는 위법행위가 된다.

라드브루흐는 나치의 탄압에 가담한 판사들에게 책임을 묻기 위해 초법적 규범에 의존했다. 그러나 판사의 범죄를 인정하기 위한 객관적 근거로 바로 자연법을 끌어오는 방식을 옹호하지는 않았다. 자연법은 그 자체로 법적 책임을 판단하는 기준이 아니라, 불의한 법을 무효화하여 그렇지 않았다면 타인의 생명과 자유를 침해하는 행위가 합법적 사법작용으로 간주될 수 있는 상황을 제거하는 역할을 담당하고, 처벌 근거는 실정법에서 찾아야 한다는 것이다.

로마법 및 민법 전문가인 독일의 헬무트 코잉 Helmut Coing 교수는 1947년 논문에서 판사의 책임에 대한 라드브루흐의 주장을 다루었다.[6] 라드브루흐는 판사가 실정법과 정의를 모두 따를 의무가 있다고 주장했다. 따라서 입법자가 의도적으로 명백하게 정의에서 벗어날 때 판사는 그 법을 무시하거나 아니면 사임해야 한다고 보았다.

그러나 그렇다고 해서 판사가 법을 적용한 것만으로 형사책임을 져야 한다는 의미는 아니다. 설령 그 결과 다른 사람의 생명을 빼앗거나 자유를 박탈했다고 하더라도 단순히 법을 적용했다는 이유로 형사처벌을 할 수는 없다. 법은 상충하는 두 가지 목표를 조화시켜야 한다.

하나는 법을 위반하는 자를 처벌함으로써 정의를 실현한다는 목표이고, 다른 하나는 죄형법정주의 원칙이다. 형사제재는 실정법, 즉 사회질서인 법을 통해서만 가능하며 도덕적 판단, 즉 정의의 법을 유지하는 수단으로 사용될 수 없다. 코잉은 사형판결의 근거가 된 법률의 적법성이 부인되는 경우 그것이 바로 판사가 살인죄를 범했다고 보는 논리를 반박했다. 그에 따르면, 이러한 논리는 판사의 징역형 선고, 즉 신체의 자유를 박탈하는 행위가 본질적으로 불법이지만, 다만 사법적 행위로서 행해진 것이기 때문에 그 불법이 정당화된다는 가정을 전제하고 있다. 그러나 판사의 판결은 본질적으로 살인행위인데 예외적으로 합법화된 것이 아니라 완전히 다른 차원의 행위이다. 코잉에 따르면 부정의하여 무효가 된 법을 지키고 집행한 판사를 처벌하는 것은, 실정법을 위반한 것에 대한 처벌이 아니라 자연법에 근거한 규범을 어긴 것에 대한 징벌이다. 죄형법정주의는 실정법에 따라 행동한 판사에게 더 중요한 의미를 갖는다.

반면 코잉은 입법자가 공공연하게 정의를 무시하는 상황에서 그 정의를 도외시하며 벗어난 판사는 판사직을 계속 수행할 자격이 없다고 주장한다. 또한 불법적 명령을 따름으로써 실정법을 무시한 판사는 처벌받을 수 있다고 지적한다. 그는 상사가 판사에게 은밀하게 판결 방침을 지시하는 상황을 예로 들며, 전후 독일 법원이 1939년 9월 히틀러의 비밀명령에 따라 안락사에 관여한 사람들에게 유죄판결을 내리는 데 이 논리를 사용했다고 설명한다.

자연법 이론에 근거한 코잉의 주장은 몇 년 후 H. L. A. 하트가 실증주의적 관점에서 전개한 논리와 동일한 결론에 도달한다. 하트 역시 실정법에 대한 복종행위를 처벌하려면 사후에 제정된 법을 사용해 그 행위를 합법에서 범죄로 전환해야 한다고 결론지었다.[7] 그러나 하트는 처벌 문제를 두 가지 도덕적 요구 사이의 선택으로 보았다. 즉, 잔혹한 행위를 반드시 처벌해야 한다는 요구와 형법을 소급적용하면 안 된다는 요구이다. 두 가지를 모두 충족할 수 없기 때문에 결국 둘 중 하나를 포기할 수밖에 없게 된다.

라드브루흐 공식Radbruch formula은 법원에 받아들여져 홀로코스트 가담, 소련 전쟁포로 살해, 안락사 프로그램 가담 혐의로 기소된 피고인들에 대한 재판에 적용됐다.[8] 이 재판에서 법원은 해당 행위를 정당화했던 법령들을 모두 배척하며, 그 근거로 모든 문명사회 구성원의 마음속에 존재하는 정의의 핵심에 위배된다는 이유를 들었다. 따라서 총통의 명령과 지시를 집행한 사람들은 나치 정권 당시 시행되던 형법에 따라 살인죄 또는 살인방조죄로 유죄판결을 받았다. 독일연방공화국 법원은 이 명령과 지시를 불법으로 판단했는데, 그 이유는 그 명령과 지시가 문명사회 구성원들이 공유하는 보편적 정의 관념에 근본적으로 반하기 때문이었다. 그러나 이 사건들은 판사를 대상으로 한 재판이 아니었기 때문에 법원은 그와 같은 판결을 내리면서 나치 시대 법원이 내린 판결의 적법성을 다룰 필요가 없었다. 따라서 전후 법원들은 나치 정권하에서도 위와 같은 행위가 불법이었다는 해석하에 판결할 수 있었으며, 전임자들이 내린 판결의 효력을 배제할 필요 없이 그 위법성을 스스로 판단할 수 있었다.

형식적으로 보면, 독일연방공화국 법원의 접근방식은 연합군 군사재판소가 취한 방식과 달랐다. 독일 법원은 국제법과 관습에 기반하지 않고 나치 당시의 국내법을 바탕으로 나치 시대의 법을 해석해 판결했기 때문이다. 그럼에도 핵심적인 법적 근거에서는 두 접근방식이 유사하다. 독일연방공화국 법원은 "모든 문명사회 구성원이 공유하는 정의의 핵심"에 비추어 나치법을 재해석했다.[9] 마찬가지로 국제재판소와 전후 각국의 법원들이 전범재판에서 적용한 법적 근거도 "모든 국가가 일반적으로 채택하거나 받아들인 정의의 근본원칙"이었다.[10]

하지만 검사와 판사를 상대로 한 재판에서는 이 문제가 다르게 다루어졌다. 일부 법학자들이 나치 판사들의 법적 책임 문제를 신속하게 제기했지만, 독일 법원은 전후 수년 동안 이 문제를 본격적으로 다루지 않았다. 독일 법원이 간접적으로 이 문제를 언급한 최초 사례 중 하나가 1949년 한 여성이 남편을 나치 당국에 고발한 혐의로 재판을 받은 사건이다.[11] 이 사건은 밤베르크 항소법원이 다뤘는데, 사건의 주요 쟁점은 재판을 맡았던 판사의 위법행위가 아니라 다른 사람을 고발해 나치 법체계의 손에 넘겨준 시민의 책임 문제였다.

피고인의 남편은 1940년부터 참전 중이었고 그 사이 아내는 다른 남자에게 빠졌다. 1944년 어느 날 휴가를 얻어 집에 온 남편은 아내와 대화하다가 1944년 7월 20일 히틀러 암살 공격이 성공해서 히틀러가 악마와 함께 사라졌어야 했다고 말했다. 남편이 없어지기를 원했던 피고인은 지역 당 관리에게 밀고했고, 그 결과 남편은 체포돼 사형 선고를 받았다가 이후 최전선 근무로 감형되었다.

법원은 판결 이유에서, 남편을 재판한 판사들이 "의심의 여지 없이 명백히 불합리하고 …… 독일 국민 대다수에게 공포의 도구로 여겨진" 법에 따라 사형을 선고한 것이 정의의 범주를 벗어나지는 않았는지 검토했다. 법원은 그러한 결론을 거부하고 당시 판사들이 자연법의 명령을 어기지 않았다고 판결했다. 왜냐하면 해당 나치 법이 피지배자들에게 침묵을 지킬 것을 요구했지 자연법에 반하는 행위를 하도록 강제하지는 않았기 때문이다. 법이 자연법의 요구에 반하는 행동을 적극적으로 요구하지 않는 한, 판사들은 해당 나치 법을 적용해야 하는 의무가 있었다고 판단했다.

물론 자연법이나 정의 관념에 따라 실정법의 효력이 제한된다면, "모든 문명국가가 신의 법 또는 인간의 법에 따라 금지된다고 여기는 행위"를 시민들에게 요구하는 실정법을 적용하지 않을 근거가 생긴다.[12] 그러나 이것이 문제의 전부인가? 집 안에서 통치자를 비판했다는 이유만으로 사형을 선고하는 것은 정의로부터 의도적이고 명백한 이탈이 아닌가? 우리는 다른 차원에서 이 문제를 제기해 볼 수도 있다. 앞선 사례와 같은 사건에서 만약 한 판사가 그러한 법의 적용을 거부했다는 이유로 재판을 받게 되었다면, 그 판사를 담당하게 된 판사는 어떤가? 이 경우, 두 번째 판사는 해당 법이 피고인 판사에게 "모든 문명국가가 신의 법 또는 인간의 법에 따라 금지하는 행위를 강요하고 있다"는 이유로 그 법을 적용하지 않아야 할 의무가 있다고 주장할 수 있다. 즉, 사적인 공간에서 어떤 의견을 표명했다는 이유로 사람을 사형에 처하는 일은 신의 법과 인간의 법 모두에 위배되는 행위이므로, 이를 강제하는 법을 판사가 적용해서는 안 된다는 논리가 성립할 수 있는 것이다. 그렇다면 첫 번째 판사 역시 해당 법을 적용할 의무가 없다고 볼 수 있다. 결국, 정의의 관점에서 볼 때 판사는 해당 법을 적용하지 않을 의무가 있으며, 문제의 법을 어겼다는 이유로 누군가를 사형에 처하는 것은 적어도 객관적인 의미에서는 살인에 해당한다고 주장할 수 있다.[13]

이후 다른 밀고자 사건에서, 독일 대법원은 체제 비판자에 대한 사형제도가 행위와 형벌 간의 비례성이라는 형법의 기본원칙을 부정하고 위반하므로 불법이라고 판결했다. 판사에게 재량권이 허용되는 사건—밀고자 사건에서는 1일 금고형에서 사형까지 선택가능했다—에서 비례성 원칙을 위반하지 않는 한 경미한 범죄에 대한 사형 선고는 불가능했다.[14]

독일연방공화국 대법원이 법관의 형사책임에 대해 직접 판결을 내린 최초의 사건은 1952년의 일로, 독일군이 1945년 5월 항복한 후 탈영한 선원 세 명에게 사형을 선고한 군사법원 판사들에 대한 재판이다.[15] 이 사건에서도 대법원은 탈영자들에게 내려진 과중한 처벌이

"독일 형법의 암묵적인 기본전제"에 위배된다고 명시했다. 이는 명백히 불의한 법은 구속력을 가지지 않는다는 라드브루흐 공식을 대법원이 일정 부분 받아들였음을 확인해준 판결이었다.

대법원의 이런 입장은 비교적 경미한 범죄로 기소된 사람들에게 사형을 선고한 판사도 처벌 대상이 될 수 있음을 의미했다. 이 견해는 전직 판사들의 반발을 불러일으켜 조직적으로 대응하게 만들었다.16 이후 사건에서 법원은 이 입장에서 점차 벗어났으며 1956년 오토 토르베크Otto Thorbeck 박사와 발터 후펜코텐Walter Huppenkothen에 대한 판결에서 종전 입장을 변경했다.17

토르베크와 후펜코텐은 나치 친위대 법원의 판사와 검사였다. 그들은 1945년 4월 6일과 8일 작센하우젠과 플로젠부르그 강제수용소에서 카나리스와 그의 동료들에 대한 재판을 담당했고 종전 후 그 사건으로 기소됐다. 게슈타포가 찾아낸 문서에 따르면 카나리스와 그의 동료들은 아돌프 히틀러를 암살하려는 여러 음모에 가담했다.

대법원은 세 차례의 심리 끝에 카나리스와 그의 동료들을 재판한 두 사람에게 무죄를 선고했다. 대법원은 모든 국가는 스스로를 방어할 권리가 있으며, 나치 국가 역시 국가에 대한 공격에 맞서 강력한 조치를 취할 권리를 가지고 있다는 점을 판결의 출발점으로 삼았다. 이에 따라 법원은 재판을 담당한 판사가 당시 시행 중이던 법에 따라 유죄판결을 내린 것 자체를 비난할 수 없다고 판단했다. 즉, 판사는 당시 재판을 받던 피고인이 독재나 탄압에 저항할 권리를 실정법외non-positive의 원칙에 따라 행사했는지를 스스로 판단해 재판할 의무가 없다고 본 것이다. 이러한 논리를 따르면 판사로서는 객관적으로 아무리 가혹하게 보이는 처벌일지라도 실정법을 넘어설 의무는 없게 된다. 이 판결은 독일에서 라드브루흐 공식을 명시적으로 거부한 판결로 받아들여졌다.

레제 사건Rehse case*에서 독일 대법원은 판사가 사형을 선고한 것만으로는 처벌할 수 없으며, 오직 악의적이거나 그 외 악의적인 동기 nefarious reasons에서 선고가 이루어진 경우에만 처벌할 수 있다고 명시했다.[18] 따라서 나치 정권에서 서독으로 전환기에 독일 국내법에 따라 판사를 처벌할 수 있는 유일한 경우는 판결 당시 판사가 인식한 법에서 의도적으로 벗어나 다른 판단을 하는 경우로 한정되었다. 그 결과, 서독 법원에서는 박해와 탄압에 가담한 혐의로 유죄판결을 받은 판사는 거의 없었다.

동독의 판사들

1990년 독일 통일 후 독일 법원은 다시 한번 판사들의 책임 문제를 다루게 되었다. 통일 후, 독일 사법부는 동독 정권이 저지른 범죄에 대해 대규모 조사와 재판을 진행했다. 이 재판들은 나치 정권 붕괴 후 독일 법원이 만들어낸 법적 상황을 바로잡기 위한 조치 가운데 하나로 볼 수 있다. 즉, 국가기구가 저지른 범죄가 처벌되지 않은 채로 남은 문제를 해결하는 과정의 일부였다.[19] 나치 시대와 마찬가지로 동독 사법 시스템도 정치적 목적을 추구하기 위한 수단이자 정치적 박해와 억압의 도구로 활용됐다.

동독 검사와 판사에 대한 재판이 동독 정권 대표자들에 대한 재판 중 가장 큰 비중을 차지했다.[20] 총 618명에 대해 374건의 재판이 진행됐으며, 이는 전체의 36.6%에 해당한다. 그러나 전체 검·판사 중 기소

---

* 레제 판사는 나치 법원에서 231건의 사형판결에 참여했으나 1968년 연방대법원의 판결에 의해 베를린주법원의 유죄판결이 파기환송되어 무죄가 확정됐다. 구체적 내용은 이 책의 242쪽과 264쪽 참조.

된 비율은 5% 미만에 불과했다. 기소 결과 "법왜곡죄"로 181건에서 유죄판결이 내려졌으며, 이는 전체 기소의 24%에 달했다. 그 외에도 더 많은 사건에서 동독 판사들의 판결이 법치주의의 기본원칙을 위반했다는 판단이 내려졌다.[21]

처음에는 판사들을 처벌하는 데 회의적 시각이 지배적이었다. 많은 학자가 이미 공소시효 문제로 처벌이 불가능하다고 보았으며, 또한 독일연방공화국이 동독 정권의 법위반 행위를 소급해서 처벌할 권리가 있는지도 논란거리였다.[22]

독일 대법원이 다룬 첫 번째 사례는 1993년에 제기된 것으로, 부당해고를 합법이라고 판단했다는 이유로 기소된 동독 노동법원 판사들에 대한 사건이었다.[23] 이 사건에서 독일 대법원은 독일 법원이 구동독 판사들을 처벌할 수는 있지만, 책임이 인정될 수 있는 경우는 당시 동독법을 명백히 벗어난 사례를 제외하면 그 판결이 개인의 권리를 명백하게 그리고 자의적이라 할 정도로 심각하게 침해한 경우로 제한되어야 한다고 밝혔다. 이와 같은 제한적 접근방식은, 동독 판사들에게 불리하게 현행법을 소급적용하는 것을 금지하는 원칙에 따른 것이었다.

무엇이 개인의 권리에 대한 명백하고 실질적인 침해로 간주되는지를 판단할 때 법원은 1976년에 동독이 비준한 「시민적·정치적 권리에 관한 국제규약」을 참조했다. 하지만 이는 법원의 논거 중 일부에 불과했으므로 대법원은 부분적으로는 비준된 국제협약이 실정법을 구성한다는 논리를, 부분적으로는 구스타프 라드브루흐의 자연법 논증에 근거한 논리를 전개했다.[24] 대법원은 동독 판사들이 당시의 법적 해석방법을 활용해 개인의 권리에 대한 명백하고 실질적인 침해가 일어나지 않는 방향으로 동독법을 해석하고 적용할 수 있었다고 보았다. 따라서 이들이 정의의 핵심원칙에서 명백히 벗어난 판결을 내렸다면, 그 판결은 그 당시에도 위법한 것이었다고 판단했다.

판사에 대한 형사처벌의 객관적 요건은 이후 판례에서 더욱 구체화되었다. 1995년 11월 16일 독일 대법원은 동독 대법원 판사에 대한 사건에서 명백하고 실질적인 인권침해, 참을 수 없는 과중한 처벌, 공정한 재판을 받을 권리에 대한 중대한 침해로 객관적 요건을 정리했다.[25]

이런 방식으로 독일 대법원은 동독 사법부에 대한 사건에서 과거 나치 전범재판 이후에 확립된 판결들과 명백히 결별했다. 또한 1950년대와 1960년대 나치 시대 검사와 판사들을 면책했던 법리에 제기됐던 비판을 공식적으로 인정하고 수용했다. 대법원은 현재의 적용 기준을 나치 정권 이후 법원이 적용했다면 나치 시대의 수많은 판사가 유죄판결을 받았으리라는 점도 인정했다. 대법원은 다음과 같이 밝혔다. "그렇게 하지 못한 것은 독일연방공화국 사법부의 '중대한 실패'였다."[26]

10장
특별법원의 판사들

권위주의 정권과 특별법원

민감한 사건을 다루고자 특별법원을 설립하는 일은 권위주의 국가에서 흔히 볼 수 있는 현상이다.[1] 일반법원이 더 큰 자율성을 가질수록 정권이 특별법원을 설립할 가능성이 높아진다. 정권이 법을 준수할 의지가 적을수록 특별법원의 관할권은 더 넓어진다.[2]

유엔의 「사법부 독립에 관한 기본원칙Basic Principles on the Independence of the Judiciary」 제5항은 다음과 같이 명시한다.

> 모든 사람은 법적 절차에 따라 일반법원 또는 재판소에서 재판받을 권리를 가진다. 일반법원 또는 재판소의 관할권을 대체하기 위한 목적으로 적법절차를 따르지 않는 재판소를 창설해서는 안 된다.

이러한 상황이 닥쳤을 때, 판사들이 임명 수락을 거부할 것으로 기대할 수 있는가 하는 문제가 제기될 수 있다. 유엔경제사회이사회는 1989년 "어떤 판사도 임명을 수락하거나 원칙에 맞지 않는 방식으로

행동해서는 안 된다"라고 선언했다.³

 헬무트 코잉은 1947년 발표한 판사의 책임에 관한 논문에서, 판사는 특별법원 참여를 거부할 도덕적 의무가 있다고 주장했다. 이를 거부하지 않는다면 그 판사는 후속 정권에서 다시 판사로 임용될 자격이 없으며 억압적 정권의 지배자들과 정치적 공모자가 된다는 것이다.⁴ 오토 키르히하이머는 악에 가담하는 정도를 측정하는 적절한 기준은 그 사람이 주요 공직을 자진하여 사양하는지라고 보았다. 이 기준에 따르면, 권위주의 정책의 시행과 강화를 위해 정권이 만들어낸 직위를 거부해야 마땅하다. 그러나 안타깝게도 키르히하이머가 지적한 바와 같이, 실제로는 "명예와 보상이 따르는 자리에는 그에 상응하는 곤경과 책임도 따른다는 것을 알면서도, 많은 사람이 스스로를 밀어붙이거나 또는 떠밀려서 그 자리로 가려는 치명적 성향을 보인다."⁵ 유감스럽게도 정권은 특별법원에 판사를 채워 넣는 데 큰 어려움을 겪지 않는 듯하다.

미 군사재판소와 특별법원

나치 특별법원과 인민법원 판사들은 전후 연합군에 의해 "2급 전범(활동가, 군국주의자, 부역자)"으로 분류됐다.⁶ 제2차 세계대전 직후 연합군은 특별법원과 인민법원 판사들도 활동가, 군국주의자, 부역자들과 마찬가지로 전범으로 취급해 조사해야 한다고 보았다. 그러나 정권이 설립한 특별법원 판사직을 수락했다는 사실만으로 판사들이 범죄자 취급을 받았다는 의미는 아니다. 이 분류는 개별 사건에서 반증될 여지가 있었다. 법조인 재판에서 검찰은 특별법원이나 인민법원에서 판사로 재직했다는 이유로 피고인들을 기소했으나, 단순히 그 사실만으로 유죄판결을 받은 사람은 없었다.

법조인 재판은 특별법원이나 인민법원에서 판사 또는 검사로 재직했던 여러 피고인을 다루었다. 공소장에 따르면 특별법원은 나치 정권에 반대하는 세력을 탄압하기 위한 공포정치를 조성할 목적으로 설립되었고 실제로 그렇게 운영됐으므로, 그곳에서 근무한 이력 자체가 전쟁범죄로 간주됐다. 특별법원은 독일 민간인과 점령지 주민을 구분하여 점령지 주민에게만 별도의 형법과 재판절차를 적용했는데, 이름과 달리 사법절차도 아니었으며 그와 유사하지도 않았다. 검찰은 모두진술에서, 기소의 틀을 다음과 같이 제시했다.

> 세 번째 부류는 인민법원, 특별법원, 계엄령 하에서 민간인을 재판한 군사법원에서 진행된 이른바 '재판'에서 비롯된 사건들이다. 이들 재판에서 일부 피고인은 정해진 절차 또는 실제로 집행된 절차를 통해 인류 보편의 도덕을 심각하게 훼손하는 형벌을 부과하고, 검사나 판사의 주관적 판단에만 근거해 유죄를 인정했다. 이러한 사례들은 단지 몇 가지 예에 불과하며, 이로 인해 다음과 같은 법적 결론이 도출된다. 즉, 해당 재판을 통해 유죄판결을 받은 이들은 사법절차를 가장한 살인 또는 불법 강제노역의 피해자들이다.[7]

이에 따르면 특별법원이나 인민법원 판사직을 수락하는 것 자체는 범죄가 아니지만, 검사 또는 판사로서 근무하는 것은 그 직위와 해당 법원의 특성상 불가피하게 범죄를 저지르는 일을 수반한다.

텔퍼드 테일러 수석검사의 말을 빌리면 다음과 같다.

> 피고인과 그 동료들은 정의와 법을 왜곡하고 변질시켜 마침내 독일에서 이를 완전히 전복시키는 데 성공했다. 그들은 법원 시스템을 독재의 필수적 요소로 만들었다. 그들은 히틀러 정권의 지시에만 복종하는 특별법원을 설립하고 운영했다. 그들은 사법부의 독립을 보여주는 모든 것을 폐지했다. 그들

은 법정에 출석한 사람들을 을러대고, 괴롭히고, 기본권을 부정했다. 그들이 실시한 "재판"은 끔찍한 희극이었고, 법절차는 그 흔적만 남은 채 불운한 희생자들을 조롱하는 도구로 이용됐다.[8]

그러나 군사재판소는 피고인들이 국제법을 위반했는지만을 심리했으며 헌법 차원의 제도적 보장이나 적법절차를 어겼는지에 관심을 두지 않았다. 또한 특별법원에서 근무한 것 자체를 범죄로 여긴 검찰 의견에 동의하지 않았다. 이는 특별법원 참여 혐의로 기소된 피고인들에 대한 판단에서 드러난다. 피고인 중 네 명은 인민법원 판사였고, 세 명은 특별법원 판사였으며, 네 명은 검사였다.

피고인들 중 가장 중요한 검사는 제국 검찰총장이던 에른스트 라우츠였다. 라우츠는 인민법원에서 주요 사건을 다수 처리했으나 인민법원의 수석검사로 활동했다는 이유만으로 유죄판결을 받지는 않았다.

피고인 로트아우크는 뉘른베르크 특별법원장을 지냈지만 그 자체가 유죄판결의 이유는 아니었다. 그는 재판의 진행과 관련해 유죄판결을 받았다. 군사재판소는 그를 "가학적이고 사악한 인물"로서, 문명화된 사법 시스템 아래에서라면 계획적인 악행으로 불의를 초래했다는 이유로 탄핵돼 공직에서 해임되거나 직권남용죄로 유죄판결을 받았을 사람이라고 평가했다. 군사재판소는 로트아우크가 진행한 사건 중 세 건을 검토한 후 다음과 같이 말했다.

증거에 따르면 이 재판들에는 적법성의 필수 요소가 결여됐음이 명백하다. 피고인이 진행한 재판들은 그가 사용한 법적 궤변과 관계없이 나치 국가 지도자들의 박해와 말살 프로그램의 도구에 불과했다. 피고인이 자신의 능력으로 말살할 수 있었던 사람의 숫자가 그가 섬겼던 지도자들이 감행한 대규모 박해와 학살의 희생자들보다 적다고 해서 그의 책임이 경감되지 않는다. 그의 행위는 오히려 더 끔찍하다. 마지막 피난처를 사법부에서 찾으려 했던 사람들로 하여금 오히려 사법부가 자신들을 외면하고 테러와 억압의 도구로 움직였음을 깨닫게 했기 때문이다.

로트아우크가 폴란드인과 유대인에 대해 잔인하고 차별적인 법을 적용한 개별 사례는 따로 떼어놓고 생각할 수 없다. 그에 대한 기소의 핵심은 그가 국가 차원의 인종 박해 프로그램에 적극 가담했다는 데 있다. 제출된 증거들은 그가 이 국가적 차원의 박해 프로그램과 자신을 동일시하고 그 성취에 전적으로 헌신했음을 보여준다. 그는 집단학살 범죄에 가담했다.[9]

피고인들 — 인민법원 검사 바르니켈, 인민법원 제4심판부 판사 네벨룽, 인민법원 제1심판부 참심위원이자 인민법원 특별심판부 참심위원이었던 페터슨은 모두 무죄판결을 받았다. 따라서 나치 특별법원의 판사직을 수락하고 그곳에서 근무했다는 사실 자체는 1945년 8월 8일 런던협정이나 연합국 「통제위원회법 제10호」에 따르면 범죄가 아니었다. 법치주의가 전면적으로 붕괴됐다는 사실 자체는 전범재판소의 관할권 밖이었다. 전범재판소가 범죄로 간주한 행위는 특별법원 판사라는 직위 자체가 아니라 개별 판사가 저지른 특정 행위였다. 나치 사법체계가 지난 일반적 특징에도 불구하고, 특별법원에서 외국인을 재판하는 것 자체가 반드시 전쟁범죄로 간주된 것은 아니었다. 만약 판사가 유대인과 폴란드인에게 법을 불공정하게 차별 적용하지 않았고 "밤과 안개" 작전에 관여하지 않았다면 특별법원 근무 자체는 곧바로 범죄로 연결되지 않았다.

노르웨이 대법원 역시 한스 파울 헬무트 라차Hans Paul Helmut Latza*에 대한 사건에서 같은 견해를 보였다.[10] 그는 특별법원 판사로 근무하면서 노르웨이 저항운동 대원들에게 사형을 선고했다는 이유로 하급

---

* 라차는 독일인으로 노르웨이 특별법원 재판장으로 활동했으며, 전후 노르웨이에서 전쟁범죄 혐의로 기소되었다.

심에서 살인죄의 유죄판결을 받았다. 판결은 대법원에서 파기되었다. 당연히 노르웨이 법원은 라차가 특별법원 판사직을 수락한 것 자체가 위법인지 여부를 심리하지 않았다. 당시 특별법원의 운영 자체는 전쟁범죄로 간주되지 않았다. 특별법원이 점령지 주민들을 적법한 재판절차의 보호 대상이 아니라고 간주했음에도 불구하고 내려진 결론이었다. 이러한 입장은 전후 점령지에서 독일인 판사와 검사를 상대로 이루어진 재판에서 일반적으로 나타난 경향이었다. 다만, 일부 특별법원 판사와 검사는 유죄판결을 받기도 했다.[11]

국내법에서는 이와 상황이 다르다. 국내 차원에서 중요한 것은 외국인에 대한 전쟁범죄를 다루는 국제법이 아니라 법치주의 파괴를 주된 목표로 삼은 통치자들에게 협력하고 이에 가담한 행위이다. 따라서 이러한 특정 목적을 염두에 두고 설립된 법원에 참여하거나 공직을 수락하는 행위는 별도의 기준에 따라 판단해야 한다.

나치 이후 특별법원에 대한 견해

전후 독일에서 나치 정권의 잔학행위에 기여한 판사들의 책임을 둘러싼 논의는 특정 법원에 근무한 이력보다는, 부당한 법의 적용에 초점을 맞추었다.[12] 이에 대해 카를 뢰벤슈타인은 1948년에 다음과 같이 말했다.

> 독일인의 사고방식에 익숙한 사람이라면, 인민법원과 특별법원의 부패한 판사들이 수많은 "정권의 적"에게 사형을 선고했다는 사실 때문에 살인죄로 기소될 것이라고 예상하지는 않았을 것이다.[13]

독일 판사와 변호사들 사이에서도 특별법원이나 인민법원 판사들을 처벌해야 한다는 강한 요구는 없었다. 사실 이러한 법원에서 근무했다는 사실 자체가 범죄로 간주됐다면 전후 대법원과 독일연방헌법재판소 재판관들까지 포함한 독일 판사 수백 명이 살인자로 낙인찍혔을 것이다.[14]

전후 독일에서 벌어진 논의에서 특별법원이나 인민법원 판사들은 특별히 형사책임을 져야 할 대상으로 지목되지 않았다. 학문적 논쟁은 일반법원 판사와 특별법원 판사 사이에 차이를 두지 않았으며, 단지 법을 준수하고 적용해야 하는 판사의 의무와 나치 실정법의 정당성에 대한 판사의 확신을 논의의 출발점으로 삼았다.

그러나 특별법원이나 인민법원 판사직을 수락해야 할 의무는 판사가 재판 과정에서 법을 적용해야 할 의무와 본질적으로 다르다. 판사직 수락 의무는 일반 시민에게 부과되는 다른 의무들과 다를 바 없다. 이는 판사가 사법기능을 수행해야 할 의무라기보다는, 상급자의 명령을 따를지 말지를 결정해야 하는 문제일 뿐이다.

실제로 많은 독일 판사가 특별법원 판사직을 거부하기로 결정했거나 사임을 요구받았으며, 이런 선택을 한 상당수 판사에게도 다양한 기회가 제공되었다.[15] 쇼른은 이 사실을 언급하며, 특별법원을 비롯한 나치 사법부 내에도 강직한 판사들이 적지 않았으며, 기본적 의무를 저버린 일부 판사들 탓에 모든 판사가 비난받아서는 안 된다고 주장했다. 이를 두고 키르히하이머는 다음과 같이 논평했다. "쇼른이 직접적으로 언급하지 않은 결론이 하나 있다. 만약 법조계가 침묵 속에서 파업을 강행해 대다수 판사들이 그러한 법정에서 일하기를 거부했다면, 그 파업은 정권을 곤혹스럽게 하고 국민 전체에 대한 정권의 위신을 떨어뜨렸을 것이다."[16]

초기 밀고자 사건에서 독일연방공화국 대법원은 인민법원을 사법적 형식을 갖춘, 불법 살인을 위한 테러 도구로 규정했지만,[17] 정작 인민법원 판사의 책임이 문제가 된 사건에서는 그렇게 판단하지 않았다. 인민법원 판사직 수행이 적법한지에 대한 최종 판단은 1968년 말 레제 사건에서 이루어졌다.

이 판결에서 대법원은 인민법원 판사들이 독립적이고 평등하며 오직 법에 구속된다고 밝혔다. 자신의 법적 신념을 따르는 것이 그들의 유일한 의무였다.[18] 따라서 인민법원에서 근무했을지라도 법적 신념의 범위를 벗어나 악의적인 의도를 가지고 판결한 경우에만 책임질 뿐, 인민법원에서 공직을 수락하고 근무하는 것 자체는 독일연방공화국의 사법부에 의해 단죄받을 일이 아니었다.

특별법원 참여가 범죄인가?

불법 정권이 수립한 특별법원에 참여한 행위는 정권의 권력장악·유지에 기여한 것으로 간주해야 한다. 점령 후 노르웨이 법원의 대응방식은 단지 외국 침략자가 권력을 장악한 경우에만 해당되는 것이 아니다. 보다 일반적인 차원에서 적용할 수 있다.

그러나 합법적인 정부가 점차 권위주의 정부로 바뀌어가는 상황에서 특별법원이 설립된 경우도 동일하게 봐야 하는지는 명확하지 않다. 정부가 치안을 유지하기 위해 내린 조치를 법원이 거부하거나 제대로 시행하지 못하면, 정부는 보다 협조적인 판사를 배치하거나 "더 전문화된" 판사로 이루어진 "더 효율적인" 특별법원을 설립하는 식으로 대응할 수도 있다. 설령 그런 치안 유지 목적으로 설립된 특별법원이라 하더라도, 합법적 정권이 설립한 법원의 판사직을 수락한 행위를 범죄로 규정하기는 어렵다. 법적 관점에서 볼 때, 전후 군사재판소와 독일 법원이 취한 태도는 합리적 해석으로 보인다. 즉, 특별법원 판사라는 직위 자체가 아니라, 판사가 내린 결정의 내용과 그 효과를 기준으로 유죄 여부를 평가해야 한다는 것이다.

그러나 윤리적 관점에서 볼 때, 정권이 사법체계를 비효율적이라고 판단하거나 사회 보호 필요성을 제대로 수용하지 않는다고 판단해 특정 조치를 취하는 경우, 특히 그 조치가 판사들과 공개적으로 대립하는 상황에서 이루어지는 경우에는 주의해야 한다. 이러한 상황에서 판사는 한편으로 제도와 규칙에 충실할 의무와 다른 한편으로 법치주의와 기본적 인권을 옹호해야 할 의무 중 하나를 선택해야 하는 상황이 벌어질 수 있음을 인지해야 한다. 그 선택에 개인적으로 책임져야 하며 "법"이나 정부에 책임을 전가할 수 없다는 점도 받아들여야 한다. 특히, 기존 판사들이나 일반법원으로는 법질서와 치안의 유지에 미흡하다는 정부의 판단에 따라 설립된 특별법원에 참여하기로 결정한 경우라면, 해당 판사는 그런 현실을 명확히 인지하고 그 직책을 맡았다는 점에서 더욱 개인적으로 책임을 져야 할 이유가 커진다.

많은 경우, 가장 신중한 대응은 임명을 거부하는 것이다. 이로 인해 정권이 법을 우회하거나 법원을 완전히 배제하려 할 수 있다. 그렇게 된다면, 향후 정권이 법적으로 정당성이 결여된 수단을 동원한 것으로 판명될 가능성이 높아지며, 노르웨이 대법원이 모어 사건에서 제시한 논리를 적용해 협력자들을 처벌할 수도 있게 될 것이다. 만약 반대로 정권이 어쩔 수 없이 기존 법원 체계를 활용하게 된다면, 기존 일반법원 체계를 통해 권위주의적 조치의 영향을 완화하는 데 도움이 될 것이다.

11장
사법적 억압의 정당화

판사가 명백하고 실질적인 인권침해에 가담하거나 직접 가해자가 되는 상황이 생길 수 있다. 그럼에도 불구하고, 판사를 기소하고 형사책임을 묻는 것이 언제나 정의롭다고 할 수는 없다. 앞서 살펴본 바와 같이, 판사는 법을 준수할 의무와 관련해 다양한 가치와 이념 사이에서 압박을 받게 된다. 정권을 지지하면서도 가능한 한 정의를 실현하기 위해 법원에 남을 것인지, 아니면 사임할지를 결정하기란 쉽지 않다. 공개적인 저항이 오히려 사법부의 조정자 역할을 약화시킬 수도 있기에, 법원이 억압적 조치를 완화하는 데 사용한 방식이 어느 정도나 정의 실현에 기여하는지 판단하기도 어렵다. 이러한 이유로 사법적 책임은 보다 명백한 기본권침해에 한정되어야 한다. 그러나 이 경우조차도 개별 판사의 형사책임을 면제할 만한 사정이 있을 수 있다. 이러한 사정은 「국제형사재판소에 관한 로마규정」 제30조 내지 제33조에 정한 일반 책임원칙에서 찾아볼 수 있다.

책임원칙에 따르면, 법원은 피고인이 저지른 범죄에 대해 개인적으로 비난 가능성이 있다고 판단하는 경우에만 형사처벌을 할 수 있다.[1] 이는 범죄의 구성요건인 고의intent와 인식knowledge의 존재 하에 범행이 이루어진 경우에만 책임이 인정됨을 의미한다(위 규정 제30조 제1항). 또한 제33조는 상급자의 명령에 따라 범죄를 저지른 경우, 그 명령이 명백히 불법적인 경우에는 책임을 면제하지 않는다. 반인도적 범죄와 집단학살은 그 자체로 명백히 불법이기 때문에 상급자의 명령이 있다고 해서 형사책임을 면할 수 없다. 피고인이 사실의 착오를 범한 경우 위 규정 제32조에 따라 책임이 면제될 수 있다. 그러나 법률의 착오는 일반적으로 형사책임을 면제하는 사유가 되지 않는다. 다만 그와 같은 법률의 착오로 인해 "해당 범죄에 요구되는 심리 요소, 즉 고의와 인식이 결여된 경우" 책임이 면제될 수 있으나, 피고인이 해당 행위가 불법임을 알았어야 하는 경우라면 면제가 아닌 감경사유일 뿐이다.²* 제31조 제1항 d에 따르면 "본인이나 제3자에 대한 급박한 사망 또는 지속적이거나 급박하고도 심각한 신체적 위해의 위협으로 강요 duress된 경우, 그리고 이러한 위협을 피하기 위해 불가피하고 합리적으로 행동한 경우"에 책임이 면제된다. 다만 그때에도 피하고자 하는 것보다 더 큰 위해를 초래할 의도가 없었어야 한다.

범죄의 고의

에일리프센 사건

범죄자를 처벌하기 위해서는 단순히 범죄를 저질렀다는 사실만으로는 충분하지 않다. 피고인에게 범죄의 의도, 즉 고의가 있었다는 사실도 입증해야 한다. 전범재판소는 고의의 요건을 다음과 같이 표현했다.

---

* 다만, 국제형사재판소 규정 자체가 별도의 감경사유를 정하고 있지는 않다.

국제법의 영역에서 적용되는 이 원칙은 피고인이 자신의 행위가—국제적으로 중대한 문제와 관련해, 인류의 도덕감정에 충격을 주는—국가가 행한 불의와 박해 시스템에 가담한 행위로서 유죄임을 알았거나 알 수 있었어야 한다는 점을 증명할 것을 요구한다. 또한 그가 적발될 경우 처벌받을 수 있음을 알았거나 알 수 있었어야 한다는 사실도 증명해야 한다. 「통제위원회법」에 이 기존 관습을 성문화한 것인지 아니면 실질적인 입법인지를 떠나서 동법 제10호에 따라 처벌되는 행위를 한 사람은 자신의 행위로 말미암아 처벌받으리라는 사실을 몰랐다고 주장할 수 없다. 그 행위가 처벌될 수 있음은 이미 국제 문제에서 사용할 수 있는 유일한 수단, 즉 독일과 전쟁 중인 국가의 엄숙한 경고에 따라 반복적으로 통지됐다. 피고인들은 1943년 10월 30일 모스크바에서 연합국이 발표한 명시적인 선언을 통해 신속한 처벌을 경고받았을 뿐 아니라 제2차 세계대전 이전부터 이에 관한 개인 책임의 원칙이 인정돼 왔기 때문에 자신의 행위에 책임이 없다고 주장할 수 없다.[3]

고의의 요건은 사법적 탄압의 특정 행위에 적용될 때 더욱 구체적이어야 한다. 이 경우 판사는 자신이 조직적인 불의의 체제에 가담할 뿐만 아니라 자신이 내린 판결이 불법이며 법이 금지하는 결과를 초래할 가능성이 있다는 사실을 인지해야 한다. 노르웨이의 다음 사례가 이를 잘 보여준다. 특별법원에서 군나르 에일리프센Gunnar Eilifsen을 재판했던 두 명의 노르웨이 판사들에 대한 재판이다.[4] 1943년 8월 경찰관 다섯 명은 나치 당국의 집결노동 명령을 어긴 여성 세 명을 체포하라는 상부 명령을 거부했다. 에일리프센 총경은 부하들의 행동을 두둔했으며 이 사실이 제국판무관 테르보벤에게 보고됐다. 테르보벤은 본보기로 삼기 위해 에일리프센에게 사형을 선고할 것을 요구했다. 이를 위해 퀴슬링은 에일리프센을 사형에 처할 수 있도록 소급효를 인정하는 법안에 서명하고 이를 담당할 특별법원을 설립했다.

법원은 세 명으로 구성됐다. 대법원 판사 에길 레이크보른 세네루드Egil Reichborn Kjennerud, 국가경찰청장 카를 마르틴센Karl Martinsen, 법무부 질서경찰국장 에길 잉그바르 올비에른Egil Yngvar Olbjørn이다. 재판부는 법무부장관과 경찰청장으로부터, 에일리프센에게 사형을 선고해달라는 요구와 함께 이후 퀴슬링이 징역형으로 감형할 예정이라는 말을 들었다.

그럼에도 레이크보른 세네루드와 올비에른은 에일리프센에게 징역형 선고 의견을 냈다. 판결문이 법무부장관에게 전달되자 장관과 경찰청장은 격분하며 법원에 형량을 재고하라고 요구했다. 두 판사는 사형선고를 하지 않으면 에일리프센과 함께 총살당할 것이라는 협박과 함께 사형 선고를 하면 에일리프센은 바로 사면될 예정이라는 확언을 들었다. 재판이 재개됐고 올비에른이 압력에 굴복해 결국 2 대 1로 사형선고가 내려졌다. 그러나 에일리프센은 감형되거나 사면되지 않았고, 선고 당일 늦은 밤 사형이 집행됐다.

이후 올비에른에 대한 재판에서 1심 법원은 특별법원에 참여한 행위 자체가 부역죄에 해당하는 형사범죄라고 판단했다. 따라서 해당 재판절차 자체가 불법이었고 올비에른은 살인방조 혐의로 기소됐다. 하지만 대법원은 에일리프센이 곧 사면되리라는 말을 올비에른이 들었기 때문에 그의 판결에 고의가 없어 살인죄로 처벌할 수 없다고 판단했다. 다만 올비레른이 약속을 신뢰한 것을 과실로 인정해 과실치사죄로 유죄판결을 선고했다.

법의 부지

판사에 대한 처벌에서 기본적인 장애물은 범죄행위를 입증하는 것이 아니라 유죄로 처벌될 줄 알면서도 했다는 사실, 즉 고의를 증명하는 것이다. 이때 문제는 자신이 충성을 바치는 정부를 위해 의도적으로 법을 무시하는 판사가 아니다. 앞서 언급했듯이, 우리가 고민해야 할 것은 "괴물"이 아니라 좋은 판사들이며 그들에게 어느 정도까지 책임을 물을 수 있는지에 관한 것이다.

법치주의의 기본요소를 훼손한 많은 사례는 특별한 악의 없이 법에 따라 직무를 수행한 정직한 판사들이 저지른 일이다. 남아프리카공화국 아파르트헤이트 정권에서 활동한 고위 판사들의 말을 빌리자면 다음과 같다.

> 공공에 널리 알려진 사건들 중에는 직무선서를 위반하지 않고도 충분히 합법적으로 다른 결정을 내릴 수 있었으리라고 볼 만한 사건들이 상당수 있었다. 많은 사람을 더욱 실망하게 만든 것은 그와 같은 판결 중에서 대법원이 내린 판결들이었다. 그러나 그렇다고 해서 판사들이 단순히 정부의 비위를 맞추기 위해, 혹은 자신의 이념적 확신에 치우쳐서, 자신의 결론이 옳지 않음을 알면서도 악의적으로 그렇게 했다고 단정할 수 없다. 그들이 알고도 그리했다는 주장은 매우 중대한 주장으로서 명확한 증거로 뒷받침돼야 한다.[5]

라드브루흐는 유명한 논문인 '법형식의 불법과 초법적 법'에서 "법실증주의적 이해 속에서 교육 받은 사람이 당시 체제의 법률을 구속력 있는 법으로 받아들인 것을 비난할 수 있는가?"라는 질문을 제기했다. 그는 그 질문에 스스로 답하지 않고 답변을 공론장에 던져두었다. 판사들이 정의를 훼손했을지는 모르지만 그들의 부지가 그들을 면책할 수 있다는 것이다. 이후 저작에서 그는 다른 대안이 있음을 알지 못한 채 법을 적용해 악행을 저지른 판사들을 면책할 수밖에 없음을 법실증주의적 관점에서 좀 더 정교하게 설명했다.[6]

헬무트 코잉은 조금 다른 견해를 내놓았다. 그는 라드브루흐의 글을 언급하면서, 독일 판사들이 나치 치하에서 직면한 상황에 대해 미처 준비되지 않았으며, 국가가 정의 개념에 심각하게 모순되는 법을 적용하도록 요구할 때 그에 맞설 수 있는 도구를 법이론이 제공하지 않았다고 강조했다. 그는 특정 법이론을 비판하는 대신, 실제 법률 및 기타 명령을 판단할 수 있는 법적 심사제도와 기준의 부재를 문제의 원인으로 지적했다. 코잉은 법률을 심사할 수 있는 사법심사 도구와 기준이 없었기 때문에, 판사들이 저항할 수 없었다는 점을 면책사유로 제시했다. 즉, 저항할 수 있는 도구가 없었기 때문에 저항을 기대할 수 없었다는 논리이다.

나치 시대 독일법의 변모에 대한 설명으로 법실증주의의 중요성은 라드브루흐와 그의 추종자들에 의해 과대평가되었다.7 이론적 약점에도 불구하고 법실증주의는 전후 독일 법이론과 이해에서 확립된 설명으로 자리 잡았다. 물론 어떤 요인을 설명으로 사용하는 것과 변명으로 사용하는 것에는 큰 차이가 있다. 훔친 물건에 대한 욕망과 충동 조절의 미흡으로 범죄자의 행위를 설명할 수는 있지만, 그것을 변명으로 받아들이는 사람은 거의 없으며 실제 정당화되지도 않는다.

나치 시대에도 "인민에게 충실했던" 판사들을 옹호한 논문에서 후베르트 쇼른은 법실증주의를 하나의 변명으로 들었다. 그는 "법의 적용과 평가에 대한 전통적인 접근방식이 민족사회주의에 대한 사법부의 태도에 영향을 미치지 않았다고 할 수 없다"라고 말한다.8 그는 대부분의 판사들이 법철학을 제대로 배우지 못했으며 동시에 그들이 가졌던 입법부에 대한 태도 때문에 민족사회주의에 우호적이었다고 주장한다. 판사들은 나치 법을 법의 일반원칙과 법치주의에 비추어 평가할 만한 능력을 갖추지 못했다. 그에 따르면 많은 판사가 제정된 법률이 곧 법의 표현이며 따라서 이를 따라야 할 의무가 있다고 믿었기에 나치 법률을 적용했다.9

쇼른은 여러 쪽에 걸쳐 법실증주의 이론 및 국가와 입법자의 정당성 사이에 존재하는 다양한 이론적·실제적 관계를 설명한 후 다음과 같은 결론을 이끌어낸다. "민족사회주의 형법을 적용한 많은 판사가 선의의 항변, 즉 그들은 법이라고 생각했던 바를 적용하는 것이 정당하다고 믿었다는 점을 누구도 부인할 수 없다."[10]

남아프리카공화국 판사들이 아파르트헤이트 체제의 법에서도 덜 억압적인 결론을 정당하게 끌어냈던 사례들을 언급하는 데 반해, 라드브루흐와 쇼른은 체제 내에서 판사에게 선택이나 재량의 여지가 전혀 없었던 것처럼 문제를 다룬다. 이것은 합법적 대안을 가졌던 판사는 무조건 처벌해야 한다고 그들이 생각했음을 의미하지는 않지만, 더욱 엄격한 기준을 설정했음을 의미한다. 즉, 체제의 정당성을 부정하지 않고서는 범법자가 되지 않을 수 없는 상황에 처한 판사에게 고의가 인정될 수 있다면, 체제 내에서 규칙을 지키면서도 범법자가 되지 않을 대안을 가졌던 판사에게는 더더욱 고의가 인정될 수밖에 없다는 논리이다. 이는 또한 판례에 구속되는 하급법원 판사보다 법 형성의 재량이 많은 대법원 판사의 책임을 묻는 편이 더 쉬운 이유가 된다.

남아프리카공화국 판사들이나 라드브루흐와 쇼른 모두 언급하지 않은 사실이 있다. 일반적으로 법률의 착오, 즉 법에 대한 부지나 착오는 형사책임 면제사유가 되지 않는다는 점, 그리고 법실증주의의 오류가 최소한 법률의 착오인지 사실의 착오인지를 논의해봐야 한다는 점이다. 예를 들어 판사가 인신보호영장 청구를 기각하면 청구인이 고문당하거나 강제수용소에 수감되리라는 사실을 알지 못했다면, 그는 고문과 살인에 대한 고의가 있었다고 하기 힘들다. 그러나 판사가 그 사실을 알고 있었음에도 영장 청구를 기각하는 것이 법이라고 믿고 청구인의 권리를 명백하고 실질적으로 침해하는 법을 적용하지 않을 의무가 자신에게 있다는 사실을 알지 못했던 경우에, 판사를 처벌할 수 있는지가 문제이다. 많은 나라에서 법에 대한 무지나 오해는 그 오해가 정당화될 수 있는 경우가 아니라면 고의의 성립을 배제하지 않는다.

노르웨이 법원은 퀴슬링 정권의 법원에서 판사직을 수락한 행위가 법실증주의의 오류에서 비롯됐으며 동시에 자신은 법률을 성실하게 집행한다고 믿었다는 주장을 항변으로 인정하지 않았다. 퀴슬링 정권의 대법원 판사직을 수락한 아른비 바스보텐Arnvid Vassbotten 사건에서 재판부는 다음과 같이 판시했다.

> 피고인은 법률가라는 직업상 점령 상황에 대해 자신이 특별히 잘 알고 있다고 생각해서 국제법에 대한 교묘한 해석을 빌미로 자신의 행동 전반을 결정했다.
> 피고인은 노르웨이 국민이 독일 점령자들에게 협력해서 정부를 지속시킬 의무가 있다는 형식적 법해석과 국제법상 정부 관리로서 독일인에 대한 의무를 검토한 끝에 자신의 처신을 결정했으며 피고인이 내린 1941년 2월 10일 대법원 판결 역시 마찬가지이다.
> 피고인의 말을 살짝 바꿔 보면, 법적 사고와 냉정한 고려가 그의 애국심과 통찰력을 어떻게 방해하고 어둡게 했는지 실망스러울 따름이다.
> 점령군의 권력과 법적 지위에 대한 피고인의 생각에 따르면, 자신은 명예로운 동기에서 행동했으며, 조국을 배신한 다른 많은 이와 마찬가지로, 적을 도울 직접적인 의도는 없었다는 것이다.
> 그러나 그는 무엇이 국가에 가장 이로운지에 대해 자신의 사적 판단에 의존했고, 정당한 국가 권위에 대한 충성과 복종을 완전히 망각하거나 무시했다. 그것이야말로 그가 공무원으로서 특별히 헌신했어야 할 대상이었음에도 말이다.[11]

이와 같이, 재판부는 바스보텐이 비난받을 만한 동기가 아니라 법에 대한 신념과 자신에게 복종의무가 있다고 믿는 바에 따라 행동했다는 점을 인정했다. 그럼에도 그의 잘못된 신념은 형사책임에 대한 면책사유가 되지 못했다. 반면 바스보텐과 독일 판사들 사이에는 차이가 있다. 바스보텐은 노르웨이에서 소수에 불과했지만, 나치 정권에 대한 의무를 확신했던 독일 판사들은 법조계에서 절대 다수를 차지했다.

초기에는, 판사가 아닌 다른 직업군에 대한 사건에서 독일 법원도 법률의 착오를 형사 면책사유로 인정하지 않았다. 안락사 사건 피고인 중 상당수는 1939년 히틀러의 비밀명령을 핑계로 내세웠다. 이 명령으로 자신들의 행위는 합법적이었다고, 적어도 합법적이라고 믿었으므로 처벌될 수는 없다고 주장했다. 그러나 법원은 사회적 유용성을 이유로 무방비한 사람들을 살해하기로 한 결정은 정의의 어떤 핵심관념에도 위배된다는 이유로 피고인들의 주장을 기각하고, 히틀러의 명령이 합법적이라고 믿었다는 주장도 받아들이지 않았다.

그러나 1950년대 초반부터 법률의 착오를 다루는 방식이 변화하면서, 법률의 착오가 피고인의 형사적 고의를 부정하는 근거가 될 수 있으며, 그럴 경우 면책사유가 될 수 있음이 인정되었다. 그러한 변화는 안락사 사건에 대한 법원의 견해를 바꾸기 시작했다. 일부 판사들은 안락사에 대한 사회의 시각이 시대에 따라 달라졌으며, 안락사는 세네카, 토마스 모어, 마틴 루터와 같은 권위자들에 의해 옹호된 바 있으므로, 안락사에 대한 현재의 관점이 자명하지 않다고 주장했다. 이러한 논거에서, 법원은 특히 아동 안락사 사건에서 의사에게 제기된 살인 혐의에 대해 무죄를 선고하기 시작했다.[12]

판사들은 의사들보다 더욱 관대하게 다루어졌다. 법원은 법을 수호하기 위한 신념에서 행동했다는 판사들 주장의 합리성을 의심하지 않았다. 레제 사건에서 독일 대법원은 판사가 사형 선고를 내린 경우, 악의적인 동기에서 비롯되었음이 입증된 경우에만 처벌할 수 있다고 밝혔다.[13] 한스 요아힘 레제Hans-Joachim Rehse는 인민법원 판사였다. 텔퍼드 테일러의 표현대로, "나치의 가장 악명 높은 사법창작물인" 인민법원에 근무하면서[14] 그는 다수 사건에서 롤란트 프라이슬러와 함께 참여해 사형을 선고했다. 판사는 각자 자기 판결에 개별적인 책임을 지며 자기 책임으로 판결을 내려야 한다고, 대법원은 정확하게 명시했다. 프라이슬러가 위협적인 인물이었지만 그렇다 해도 레제는 자신의 행위에 대한 책임을 면할 수 없다.

대법원은 인민법원의 유죄판결 근거가 합법적인지 따로 검토하지 않았으며, 이를 기정사실로 받아들인 듯하다. 따라서 인민법원의 주요 업무가 "오로지 그때그때 협박을 가할 필요성만으로, 범죄의 다양한 경중을 무시하고 가장 심각한 범죄뿐만 아니라 가장 경미한 범죄에 대해서도 동일한 형벌, 종종 사형으로 위협하는" 법들을 집행하는 것이었음을 감안할 때, 대법원은 1946년 라드브루흐가 그의 글에서 제시한 의견을 수용하지 않은 듯 보인다.[15] 그러나 실제로는 이 문제가 그렇게 큰 영향을 미치지는 않았을지도 모른다. 대법원의 입장에 따르면, 사법부의 독립을 훼손하지 않고 관련 없는 요소를 고려하는 일 없이 적법한 방법으로 직무를 수행한 판사에게는 범죄의 고의가 인정되지 않는다. 다만 대법원에 따르면 이러한 기준을 기꺼이 그리고 의도적으로 벗어난 판사는 직권남용죄로 처벌받을 수 있으며, 라드브루흐에 따르면 피고인에 대한 살인, 불법감금 등의 범죄를 저지른 것으로 처벌할 수 있다. 그러나 두 가지 입장 모두, 자신의 직무범위 내에서 충실히 법을 적용한 경우에는 그 법이 아무리 부당하더라도 형사제재를 받지 않는다는 결론에 도달한다. 이것이 전후 서독 법원의 접근방식이었던 것으로 보인다. 나치 시대에 내린 판결로 처벌을 받은 판사가 거의 없었기 때문이다.

법을 오용하거나 법 외의 목적으로 범죄를 저지르려는 의도가 있었음을 검사가 입증하기란 어려운 일이다. 이러한 요건은 판사가 가장 억압적인 법을 적용하지 않을 의무가 있다는 전제를 형사법의 영역에서 논의하는 것을 무의미하게 만든다. 이 기준에 따르면 어느 누구도 부인할 수 없는 사악한 의도가 인정된 판사만이 처벌될 수 있다. 심지어 억압적인 정권의 사악한 목표를 끝까지 추구한 광신자조차도 자신이 법의 범위 내에서 사법기능을 충실히 수행한다고 믿었다면 무죄를 선고받게 된다.

그런데 동독의 판사와 검사들에 대한 재판에서 독일 대법원은 정권에 순종하고 충성했기 때문에 자기 행위가 합법적이라고 믿은 검사나 판사는 법률의 착오에 해당할 수 있으나, 어떠한 경우에도 그러한 착오는 형사상 책임 면책이나 감경사유가 될 수 없다고 밝혔다.[16]

1995년 동독 대법원 판사에 대한 재판에서 피고인은 범죄와 비교하여 지나치게 형평성을 잃은 과중한 처벌을 내린 혐의로 기소됐다. 피고인도 선고 당시에 형벌이 지나치다고 생각했지만 다수의견에 따랐다. 독일 대법원은, 형벌이 과중하다고 피고인이 느꼈다는 이유만으로는 당시 동료 판사들이 명백하고 실질적인 인권침해 금지 의무를 위반했음을 알았다고 단정할 수 없다고 판단했다. 그러나 대법원은 실제로 알았는지와 상관없이 판사를 처벌할 수 있다고 보았다. 독일 대법원의 판단을 인용하면 다음과 같다.

> 의무 위반을 객관적으로 입증하기 위해서는 특히 엄격한 요건이 충족돼야 하며 그에 따라 그 의무 위반은 명백히 중대하고 의도적인 인권침해로 한정되는 점을 고려할 때, 전문직인 판사가 자신이 내린 판결의 명백한 위법성을 보지 못한다는 것은 상상할 수 없는 일이다.[17]

대법원은 어떤 사건에서는 절차상 하자가 있었고, 어떤 재판은 정의 구현보다는 피고인을 무력화시켜서 억지하려는 목적으로 재판의 형식만 빌린 절차라는 의혹에서 자유롭지 못했다는 점을 지적했는데,

이러한 요소들 또한 범죄의 고의를 인정하는 데 반영됐다.

'법조인 재판'에서 미 군사재판소는 피고인들이 인류의 도덕감정에 충격을 주는 국가적 불의와 박해 시스템에 가담했다는 사실과 적발될 경우 처벌받을 것임을 이미 알았거나 알았어야 했다는 것이 유죄판결을 내리기 위한 조건이라고 인정했다. 그러나 재판소는 나치 사법부가 저지른 행위의 불법성을 몰랐다는 항변은 면책사유로 인정하지 않았다.[18] 군사재판소는 국제법에 대해 피고인들이 얼마나 알았는지, 연합국이 그들을 재판에 회부한 의도가 무엇인지를 실제로 알고 있었는지를 묻지 않았다. 만약 이러한 지식이 고의의 성립요건 중 일부였다면 그에 대한 조사가 필요했을 터이다. 미 군사재판소 판결 이후 현재에는, 전쟁범죄와 반인도적 범죄가 국제법에 따라 처벌 대상이라는 점, 국내법으로는 합법적이었다는 주장이 변명으로 통하지 않는다는 점을 알았는지가 범죄의 고의를 인정하는 데 필수 요건이 아니다.

강요

고의와 관련된 또 다른 항변은 판사가 강압에 시달렸으며 심각한 제재에 대한 두려움으로 판결하게 됐다는 주장이다. 판사가 단지 판사로서 마땅히 해야 할 일을 했을 뿐이라는 생각으로 판결했다면 그에게는 범죄의 고의가 없었을 가능성이 있다. 그러나 두려움 때문에 판결을 내렸다면 이는 법외의 동기에 영향을 받은 것이 된다. 이 경우 그의 결정은 더 이상 사법적 판단이 아니라, 오로지 사실과 법에 근거해 사건을 판단해야 할 의무를 고의로 위반한 행위가 된다. 그렇다면 만약 그가 자신의 목숨을 잃게 될 두려움 때문에 그렇게 판결했다고 증명할 수 있다면 처벌이 면제되는가?

외압 항변은 1946년 라드브루흐도 제기했다. 하지만 이러한 외압 항변은 전후 독일의 사법적 책임에 대한 논의 과정에서 일부 법학자들로부터 반박을 받았다. 쿠르트 오플러Kurt Oppler는 1947년 논문에서 독일 판사들은 실제로 강압을 받은 적도 없고 생명이나 직위에 위협을 받지 않았다고 지적했다. 판사들이 당의 뜻을 따르지 않았지만 직위를 유지했던 많은 사례가 이를 증명한다.[19] 전후 독일에서 재판을 받은 판사 중 외압 항변을 주장한 판사는 한 명도 없었다. 로베르트 피게Robert Figge는 강압을 이유로 판사를 면책하는 것에 원칙적 반론을 제기했다.[20] 그는 군인, 경찰, 소방관, 선원 등 직무 수행 중 목숨까지 희생해야 하는 직업이 몇몇 있음을 지적하며, 판사도 마찬가지로 법과 정의를 지키기 위해 직업과 심지어 목숨까지 희생해야 할 의무가 있다고 주장했다. 그렇다면 강압에 대한 두려움은 판사에게 법적 면책 항변일 수 없다. 판사는 정의를 수호하되 필요하면 목숨을 바쳐서라도 이를 지킬 의무가 있다.

이는 가혹한 요구처럼 보일지도 모른다. 그러나 이와 같은 관점이 실제로 특정 판결을 하도록 협박받은 사례에서 적용된 바 있다. 노르웨이의 에일리프센 사건에서 특별법원 판사들은 재판에 참여하도록 강요받았을 뿐 아니라 사형을 선고하지 않으면 판사들 역시 독일군에게 총살당하리라는 협박까지 받았다. 그러나 법원은 이와 같은 강압 항변을 인정하지 않았다. 판사가 처형 위협으로부터 벗어나기 위해 다른 사람의 생명을 위험에 빠뜨릴 권리가 없다는 이유에서였다.[21] 나아가 법원은 단순히 사형 선고를 거부했다는 이유로 독일군이 노르웨이 판사를 처형할 가능성도 실제로는 거의 없었다고 판단했다.

한나 아렌트는 명령을 따르는 것과 거부하는 것 사이에서, 비록 거부한 결과가 가혹한 처벌로 이어지더라도 당사자는 이를 자유롭게 선택할 수 있다고 주장한다. "누군가 당신에게 총을 겨누며 '친구를 죽이지 않으면 죽여버리겠다'라고 말하는 것은 단지 유혹하는 것일 뿐이다."22 악행을 선택한다는 것은 단순히 그 자신이 고통을 당했다기보다 스스로 그 악행을 더 선호함을 의미하며, 이는 강제로 무언가를 강요받는 것과는 다른 의미라는 말이다.

그럼에도 법은 종종 총구로 위협받는 상황에서 내린 선택에 면죄부를 준다. 이는 때때로 강요, 또는 긴급피난 원리에 따라 정당화된다. 즉, 하나의 이익을 포기함으로써 다른 이익이나 선을 구할 필요성이 인정된다. 이것은 자신을 구하려는 경우에도 적용된다. 예를 들어 혹독한 겨울 폭풍을 피하기 위해 산속 오두막에 무단으로 침입하는 상황이 여기에 해당한다.

국제형사재판소 규정 제31조 제1항 d에 따르면 강요가 면책사유로 인정되기 위해서는 본인이나 제3자에 대한 급박한 사망 또는 지속적이거나 급박하고도 심각한 신체적 위협이 존재해야 한다. 에일리프센 사건에서 보았듯이 판사의 경우 이에 해당하는 경우는 거의 없다. 또 하나의 요건은 위협을 피하기 위해 합리적으로 행동했으며 피하고자 하는 것(위해)보다 더 큰 해를 끼칠 의도가 없어야 한다는 것이다. 이 항변은 항상 이해관계의 형량을 요구하며 얻는 이익이 포기하는 이익보다 커야 한다. 이러한 이유로, 자신을 구하기 위해 타인의 권리를 실질적이고 명백하게 침해하는 중대한 행위를 하는 것은 절대 허용돼서는 안 된다. 심각한 신변 위험은 형량을 줄이는 참작사유로 고려할 수 있지만 무죄판결의 사유가 될 수는 없다. 이는 많은 국가의 일반 형법 원칙과도 부합한다고 본다.

토론

이러한 논의를 종합하면, 인권을 명백하고 실질적으로 침해하는 판결을 내린 판사에게 책임을 물을 때, 해당 판결이 범죄가 될 수 있음을 몰랐다는 주장은 적절한 항변이나 방어가 될 수 없다는 결론에 이른다. 이는 국제법에서 확립된 원칙이며, 많은 국가의 형법에서도 법률의 부지不知를 동일한 방식으로 다룬다. 그런데 아이러니하게도 전후 독일의 나치 재판에서는 법을 누구보다 깊이 이해했으리라 기대된 사람들이 정작 법을 몰랐다는 이유로 가장 관대한 처우를 받았다. 전반적으로 법원은 변호사, 의사, 군 장교 등 사회 상류계층의 범죄를 하류계층의 범죄보다 더 관대하게 다루는 경향이 있으나, 판사들에 대한 처우는 그에 비추어도 예외적으로 더욱 관대했다.[23]

판사를 특별대우하여 다른 이들과 유사한 범죄 혐의로 기소되었을 때 법률의 부지不知 항변을 더 넓게 허용할 근거는 거의 없다. 노르웨이 대법원은 오히려 그와 반대되는 판단을 내렸다. 점령 이전에 임명된 판사들이 집단 사임한 후, 후임 대법원장직을 수락한 모어 판사에 대한 재판에서 "피고인 정도의 법학 교육을 받고 판사로 일해 온 사람이라면 점령세력이 피점령국의 국제법상 방어수단을 침해하고 있다는 사실을 명확히 인식해야 했다"라고 명시했다.[24] 독일의 논의와 달리 오히려 판사에게는 더 엄격한 기준을 요구해야 하며, 그 기준을 낮춰서는 안된다는 판단이다. 판사들이 억압적인 정권 아래에서 경력이나 직업을 잃거나 심지어 개인의 안전까지 위협받을 수 있다는 두려움 때문에 그처럼 행동했다는 말은 정당한 변명이 될 수 없다. 독재정권에서는 많은 이들이 두려움 속에서도 행동에 나선다. 판사들 역시 악한 행위에 대해 책임을 져야 한다.

12장
'판사에 대한 특별면책?'

의무와 명령

독일 정치가이자 법학자인 구스타프 라드브루흐는 1946년에 발표한 유명한 논문 '성문화된 불법statutory lawlessness'에서 "명령은 명령이다"와 "법은 법이다"라는 슬로건을 비교하며, 나치 정권이 수하들의 충성을 확보하기 위해 이 두 가지 슬로건을 모두 활용했다고 서술했다. 그러나 군인의 복종은 반드시 절대적인 것으로 간주되지 않는데, 실제 어떤 명령은 불법일 수 있기 때문이다. 반면, 법실증주의는 법의 요구에 한계가 없음을 전제한다. 라드브루흐에 따르면 이러한 법적 사고방식이 당시 지배적이었으며, 그 결과 법조계는 나치 앞에서 무방비 상태에 놓이게 되었다는 것이다.

어쩌면 법을 따랐을 뿐이라는 변명은, 더 일반적인 '명령을 따른 것이다'라는 변명의 법조인적 변형이라고 주장할 수도 있을 것이다. 그러나 이 변명은 뉘른베르크 전범재판에서 인정되지 않았다. 뉘른베르크 헌장 제8조는 "피고인이 정부 명령에 따라 움직였다는 사실만으로 책임에서 자유로울 수 없다"라고 명시했다. 주요 전범재판에서 군사재판소는 이를 구체적으로 다음과 같이 해석했다.

> 이 조항은 모든 국가의 법과 부합한다. 군인이 전쟁법 위반행위에 해당하는 살해나 고문을 명령받았다는 사실이 그러한 잔혹행위에 대한 항변으로 인정된 적은 없다. 다만 이 헌장이 규정하는 바와 같이 그 명령의 존재는 형량 감경사유로 고려될 수 있다. 진정한 판단기준은, 대부분 국가의 형법에서 정도 차이는 있지만 공통의 원칙으로 나타나듯, 명령의 존재 여부가 아니라 도덕적 선택이 실제로 가능했는지다.[1]

"도덕적 선택이 실제로 가능했는지"라는 표현은 해석의 여지가 있다. 한 가지 해석은, 명령 자체는 면책사유가 될 수 없지만 피고인이 명령에 따라 행동했다는 사실이 그에게 범죄의 고의가 있었는지를 판단하는 요소 중 하나로 고려될 수 있다는 것이다. 하지만 중대한 범죄의 경우, 법률의 착오는—그러한 착오가 명령이나 기타 상황으로 발생했는지와 무관하게—범죄의 고의를 부인하는 사유가 될 수 없다.

일반적으로 상급자의 명령에 따라 행동했음에도 비난받아야 하는 상황에서 단지 판사라는 이유만으로 '법을 따랐을 뿐'이라는 항변을 허용해야 하는가? 아니면 판사의 항변 역시 상급자의 명령에 따랐을 뿐이라는 항변과 동일하게 해석해야 하는가? 오토 키르히하이머는 명령과 관련하여 군인과 판사의 근본적 차이점을 지적한다. 군인과 판사 모두 충성을 다해야 하지만 그 대상이 다르다. 군인은 명령체계에 충성해야 하는 반면, 판사는 법의 명령에 충성해야 한다.[2] 법은 명령체계가 아니다. 판사는 군인과 달리 법의 내용을 결정할 때 자신의 재량을 행사할 것으로 기대된다. 이러한 차이는 어떤 측면에서 판사가 군인보다 덜 위태로운 상황임을 의미한다. 판사는 맹목적인 복종을 요구받지 않으며 다른 법적 견해에 반대할 수도 있다. 그러나 판사가 이처럼 일정한 자유와 선택권을 가지는 만큼, 그에게 요구되는 충성의 정도는 오히려 더 클 수도 있다. 이러한 논의는 사법면책의 핵심 문제로 이어진다. 법에 따라 판결을 내리는 판사가 그 판결 결과로부터 면책돼야 하는가?

독일 사법관계자들에 대한 연합국 전범재판에서 독일 점령지에서 활동한 판사들 일부가 피고인으로 기소되었다. 이들은 점령지 주민들에게 간첩 또는 폭행 등 혐의로 유죄 선고를 내렸다는 사유로 재판받았고, 이 과정에서 피고인들은 사법면책을 항변으로 내세웠다. 항변의 핵심 논지는 국제법상 점령국의 권리에 따라 재판과 유죄판결이 이루어졌으므로 자신들은 책임이 없다는 것이다. 군사재판소는 피해자가 공정한 재판을 받았다고 보이는 경우에만 이 항변을 인정했다.[3] 실제로는 많은 국가의 전범재판에서 판사들은 공정한 재판을 받을 권리를 침해한 혐의로 유죄판결을 받았다. 유엔 전범위원회는 다음과 같은 사례를 제시했다.

1. 포로로 잡힌 조종사들이 "허위 및 조작된 혐의"와 "허위 및 조작된 증거에 따라" 재판을 받은 경우,
2. 기소된 조종사들에게 변호인의 도움을 받을 권리가 주어지지 않은 경우,
3. 기소된 조종사들에게 재판절차에서 자국어로 통역을 받을 권리가 주어지지 않은 경우,
4. 기소된 조종사들에게 자신을 변호할 기회가 주어지지 않은 경우.

위원회는 또한 "전쟁포로에게 방어할 기회를 주지 않고 사형을 집행하는 것은, 그 사실이 증거로 인정될 경우 전쟁법 위반으로 유죄판결이 가능하다"라고 명시했다.[4]

판사가 면책된다고 해서, 그 사건의 책임주체가 아니라는 뜻은 아니다. 물론 판사가 법을 적용할 때 비난받아야 할 대상은 판사가 아니

라 문제의 법이라는 주장도 가능하다. 그러나 이 점에서 판사와 명령을 따르는 사람 사이에 차이는 없다. 행위주체가 반드시 그 행위를 스스로 계획하고 결정한 사람일 때만 형사적 또는 도덕적 책임이 성립하는 것은 아니다. 중요한 것은, 그가 이를 거부할 선택지가 있었느냐는 점이다.

한나 아렌트는 정치적·도덕적 문제에서 맹목적 복종은 없다고 말한다. 모든 조직은 상사와 법에 대한 복종을 요구하지만, 복종하는 사람들은 실제로 그 조직을 지지하며, 그러한 지지 없이는 "아무리 강한 사람이라도 좋은 일이든 나쁜 일이든 아무것도 성취할 수 없다."[5] 다시 말해, 복종은 곧 참여와 지지를 뜻한다.

사법면책과 판사의 역할

판사가 법을 따랐다는 이유로 면책될 수 있다면, 단순히 직무를 수행했기 때문이 아니다. 면책의 근거는 판사의 역할 자체에 있으며, 판사가 사법적 역할을 제대로 수행하려면 직무 수행 결과로부터 면책되는 것이 사회적으로 중요하거나 필요하다. 라드브루흐는 다음과 같이 말한다.

> 판사를 살인죄로 처벌하기 위해서는 그가 법을 왜곡했다는 판단이 함께 따라야 한다. 독립성이 보장된 판사의 판결이 처벌 대상이 될 수 있는 것은, 그가 독립성을 통해서 지켜야 하는 원칙, 즉 법률에 대한 복종 원칙을 위반한 경우에 한한다.[6]

여기서 라드브루흐는 판사의 독립성을 면책의 근거로 든다. 법에 따른 판사는 처벌할 수 없다는 것이다.

전통적으로 사법면책을 옹호하는 논거는, 판사가 독립적이고 공정하게 법을 적용하기 위해서는 결과에 대한 두려움 없이 자유롭게 법을 해석하고 적용할 수 있어야 한다는 것이다. 판사가 재판 과정에서 사실과 법 외의 다른 요소로부터 압력을 받는다면, 그의 결정은 법 외의 요인에 영향받게 되어 그 결과 정의 실현이 어려워진다.

이것은 판사가 단지 법을 따를 뿐이라는 주장과는 다른 논점이다. 법을 그 내용이 명확하게 정해져 있어서 정형화된 방식으로 따라야 하는 것으로 생각하면 판사가 처한 상황은 명령에 복종해야 하는 군인과 더 비슷해진다. 그러나 판사에게 재량이 주어지고 전문적 판단이 요구되는 한, 이러한 판단의 독립성을 보호하기 위해 면책특권이 더 중요해진다. 소송 당사자나 기타 이해관계자가 법 외적인 방식으로 판사에게 어떤 영향을 미치려 하거나, 판결 후 당사자나 공직자가 불만을 품고 어떤 대응에 나설지도 모른다는 두려움 속에서 판결이 이루어져서는 안 된다. 남아프리카공화국 전 대법원장 M. M. 코벳M.M. Corbett 역시 진실·화해위원회에 제출한 자료에서 이 점을 명확하게 지적했다.

> 판사가 직무선서를 충실히 따르며 모든 사람에게 "두려움, 호의나 편견 없이" 정의를 구현하기 위해서는, 입법부, 행정부, 자신의 판단에 영향을 미칠 만한 다른 기관이나 권위로부터 독립성을 누려야 한다. 이 요건이 충족되어야만 법원에서 정의가 실현될 수 있다.[7]

이 점이 정말 중요하다. 대부분은 판결이 이루어지기 전에 판사를 좌우하려 들거나 협박하려 하는 행위는 불법이라는 데 동의할 것이다. 판사가 사실관계나 법리와 무관한 사항을 고려하여 판결하는 것은 부적절하다는 점에도 대체로 공감한다. 원칙적으로, 사전에 알려진 것이건 아니면 장래 있을 만한 어떤 결과나 여파이건 간에, 판사가 외부 요인에 영향을 받아서는 안 된다. 우리는 판사가 현실적인 이유 때문이든 아니면 벌어질지 모를 일에 대한 두려움 때문이든, 스스로를 보호하고자 특정한 판결을 내리는 것을 원하지 않는다.

판사에 대한 면책특권은 여러 국가에서 중요한 법원칙으로 인정되고 있다.[8] 대표적인 예가 영미법계 국가들이다. 이는 국제적으로도 인정된 원칙인데, 유엔의 「사법부 독립에 관한 기본원칙」 제4조는 "사법절차에 부적절하거나 부당한 간섭이 있어서는 안 되며, 법원의 사법판단은 변경 대상이 될 수 없다"라고 명시한다.[9] 면책특권은 판사가 외부의 비판이나 개입에 대한 두려움 없이 법에 따라 판단할 수 있도록 보장하는 중요한 원칙이다. 그러나 이 원칙이 범죄를 면책하는 근거가 될 수 없으며, 판사직 수행과 관련한 직업윤리 기준을 위반한 경우에도 징계 면책사유로 인정되지 않는다.

판사라 하더라도 범죄행위는 면책되지 않으므로, 다음과 같이 정리할 수 있다. '억압적인 법을 적용해 기본권을 침해한 혐의를 받는 판사에게 사법면책은 정당한 항변이 될 수 없다. 그러나 반대로 상상조차 어려운 잔혹행위에 기여한 판사들조차 관대한 처분을 받는 사례는, 판사의 역할에 대한 책임을 묻는 데 주저하는 경향이 있음을 보여준다. 이러한 주저함은, 판사가 법을 따르고 전문적으로 인정된 방식으로 법을 적용하는 한 제재로부터 면책되어야 한다는 개념에서 비롯된 것일 수 있다.'

커먼로체계에서 사법면책은 확고하게 자리 잡은 원칙이다. 이는 판사들이 재판의 진행이나 판결을 이유로 부당구금, 악의적 기소, 명예훼손 등의 이유로 손해배상 소송을 당하는 것을 막아주고, 판결이 개인의 인권이나 헌법상 권리를 침해했더라도 법률적 책임을 지는 일이 없도록 판사를 보호하는 역할을 담당해 왔다.[10] 사법면책이 형사 또는 징계사건에서 공식적인 항변으로 인정되지는 않지만, 판사가 명백히 법을 무시한 경우에도 제재를 받는 일이 거의 없기 때문에, 사실상 사법면책이 적용되는 것과 다름없는 결과를 낳고 있다. 미국에서는 오랫동안 실제로 판사에 대한 제재를 꺼려왔다. 제재가 가해지더라도 경미한 수준이며 반복적인 오류이거나 악의적인 의도에서 비롯된 명백하고 중대한 오류였음이 인정되는 경우로 한정된다.[11] 이러한 법적 현실은 과연 판사에게 법을 준수할 의무가 존재하는지조차 의문이 들게 할 정도이다.

사법면책 원칙은 판사들이 법치주의 붕괴에 기여했다는 비판을 피하기 위해 활용되어 왔다. 남아프리카공화국에서는 판사들(판사와 치안판사 모두)이 진실·화해위원회의 청문회 출석 요구를 거부하고 서면으로 답변했는데,[12] M. M. 코벳 대법원장은 다음과 같이 판사들의 '거부'에 대해 변명했다.

> 그렇다고 해서 판사가 책임지지 않는다거나 법 위에 군림한다는 뜻은 아니다. 판사는 판결에 대해 상급법원의 검토를 받는 방식으로 책임을 지며, 공개적 직무 수행에 대해 일상적인 감시와 비판의 대상이 되며, 최후 수단으로 탄핵 절차에 회부된다. 그러나 이러한 범위를 벗어나서 판사가 자신의 판결에 대해 책임을 지거나, 예를 들어 정부기관이나 위원회 등에 출석하는 방식으로 판결에 대해 토론하고 스스로를 변명할 필요가 없다. 진실·화해위원회에 출석해 진술하도록 요구하는 것은 사법부 독립의 원칙에 반하고 이를 훼손하는 것이다.[13]

청문회의 목적이 유죄를 입증하거나 개인 책임을 묻는 것이 아니므로 사법적 또는 준사법적 성격을 갖지 않는다는 사실은 판사들의 출석 거부 의사에 아무런 영향을 미치지 않았다.[14]

그러나 모든 나라가 사법면책을 보편적으로 인정하지는 않는다. 예를 들어, 독일에서는 사법면책이 "법왜곡죄"(형법 제339조의 Rechtsbeugung)*에 대한 방어수단으로 인정되지 않는다.15 유엔「사법부 독립에 관한 기본원칙」이나「뱅갈로어 법관 행동준칙the Bangalore Principles of Judicial Conduct」도 사법면책을 명시하고 있지 않다.

억압적인 법을 시행하고 그 적용범위를 확장하여 법치주의를 훼손한 혐의로 기소된 판사에게 방어수단으로 사법면책을 허용해야 하는가? 문제의 핵심은, 법 자체가 악할 때 판사가 법 외부의 요소에 영향받기를 오히려 기대하게 된다는 것이다. 법은 결코 완전히 합리적일 수 없으며, 법률적·사실적 문제는 결코 완전하게 확정될 수 없다. 이것은 모든 법적 판단과정에 여러 판단 요소가 개입하며 따라서 도덕과 윤리도 작용할 수밖에 없음을 의미한다. 우리는 극단적인 상황에서 판사가 윤리적 주체로서 행동하고 법치주의가 위협받을 때 이를 수호하기를 기대한다. 역사적 경험에 따르면, 문제는 법에서 자의적으로 벗어난 불량 판사가 아니라 다양한 이유로 권위주의 정권, 악법, 법치주의 훼손에 기여하는 순응적 판사이다. 사법면책이 법치주의의 관점에서만 정당화될 수 있는 이상, 그것이 법치주의 훼손을 용인하는 방식으로 구성돼서는 안 된다. "판사가 국가의 억압행위에 가담한 경우, 사법부의 독립이 판사의 책임을 묻는 데 '극복 불가능한 장애물'로 이용되어서는 안 된다."16 오히려 사법면책의 원칙은 법치주의를 수호하는 방향으로 설계돼야 한다. 이는 법치주의의 근본을 훼손한 혐의를

---

* 독일 형법 제336조에 있는 법왜곡죄는 이른바 올바른 법을 선언하는 공정한 사법기능을 보호법익으로 삼는데, 행위자에는 법관뿐 아니라 법 문제를 주관하거나 결정하는 공무 담당자와 조정 판사가 포함된다. 여기서 법 문제라 함은 상충하는 법적 이익을 가지는 다수 당사자 간의 사안으로 법원칙에 따라 취급하고 결정하는 모든 사법문제를 일컫는다. 이때 단지 판결뿐 아니라 행정심판과 같은 절차 및 사법에 따른 중간 준비절차, 중간절차에 따른 제 결정까지 포함한다. 이덕연, '법관의 법왜곡 문제',「법과 사회」12호, p.268, 박영사(1995).

받는 판사가 그 항변수단으로 사법면책을 이용하는 일이 있어서는 안 된다는 의미다.

반면, 사법면책을 절대적인 원칙으로 인정하지 않는다면 권위주의 정권하의 판사들이 더욱 취약한 처지에 놓이게 될 수 있다는 주장도 제기될 수 있다. 실제로는 억압적인 정권이 통치하는 많은 나라에서도 판사를 직접 제재하는 방식으로 사법부에 노골적으로 개입하기를 꺼리는 경향이 있다.[17] 나치 독일에서도 반대파 판사에 대한 제재는 판사가 반대 의사를 표명하는 선을 넘지 않고 정권 전복 활동에 가담하지 않는 한 경미한 수준에 그쳤다. 따라서 사법면책 범위를 제한하는 것이 되레 권위주의 정권으로 하여금 판사를 징계하기 위해 지금보다 더 강경한 조치를 취하도록 부추길 가능성이 있다는 주장도 가능하다.

그러나 특히 나치 독일이 사법부에 자제하는 태도를 보인 것을 사법면책론으로 설명할 수 있는지는 의문이다. 정권은 법치주의의 기본 원칙과 명령을 무시하는 일에 주저하지 않았다. 그렇다면 부적절한 판결에 대해 판사가 개인적으로 책임지지 않도록 보호하는 원칙에 대해서는 특별히 자제할 이유가 있었을까? 그 답은 사법면책 이론보다는 다른 곳에 있다고 보인다.

나치당은 겉으로는 합법적인 수단을 통해 자신들의 입지를 확보하기 위한 전략을 택했으며, "법치국가" 개념을 폐기했다는 비난을 피하기 위해 상당한 노력을 기울였다. "독일 민족의 요구"와 "총통의 의지"와 같은 새로운 개념을 끌어들였지만 합법성에 의존해 정당성을 확보하기 위해서는 사법부의 독립이 형식적으로나마 유지돼야 했다. 아마도 나치 법의 가혹함을 완화하고자 했던 판사들을 보호한 것은 사법면책 이론이 아니라, 나치 정부가 원했던 정당성 때문이었을 것이다. 이것이 없었다면 나치는 사법면책 원칙을 부당한 "규범주의 normativism"나 구 정권의 자유주의적 잔재 정도로 치부해 쉽게 무시했을 것이다.

많은 권위주의 정권이 법원의 형식적 독립을 존중하는 것처럼 보이지만, 판사는 정권에 유용할 때만 보호받는다. 사법부에 대한 나치의 상대적 자제도 예외가 아니다. 사법면책 이론이 판사들을 실질적으로 보호하지는 못한다. 그러므로 악법을 적용한 판사들에게도 이 원칙을 고수하게 되면, 시대가 바뀐 후에도 악한 판사들을 처벌하지 못하고 보호하는 결과를 초래할 뿐이다. 따라서 이러한 원칙은 법치주의보다는 권위주의 정권에게 더 이익이 된다.

사법부의 독립과 면책

사법면책은 판사가 실질적으로 사법적 역할을 수행할 때에만 부여된다. 재판의 일방 당사자나 국가기관 등 타인의 지시에 따라 움직인 판사가 자신의 행위에 대한 변명으로 사법면책을 활용할 수 없어야 한다. 정부의 지시에 따라 행동하는 판사는 행정 공무원과 다를 바 없다.

법조인 재판에서 군사재판소는 "사법면책 원칙은 공정한 정의를 실현하는 독립된 사법부라는 개념에 기반을 두기 때문에, 나치 판사들은 영미식Anglo-Ameriacn 사법면책 이론의 혜택을 받을 자격이 없다"라고 했다.[18] 즉 판사들에게 가해진 압력과 강요는 오히려 사법면책이 부여되지 않는 이유로 작용했다.

그런데 동일한 자유의 부재 상황이 나치 판사들의 면책사유로 인용되기도 했다. 후베르트 쇼른은 법무부의 비밀 "판사 서한Richterbrief", 법이론에 관한 나치 법학자들의 각종 저술, 친위대 언론의 반복된 비판을 통해 판사들이 어떻게 지시를 받았는지 그의 저서에서 상세히 설명했다. 쇼른은 "이런 반복적인 선언과 주장들이 사법부에 영향을 미쳤고, 판사들의 능력에 대한 끊임없는 공격이 그들을 불안하게 만들고 용기를 잃게 만들었음은 두말할 나위도 없다"라고 적었다.[19] 판사들은 일반 공무원 규정의 적용을 받았고 히틀러에게 충성서약을 해야 했다. 나치 제체에서 히틀러뿐만 아니라 사법체계의 고위층 역시 판사들에게 부적절한 "본보기"가 됐다.

사법면책의 항변을 일정 범위 내에서 허용해야 한다는 입장을 받아들인다 해도(많은 법체계에서 인정하는 바이다), 그 항변이 인정될 수 있는 조건을 결정해야 한다. 커먼로의 사법면책 이론에 따르면 그 전제조건은 판사가 명백한 관할권 부재 상태가 아니어야 하며, 사법적 행위를 수행하고 있어야 한다. 판사가 단순한 행정 업무를 수행했음에도 일반 공무원보다 더 높은 수준의 면책을 받아야 할 이유는 없다는 점에서, 이는 합리적 출발점으로 보인다.

그렇다면 다른 조건들은 어떻게 봐야 할까? 문제되는 행위가 겉보기에 사법적 행위이면 된다는 순전히 형식적 기준만으로 사법면책이 인정되어야 하는가? 사법면책은 일반적으로 판사가 내린 판결의 실체를 보호하기 위한 것이다. 판사가 기본적인 절차 요건을 위반하거나 판사로서 의무에 반하는 행위를 하는 경우 그는 징계조치로부터 면책되지 않는다. 그러나 이러한 사정들이 판사의 실체적 결정에 대한 공격에 맞서 사법면책을 주장할 수 있는 권리를 어느 정도까지 제한하거나 박탈할 수 있는 근거가 되는가?

판사가 법원의 권한에 속하는 일반적으로 정당성 있는 행위를 했다고 하더라도 그가 독립성을 결여한 상태였다면 — 예를 들어 판사와 재판 당사자 일방이 사건을 어떻게 결정할지를 놓고 사전 합의를 했다면 — 그 판결은 더 이상 사법적 성격을 가지지 못하며, 판사는 책임을 면할 수 없다. 이는 사전 합의에만 적용되지 않는다. 사건을 특정한 방식으로 결정하라는 명령이나 강요, 예를 들어 정치 또는 사법권력으로부터 강요받아 어떤 결정에 이른 경우에도 마찬가지이다. 제2차 세계대전 중 뉘른베르크에서 판사였던 루돌프 외셰이가 개인 서신에서 밝힌 바와 같이, 판사에게 어떻게 결정해야 할지를 지시하는 시스템은 판사를 불필요한 존재로 만든다.[20]

제프리 샤먼Jeffrey Shaman도 커먼로상 사법면책을 설명하며 같은 견해를 밝혔다.

> 결국 특정한 방식으로 판결하기로 판사가 사적으로 합의하는 것은 모든 당사자가 출석한 법정에서 제시된 증거와 주장에 근거해 공정하게 사건을 심리해야 하는 사법 역할과 절대 양립할 수 없다.[21]

이와 같은 주장의 바탕에는 사전에 조율된 결정은 사법적 판단이 아니며, 판사가 이런 결정을 내릴 때 그는 사법적 기능을 수행한다고 볼 수 없다는 논리가 깔려 있다. 일방 당사자 지시에 따르는 것은 부패이고, 정부 지시에 따르는 것은 행정부 일원으로 행동하는 것이지 사법적 행위가 아니다.

미국 법원은 판사가 명백히 관할권을 위반하지 않았다면, 특정 당사자에게 유리한 판결을 내리기로 한 사전 합의나 공모도 사법면책에 포함된다고 판결한 바 있다.[22] 그러나 다른 나라들은 이와 다르게 해석해왔다. 법조인 재판에서 군사재판소는 나치당, 법무부, 친위대가 판사들을 압박하고 영향을 미치려 한 방식을 자세히 검토한 후 증거조사를 거쳐 다음과 같이 결론내렸다.

> 히틀러와 그의 각료들, 법무부, 당, 게슈타포 및 법원 사이에 지속적으로 작용한 불온한 영향력이 명백히 입증된 이상, 나치 판사들이 커먼로상 사법면책 원칙의 보호를 받을 자격이 있다는 주장은 받아들일 여지가 없다. 판사가 자신의 사법적 행위에 개인적으로 책임지지 않는다는 원칙은 공정한 정

의를 수행하는 독립적인 사법부라는 개념을 전제한다. 나아가 이 원칙은 판사가 직무상의 비위 행위로 기소되는 것을 결코 막은 적이 없다. 만약 앞서 제시된 증거들로도 사법의 독립성과 공정성의 완전한 파괴를 보여주지 못한다면, 우리는 어느 누구에 대해서도 "기소도 유죄 입증도" 할 수 없을 것이다. 나치 법원의 기능은 극히 제한된 의미에서만 사법적이었다. 그들은 상부의 지시에 따라 행동하는 준사법기관인 행정심판기관administrative tribunals와 더 유사했다.[23]

많은 국가의 법체계도 동일한 원칙을 명문화하고 있다. 오토 키르히하이머는 정치적 정의에 관한 그의 저서에서 다음과 같이 밝혔다.

두려움 때문이든 복종 때문이든 자신의 자유를 미리 저당 잡힌 판사는, 독일과 프랑스 법원 모두 강조해왔듯이, 판사로서 행동하려는 의지가 없는 것이다.[24]

결과가 미리 정해진 절차는 선전·선동을 위한 목적으로 재판이라 불릴 수는 있겠지만, 그럼에도 재판이라는 명칭을 부여받을 자격은 없다. 정치적 목적을 위해 진행된 재판이나 정치재판의 요소를 지닌 재판과, 사전에 "미리 짜놓은 결과를 보여주는 연출된 쇼"는 명확히 구별할 필요가 있다.

형식적으로는 재판절차를 취했지만 전혀 사법적 판단이라고 볼 수 없는 것으로 평가받은 사례로, 동독의 이른바 발트하임 재판Waldheimer-prozesse이 있다. 1950년대 동독 정권은 소련 점령군이 구금한 3,432명의 재판과 유죄판결을 사전에 계획했다. 재판은 이를 위해 별도로 교육받은 검사와 판사들이 수행했는데, 그들은 당 지도부로부터 재판절차와 판결 방향을 사전에 지시받았다. 대중 선전용 공개재판 10건을 제외한 나머지 재판은 몇 주에 걸쳐 비밀리에 진행됐다. 그 결과 32명이 사형을 선고받고 그중 24명이 처형되었으며, 피고인들 대부분은 장기 징역형에 처해졌다. 단 한 명도 무죄를 선고받지 못했다. 독일 통일 후, 1954년부터 이어진 이 재판의 적법성에 대한 판결에서 서베를린 법원은 다음과 같이 밝혔다.

> 사실상 이 재판은 「사법절차법Judicial Procedures Act」에 따라 설립된 법원이 아니라, 소련-독일 행정부가 오로지 해당자들에 대한 판결을 내리기 위한 목적으로 설립한 위원회의 절차였다. 이 법원은 나치 시대 특별법원과 유사한 기구로 봐야 하며, 이는 연합군 명령에 따라 금지된 바 있다. 나아가 독일민주공화국(동독) 헌법 제134조도 이러한 기구를 금지하고 있다. 해당 조항은 다음과 같이 명시하고 있다. "어떤 시민도 판사에게 재판받을 권리를 박탈당하지 않는다. 특별법원은 허용되지 않는다." 그에 따라 이 판결들—당국에 따르면 3,000건이 넘는—은 구속력이 없으며, 존재하지 않는 것으로 간주돼야 한다. 즉, 원천 무효이다.[25]

그런데 판사에게 가해지는 압력은 얼마나 강해야, 그 독립성과 공정성이 훼손됐다고 인정할 수 있는가? 억압적인 정권 아래에서 직무를 수행하는 상황이나 강한 사회적 압력을 받는 상황에서 사법부는 언제 독립성을 상실하는가를 묻는 것은 적절한 질문이다. 형식적으로는, 독일 판사들은 나치 정권 내내 독립성을 유지했고 개별 사건을 어떻게 결정해야 하는지 사전에 지시받은 경우는 드물었다. 하지만 실제로는 나치 정권과 나치 이념에 따라 사건을 판단하라는 사법당국의 강력한 압력 아래에 놓여 있었다.

이러한 질문은 본질적으로 주관적 요소를 포함한다. 판사가 압력에 굴복하여 사전 지시나 압력에 따른 판결을 내린다면, 그는 더 이상 독립적인 판사로서 행동하는 것이 아니다. 그는 법을 따라야 할 의무를 다하지 않았으며, 결과적으로 책임을 면하기 위해 법에 호소할 수 없다.

그러나 이 문제는 객관적 측면에서도 접근할 수 있다. 어떤 권력자가 판결이 어떻게 되기를 바란다는 식의 의견을 드러내는 일이나 판결에 대한 비판적 여론이 있다고 해서 그 모두가 사법부의 독립성을 무너뜨리는 지시나 압력이라고 간주할 수는 없다.[26] 나치 독일에서도 독립적인 판사에게 법적 의무를 부과할 수 없다는 논리로 지시에 따르기를 거부한 사례들이 있었다. 실제로 나치 독일의 상황에 대한 평가를 보면 당시 법원이 독립성을 상실한 상태였다고 단정짓는 것은 결코 쉽지 않은 일임을 알 수 있다.[27]

이로부터 판사들이 강압적인 체제 아래에서 정권의 극심한 압력을 받는 상황에서도 법원의 기능이 여전히 사법적 성격을 띨 수 있다는 결론을 도출할 수 있다. 이러한 상황에서도 판사가 개별 제재로부터 면책될 수 있도록 보장할 필요성은 결코 줄어들지 않는다, 이것이 바로 억압적 정권조차도 쉽게 넘어서기를 주저하는 마지막 방어선이며, 반드시 보존되어야 할 중요한 원칙이다.

책임은 본질적으로 개인적인 문제이다. 사법부의 독립이 완전히 붕괴됐다고 볼 수 없는 경우에는, 제도적 독립성과 개별 사건 처리의 독립성 사이에 분명한 경계를 그어야 한다. 독일연방대법원은 독일 통일 이후 구 동독 판사들에 대한 재판에서 다음과 같이 판시했다.

> 법원이 사실상 독립적이지 않은 상황에 있다 하더라도, 판사는 개별 사건에서 정의를 실현하고자 하는 의지 아래 당사자들을 중립적 태도로 대하면서 분쟁을 해결하거나 적절한 처벌을 내릴 수 있다.

따라서 외압과 독립성은 사건에 따라 개별적으로 평가해야 한다. 법조인 재판의 결론은 사법의 독립성이 전반적으로 무너졌다는 것이었으며, 그로 인해 피고인들은 사법면책을 항변으로 사용할 수 없었다. 그런 이유로 이 재판은 개별 사건에서 어디까지를 독립적인 판단으로 볼 수 있는지에 대한 기준을 제시하지는 못한다.

그렇지만 나치 시대 판사들에 대한 다른 재판 사례들은, 이 문제에 대한 기준을 제시하는 데 참고가 될 수 있을 것이다.

앞서 나온 서독연방대법원이 다룬 사건들에서 보면, 재판절차를 단순히 명목상 재판mock trial으로 판단하는 요건은 상당히 까다롭다. 1956년 오토 토르베크와 발터 후펜코텐에 대한 판결에서 법원은 1945년 4월 6일과 8일 작센하우젠과 플로센뷔르크 강제수용소에서 카나리스와 그의 동료들에 대해 진행된 특별법원 재판이 독립성을 갖추지 못했다고 판단하지 않았다.[28]

1심 법원은 이 재판들이 히틀러나 힘러, 또는 칼텐브루너Kaltenbrunner의 명령에 따라 수감자들의 처형을 합법적인 것처럼 꾸며낸 사기극일 뿐이라고 판단했다. 이 재판들은 게슈타포가 국방군 방첩부 금고에서 찾아낸 카나리스의 일기 일부를 히틀러가 읽은 후, 죄수들을 처형하라는 명령을 내리자마자 바로 개시됐다. 피고인들은 그 시점에서 이미 몇 달 동안 게슈타포에 구금된 상태였으나 증거 부족으로 인해 정식 재판이 열리지 않던 상황이었다.[29]

구금된 지 오랜 시간이 지난 탓에 서두를 필요가 없었음에도 재판은 개시 결정 며칠 만에 친위대 약식 군사재판 형태로 진행됐다. 피고인들에 대한 혐의는 1년 전, 심지어는 7년 전의 것들도 있었다. 담당 판사인 토르베크 자신도 그 사실을 알고서 놀랄 정도였다.[30] 계급과 신분에 따르면 군사법원의 관할이었음이 마땅한 죄수들이 친위대 법원에서 재판을 받았다. 재판은 강제수용소에서 진행되었으며 해당 장소는 곧 사형이 집행될 장소이기도 했다. 고문당한 흔적이 역력한 수감자들은 재판에 앞서 어떠한 사전 통지도, 변호인의 도움도 받지 못했다. 죄수 중 한 명인 한스 폰 도나니는 약물 때문에 의식을 잃은 것

같은 상태로 들것에 실려 재판정에 끌려나왔다. 죄수들은 선고 직후 처형됐다.

1심 법원은 토르베크와 후펜코텐 모두 재판의 목적이 피고인들의 유죄와 형량을 확정하는 것이 아니라 법적 절차의 외관 아래에서 정권에 거슬리는 죄수들을 제거하는 것임을 명백히 인식하고 있었으며, 그 사실이 입증되었다고 판단했다. 이러한 상황에서 당시 기소된 피고인들이 실제로 반역죄를 저질렀는지는 재판의 쟁점이 아니었다. 쟁점은 그 재판이 단지 보여주기에 불과했다는 점이며, 그렇기 때문에 그 결과는 합법적 사형이 아니라 피고인들에 대한 살인이었고, 이에 따라 토르베크와 후펜코텐은 살인죄의 공범으로 유죄판결을 받았다.

이 사건은 결국 사법면책의 문제로 귀결됐다. 만약 해당 재판이 상급당국의 명령에 따른 보여주기식 재판이었음을 입증할 수 있었다면, 재판에 참여한 자들은 그 결과에 대해 책임져야 했을 것이다. 그러나 대법원은 해당 재판을 통상적인 재판ordinary trial이라고 판단했다. 대법원이 그와 같이 판단한 근거는, 피고인들이 당시 판사와 검사로서 독립성을 유지한 상태에서 사건의 실체에 대해 자유롭게 판단할 수 있었다고 생각했다는 진술이었다. 재판이 보인 문제들은 주로 "형식적"인 것으로 간주됐다. 형사사건의 입증책임을 감안할 때, 이 재판이 실제 재판이 아니었다거나 피고인들이 이를 실제 재판으로 생각하고 있지 않았다는 점 모두 입증되지 못했다는 것이다. 이에 따라 두 사람 모두 무죄를 선고받았다. 다만 후펜코텐은 상급당국의 필수적인 확인절차 없이 판결을 집행했다는 이유로 처벌받았다.

대법원은 1968년 한스 요아힘 레제 판사에 대한 재판에서도 판사의 면책특권에 대해 동일한 견해를 더욱 명확히 했다.[31] 레제는 1931년 판사로 임명돼 1934년부터 인민법원에서 배석판사로 일했다. 그는 7건의 사형 선고 사건에서 악명 높은 롤란트 프라이슬러와 함께 재판을 담당했고 그와 관련해 살인죄의 종범으로 기소됐다.

대법원은 법원의 모든 구성원들은 독립성 아래 개별적으로 판단하며, 이는 프라이슬러의 법정에서도 마찬가지라고 명시했다. 인민법원 판사들 역시 독립적으로 동등한 지위에서 직무를 수행하며 오직 법에만 구속된다는 것이다. 그들의 유일한 의무는 자신의 법적 신념을 따르는 것이고, 법원장조차도 그 자율성을 박탈할 수는 없었다. 이에 따라 대법원은, 만약 판사가 범죄를 저질렀다면 그는 공범이 아니라 주범으로 간주되어야 한다고 판시했다. 그러면서도 대법원은 판사가 처벌될 수 있는 경우는 오로지 악의적인 동기로 판결한 경우에 한정된다고 결론내렸다.

독일 대법원장인 귄터 히르슈Günter Hirsch 박사는, 2002년 카나리스와 그의 동료들에 대한 재판의 결과로 결국 처형당한 독일제국 대법원 판사 한스 폰 도나니 탄생 100주년 기념행사에서, 앞서 본 두 사건을 언급하면서 선배 판사들의 판결은 수치스러운 일이며 사실상 나치 판사들을 처벌하는 것을 불가능하게 만들었다고 비판했다.32

독일연방대법원이 취한 논리는 나치 독일의 사법부가 독립성을 상실했다고 본 군사재판소의 견해와 정면으로 배치됐다. 나치 정권 말기에 판사들이 실제로 얼마나 독립적이었는지는 역사학자들의 연구 주제이다. 앙게르문트Angermund는 판사들이 특히 1942년 이후로 큰 압력을 받았지만, 직무를 수행하는 데 완전히 속박된 것은 아니었다고 주장한다. 적어도 독자적으로 사실 여부를 검토하고 형량을 결정할 자유는 여전히 남아 있었다는 것이다. 많은 판사가 자신이 누리는 사법적 재량이 실제보다 더 제한적이라고 느끼거나, 기존 판결과 다른 판결을 내리는 경우 받게 될 불이익에 대해서도 실제보다 더 가혹하리라고 생각했을 수 있다. 그러나 엄격한 형량 선고 관행은 법무부 지침과 독립적으로 이루어진 것이었고 오히려 법무부는 판사들에게 지나치게

가혹한 형벌을 과도하게 선고하는 것을 경계할 필요가 있다고 경고하기도 했다.³³

이 주제에 대한 독일 대법원의 태도가 다른 나라와 비교해서 특별한 것은 아니다. 1949년 노르웨이 대법원은 독일 약식군사재판소 판사로서 노르웨이 독립 투쟁가 다섯 명에게 사형을 선고했다는 이유로 살인죄로 기소된 세 명에 대한 사건을 심리했다. 이 사건에서 노르웨이 대법원도 독일 대법원과 유사한 견해를 취했다.³⁴

사건의 배경은 1944년 2월 8일 노르웨이 저항운동 대원들이 당시 노르웨이 국가경찰 총책임자였던 카를 마르틴센을 암살한 것이다. 노르웨이 제국판무관 요제프 테르보벤은 사건 당일 암살 사건을 보고받자 바로 약식군사재판소 설치를 명령했다. 이 재판소는 오로지 저항운동의 배후로 간주된 사람들을 처단하기 위한 것이었다.

재판소 설치 당일 오후 네 명이 체포돼 곧바로 법정으로 연행됐다. 그러나 이들은 암살에 연루되지 않았고 실제 연루된 혐의도 없었다. 재판 목적은 암살에 대한 보복으로 저항군 지도부 일부를 처형함으로써 노르웨이 저항군에게 경고를 보내는 것이었다.

재판장은 한스 파울 헬무트 라차(1908~1975)였다. 그는 나치 친위대 간부였으며, 1940년 5월 12일부터 1945년 5월 7일까지 오슬로 친위대 및 경찰법원에서 판사로 근무했다. 그는 재판 시작 전에 테르보벤의 집무실에서 열린 회의에 참석했는데, 전후 그를 재판한 1심 법원은 그가 이 회의에서 "실제로는 재판을 가장한 보복행위일 뿐이며, 재판을 받는 사람들에게는 사형 선고밖에 없음을 안 것이 틀림없다"라고 판단했다.

라차는 처음에는 살인죄로 유죄판결을 받았지만, 대법원에서 판결이 파기되었다. 환송심에서 라차와 다른 판사들은 무죄를 선고받았고 검찰이 다시 상고했으나 대법원이 이를 기각함으로써 무죄판결이 확정됐다.

피고인의 유죄 여부를 판단하면서 베르거 대법관은 사건의 핵심 쟁점을 이렇게 정리했다. "재판절차가 적법절차라고 볼 수 있는 최소한의 요건을 충족했는지, 즉 독립된 법원으로서 공정한 심리를 거쳐서 유죄 여부를 판단했는지, 아니면 주어진 지침에 따라 재판 결과가 미리 정해졌는지"라는 것이다.35 이는 피고인들의 유죄 여부를 판단하는 법적 기준이 됐다.

피고인의 권리와 관련해 당시 약식군사재판 절차에는 몇 가지 문제점이 있었다. 그러나 대법원은, 정상적인 적법절차 요건이 결여됐다고 해서 약식군사재판소의 사형 선고가 본질적으로 사법적 판단의 성격을 완전히 상실했다고 판단하지 않았다. 베르거 대법관은, 피고인들에 대한 공소장이 사전에 서면으로 작성되지 않았고, 피고인들이 변호인의 도움을 받지 못했으며, 제출 및 채택된 증거가 간접적인 자료에 불과하고, 절차가 짧은 시간 동안 약식으로 진행됐으며, 사형 선고를 내릴 때 필수적으로 확인할 사항을 매우 피상적인 방식으로 준비하고 검토한 것으로 보인다는 사실들이 결정적으로 중요하지 않다고 보았다.

결정적으로 중요한 점은 판사들이 독립적인 위치에서 자유로운 신념에 따라 판결했는지였다. 베르거 대법관은, 여러 사실에 비추어 볼 때 당시 판사들이 독립성을 상실한 채 명시적 또는 묵시적 지시에 따라 행동했다고 볼 만한 근거가 부족하다고 판단했다. 다른 대법관들도 이에 동의했고, 그 결과 약식군사재판에 참여한 독일 판사들은 무죄판결을 받았다.

유엔 전범재판위원회는 이 사건에 대한 논평에서 다음과 같이 지적했다.

대법원이 공정한 재판을 부정한 혐의denial of a fair trial와 관련하여 다소 피고인들에게 유리한 해석을 내렸다고 볼 수도 있지만, 이 판결은 법조인 재판 판결문 주석에서 언급된 다음 논지를 다시 한번 강조한다. 즉, 제6권 103~104쪽에 열거된 권리들 중 어느 하나가 부정되었다고 해서 반드시 공정한 재판의 부정으로 간주되는 것은 아니며, 법원은 각 사건마다 공정한 재판을 구성하는 일반적 권리들 중 어느 정도의 권리가 침해됐는지를 개별적으로 판단해야 한다. 이를 통해 공정한 재판을 부정한 범죄가 저질러졌는지를 판단하거나, 재판절차가 진행되었기 때문에 그 절차에서 이루어진 살해나 기타 상해 행위가 정당화된다는 피고인의 항변이 인정될 수 있는 것인지를 결정해야 한다.[36]

그러나 이는 문제의 본질을 축소하고 있다. 만약 법의 내용이 어떠하든, 아무리 증거조사와 절차를 약식으로 진행하든 묻지 않은 채 오로지 판사가 관련 법과 제시된 증거를 바탕으로 사건을 판단하는 것이 자신의 직무라고 믿었던 경우에도 사법면책이 적용된다고 할 경우, 판사에게 불의에 가담한 책임을 묻는 범위는 극도로 제한될 수밖에 없다.

유엔 전범재판위원회와 미 군사재판소의 일부 판단을 보면, 판사에게 그러한 면책특권이 적용될 여지가 있음을 시사하는 듯한 부분도 있다. 그러나 군사재판소 판결에는 일관되지 않은 점이 있다. 군사재판소는 독일 판사들이 그들의 행위를 사법적 행위라고 규정할 수 없는 상황에서 근무했으며 따라서 사법면책을 적용받을 수 없다고 포괄적으로 명시한다. 반면 군사재판소에서 유죄판결을 받은 피고인들 대부분은 판사나 검사로서 한 활동이 아니라 법무부에서 한 활동, 즉 유대인, 폴란드인, 점령지 내 저항세력에 대한 나치의 조치와 프로그램을 계획하고 실행한 데 책임이 있다는 이유로 처벌받았다. 사법행위로 유죄판결을 받은 판사와 검사들은 불공정한 재판으로 유대인 박해에 적극적으로 가담했거나 불법적인 "밤과 안개" 작전에 가담한 사람들이다. 이러한 활동에 적극적으로 연루되지 않은 판사들은 특별법원이나 인민법원의 판사로서 법치주의의 전반적 붕괴에 기여했음에도 무죄판결을 받았다. 피점령국에서 이루어진 전범재판에서도 같은 기준이 적용되었으며, 저항군이나 포로에게 약식재판을 하면서 공정한 재판의 외관조차 갖추지 않았다는 명백한 증거가 나온 독일 판사만 유죄가 인정되었다.

결국 전후에 이루어진 여러 사례들을 살펴보면 사법면책의 항변은 일반적으로 인정되고 활용될 수 있는 것으로 보인다. 심지어 상당한 수준의 압력 아래 특정 방식으로 판결하도록 요구받는 상황에서도 마찬가지이다. 이는 다시금 앞에서 논의한 질문, 즉 명령을 받은 판사는 왜 다른 사람들보다 더 폭넓은 면책을 허용받아야 하는가 라는 질문을 제기하게 한다.

군사재판소의 유죄판결과 개별 국가 법원의 무죄판결 사이의 근본적 차이점은, 군사재판소의 판결은 차별적 박해를 금지하는 국제인권규범을 위반한 행위에 대해 내려졌다는 점에 있다. 이 점에서 국내 법원에서 판사가 법치주의의 기본요소를 침해했다는 혐의로 기소된 경우보다 사법면책을 방어수단으로 인정하지 않을 근거가 더 강력하다. 그러나 그와 같은 차이에 초점을 맞추기보다는, 판사의 독립성과 무관하게 사법면책이 인정될 수 없는 경우를 분명히 하는 편이 더 나을 것이다. 사법부의 독립이라는 개념이 명백하고도 심각한 기본권침해를 가져오는 법을 적용한 판사에게 책임을 면제하는 논거로 사용되어서는 안된다. 이런 관점에서 보면 나치 통치 아래 독일 법원의 사법적 성격에 대한 군사재판소의 견해와 국내 법원의 입장이 서로 모순되지 않는다. 따라서 사법면책의 적용범위를 논의할 때, 판사의 결정이 '사법적 행위'인지 따지는 간접적인 방법이 아니라 더 직접적으로 그 면책 범위를 검토하는 접근법이 필요하다.

질문은 이렇게 이루어져야 한다. 사법부의 지위를 보호하고 법치주의를 보장하며 증진하기 위해서 사법면책의 실질적 범위와 한계는 어떻게 설정해야 하는가? 이런 식으로 접근해야 답이 명확해질 수 있다. 정상적인 사법기능을 수행하며 법에 따라 행동했어도 그 행위가 명백하고 실질적인 인권침해에 해당하는 경우, 해당 판사는 면책될 수 없다. 이러한 침해는 국제법상 범죄이며, 국내법에 따라 소급처벌하지 않을 이유가 없다. 또한, 이러한 기본원칙을 몰랐다고 해서 면책사유가 될 수 없다. 이 기준은 광범위하고 체계적인 탄압을 통해 인권침해를 저지른 정권의 모든 공직자에게 적용돼야 한다. 법을 통해 권력을 행사한다는 것은, 법의 이름으로 무엇을 할 수 있는지에 관해 일정한 형식과 규율에 따른 제한을 받는다는 것을 의미한다.37 따라서 명백하고 실질적인 인권침해에 대한 개인적 책임 기준이 판사에게 적용되지 않아야 할 이유는 없다. 판사가 비록 권력으로부터 독립적으로 행동했다 하더라도 마찬가지이다.

권력분립

사법면책에 대한 또 다른 논거는, 사법부의 올바른 역할은 법질서의 기본규칙에 따라 제정된 법률을 존중하고 시행하는 데 있다는 것이다. 판사는 입법에 관여해서는 안 되며, 따라서 입법자의 결정으로 귀속될 행위와 그 결과에 대해 판사들에게 책임을 묻는 것은 부당하다는 주장이다.

이것이 아파르트헤이트 치하에서 남아프리카공화국 사법부가 취했던 기본 입장이었다. 스테인 대법원장의 말을 빌리자면 다음과 같다.

우리 법원이 정치로부터 최대한 거리를 두려는 오랜 사법적 전통에서 벗어나게 된다면, 그 날이 사법부 최악의 날이 될 것이다. 판사가 법률의 결함을 지적하거나, 의회가 미처 예상하지 못했거나 충분히 고려하지 못한 결과로 인해 발생하는 부당함이나 불공정을 환기시키는 것은 정당한 역할이며, 이는 의회가 수정하고자 할 가능성이 있는 사안들에 해당한다. 그러나 의회가 무엇이 문제인지를 충분히 인식한 상태에서 분명한 정책적 판단을 내리고, 정당한 입법권을 행사해 무엇을 할지를 결정한 사안에서 판사가 정치적 논란 속으로 뛰어들어가 그 여파에 휘말리는 것은 전혀 다른 문제이기도 하거니와 매우 부적절한 일이다.[38]

미국의 토머스Thomas 대법관 역시, 그레이엄 대 플로리다 사건에 대한 소수 반대의견에서 동일한 논리를 펼쳤다. 이 사건에서 법원은 미성년자의 경우 살인사건 외에는 가석방없는 종신형을 선고하지 못하도록 금지하는 판결을 내렸다. 그는 스칼리아와 알리토Alito 대법관의 동의를 얻어 다음과 같이 주장했다.

법원이 검증 불가능한 철학적 결론에 근거해 민주적 양형 선택에 이처럼 엄격한 제약을 가하려는 것은 놀랍다. 어떤 행위가 어떤 처벌을 '받을 만한' 행위인지를 둘러싼 질문은 도덕성 및 사회적 조건과 긴밀하게 연관되어 있기에, 본질적으로 입법부가 결정할 사안이다. 물론 법원이 과거에도 비례성 원칙을 근거로 특정 범죄를 사형에서 전면적으로 제외한 적은 있다. [위 제4항을 참조하기 바란다.] 그러나 법원이 응분의 처벌에 대한 자체 판단을 근거로 사형 외의 형벌에 대해 전면적 제한을 가한 적은 없었다. 이처럼 오랫동안 확립되어 온 경계를 뛰어넘은 것은, 어느 것이 적절한 형벌인지를 민주적으로 선택해 온 방식이 과연 지속적으로 늘어나는 법원의 헌법적 거부로부터 안전한지 의문을 제기한다.[39]

정상적으로 기능하는 민주주의에서 정책적 선택이 이루어지는 문제와 관련해서 보면, 이는 입법, 행정, 사법의 권력분립이라는 헌법 이론에 기초한, 논리적이지만 논쟁적인 주장이다. 그러나 나치 독일의 실증주의와 남아프리카공화국의 의회 지상주의론은 이러한 헌법 이론이 입헌민주주의가 설정해놓은 본래 범주를 뛰어넘어 과도하게 확장됐음을 보여준다. 또한 이 논리는 비록 민주주의 체제라 하더라도 기본권을 명백하고 중대하게 침해하는 법을 집행한 판사의 책임을 면제하는 논거로 사용하기에는 부족하다. 민주주의 이론은 특정 사회구조에서 정의가 무엇으로 이루어지는지, 그리고 상충하는 권리와 이해관계를 어떻게 적절히 조화시킬지를 설명하는 법이론 내에서는 타당할 수 있다. 그러나 국가 공무원의 개인적 책임을 성립시킬 수 있는 유형의 인권침해를 논하는 맥락에서는 이 논리가 적용될 여지가 거의 없다. 여기서 핵심 쟁점은 판사가 집행하는 조치가 정치 이론의 관점에서 비민주적이거나 정당성이 결여되어 있는지가 아니다. 오히려 문제는 그 조치가 법치주의의 관점에서 어떠한 정의의 개념과도 완전히 배치되는 것이어서 어떠한 체제에서도 결코 용납할 수 없는 것인지에 있다.

13장
판사에 대한 처벌

변치 않는 정의의 본질

역사적·법적 자료 분석에 따라 두 가지 상반된 결론이 도출된다. 하나는 판사가 실정법 체계에서 자신의 역할을 다했을지라도 명백하고 실질적인 인권침해에 기여했다면 책임을 물을 수 있다는 것이다. 이는 법치주의가 요구하는 것으로 국제인권체제에서 부담하는 의무로서 이를 실현하기 위해 법을 소급하여 적용할 수도 있다.[1]

다른 하나는, 억압적인 상황에서 판사가 저지른 과오에 대해 책임지는 경우는 거의 없다는 점이다. 사법부에 대한 관용은 나치 독일만의 현상이 아니었다. 다만 다른 나라와 달리 독일에서는 이에 대한 사회적 논의가 있었고 연방대법원도 한때 과도한 처벌이 독일 형법이 기초를 두고 있는 묵시적 기본전제에 어긋난다고 지적한 바 있다. 이는 법원이 형식적 효력을 가진 법을 적용하더라도 그 행위가 범죄로 처벌될 수 있다는 최소한의 해석 여지를 남긴 것이었다. 물론 이것이 나치 판사들에 대한 연방대법원의 최종 결론은 아니었다. 그러나 이 판단은 적어도 다음 단계로 나아갈 가능성을 열어 두었다.

동독 붕괴 후 사법적 범죄에 대한 재판에서 독일 법원은 종전과 다른 결론을 내렸다. 이번에는 판사가 입법자와 통치자가 의도한 방식으로 법을 적용하더라도 불법행위가 인정된다고 보았다. 이런 결론이 가능한 이유 중 하나는, 법원이 국제인권조약을 법리적 근거에 포함시켰기 때문이다. 법원은, 국제인권조약이 비준되면 그 조약은 판사가 고려해야 하는 실정법의 일부가 된다고 해석했다. 그러나 법원은 여기서 한 걸음 더 나아가 조약에 기반한 국제적 의무에만 한정하지 않고, 정의의 기본요소를 근거로 삼아 그와 같은 결론을 이끌어냈다. 국제인권 개념은 정의의 또 다른 표현일 뿐 정의의 유일한 원천이 아니라는 것이다.

동독 판사들이 정의의 기본요소와 충돌하는 방식으로 실정법을 적용함으로써 위법행위를 저질렀다는 판단은 아마도 사법적 책임에 관한 앞선 판례와 이를 촉발한 사회적 논의가 없었다면 가능하지 않았을 것이다. 나치 판사들의 사례, 즉 그들이 어떻게 판결했는지, 나중에 어떤 판결을 받았는지는 억압과 억압적 정권에 기여한 판사의 책임과 관련한 논의에서 중요한 의미를 지닌다. 독일의 경험은 판사들이 억압적 법률을 유지하고 집행하는 사법적 기능을 수행한 것에 대해 후속 정권과 전환기 정의를 다루는 재판을 통해 그 책임을 추궁당할 수 있음을 보여준다.

뉘른베르크 재판은 판사가 전쟁범죄 뿐만 아니라 자국민에게 국내법을 적용한 행위에 대해서도 국제법에 따른 책임을 질 수 있음을 보여주었다. 미 군사재판소는 나치 정권의 차별 정책과 유대인 및 폴란드인 절멸 정책의 일환으로 기능한 억압적 법률을 자의적이고 잔혹하게 집행한 판사들의 행위는 "인류의 양심을 충격에 빠뜨린" 범죄라고 판결했다.

이 같은 판결이 내려진 결과, 「국제형사재판소에 관한 로마규정」에 따라 판사도 책임을 지게 됐다. 규정에 따르면 판사는 국내법을 적용하고 집행했다 하더라도 집단 학살 및 반인도적 범죄로 형사책임을 질 수 있다. 로마규정 제7조(2)a항에 따르면 민간인 주민에 대한 공격은 "그러한 공격을 행하려는 국가나 조직의 정책에 따르거나 이를 추진하기 위한 일련의" 행위를 의미한다. 따라서 단지 정권이 제정한 법률을 집행한 것뿐이라는 주장은 정당한 항변이 될 수 없으며, 오히려 국가정책의 추진이라는 로마규정의 요건이 충족되었음을 뒷받침하는 근거가 된다.[2]

모든 국가에서 국제법을 국내 재판에 직접 적용하지는 않는다. 특히 형사처벌의 법적 근거로 사용되거나 국내법 규정을 대체할 만한 충분한 법적 근거가 되지 못하는 경우가 많다. 따라서 판사들이 국내 재판에서 책임을 질 수 있는지는 각 국가의 법질서 내에서 자체의 법원칙과 규칙에 따라 판단해야 한다. 그러나 독일의 경험을 통해서, 국제법원 및 국제재판소에서 판사의 처벌이 가능하다는 사실과 함께, 국내법적 맥락에서 이 문제를 다룰 때 필요한 시사점과 귀중한 논거를 얻을 수 있다.

언뜻 보기에는 "모든 문명사회 구성원"의 마음속에는 정의의 핵심 요소들이 존재하며, 여기에 명백하고 실질적인 인권침해, 용인하기 어려운 과중한 처벌, 공정한 재판을 받을 권리에 대한 중대한 침해가 포함된다는 것은 꽤 합리적으로 보인다. 그러나 한편으로 전쟁 중 독일 법원이 최소한의 절차적 보장만을 거친 채 가혹한 처벌을 한 것에 대한 다음과 같은 미 군사재판소의 지적은 정의의 요소를 자명한 것으로 단정하는 데 신중해야 함을 시사한다.

"모든 국가는 엄중한 비상시에는 형법을 더욱 엄격하게 행해야 할 절대적 필요성을 인정한다", "실제적이고 현존하는 위험에 직면하면 미국에서도 언론의 자유가 어느 정도 제한될 수밖에 없다. 그렇다면 전면전이 벌어지고 재난이 눈앞에 닥친 상황에서 패배를 막기 위한 필사적인 최후의 시도로 이런 잔혹한 법을 집행한 관리들이 반인도적 범죄를 저질렀다고 말할 수 있을까?"[3]

오늘날 많은 사람에게 의문의 여지가 없어 보이는 것이 내일 완전히 다른 처지에 놓인 사람에게는 그리 간단하지 않을 수 있다. 적어도 1948년 민주주의와 법치주의의 수호자들에게는 그리 간단한 문제가 아니었다. 반면 어떤 관행이 국제법상 규범으로 자리잡기 위해서 반드시 보편적으로 인정된 관행일 필요는 없다. 적어도 국제사회 일반에서 수용된 관행이면 충분하다.[4]

모든 상황과 모든 시대를 막론하고 법으로 적용할 수 있다고 직관적으로 인정할 수 있는, 불변하는 정의의 요소를 찾아내기는 매우 어렵다. 정권은 자신의 국내법을 체제 안에서 제정해 국제적 의무로부터 벗어나기로 결정할 수 있으며, 판사들은 이렇게 제정된 법을 집행할 의무를 지게 될 수 있다. 도덕적으로 볼 때, 이를 거부하거나 사임하거나 법을 달리 해석할 방법을 찾아야 할 의무가 있다고 할 수도 있겠지만, 그들이 그러한 법을 그대로 적용했다고 해서 자국 법 아래에서 범죄를 저질렀다고 말하는 것은 다른 문제이다. 그러나 그 경우에도 국제법의 관점에서 보면 그들의 행위는 범죄로 인정될 가능성이 있다.

판사들은 왜 처벌받지 않는가?

눈앞에 놓인 질문은 이것이다. 판사들에게 유죄를 선고하는 데 반대할 만한 설득력 있는 법적 논거가 없음에도 판사들이 무죄를 선고받는 이유는 무엇인가. 생각해볼 수 있는 한 가지 이유는 전환기 정의와 관련이 있다. 정치체제가 바뀐 후 독재자와 그 지지자들을 처벌하는 것은 당연한 법칙이 아니라, 예외적인 것이다.[5] 종종 사면은 권위주의 세력이 민주세력에게 권력을 넘겨줄 때 거래의 일부가 된다. 또한 사회적 화해와 미래를 향한 전진의 필요성도 거론된다. 이전 정권의 범죄가 너무 광범위해 공범을 찾아내는 과정이 사회안정에 상당한 파열을 가져오기도 한다.6 국제관계, 정치, 평화와 정의 사이에 균형을 잡기 위해 형사책임을 묻지 않는 경우도 있다.7

그러나 앞서 살펴본 것처럼 억압과 테러를 자행한 자들이 처벌받는 경우에도 판사들은 종종 무죄로 풀려나 자유를 누린다. 나치 독일 이후 생겨난 이런 현상에 대한 가장 확실한 설명은 구 정권 판사들이 새로운 정권에서도 그대로 지위를 유지했다는 사실이다.8 그들은 경비병과 군인들을 처벌했고 의사, 관료들은 어느 정도 처벌했지만 정작 자신들은 처벌하지 않았다.9 또 다른 요인은 판사들에 대한 재판이 비교적 늦게, 즉 1940년대 말과 1950년대 초에야 시작됐다는 점이다. 이 무렵 독일을 비롯한 유럽 전역에서 나치에 대한 기소가 잦아드는 중이었다.10 그러나 이것으로는 왜 판사들이 더 일찍 기소되지 않았는지를 설명하지 못한다.

한 가지 문제는 판사들에 대한 관용이 어떻게 사회적으로 용인되었는가 하는 점이다. 법치주의를 기반으로 민주주의를 구축하는 과정에서 경험 많은 판사가 필요했기 때문에 서독에서 나치 경력을 가진 모든 판사를 전면적으로 숙청하는 일이 현실적으로 어려웠을 수 있다. 이는 마르크스-레닌주의 이데올로기로 훈련된 새로운 유형의 법률가들로 법체계를 처음부터 다시 구축한 소련 점령지역과 사정이 달랐다.

또 다른 문제는 왜 명백하게 나치에 협력한 판사들조차도 재판에 회부되어 유죄판결을 받지 않았는가 하는 점이다. 나치 정권에서 활동한 판사들을 대거 그대로 유지할 필요가 있다는 인식이 받아들여지는 순간, 향후 방향은 이미 정해진 것이었다. 이러한 상황에서 나치 판사들을 숙청하는 것보다 법치주의라는 새로운 이념을 판사들에게 주입하는 것이 더 중요하다고 여겨졌다. 그들 대부분이 많든 적든 히틀러의 범죄에 연루되어 있었다. 최악의 범죄를 저지르지 않은 판사들에 대해 처벌을 감행하는 일은 곧 많은 동료 판사를 적대시하는 셈이며 사법부에 깊은 균열을 일으켰을 것이다. 극소수만이 진정으로 결백한 상황에서, 가장 중대한 책임이 있는 이들까지 면죄부를 주는 것이 모두에게 가장 편리한 길이었다.[11] 나치 당시의 사법 관행을 "정상화"해야 할 필요도 있었다. 판사들을 공화국의 새로운 질서에 통합하면서 동시에 똑같은 공화국의 기준에 비추어 불법행위에 해당하는 과거의 관행에 책임이 있다고 추궁하기란 어려웠을 것이다.[12] 이런 관점에서 보면 연방공화국의 미래를 위한 판단이 더 중요해 보였을지도 모른다. 차라리 대열을 정비하고 과거는 잊어버리는 것이 낫게 된다.

비슷한 이유로 다른 나라에서 판사들이 받은 관대한 처분도 설명할 수 있다. 노르웨이 대법원은 점령 기간 동안 특별법원에 근무한 독일 판사들에 대해 상당한 직업적 관용을 베풀었다. 그들이 주도한 여러 재판절차는 공정한 재판의 최소 요건조차 충족하지 못했다고 할 정도였으며, 따라서 충분히 전쟁범죄로 취급할 수 있었다. 이들 중 다수는 검사로서 노르웨이인들을 "밤과 안개"작전으로 내몰았는데, 이는 미 군사재판소에서 전쟁범죄로 규정한 행위였음에도 노르웨이 법원은 그들에게 무죄를 선고했다.[13]

전쟁 중 가혹한 법률과 극단적 처벌이 있었다는 미 군사재판소의 언급에서도 독일 동료들이 처한 곤경에 매우 동정적인 그들의 태도를 알 수 있다.[14] 이러한 예들은 판사가 피고인으로 재판받게 되는 경우, 다른 일반인들이 얻기 힘든 이해를 재판부에 기대할 수 있음을 시사한다. 하지만 판사들만 이런 종류의 공감을 표현한 것은 아니었다. 남아프리카공화국 판사들은 진실·화해위원회의 진술 요구를 거부했지만 아무 일도 없었다.

위원회는 새로운 체제하에서 법치주의를 구축하는 과정에서 모든 판사들을 통합할 필요성과 판사에게 책임을 물음으로써 정의를 실현할 필요성 사이의 균형에 대해 다음과 같이 설명했다.

위원회는 '동료애' 논리를 충분히 이해한다. 이 주장은 원칙적으로 출석할 의향이 있던 판사들이 위원회에 불출석함으로써 '구체제'와 '신체제'의 판사들 간 상호 신뢰를 증진시키고 이를 통해 입헌민주주의 발전에 기여할 수 있다는 논리다. 그러나 이러한 방식으로 얻을 수 있는 이익이 있다 하더라도, 사법부가 공개적으로 겸허히 책임을 인정하는 모습을 보이는 것이 갖는 강력한 상징적 효과에 미치지 못한다. 이것이 바로 청문회의 핵심이자 헌법이 합헌성 심사라는 막중한 권한을 부여받은 사법부에 요구하는 것이다. 사법부는, 자신들이 요구하는 독립성의 정당한 필요성과 자신들이 봉사하는 남아프리카공화국 국민에 대한 책임 이행 사이에 균형을 유지할 수 있는 분별력을 보여줘야 한다.[15]

놀랍게도 많은 판사가 억압적인 시기에 법치주의를 배신한 더러운 과거를 가졌다는 사실이 사법부에 대한 사회적 관용을 가로막지 않는 것 같다. 법원에 대한 사람들의 믿음은 과거에 법원이 억압에 얼마나 기여했는지와는 무관하게 유지되는 경향이 있다. 남아프리카공화국의 아파르트헤이트 치하에서도 흑인과 유색인종의 법 시스템에 대한 신뢰도는 백인이 가지는 신뢰도와 비슷한 수준이었다.[16] 가장 회의적이고 냉소적인 시각을 가진 사람들은 이 시스템에 대해 가장 잘 아는 사람들, 즉 이 시스템을 "도덕적으로 파산한 것"으로 보았던 흑인 변호사들이었다.

이런 경험에 비추어 볼 때, 비록 억압적인 법을 집행해 어떤 끔찍한 결과를 초래했더라도, 사법 시스템에 대한 신뢰를 회복하기 위해 판사를 처벌하는 일이 반드시 필요하지는 않은 것처럼 보인다. 경우에 따라서는 사법부 내에서 민주주의와 법치주의, 미래 사회의 새로운 가치에 대한 진정성 있고 건전한 지지를 구축하는 데 집중하는 편이 더 중요해 보일 수도 있다. 그러나 이러한 논리가, 정치적 억압을 목적으로 인권을 침해하였다면 판사일지라도 다른 가해자들과 동등하게 처벌되어야 한다는 정의의 원칙까지 가릴 수는 없다.

소급처벌의 어려움

독일 연방대법원이 동독 사법부에 대한 재판에서 택한 접근법은 지나치게 형식적이라는 비판을 받아왔다. 이는 동독 판사들이 국제인권과 보편적 정의의 핵심요소에 따라 동독 법률을 해석할 여지가 있었다고 대법원이 밝힌 데에서 비롯됐다. 이 판단은 법해석 교과서에서는 타당할지 몰라도 당시 동독에서 법이 실제로 인식된 바와는 거리가 먼 해석이다.[17] 이러한 관점에서 보면, 독일 대법원은 당시 시행되던 동독 법률에 대해 새로운 해석을 시도해 그 결과를 동독 판사들에게 소급 적용한 셈이다.

법현실주의적 관점에서 볼 때 이러한 비판은 옳은 듯 보인다. 그러나 내 생각에는 후속 정권이 과거 정권의 판사들에 대해 명백한 인권침해, 용인하기 어려운 과중한 처벌, 공정한 재판을 받을 권리에 대한 실질적 침해를 저질렀다는 이유로 처벌하는 것은, 새로운 법체제를 시행해 소급적용한다고 말하는 편이 더 적절하다. 그것이 사법적 역할에 대한 사회나 판사들의 인식에도 더 잘 부합한다. 특히 폭압적인 정권이 너무 오래 지속돼서 그 정권 이전 체제의 법을 적용하겠다고 말하는 것 자체가 좀 억지스럽다는 느낌이 들 때에는 더욱 그렇다.

특히 전환기 정의에서는 그러한 소급효를 반드시 허용해야 한다.[18]

이는 유럽인권재판소의 견해와도 일치한다.[19] 재판소는 스트렐레츠 Streletz, 케슬러Kessler, 크렌츠Krenz가 독일을 상대로 제기한 소송에서 다음과 같이 밝혔다.

> 법치주의 국가가 이전 정권에서 범죄를 저지른 사람을 형사소추하는 것은 정당하다. 마찬가지로 새로운 법치국가의 법원은 이전 법원을 대신하므로, 새로운 법원이 당시에 유효했던 법조항을 법치국가의 원칙에 따라 해석, 적용한 것은 비판받을 일이 아니다.[20]

청구인들은 동독의 국가기구와 집권당이던 사회주의통일당Socialist Unity Party에서 고위직을 맡았다. 이들은 국가방위위원회의 위원이었다. 위원회는 동독의 국경 경비와 관련된 명령을 사전에 심의하는 기관이었다. 이 체제에서 서독으로 탈출을 시도하다 264명이 사망했다. 유럽인권재판소는 동독법에 대한 독일 법원의 해석을 받아들여, 후속 정권이 억압적 체제에서 시행됐던 법을 해석, 적용할 때 법치주의의 일반원칙을 적용할 수 있음을 명시적으로 승인했다. 기술적으로 말하면, 독일 법원은 법해석을 통해 법을 재구성했다. 이는 바이마르공화국에서 제3제국으로 넘어가는 과정 중에 당시 독일에서 일어났던 법적 변화와 유사하다. 그러나 실질적인 측면에서, 당시 법원은 법치주의를 무너뜨리는 데 관여했던 반면, 현재의 독일 법원은 법치주의를 옹호하는 역할을 맡는다. 이 차이가 법치주의의 관점에서 결정적 의미를 가진다.

유럽인권재판소의 견해가 시사하는 바는, 억압적인 법을 국제인권조약에 부합하도록 재해석하는 것이 허용되며, 그 결과가 소급처벌로 이어지더라도 정당하다는 것이다. 즉, 형식적으로나마 기본권 옹호를 표방하는 체제하에서는, 기본권침해 행위자들이 자신들의 행위가 훗날에까지 합법으로 간주될 것이라는 정당한 기대를 할 수 없다는 의미이다. 이러한 기대는 당시의 당국이나 법원이 해당 행위를 합법으로 간주했는지와 무관하다.

유럽인권재판소는 한 걸음 더 나아가 다음과 같이 밝혔다.

> 인권, 무엇보다도 국제인권체계에서 최고의 가치인 생명권을 명백히 침해하는 동독의 국경 경비 정책과 같은 국가 관행은 유럽인권협약 제7조 제1항의 보호 대상이 될 수 없다. 해당 관행은 그 근거로 삼아야 할 법의 실체가 없고, 사법기관을 포함한 동독의 모든 기관이 실체 없는 법을 수행하도록 강요했기 때문에, 이러한 것을 협약 제7조가 의미하는 "법"이라고 할 수 없다.

이런 발언을 통해 유럽인권재판소는 인권, 특히 노골적으로 생명권을 침해하는 법은 유럽인권협약 제7조의 의미에서 "법"이 아니라는 점에 의문의 여지를 두지 않았다. 이러한 접근방식은 라드브루흐 공식과 유사하다. 차이점은 재판소가 유럽인권협약 제7조를 근거로 해석함으로써 라드브루흐 공식이 실정법으로 전환됐다는 점이다. 인권침해를 승인하는 법이 유럽인권협약 제7조와 관련해 법으로서 효력을 갖지 못하면, 그와 같이 무효인 법에 기반해 생명권을 침해하는 것은 불법이며 그 책임자를 처벌하는 것은 정당하다.

인권의 관점에서 법을 재해석하는 방식을 선택하든, 아니면 사후에도 소급해 형사처벌이 가능하다는 견해를 택하든 유럽인권재판소의 입장은 동일하다. 중대한 인권침해를 저지른 자는 나중에 처벌받지 않으리라는 정당한 기대를 가질 수 없다는 것이다.

국제인권법상 소급처벌이 허용된다고 해서, 그것이 바로 국내법으로도 소급처벌이 허용됨을 뜻하지는 않는다. 앞서 본 바와 같이 독일 법원은 소급처벌 금지 원칙에 따라 범행 당시에는 범죄가 아니었던 행위의 처벌을 금지한다는 입장이었다. 그 후 독일 법원은 나치와 동독 정권이 승인한 잔학행위가 당시에도 금지됐다는 가상의 전제를 만들어 이 문제를 피해갔다.

소급처벌 문제는 전환기 정의의 핵심 문제이며 법치주의의 관점에서 전환기 법학이 직면한 딜레마로 설명될 수 있다. 즉, "일반적으로 법치주의가 그 사회에서 법으로 확정되어 논란의 여지가 없는 법적 규범에 따라야 함을 의미한다면, 전환기와 같은 변혁의 시기는 어느 정도까지 법치주의와 양립할 수 있는가? 이러한 시기에 법치주의는 무엇을 의미하는가?"라는 질문이 제기된다."[21] 이 문제는 비단 사법부의 책임 문제에 국한되지 않으며, 합법적인 절차를 거쳐 시행된 정책에 따라 억압조치가 이루어진 모든 사안에 해당된다. 정의의 기본원칙에 반하는 범죄를 저지른 다른 사람들보다, 판사들에게 소급처벌 금지 원칙을 더 유리하게 적용해야 할 이유는 찾기 어렵다. 미 군사재판소가 말한 것처럼, 법복이라는 보호막 아래에서 칼을 휘두를 때 억압적 범죄는 더 악질적이다. 법원이 정권의 억압을 정당화하면, 다른 국가기관들의 억압은 더욱 강화되며, 저항하는 사람들의 목소리는 더욱 약해진다. 따라서 판사라는 이유로 국가적 범죄를 저지른 다른 사람들보다 더 큰 보호를 받아야 할 이유가 없으며 소급처벌에서 특별히 면제될 필요도 없다.

다른 나라 법원에서도 소급처벌 금지 원칙은 절대적이지 않으며 국가기관의 지위에서 저지른 행위를 처벌하는 데 장애가 되지 않는다고 판결한 바 있다. 덴마크에서는 전쟁 이후 소급입법을 금지하는 구체적 헌법 조항이 없었다. 그럼에도 독일 점령기에 저지른 행위를 소급하여 범죄로 처벌하는 법을 제정해야 하는지가 중요한 쟁점으로 떠올랐다.[22] 비록 헌법에 명시되지 않더라도, 죄형법정주의 원칙의 일부로서 소급처벌 금지 원칙은 법치주의의 근본원칙으로 간주되어야 한다. 그러나 외세가 국가를 점령한 것과 같은 특수한 상황에서는 이 원칙이 온전히 적용될 수 없었다. 당시 소급적으로 범죄로 인정된 행위들은, 그 당사자가 당시 자신의 행위가 위법하다는 점을 의심할 여지가 없었을 정도로 명백한 것이었다. 물론 소급입법은 법치주의에 대한 존중을 약화시킬 우려가 있으므로 신중하게 이루어져야 한다. 반면 이런 행위들을 처벌하지 않고 그대로 방치하면 그 역시 법치주의에 대한 존중을 약화시킬 수 있다는 점 또한 고려해야 한다. 그 결과, 1945년 6월 덴마크 의회는 독일 점령기에 저지른 행위에 소급적용할 법을 제정했다.

네덜란드에서는 독일 점령군 2인자였던 피고인이 소급적용 금지 원칙의 항변을 제기했다. 그는 1947년 제정된 법률에 따라 그의 행위가 범죄로 규정되어 기소에 이르렀다. 그러나 네덜란드 고등법원은 다음과 같은 이유로 그 항변을 기각했다.

> 항소인은 그러한 행위가 지금에 와서야 범죄로 규정됐다고 주장한다. 그러나 그의 주장은, 오랫동안 그런 행위가 전 세계적으로 '불법행위', '전쟁범죄', '전범행위' 등으로 인정돼왔으며 제2차 세계대전 이전에도 독일을 비롯한 여러 국가에서 처벌됐다는 사실을 무시한다.[23]

유엔 전범재판위원회는 이에 대해 다음과 같이 논평했다.

> 이 점에 대한 법원의 주요 논거는 적어도 전쟁범죄 및 반인도적 범죄와 관련된 국제 형법 분야에서 처벌의 유형과 심각성을 규정한 법조문이 반드시 필수적인 전제조건은 아니라는 것이었다. 중요한 것은, 해당 범죄가 그 중대성에 비추어 모든 문명국가의 형사사법 기준에 따라 처벌받을 만한 행위였다는 사실이다. 이는 뉘른베르크 국제군사재판소가 주요 나치 전범들에 대한 사건에서 내린 판결과도 일치한다.[24]

노르웨이 헌법 제97조는 "어떤 법도 소급효를 부여해서는 안 된다"라고 명시하고 있다. 그러나 점령 기간 동안 런던에서 망명정부로 활동을 이어간 노르웨이 정부는 그곳에서 임시로 법을 제정해 부역행위와 반역행위를 범죄로 규정했다. 또한 기존 법률이 전시에 한해 허용했던 사형제도의 적용범위를 확대하였다. 이러한 조치가 없었다면 노르웨이는 종전 후 부역자와 반역자에 대한 재판에서 사형 선고를 할 수 없었을 것이다.

정부와 법무부 고위관료들은 점령이라는 특수한 상황에서 법을 소급적용할 수 있다는 입장을 취했으나, 법원은 대부분 받아들이지 않았다.[25] 예외적인 사건은 독일 게슈타포 대원들에 대한 재판이었다. 그들은 신문 과정에서 고문을 가해 결국 사망자가 발생하기도 했다. 이 사건에서 법원은 1945년에 제정된 임시 법을 적용했는데, 이 법은 전쟁범죄에 대해 사형을 선고할 수 있도록 허용하고 있었으나, 범행 당시 형법에는 살인이나 고문에 대해 사형을 허용하는 규정이 없었다. 노르웨이 대법원은 이 사건(클링에Klinge 사건)에서 11 대 2의 다수의견으로 사형 선고를 승인했다.[26] 다수의견에 선 스카우Skau 대법관은 전쟁범죄가 국제법에 따른 범죄이며 국제법은 그에 대해 사형을 허용한다는 것을 근거로 제시했다. 그는 또한 소급처벌에 대한 보호는 국가로부터 국민을 보호하기 위한 정의 개념에 따른 것이지, 국가를 공격한 적국 범죄자를 보호하는 원칙은 아니라고 지적했다. 다수의견은 유엔 전쟁범죄위원회의 지지를 받았는데, 위원회는 이에 대해 다음과 같이 논평했다.

> 이 판결이 국제법이 허용하는 재량권을 부당하게 행사했다고 볼 여지는 전혀 없다. 피고인의 가혹행위로 피해자가 사망했기 때문이다.[27]

그럼에도 이 판결은 노르웨이 법학계로부터 비판을 받았다. 2010년 노르웨이 대법원은 보스니아 헤르체고비나 출신 전범에 대한 재판에서 이 판결을 번복했다.[28] 피고인은 보스니아-세르비아 전쟁 중 저지른 반인도적 범죄로 기소됐는데, 전쟁 당시에는 반인도적 범죄가 노르웨이 형법상 범죄로 규정되어 있지 않았다. 대법원은 전원합의체로 심리를 진행한 결과, 사건의 실체 판단 부분에 대해서는 의견이 엇갈렸지만, 클링에 판결의 번복에는 판사 전원이 동의했다.

대법원은 다음과 같은 다소 형식적 논리로 클링에 공식의 적용을 거부했다. "우리나라에서 헌법 제97조는 형법 분야에서 절대적인 보호를 보장하며, 이러한 보호는 모든 사람에게 주어져야 한다"[29]는 것이다. 이 판결은 적절하지도 않았고 꼭 필요한 것도 아니었다. 피고인은 다른 형법 조항에 의해서도 처벌이 가능했고, 실제로 그에 따라 처벌되었기 때문이다. 결과적으로 법치주의 관점에서 피고인의 권리에 중대한 영향을 미치는 쟁점은 없었다. 소급처벌 금지와 명확한 법적 근거 없는 처벌 금지는 법치주의의 중요한 요소이긴 하지만, 대법원의 위 판결로 인해 노르웨이는 앞으로 유사한 상황에서 억압적 법률에 따라 인권침해를 저지른 책임자를 더 이상 처벌하기 어렵게 됐다. 따라서 이런 상황이 다시 발생하면 노르웨이 법원은 가해 책임자를 재판에 회부하기 위해서 독일 법원이 사용했던 가상의 전제fiction에 의존해야 할지도 모른다. 즉, 새로운 법치주의 상황에서 법원이 과거의 법을 소급적으로 재해석함으로써 그 법은 더 이상 "법"이 아니라고 선언하는 방식이다.

책임 추궁은 충분했나?

어떤 이들은 인권침해가 분명히 드러나는 법률을 집행하여 그 결과 개인의 권리에 대한 명백하고 실질적인 침해를 초래한 판사에게 책임을 묻는 것만으로는, 억압에 가담하고 이를 지지한 행위에 대한 제재로 충분하지 않다고 반론을 제기한다. 그렇다면 명백하고 실질적인 정도에 이르지는 않은 불법적인 법과 판결에 대해서는 어떻게 해야 하는가? 왜 판사들은 그러한 인권침해에 어떠한 책임도 지지 않고 빠져나갈 수 있어야 하는가?

동독 판사들에 대한 독일연방대법원의 판결은 지나치게 관대하다는 비판과 함께, 동독 체제를 비판한 이들에 대한 유죄판결을 법적으로 승인해주면서 억지 유추와 사실 왜곡에 기반한 판결까지 받아들였다는 비판을 받았다.[30] 사실, 대법원이 취한 논리 때문에 국제적으로 인정된 시민적·정치적 기본권을 침해하는 판결들조차도 동독법상 합법적인 것으로 인정될 수밖에 없었다. 대표적 예로 국외여행 금지 정책에 대해 사소한 불만을 드러냈다는 이유만으로도 장기 징역형으로 처벌받은 수많은 사례들이 존재했다.

그러나 후속 정권이 그러한 사법적 행위를 모두 범죄로 간주하고 해당 판사에게 책임을 묻는 것이 이러한 문제에 대한 해결책이라고 쉽게 단정할 수는 없다. 앞서 검토한 국내외 사례를 보면 현재까지는 판사의 형사책임을 좁게 해석하는 방향으로 관행이 형성되었다. 독일 대법원이 취한 태도를 뛰어넘는 해석은 국제법과 관행의 지지를 받기도 어렵고 소급적용 금지 원칙과 관련해 훨씬 더 어려운 문제를 야기할 것이다. 이어지는 장에서 보겠지만, 억압적인 정권이나 법체제 아래에서 이루어진 사법행위에 대해 광범위하게 판사의 책임을 추궁하는 것은 사법부의 독립과 사법면책의 원칙과도 충돌할 가능성이 크다.

"명백하고 실질적인 인권침해"라는 기준은 일부에게는 다소 모호하고, 판사의 책임 범위를 정하는 데 거의 도움이 되지 않는다고 여겨질 수 있다. 그 자체로 법치주의와 모순된다는 비판이 제기될 수 있다. 그러나 이 기준이 실제 적용돼 온 방식을 살펴보면 이러한 비판은 거의 설득력이 없다. 반면 이 기준을 조금 더 구체화함으로써 판사가 어려운 상황에 처했을 때 스스로 자신의 행동지침을 찾아낼 수 있도록 할 수 있다. 유용한 출발점은 「국제형사재판소에 관한 로마규정」이다. 규정은 제6조부터 제8조에서 집단살해, 반인도적 범죄, 전쟁범죄를 국제형사재판소 관할 범죄로 정의한다.[31] 노예제, 집단살해, 인종차별, 고문 금지는 국제법의 기본규범, 즉 보편적 구속력이 있어 임의로 배제할 수 없는 규범으로 자주 언급된다.[32]

집단살해, 즉 제노사이드의 핵심은 국가, 민족, 인종 또는 종교집단의 전체 또는 일부를 파괴하려는 의도이다. 반인도적 범죄와 전쟁범죄의 핵심은 광범위하거나 체계적인 공격, 계획이나 정책의 일부 또는 대규모 실행의 일부인지에 있다. 법률적 수단을 활용하는 경우, 이러한 범죄요소들— 목적, 정책 및 광범위하거나 체계적인 규모의 실행—이 그 안에 포함되는 경우가 많다. 따라서 나치 법조인들에 대한 미 군사재판소 판결에서 보듯이, 이런 법률을 적용하는 과정에서 판사는 범죄의 성립요건을 충족하는 상황에 놓이기 쉽다.

미 군사재판소는 「통제위원회법 제10호」를 처벌의 법적 근거로 들면서 첫머리에서 다음과 같이 선언했다.

> 우리의 해석에 따르면, 이 조항은 정부가 조직하거나 승인한 체계적인 절차에 의식적으로 참여해 독일 국민을 대상으로 저지른 범죄와 민간 주민을 대상으로 한, 이 법에 규정된 범죄행위 또는 종교적, 인종적, 정치적 이유로 이루어진 박해행위를 처벌하도록 정하고 있다.[33]

미 군사재판소가 제시한 "정부가 조직하거나 승인한 체계적인 절차" 또는 로마규정이 제시한 "광범위하거나 체계적인 공격, 계획이나 정책의 일부 또는 대규모 실행의 일부"라는 요건과 함께 "명백하고 실질적인 인권침해"라는 요건을 모아 살펴보면, 형사처벌의 대상과 근거가 더 구체화된다. 역사적 경험으로 보면, 후속 정권이 인권을 탄압하고 억압했던 이전 정권의 범죄자들을 처리할 때 여기에서 더 나아갈 가능성은 거의 없어 보인다. 따라서 '체계적인 공격'이라는 요건을 포함한다고 해서 독재정권의 잔재를 처리하는 전환기 정의의 실효성을 약화시키지는 않을 것이다. 오히려 이러한 요건은 전환기 재판에서 법치주의의 원칙을 강화하며 "명백하고 실질적인 인권침해"라는 기준이 당시의 법률을 적용한 판사에 대한 형사재판에 적용하기에는 너무 모호하다는 주장을 반박하는 근거가 될 수 있다.

로마규정에서 다루는 위반행위의 성격은 제7조에 반인도적 범죄로 열거한 행위 목록을 살펴보면 이해할 수 있다.

(a) 살해

(b) 절멸

(c) 노예화

(d) 주민의 추방 또는 강제이주

(e) 국제법의 근본원칙을 위반한 구금 또는 그밖에 신체적 자유를 심각하게 박탈하는 행위

(f) 고문

(g) 강간, 성적 노예화, 강제매춘, 강제임신, 강제불임 또는 이에 상당하는 형태의 중대한 성폭력

(h) 이 조항에 규정된 어떠한 행위나 재판소 관할범죄와 관련, 정치적·인종적·국민적·민족적·문화적·종교적 및 제3항에 정의된 성별 또는 국제법상 허용되지 않는 것으로 보편적으로 인정되는 다른 사유에 근거하여 한

어떠한 동일시될 수 있는 집단이나 집합체에 대한 박해
(i) 강제실종
(j) 인종차별범죄
(k) 그밖에 유사한 성격의 반인도적 행위로서, 신체 또는 정신적·육체적 건강에 중대한 고통이나 심각한 피해를 고의적으로 야기하는 행위.

특히 권위주의적이거나 억압적인 조치를 집행해야 하는 판사들에게 중요한 조항은 다음과 같다. 국제법의 근본원칙을 위반하는 "구금 또는 그밖의 신체적 자유의 심각한 박탈"과 "정치적, 인종적 및 기타 사유로 이루어지는 집단이나 집합체에 대한 박해" 조항이다. 적법절차 보장 없는 구금조치나 정권에 대한 저항과 비판을 탄압하는 조치가 이루어지는 경우, 위 조항들에 대한 위반행위가 쉽게 발생한다. 예를 들어, 이런 조치가 비상입법 형태로 제정될 경우, 이는 체계적 조치이며 국가의 계획 또는 정책의 일부로 실행되는 것으로 간주해야 한다. 특정 정치집단이나 민족집단에 대해 사법적 보호를 조직적으로 박탈하는 경우도 마찬가지이다.

공정한 재판을 위한 최소한의 보장을 박탈하거나 극도로 부당한 처벌을 내리는 경우, 반드시 거기에 차별 요소가 존재해야 하는 것은 아니다. 유럽인권재판소는 최근 판결에서 국가가 합법적으로 부과할 수 있는 형사처벌에 대해 정의의 근본원칙으로 그 한계를 설정할 수 있다고 밝혔다. 2012년 1월 17일 판결에서 재판소는 양형의 문제는 대체로 유럽협약의 적용범위 밖에 있지만, 현저하게 형평성을 잃은 양형은 협약 제3조 위반이 될 수 있다고 인정했다.[34] 그러나 유럽인권재판소는 "현저하게 형평성을 잃은"이라는 표현은 매우 엄격한 기준이며 "예외적이고 특별한 경우rare and unique occasions"에만 충족될 수 있다고 판시했다. 적용 기준으로는 형량이 "인류의 양심에 충격을 주거나" 정의의 근본원칙을 위반하는지가 될 수 있다.

유럽인권재판소는, 범죄의 성격과 정상참작 사유를 고려할 때 현저하게 형평성을 잃었다는 점이 인정되지 않는 한, 가석방없는 종신형 그 자체가 협약 제3조 위반은 아니라고 판단했다. 문제의 사건은 청구인들의 항소로 대심판부grand chamber의 결정을 기다리는 중이다.*

물론 이 경우에도 과중한 형벌을 선고하는 판사가 곧 형사범죄를 저질렀다는 의미는 아니다. 그러나 이러한 점은 독일 연방대법원이 동독 판사 사건에서 내린 판결을 뒷받침하는 근거가 된다. 즉, 용인하기 어려울 정도로 형평성을 잃은 처벌은 정의의 근본원칙에 반하며, 설령 판사가 실정법에 따라 적용한 것일지라도 합법성이 부정될 수 있다는 것이다.

---

* 영국은 종신형에 종신복역 명령을 부가할 수 있는데, 18세 이상의 범죄자에 대해 법원이 그 범죄 행위의 심각성 등을 종합적으로 고려해 가석방 심사 최소기간을 설정하는 것이 부적절한 경우 종신복역 명령을 부가하도록 하고 있다. 이 경우 가석방심사위원회를 통해서는 석방이 안 되고 특별한 참작(compassionate)사유가 있을 경우에만 예외적으로 석방할 수 있다. 이 제도가 사실상 가석방 없는 종신형이 아닌지, 그와 같다면 유럽인권협약 위반이 아닌지가 쟁점이 되었다. 이 사건에서 청구인들은 종신형 제도가 감형사유를 명확히 하고 있지 않아 사실상 감형이 어렵다는 이유로 유럽인권협약 제3조 위반을 주장했는데, 1심에서는 본문에서 본 것과 같은 이유로 가석방 없는 종신형 제도 자체를 협약 위반이라고 할 수 없다고 판결했다. 항소 결과 유럽인권재판소 대심판부는 2013년 명확한 석방 가능성이나 검토 절차가 없는 종신형은 협약 제3조 위반이며, 영국의 종신형제도는 그 감형 사유가 명확하지 않으므로 협약 위반이라고 판결했다. 그러나 2014년 영국 고등법원은 맥러린(R v McLoughlin) 사건에서 재판소의 판결을 반박하며 영국 법률이 종신형 수감자에게도 예외적 상황에서 석방될 수 있는 명확한 가능성을 제공한다고 판결했으며, 2017년 1월 17일, 유럽인권재판소는 허친슨(Hutchinson v The United Kingdom) 사건에서 이전의 빈터(Vinter) 판결과 달리, 위 종신형 제도가 협약 제3조 위반이 아니라고 판결했다. 결국 영국의 종신형 제도가 가석방 가능성을 허용하고 있는지에 따라 유럽인권재판소의 판결이 번복됐지만, 판결의 다른 쟁점 즉, 가석방 없는 종신형 제도가 유럽인권협약 제3조 위반 가능성이 있다는 점까지 번복된 것은 아니다.

3부
판결의 도덕적 측면

14장
법실증주의 명제

사법부의 공모 이유

도덕에 반하는 법이 과연 "법"인지, 그리고 그 법을 따를 의무가 있는지를 떠나, 판사 또한 인간이며, 하나의 개별적 존재이자 사회 구성원으로서 도덕적 책임을 지닌다. 억압적인 상황에서, 한나 아렌트가 말한 것처럼, 판사 또한 어떤 행위를 저지른 후에도 과연 어디까지 스스로를 용납하며 살아갈 수 있는지 자문하게 된다.[1] 많은 사람이 법 뒤에 숨어서 자신을 법과 정의의 수호자로 자부하면서, 법과 정의를 지킨다는 행위가 실제로는 타인의 억압에 가담하는 것일지라도 스스로 떳떳하다고 여긴다.

1부에서 살펴본 바와 같이 판사들은 정권의 억압에 반복적이고 지속적으로 기여해 왔다. 그들이 법치주의 아래에서 훈련받고 판사로 활동해왔다고 해서 예외는 아니다. 2부에서는 이런 행위가 정당화될 수 없는 상황에서 이루어졌으며, 그럼에도 판사들은 거의 처벌되지 않는다는 점을 확인했다. 형사법의 관점에서, 그들의 행동은 오히려 이해의 여지가 있다고 여겨지며, 비난보다는 연민의 대상이 되기도 한다.

법치주의는 판사가 개인의 권리와 존엄을 옹호하며 법이 국가기관을 포함한 모든 이에게 동등하게 적용된다는 이념을 바탕으로 한다. 그러나 법치주의 이념조차도 판사들이 법을 억압과 박해의 도구로 변질시키는 데 일조하는 것을 막지는 못한다. 형사처벌 여부와 무관하게, 우리는 왜 법의 수호자가 되어야 할 판사가 법치주의의 숭고한 이상을 그토록 노골적으로 배반하는지, 나아가 그 책임이 주로 법 자체에 있는지, 사법부의 역할에 있는지, 아니면 판사 개개인에게 있는지 묻게 된다.

판사가 이런 일에 연루되는 이유는 언뜻 명백해 보인다. 자신의 도덕적 신념과 모순되는 경우에도 법을 준수해야 한다는 의무 때문이라는 것이다. 대부분의 학자와 이론가들은 판사는 법을 따라야 할 의무를 부담하며, 비록 도덕적으로 바람직하지 않은 결과가 되더라도 법 규정을 무시하는 것은 법적으로나 도덕적으로도 금지된다고 보는 듯하다. 반면 많은 일반인은 결과가 명백히 부당하거나 불공정한 경우 이런 의무가 적용되지 않으며, 특히 극악한 정권 아래에서는 판사들이 법을 따를 이유조차 없다고 생각하는 듯하다.[2] 그럼에도 판사들은 여전히 법을 따르며, 심지어는 이를 옹호하기조차 한다. 남아프리카공화국 판사들이 진실·화해위원회에 제출한 의견서에서도 이러한 태도를 확인할 수 있다.[3] 그렇다면 이 현상은 어떻게 설명할 수 있을까?

사회학적 관점에서 보면 그 답은 비교적 명확하다. 판사도 다른 사람과 마찬가지로 압도적 힘에 굴복할 수밖에 없다. 판사는 국가의 강제력 행사에 대해 규범적 판단권한을 가졌지만, 그 강제력을 실제로 통제하는 것은 아니다. 국가체제 붕괴에 대한 두려움이나 대내외적 위협으로 사회불안이 가중되는 상황에서 법률교육을 받은 이들이라고 해서 예외가 되지 않는다.[4] 대중의 집단적 히스테리를 거스르려 할 때 판사들은 대중의 거센 비판에 직면하게 되며, 쉽게 영향을 받는 상태에 놓인다. 이런 상황에서는 자유를 지지하는 시민사회의 강한 목소리가 사법부를 보호해주지도 못한다. 개인적 두려움도 한몫하게 된다. 독재자가 사법부에 직접적으로 무력을 행사하는 경우는 드물지만, 그렇다고 해서 판사들이 자신의 신변안전에 대한 두려움과 무관하게 정권의 편에 서는 것은 아니다.[5]

두 번째는, 권위주의 통치자들이 종종 사회 엘리트들의 지지를 받으며, 판사들 또한 배경이나 직업 특성상 엘리트 계층에 속한다는 설명이다. 극단적인 상황에서는 법조계와 사법부 구성원들이 직업적 소명이나 논리를 버리고 계급적 이해관계에 따라 행동하기도 한다.[6] 아파르트헤이트 상황에서 남아프리카공화국 판사들이 보인 행동이 좋은 예이다. 그들은 모두 백인 소수집단의 일원으로 과두정을 옹호했고, 나아가 과두정이 전체주의적 요소를 지닌 독재국가로 변모하는 데 일조했다. 정치적·사회적 세력과 계급적 이해관계는 사법적 행위와 지배 엘리트에 대한 지지를 설명하는 핵심요소들이다. 조너선 글로버 Jonathan Glover는 20세기 도덕사를 다룬 저서에서 정치와 심리학이 긴밀하게 얽혀 있다고 지적한다.[7] 권위주의적 통치자뿐만 아니라, 권위주의 통치를 방지하고자 설계된 제도와 체계 또한 목표 실현을 위해 관료와 대중의 지지를 필요로 하기 때문이다. 공론장의 분위기는 재앙이 초래될 것인지, 아니면 방지될지를 결정짓는 중요한 요인이 될 수 있다.

판사는 법에 충실해야 하는 여러 가지 개인적, 제도적 이유를 가지고 있다.[8] 다른 사람과 마찬가지로 판사도 경력을 쌓을 길을 찾는다. 정권에 협조하면 직업 안정성과 승진이 보장된다. 나치 독일의 많은 판사가 정권에 동조한 이유는 바이마르공화국 시절에 거의 상실하다시피했던 사회적 지위를 회복할 기회로 여겼기 때문이었다. 세 번째 설명은 법원이 결국 국가기관이라는 점에 있다. 판사로서 계속 근무한다는 것은 국가의 법을 적용하고 집행하는 직무를 수락함을 의미한다. 판사의 지위에서 자신이 권한을 행사하는 실정법 체계를 유지하는 데 일정 부분 도덕적이거나 최소한 심리적 측면에서 책임감을 갖게 되는 것이다. 마지막으로, 판사들 스스로 선택의 여지가 없다고 느끼는 것이다. 법치주의의 관점에서 보더라도 무작정 거부하는 것이 훨씬 더 나쁜 상황을 초래할 것처럼 보일 수도 있다. 법의 울타리를 벗어난 노골적인 무력 사용보다는 어느 정도 법의 틀 안에서 사법적으로 개입하는 편이 더 나은 선택일 수 있다고 생각하는 것이다.

사회적·정치적 설명이 설득력을 지닌다 하더라도, 여전히 판사가 정권을 지지하기로 한 자신의 선택을 어떻게 정당화하는지, 자신의 행위를 법치주의와 인권 보호라는 내면의 이상과 어떻게 조화시키는지에 대해서는 충분히 설명하지 못한다. 또한 이러한 설명만으로는 현실을 충분히 드러내지 못한다. 계급적 이익을 지키려 하거나 개인적 경력에 연연해하지 않는 판사들도 있다. 남아프리카공화국의 커먼로 판사들이 훌륭한 예이다. 5장에서 본 것처럼 나치 독일에서도 그와 같은 사례가 존재한다. 사법부와 권력의 공모는 단순히 집단적 이해관계나 기회주의만으로는 쉽게 설명되지 않는 조건에서도 다양하게 나타난다. 그렇다면 독일 점령 아래에서 벨기에, 덴마크, 네덜란드, 노르웨이의 사법부가 보여준 차이는 어떻게 설명할 수 있는가?

사회학적 또는 이념적 관점에서는 비교적 분명한 사안임에도 법이론 내 학문적 논의를 살펴 보면, 판사들이 억압에 기여한 이유를 설명할 필요성이 여전히 절실해 보인다. 그 이유 중 하나는, 박해와 억압의 실제 사례들이 서구 법전통에서 탄생한 법치주의의 개념과 너무나도 상충되기에 법집행의 최고 책임자들이 이에 가담했다는 사실을 쉽게 받아들이기 어렵기 때문이다. 특히 법조계와 사법부 구성원들에게는 더욱 받아들이기 어려운 문제일 수 있는데, 스스로를 법치주의의 수호자로 여길 수 있기를 바라기 때문이다. 따라서 사회이론의 관점에서 비교적 명확한 답이 가능한 것처럼 보이는 이 질문이 법이론 분야에서는 큰 논쟁 대상이 되어 왔다.

법이론의 관점에서 보면, 판사가 잔학행위에 기여할 수 있는 법체계에는 어떤 결함이 있다고 보아야 한다. 겉보기에는 법질서처럼 보이는 것이 실제로는 법질서가 아닐 수도 있거나 아니면 법을 해석하는 접근법과 방법론에 어떤 문제가 있어 판사들이 법치주의 수호자의 임무에서 이탈하게 되었을 수도 있다. 만약 판사들이 진정한 의미의 법과 권위주의 정권이 만들어낸 억압적인 비법 상태를 구분하지 못하는 게 원인이라면, 그 해답은 그 두 가지 요소가 결합된 형태일 수도 있다.

판사를 이해하는 데 가장 흥미로운 논점은 법적 추론의 역할에 관한 것이다. 부정의한 법이 진정한 의미에서 법으로 간주될 수 있는지는 이론적으로 흥미로운 주제이지만, 판사가 실천적으로 그 구분을 할 수 있어야 하므로 이러한 논의는 오히려 본질적인 질문을 피해가는 측면이 있다. 결국 중요한 쟁점은 판사가 실제로 사용과 적용이 가능한 법적 방법론이 무엇인가 하는 질문으로 수렴하게 된다. 억압에 대한 사법부의 기여를 설명하는 데 법적 방법론이 차지하는 중요성에 대해서는 다양한 견해가 제시되었다. 아래에서 살펴보겠지만, 판사의 이러한 기여가 그들이 고수하는 특정 방법론, 예를 들어 법실증주의(라드브루흐)나 "자유법" 운동free law movement(베렌츠Behrends) 때문이라는 견해가 있다. 반면 법적 방법론의 중요성을 부정하고(뤼터스, 커런) 서로 다른 법적 방법론은 판사들에게 단지 다양한 수사학적 형식을 제공할 뿐이라고 주장하는 견해도 있다(오시엘). 또 다른 입장은 방법론의 정치적 측면을 강조하기도 한다(다이젠하우스).

아래에서는 나치 독일과 남아프리카공화국 사례를 중심으로 이 논의를 검토하고자 한다. 먼저 법실증주의가 사법적 행위를 설명할 수 있다는 가장 일반적인 주장을 검토하고 이를 반박한 뒤, 그러한 협력의 원인과 책임이 판사 개인에게 어느 정도 귀속될 수 있는지를 다룰 것이다. 또한 억압적인 정권 아래에서 판사로 활동하면서 그 억압을 완화하려는 시도가 과연 차악次惡으로서 정당화될 수 있는지 그 타당성을 살펴본다. 그다음으로 지난 수십년간 기본권과 인권보호를 위해 등장한 국제법 체계가 지니는 중요성을 살펴볼 것이다. 마지막으로 법적 추론의 정치성을 보여주려 한다. 특정 조건에서, 즉 입법과 사법이 더 이상 대등한 힘을 갖지 못하게 되었을 때 법적 추론은 정치적 추론이 된다. 입법자가 법에 맞서 전쟁을 벌일 때, 법적 방법론은 정치적 문제로 전환되며, 이는 입법자가 사법부에 특정 방법론을 취하고 법률업무의 본질과 목적을 새롭게 정의하도록 요구하는 것을 의미하는 한편 판사 역시 선택의 기로에 놓이게 되는 것을 의미한다. 다양한 법적 접근법이 어떤 결과를 낳는지는 구체적 상황에 따라 달라진다. 따라서 어떤 방법론이 법치주의에 유리하고 어떤 방법론이 폭정을 조장한다고 미리 단정할 수는 없다. 판사가 어떤 방법론을 선택하는가는 그가 정권의 억압에 얼마나 가담하게 될지를 직접적으로 결정짓는 요소가 된다.

라드브루흐와 나치 독일

세바스찬 하프너Sebastian Haffner는 베를린 항소법원이 어떻게 자부심 넘치던 프로이센 법원에서 나치 법의 하수인으로 전락했는지 생생하게 들려준다. 1933년 4월, 유대인 출신 판사 한 명이 교체되고 그 자리에 젊고 활기찬 얼굴에 금발과 빛나는 뺨을 가진 "나치 친위대 고위층"이던 하급심 법원 출신의 젊은 법학자가 임용됐다. 하프너는 그 후로 판사들의 심의가 어떻게 변했는지를 다음과 같이 기록하고 있다.

심의 자체도 종종 기이했다. 신임 판사는 자신감 넘치는 목소리로 전에 들어본 적 없는 법조문을 쏟아냈다. 그가 설명하는 동안 이제 막 시험에 합격한 참사관 신분의 연수생들이던 우리는 서로 눈빛을 주고받았다. 마침내 주심 판사가 극히 정중한 태도로 "동료여, 혹시 민법 제816조를 간과한 것은 아닌지요?"라고 말했다. 그러자 신임 판사는 방금 구술시험에서 실수한 수험생처럼 당황한 표정을 지으며 법전을 훑어보고는 가볍게 "아, 맞네요. 그 반대의 경우네요"라고 인정했다. 이것이 바로 구舊법의 승리였다.

그러나 다른 경우도 있었다. 신임 판사가 물러서지 않고 다소 과장된 목소리로 유창한 연설을 펼치며 여기서는 법조항이 우선될 수 없다고 주장하는 일이 있었다. 그는 동료 판사들에게 법조문보다 그 의미가 더 중요하다고 훈계조로 말하기도 하고 때로는 히틀러를 인용하기도 했다. 그런 다음 낭만주의 연극의 주인공 같은 몸짓으로 도저히 받아들이기 어려운 결론을 밀어 붙였다. 이런 와중에 프로이센 법원 판사들의 표정을 바라보는 것은 안타까운 일이었다. 그들은 형언할 수 없는 허탈한 표정으로 노트를 내려다보며, 손가락으로는 종이 클립이나 종이 조각을 신경질적으로 비틀고 있었다. 예전에는 지금처럼 궤변을 늘어놓는 이를 간단히 묵살해 버렸겠지만 지금은 그 헛소리가 최고의 지혜로 포장되어 국가의 전폭적 지원을 받는 현실이 되었다. 그들에게는 국가적 신뢰 부족을 이유로 한 면직, 생계 위협, 강제수용소 추방 등 온갖 위험이 도사리고 있었다. 판사들은 헛기침을 하며 "물론 당신의 의견에 동의하지만…… 당신도 이해해 줄 것이라 보고……"라고 말했다. 그들은 민법에 대한 최소한의 이해를 간청하면서 그나마 자신들이 구해낼 수 있는 것을 구해보려고 애썼다.

이 모습이 1933년 4월 베를린 항소법원의 풍경이었다. 150년 전 이 법원의 판사들은 프리드리히 대왕에 맞서, 국왕에게 유리한 판결로 변경하느니 차라리 감옥에 갇히는 것을 선택하는 결단을 보여준 이들이었다. 프로이센에서는 누구나 포츠담의 방앗간 이야기를 알고 있으며, 사실 여부와 관계없이 그 이야기는 법원의 고고한 명성을 상징하는 일화였다. 방앗간 풍차가 상수시 궁전의 경치를 해친다고 생각한 왕은 방앗간 주인에게 건물을 팔 것을 제안했으나 주인은 이를 거절했다. 그러면 쫓겨날 것이라는 왕의 협박에, 방앗간 주인은 "폐하, 그렇다 해도 베를린에는 아직 항소법원이 있습니다"라고 응수했다. 오늘날까지도 이 방앗간은 궁전 옆에 그대로 서 있다.

그러나 1933년의 법원은 순순히 정권에 굴복했다. 프리드리히 대왕 같은 권력자의 개입도, 히틀러의 직접 개입도 필요없었다. 법 지식이 부족한 하급 법원 판사들 몇 명으로도 충분했다.[9]

하프너는 나치가 집권한 지 불과 몇 달 만에 프로이센의 사법제도가 눈앞에서 무너져 내리는 장면을 목격했다. 이러한 일이 어떻게 가능했을까? 단지 베를린 항소법원뿐만 아니라 독일 사법부 전체에서 이런 일이 벌어진 이유는 무엇인가?

구스타프 라드브루흐는 그의 유명한 논문 '법형식의 불법과 초법적 법'에서 독일 판사들이 나치 정권에 헌신하게 된 주요 원인이 법실증주의에 있다고 주장했다. 자의적이고 범죄적인 내용의 법률 앞에서 법실증주의가 판사들을 무방비 상태로 만들었을 뿐 아니라, 입법의 남용에 맞설 수 있는 어떠한 방어기제도 제공하지 못했다는 지적이다. 그는 독일이 더 이상 무법국가로 전락하지 않기 위해서는 법실증주의를 극복해야 한다고 강조했다.

라드브루흐의 이런 주장은, 법실증주의가 주된 원인이라는 그의 분석과 함께, 동시대 많은 학자로부터 공감을 얻었다. 1930년대 나치 독일을 피해 미국으로 망명한 카를 뢰벤슈타인Karl Loewenstein 역시 결코 독일 법학자들에게 동정적인 입장을 취할 이유가 없는 인물이었지만, 다음과 같이 독일 법체계를 비판했다.

> 나치 법체계에서 진정으로 분노를 자아내게 하는 점은 가장 자의적이고 부당한 행위조차도 법령, 포고령 또는 이와 유사한 규범의 형태를 갖추었다는 점이다. 규범의 형식을 갖추기만 하면 그 내용이 자의적이어도 판사들은 "법"으로 간주하고 적용했다. 독일 판사는 성문법을 숭배하고 그 조문 글자

하나하나를 노예처럼 따른다. 국가 권위에 의해 제정된 이상 자신이 적용해야 하는 법의 본질적 정의에 대해 의문을 품지 않으며, 전혀 동요하지 않는다. 그는 그 권위가 정당한지조차 문제 삼지 않는다. 이러한 태도는 그의 계급적 위치에서 비롯된 것이며, 이는 영미권 국가의 판사들과 비교할 때 더욱 두드러진다. 영미권 판사들은 대부분 임명 이전에 변호사로 활동하며 국가와 맞서본 경험이 있기 때문이다.10

법실증주의는 전후 독일 법조계의 집단적 자의식에 빠르게 자리 잡으면서 독일 법률가들이 취했던 행동에 대한 설명뿐만 아니라 변명과 면죄부의 역할도 맡았다. 1930년대에 나치 이념의 신봉자로 활동하며 법실증주의를 맹렬히 공격했던 법률가들조차도 이후에 그 이론을 적극적으로 옹호했다. 저명한 법이론가인 카를 슈미트Carl Schmitt는 뉘른베르크 재판에서 검사인 로버트 켐프너Robert Kempner와 신문 과정에서 독일 고위 공직자들이 히틀러를 추종하게 된 것은 합법성에 대한 독일인의 신념 때문이며, 법실증주의가 당시 독일에서 법에 대한 확고한 관점이었다고 주장했다. 법실증주의 관점에 따르면, 공식적인 국가기관이 제정한 규범과 명령은 모두 "법"으로서 자격이 있으며, 그것이 법의 전부였다는 것이다. 슈미트는 이렇게 진술했다. "프랑스 혁명 당시 자코뱅의 공포정치는 사람들에게 '자유의 이름으로 어떤 범죄도 저지를 수 있는가'라는 질문을 던졌다. 히틀러의 범죄에 사법부와 행정부가 가담한 것을 두고는 '완전히 기능화된 합법성의 이름으로 이런 범죄가 가능했다'라고 말할 수 있다."11

슈미트는 대부분의 사람들이 수권법을 합법적인 것으로 받아들였으며 이를 통해 이후 제정된 모든 법률 역시 합법성을 갖게 됐다고 주장했다. 하지만 1933년과 1934년 당시의 슈미트는 이에 대해 확신하지 못했던 것이 분명하다. 그는 1933년 수권법에 대한 논평에서 사회 전반에 만연한 "자유주의적 입헌주의"에 대해 경고하며, "낡아빠진 정당국가의 궤변으로 새로운 국가의 법적 근거를 훼손하지 않도록 경계해야 한다"라고 촉구했다. 그는 국가와 함께 헌법과 헌법 원칙도 정화되고 새롭게 거듭나야 한다고 주장했다.[12]

1934년 히틀러의 명령으로 진행된 돌격대 숙청과정에서, 1931년부터 돌격대 참모총장을 지낸 에른스트 룀과 돌격대 "구파"가 사전 경고나 재판 없이 학살당했다. 이 과정에서 히틀러는 돌격대 외에도 반대파 인사 다수를 함께 제거했다. 이후 히틀러는 모든 살해가 합법적인 처형이었음을 소급적으로 인정하는 법률을 제정했다. 이에 대한 논평에서 슈미트는 "자유주의적 합법성의 법에 대한 맹목성"에 대해 경고하며, 이번 학살을 "총통이 법의 심각한 남용에 맞서 법을 보호한 것"이라고 칭송했다. 그는 "우리가 가졌던 지배적 사고방식, 지배적 의견과 기존 판례"를 재검토해야 한다고 촉구하면서 "우리는 과거의 낡고 병든 시대에서 비롯된 법적 개념, 논증, 그에 따른 판결을 맹목적으로 추종해서는 안 된다"라고 단언했다. 그는 오직 총통만이 법에 내재된 정의 관념을 진정으로 이해한다고 주장했다. 그리고 "국가, 사회운동, 인민의 단결로 질서가 잘 갖추어진 사회에서 이러한 내적 정의inner justice는 총통에게 충성을 맹세한 사회와 개인들의 삶의 모든 분야에 깃들었다"라고 말했다.[13] 1933년과 1934년 당시 슈미트는 나치 법의 "내적 정의"가 뿌리내리기 위해서 당시 지배적 견해였던 "자유주의적 합법성"을 몰아내야 한다고 생각했고, 새로운 체제에서 필요한 법적 조치들은 기존의 합법성 개념으로 설명할 필요조차 없다고 보았다.

전후 슈미트가 법실증주의를 변명으로 들고 나왔을 때, 이는 역설적으로 자신과 나치 법학자들이 법실증주의의 결함을 지적하며 법조계를 설득하기 위해 기울인 노력이 모두 헛된 것이었음을 스스로 드러내는 셈이었다. 즉, 슈미트의 그런 노력에도 불구하고 당시 독일 법조계는 여전히 법실증주의적 태도를 고수했다는 것이다. 하지만 바로 그 때문에 법조계는 나치 이데올로기를 실무에 도입하여 적용하게 되었고, 자유주의적 법질서를 억압의 질서로 변질시키는 데 일조했다. 결과적으로 슈미트와 그의 동료들은 이 같은 변질에 아무런 책임이 없다고 주장할 수 있게 됐으니, 이 변명은 참으로 편리하지 않은가?

법실증주의는 판사들이 억압에 가담하는 현상을 설명하는 대표적 이론이다. 라드브루흐의 법실증주의론은 저명한 미국 법학자 론 풀러에 의해 더욱 심화·확장되었으며, 영국의 법이론가이자 실증주의자인 H. L. A. 하트와 논쟁을 통해 발전했다.[14] 남아프리카공화국 판사들 또한 의회주권주의와 법실증주의에 의거하여 아파르트헤이트와 억압적 치안유지 조치의 시행을 정당화했다. 이러한 설명은 남아프리카공화국 법체제 연구자들에게서도 지지를 받았다. 법학교수인 존 듀가드 John Dugard는 1987년 논평에서 다음과 같이 썼다.

> 남아프리카(또는 다른 국가)의 법률가와 판사들은 정교한 법철학적 사변에 관여하는 경우가 드물지만, 오스틴식 법실증주의*의 두 가지 기본원칙에 대한 지지는 상당히 강하다. 첫째, 법은 주권자의 명령이며 둘째, 있는 그대로의 법과 있어야 할 법, 즉 법과 도덕 사이에는 엄격한 구분이 유지되어야 한다는 원칙이다. 판사들이 '아파르트헤이트 법령'을 적용한 방식에 이러한 법철학적 관점이 영향을 미쳤을 가능성이 크다.[15]

법실증주의는 칠레 사법부가 군사독재를 지지한 이유를 설명하는 데에도 사용됐다.[16] 또한 19세기 미국 판사들이 노예제를 지지한 것과

---

* 19세기 영국의 법철학자 존 오스틴(John Austin)이 제안한 법철학 이론으로, 법과 도덕을 철저히 분리해 법을 규정하고 이해하려는 관점을 중심으로 한다. 그의 법실증주의는 법은 주권자의 명령이라는 의미에서 '명령 이론(command theory)'으로도 알려져 있다.

현대 미국의 과도한 형량 선고 현상을 설명하는 데에도 활용된다. J. C. 올레슨J. C. Oleson은 2007년 논문에서 이렇게 설명했다.

> 오늘날에도 미국 판사들은 도덕과 형식 사이의 딜레마에 시달린다. 나치 치하에서 만연했던 법 남용만큼 극단적이거나 명백하지는 않지만, 미국 대법원은 여전히 효력을 발휘하면서 사람들을 분노케 하는 법들과 씨름하고 있다. …… 많은 연방지방법원 판사가 최소형량 의무제에 불만을 품고 있으며, 법이 정한 획일적 형벌 기준 때문에 자신들의 판단으로는 부당하다고 여겨지는 형량을 부과해야 하는 현실에 좌절하고 있다.[17]

법실증주의는 가장 단순한 수준에서는 행위 동기를 설명하는 이론으로 제시된다. 이 동기는 규범적 사실에서 비롯될 수도 있다. 다시 말해 통치자가 제정한 실정법이 곧 구속력을 지닌 규범 즉, 그 자체로 지켜야 할 규범이 된다는 설명이다. 또는 권위를 가진 자의 명령을 구속력 있는 것으로 받아들이고자 하는 심리적 성향, 즉 복종 성향에서 비롯될 수도 있다. 법실증주의가 규범적 설명인지, 심리학적 설명인지 구분하기는 쉽지 않다. 규범적 차원에서 볼 때, 법실증주의 이론은 나치 독일에 대한 설명으로 적절하지 않다. 나치 독일 이전의 독일에서 법실증주의는 지배적인 법이론이나 방법론이 아니었으며, 나치 통치 시기에도 마찬가지였다. 그러나 심리학적 차원에서는, 권위에 대한 복종이 얼마나 강력한 동기인지를 스탠리 밀그램Stanley Milgram이 보여준 바 있다. 권위에 대한 복종은 워낙 강력해 많은 사람이 타인을 해치라는 명령을 받을 때 극도의 심리적 갈등을 겪으면서도 이를 거부할 수 없다는 것이다.[18] 그런 긴장감은 실제 사례에서도 확인된다. 노르웨이 국선 변호사인 라이프 S. 로데Leif S. Rode는 자신이 직접 목격한 현장 기록을 남겼는데, 친위대 북부경찰법정에서 증거가 부족했음에도 11명의 피고인에게 사형 선고가 내려진 사건에서 담당 판사가 겪은 심리적 갈등을 다음과 같이 기술했다. "판결문을 읽을 때 판사의 손이 너무 떨려서 다른 손으로 받쳐야 할 정도였다. 그 순간 그는 분명 극심한 개인적 고통에 시달리고 있었다."[19]

법실증주의는 많은 판사가 사법의 역할에 대해 갖고 있는 인식과 잘 들어맞는다. 이러한 자기 이해는 남아프리카공화국 진실·화해위원회에 대법원 판사들이 보인 태도에서 전형적으로 드러난다.

> 판결집에는 친정부적 성향 판사가 정부에 불리한 판결을 내린 사건들과 그 반대 성향 판사가 정부에 유리하게 판결한 사건들이 넘쳐난다. 이는 직무에 충실한 판사라면 어느 누구에게나 기대할 수 있는, 그 이상도 이하도 아닌 일이다. 즉, 판사는 자신이 내리는 판결 결과에 찬성하든 아니든간에 그와 관계없이 국가의 법에 대한 자신의 이해를 바탕으로 사건을 판결해야 한다는 것이다. 이는 직무선서의 필연적 결과이며, 이와 달리 될 수 없다.[20]

그러나 어떤 설명이 사회적 행위자의 자기 이해와 일치한다고 해서 그 설명이 반드시 옳다고 보장할 수 없다. 법조계가 나치 정책의 실행도구가 된 이유를 법실증주의로 설명하려는 것은 애초부터 문제가 있었다.[21] 베른트 뤼터스와 이후 연구자들은 나치 법률가들이 입법에 충실한 형식주의적 방법론을 일관되게 사용하지 않았음을 보여주었다. 오히려 이들은 인종 이데올로기와 독일 민족의 공동선과 목적 등 비실증주의적 원천을 통해 법령과 법 개념, 법원칙을 해석하고 실제로 적용했다. 판사가 입법을 따라야 한다는 전통적 의무는 총통의 의지를 따라야 하는 의무로 대체됐으며, 이를 위해 다양한 법적 접근과 방법론이 동원될 수밖에 없었다.[22]

15장
어떤 법실증주의인가?

정의되지 않는 법실증주의

어떻게 해서 법실증주의가 나치 정권의 억압과 폭정에 협력한 독일 판사들을 설명하는 이론으로 이렇게 오랫동안 자리잡을 수 있었을까? 무엇보다도 "법실증주의"라는 용어가 명확한 개념 정의 없이 사용되었으며 저마다 각기 다른 요소를 강조하는 방식으로 이해되어 왔다. 라드브루흐는 사법부의 상황을 군대의 상황과 동일시한다. 군대에서는 "명령은 명령이다"라는 슬로건이 통용된다면, 사법행정에서는 "법은 곧 법이다"라는 슬로건이 적용된다는 것이다. 하지만 이러한 법 개념의 배후에 어떤 법실증주의 개념이 자리하고 있는 것인가? 당시 가장 체계적으로 형식화된 법실증주의 개념은 한스 켈젠의 이론이었다. 켈젠의 법이론이 나치 이전 독일에서 주류로 자리잡지 못했다는 사실을 차치하더라도 켈젠의 『순수법학Reine Rechtslehre』은 1934년에서야 출판되었다. 켈젠의 이론은 법체계에 존재하는 다양한 규범들이 모두 근본규범Grundnorm*에 따라 정당화될 수 있다는 전제에 기초한다. 그러나 나치의 정권 장악은 어떤 근본규범으로도 정당화되지 않았다. 오히려 그들은 자신들의 체제를 혁명이라 부르며 정당화했고 바이마르공화국의 근본규범은 새로운 체제로 승계되지 않았다.

키일, 라이프치히, 스트라스부르크의 교수이자 나치 정권의 주요 헌법학자였던 에른스트 루돌프 후버Ernst Rudolf Huber는 다름슈타트 특별법원 판결을 비판하면서 의회주의, 연방주의, 권력분립, 개인의 권리와 같은 모든 헌법 원칙이 민족사회주의에 의해 어떻게 파괴되었는지를 설명한다. 그는 이러한 원칙들이 입법이 아닌 혁명적 방식으로, 즉 민족사회주의당의 권력장악을 통해 즉시 붕괴됐다고 주장했다.[1] 민족사회주의 국가의 근본규범은 독일 민족의 중요성, 지도자 원칙, 정치의 총체성totality of politics이었다. 이것이 민족사회주의 헌법의 기초이자 최고의 법원칙이었다. 바이마르 헌법의 개별 조항은 민족사회주의 정부가 명시적 또는 묵시적으로 승인하는 경우에만 유효했으며, 그 해석 또한 전통적인 방식이 아닌 나치 헌법 원칙에 따라야 했다.

당시 이데올로기에서 나치의 정권 장악은 하나의 혁명으로 간주되었고, 자유주의 국가의 합리주의와 실증주의에 대항하는 전선으로 묘사되었다. 법실증주의는 국가에 해롭다는 비판도 제기되었는데, 공법학교수인 울리히 쇼이너Ulrich Scheuner는 '국가 혁명: 국가법적 연구'라는 논문에서 다음과 같이 주장했다. "그 이유는 어떤 윤리적인 국가 개념도 국가 그 자체로부터는 생겨날 수 없기 때문이다. 모든 국가는 특정한 관습적·정치적 가치에 기반해야 하며, 이를 통해 국민에게 봉사하고 권위를 부여받으며 적에 맞서 싸울 수 있다. 상대주의적 기초는 필연적으로 국가의식 약화와 권위 잠식으로 이어질 수밖에 없다."[2]

켈젠의 이론을 이해하는 또 다른 관점은, 근본규범이 법체계의 정

---

* 모든 법규의 타당성 근거를 기초로 세우는 가장 높은 단계의 규범으로, 한스 켈젠 법철학의 핵심 용어이다.

체성에 따라 변화한다고 보는 것이다. 혁명이 일어나면 기존 법체계는 새로운 법체계로 대체되고, 새로운 법체계가 유효한 법질서로 간주된다. 옛 근본규범은 새로운 근본규범으로 대체된다. 그러나 이러한 개념으로는 왜 모든 사람이 새로운 법질서에 복종해야 하는지를 설명할 수 없다. 근본규범은 법의 규범적 부분이 아니라 법을 설명하고 분석하기 위해 설정된 일종의 공리公理와 같은, 하나의 가정에 불과하다. 따라서 판사는 켈젠의 이론을 새로운 체제에 대한 복종의 근거로 삼을 수 없다.3

이러한 점을 고려하면, 나치 법체계의 "법실증주의"는 켈젠식 법실증주의와 동일하지 않다는 결론에 이르게 된다. 나치 법은 나치 법에 법으로서 정당성을 부여한 근본규범에 따를 의무를 인정하지 않았다는 점에서 법실증주의가 아니었다. 나치는 권력장악 과정에서 바이마르 헌법 조항에 근거해 자신들의 정당성을 주장했으면서도 바이마르 헌법을 정권의 근본규범으로서 인정하지 않았다. 대신 그들은 사법적 충성의 대상을 의회가 제정한 실정법에서 "독일 민족의 필요"와 "총통의 의지"라는 형이상학적 개념으로 옮겨 갔다.

따라서 라드브루흐가 언급한 법실증주의는, 법이란 어떤 기본법이나 다른 원칙에 어떻게 부합하는지와 무관하게, 단순히 명령을 강제할 권한을 지닌 주권자의 명령과 같은 개념으로 보인다. 이러한 이해는 라드브루흐 자신이 글의 서두에서 "명령은 명령이다"와 "법은 법이다"라는 두 격언을 나란히 제시한 사실로 뒷받침된다. 스탠리 L. 폴슨 Stanley L. Paulson은 라드브루흐가 법실증주의 개념을 두 가지 방식으로 사용한다고 지적한다. 독일 판사들의 행동을 설명하고자 할 때에는 권위에 대한 복종이라는 넓은 개념을 사용하고, 반대로 그들에게 면죄부를 주려고 할 때에는 더 좁은 의미의 법실증주의를 사용한다는 것이다.4 카를 슈미트 역시 막스 베버의 합법성을 통한 정당성 명제를 언급하면서 유사한 개념을 사용했다. 그는 합법성을 국가의 권한 있는 기관이 제정한 규범이나 명령에 결부된 것으로 설명했다.

이것은 법실증주의를 권위에 대한 복종과 혼합한 매우 광범위한 개념으로, 나치 정권이 가져온 태도 변화와도 잘 맞아 떨어진다. 기존 입법에 대한 충성은 독재자의 현재 의지와 정책에 대한 새로운 충성으로 대체되었다.[5] 이러한 법실증주의는 군사재판소가 주관한 주요 전범재판에서 헤르만 야라이스가 진술한 내용에 잘 드러난다.

히틀러의 의지는 무엇을 해야 하고 하지 말아야 할지를 결정하는 최종 권위였다. 총통의 명령은 모든 논의를 종결지었다. 따라서 위계질서의 일원으로서 총통의 명령을 따른 사람은, 불법행위에 대한 처벌에서 자신을 면책해달라고 주장하는 것이 아니라 자신의 행위가 불법이라는 주장 자체를 부정하는 것이다. 그에게는 자신이 따른 명령이 법적으로 어떤 비판도 받을 수 없는 정당한 것이었다.[6]

당시 독일 법학자들의 사고방식에서 아돌프 히틀러가 어떠한 위치를 차지했는지에 대해 뉘른베르크 미 군사재판소 피고인들 중 한 사람은 다음과 같이 설명했다. 여기서 그는 히틀러를 마치 J. R. R. 톨킨의 작품에 나오는 어둠의 힘과 같은 신화적 존재로 묘사한다.

완전히 다른 무언가가 일어났다. 오랫동안 잊힌 가장 오래된 시대를 일깨우는 한 남자가 지도자로 독일 국민 속에서 부상했다. 여기에서 그의 위치는 완벽한 의미로 이상적 판사를 대표하는 존재이다. 독일 민족은 그를 자신들의 판사로 선출했다. 무엇보다도 그들의 운명을 결정하는 '심판자'로서, 또한 '최고 권위자이자 재판관'으로서도.[7]

아돌프 히틀러에 대한 이런 존경심은 1934년 나치 돌격대 숙청 이후 카를 슈미트가 쓴 글에 잘 드러난다. 이 숙청 과정에서 150명에서 200명에 이르는 사람들이 체포되어 처형됐다. 7월 3일 히틀러는 「국가방위조치에 관한 법the Act on Measures to Defend the State」을 제정했는데, 이 법은 다음과 같은 단 하나의 조항으로 이루어졌다. "국가와 국가에 대한 반역행위에 대처하기 위해 6월 30일과 7월 1일, 7월 2일에 취해진 조치는 방위행위로서 합법이다." 슈미트는 "진정으로, 총통의 행위는 진정한 의미에서 사법적 행위이다. 총통의 행위는 법의 적용대상이 아니라 그 자체가 최고의 법이다"라고 썼다.[8] 이 기사의 제목은 "총통은 법을 보호한다"였다.

총통과 법의 이러한 관계는 민족사회주의 이데올로기가 법의 최고 원천이라는 방법론적 명제에도 반영되었다. 다시 슈미트의 말을 빌리면 다음과 같다. "모든 법은 민족의 생명력에서 나온 권리에서 비롯된다. 실정법이나 모든 사법적 판단은 이 원천에서 유래하는 한에서만 법적 효력을 가진다. 그 외의 것은 법이 아니라 유능한 범죄자에 의해 조롱당하는 강제규범의 그물망에 불과하다." 법에 대한 이러한 적대감은 이전 정권으로부터 이어져 내려온 법뿐 아니라 나치 정권이 제정한 법에 대해서도 마찬가지였다.

이 묘사는 히틀러의 명령이 어떻게 법으로 인식됐는지를 정확하게 그려낸다. 그러나 동시에 이 묘사에는 나치 법질서가 실제로 작동한 방식과 대부분의 법실증주의자들이 생각하는 이론적 요소들이 모두 무시되어 있다. 반면 이 묘사는 나치의 혁명적 법 개념과 잘 들어맞는데, 그 개념은 법이 "정해진 절차에 따라 의회에서 승인된, 주권에 기반한 규범"이라는 기존 개념이 아니다. "그 내용에 관계없이 국가의 최고 권위가 내린 규정"이 곧 법이라는 것이다.[9] 이것이 나치가 도입한 새롭고 혁명적인 법 개념이었으며, 이 개념은 기존 정권이나 기존 법이론에서 비롯된 것이 아니었다. 그렇다면 이 법 개념은 판사들이 나치 통치를 받아들인 이유가 될 수 없다. 오히려 그것은 판사들이 나치의 통치를 받아들인 결과라고 해야 한다. 따라서 진정 중요한 질문은 독일 판사들이 왜 당시의 법을 따랐는지가 아니라 왜 그들이 히틀러와 나치당의 권위에 그렇게 순종했는가이다.

법과 도덕을 분리하는 법실증주의

"법실증주의와 법과 도덕의 분리"라는 글에서, H. L. A. 하트는 라드브루흐 명제를 검토한다.[10] 하트에 따르면 법실증주의의 핵심원리는 명령이론이 아니라 법과 도덕의 분리이다. 법을 하나의 존재하는 사실로 전제한다는 것은, 반드시 법이 곧 명령이라는 의미를 내포하는 것이 아니라, 법이 단순히 바람직한 것이나 마땅히 그래야 하는 것과 달리 실제로 존재하는 것으로 이해될 수 있다는 뜻이다. 하트는 법의 본질이 명령에 있는 것이 아니라 "사회집단과 그 공직자들이 그러한 규칙을 받아들이는 방식"에 있다고 주장한다.[11]

따라서 라드브루흐와 슈미트가 법실증주의라고 규정한 개념은 오해의 소지가 있다고 하트는 지적한다. 법실증주의 자체는 사회와 공직자들이 특정 규범을 법으로 받아들이는 이유를 설명하지 않으며, 단지 집단에 의해 받아들여진 규범은 법으로 간주될 수 있다는 주장에 머물 뿐이다. 그러나 라드브루흐와 그의 지지자들이 강조하는 핵심은 그러한 법적 변화가 '왜' 발생했는지를 설명하고 유사한 상황이 반복되지 않도록 대비하는 데 있다. 총통의 명령은 독일에서 받아들여졌고, 법실증주의에 따르면 그것은 당시 독일의 법으로 간주되어야 한다. 그러나 총통의 명령은 기존의 법 개념에 따를 때 법에 해당하기 때문에 법으로 받아들여진 것이 아니라, 실정법에 대한 충성이라는 기존의 법원리에도 불구하고 법으로 받아들여진 것이다.

실제로 나치 체제하의 상황은 법실증주의가 내세운 명제와는 정반대였다. 총통의 의지가 곧 법이었으며, 그것이 법으로 받아들여졌기 때문에 법이 된 것이다. 따라서 이를 법실증주의로 설명하려는 시도는 '그것이 법으로 받아들여진 것은 법으로 받아들여졌기 때문'이라는 식의 순환논법에 불과하다. 라드브루흐 이론은 독일 법률가들이 "법적 권위를 가진 어떤 공직자가 법으로 간주하는 것은 어떠한 의문도 없이 법으로 받아들이고 이에 복종해야 한다"는 법이론에 따라 행동했다는 가정으로 귀결된다. 그러나 이는 1933년 이전 독일 법률가들 사이에서 일반적으로 통용된 법 개념이 아니었으며, 설령 그렇다 하더라도 전형적인 법실증주의 입장으로 보기 어렵다.

바이마르공화국과 나치 시대 법률가들에 대한 연구에 따르면 법실증주의는 이미 바이마르공화국 시기에 주요 사상의 지위를 상실했으며, 나치 법사상은 법실증주의 사고와 정면으로 대립했다.[12] 결론적으로 라드브루흐와 슈미트가 당시 독일 법률가들이 따랐다고 생각한 기본적 법 개념은 법실증주의가 아니며, 그들이 묘사한 내용은 나치 법원의 실제 행태를 정확히 반영하지 못한다. 실제로 폴슨이 풀러와 한 논쟁에서 지적했듯이, 바이마르공화국의 주요 법실증주의자들은 나치에 반대했으며 나치와 그들을 지지하는 법이론가들 역시 그 사실을 잘 알고 있었다. 게다가 나치 집권 이전 몇 년 동안 벌어진 논쟁에서 법실증주의자들은 승리한 적이 없었다. 당시 보수적인 성향의 판사들조차 바이마르공화국의 실정법에 강한 충성심을 보이지 않았다. 이 모든 점을 종합해보면 나치 정권 아래에서 독일 판사들이 보인 행태를 법실증주의로 설명하는 것은 부정확하다는 결론에 이르게 된다.[13] 뤼터스가 지적했듯이 법실증주의는 국가의 정당성에 대한 일정한 안정성과 신뢰를 전제로 한다. 그러나 독일은 처음에는 제1차 세계대전으

로, 그다음에는 1920년대의 통화 위기로 그 신뢰가 산산조각 난 상태였다.[14]

사실 법실증주의를 가장 강력하게 지지한 법이론가들은 라드브루흐 자신처럼 나치 정권에 동조하지 않았던 사람들이었다.[15] 법실증주의자들은 나치 법이론을 거부했고, 오히려 이를 수용한 사람들은 비실증주의자들이었다. 라드브루흐와 슈미트가 제시한 광의의 법실증주의 개념을 받아들인다 해도, 나치 법체제의 작동방식과 일치하지 않았다는 점에서 그들의 설명은 실패했다. 나치 법은 실정법이 관습이나 도덕과 분리된 독립적 체계라는 개념으로 인식되지 않았다. 실제로 히틀러는 1933년 초 라이프치히에서 열린 독일법률가회의에서 "제3제국에서는 법과 도덕이 동일하다"라고 선언했다.[16] 1930년대 출간된 카를 슈미트의 저서에 보이듯이 나치 법은 독일 민족과 나치 질서에 내재된 것이자 실정법과는 별개의 것으로, 그보다 우위에 있는 것으로 제시되었다. 법은 또한 "독일 민족에게 이익이 되는 것"으로 정의되었고, 권위주의적 국가 자체는 절대적인 윤리적 가치로 간주됐다.[17] 나치의 법질서는 도덕과 윤리로부터 분리될 수 없었으며, 실정법보다 우선시되는 확고한 윤리적 세계관을 전제로 했다.

나치의 법 개념은 법실증주의의 기본요소, 즉 존재하는 것으로서 법과 있어야 할 것으로서 법, 즉 도덕, 이념 또는 실정법의 범위를 넘어선 어떤 이상에 해당하는 법을 구분해 보고자 하는 생각과 결코 들어맞지 않았다. 결과적으로 법은 단순히 구체제의 법뿐만 아니라 나치 당국이 제정한 실정법조차 넘어서는 그 무엇으로 간주되었다. 당시의 실정법은 이러한 의미에서 "법"을 담고 있지 않았으며 "법"을 다소 불분명하게 암시하는 것에 불과했다.[18] 여러 사례에서 드러나듯, 나치 이데올로기의 "명문화되지 않은 법원法源"은 법해석의 중요한 기준이었다. 그 대표적 사례가 1930년대 뉘른베르크인종법의 해석과 적용에

관한 대법원 판결이다.[19]

형식주의인 법실증주의

법실증주의의 두 번째 명제는 판사가 단순히 법을 따라야 할 뿐 아니라 개인적 재량 없이 기계적으로 법을 적용해야만 했다는 주장이다. 이러한 관점에 따르면, 정권이 저지른 잔학행위의 원인은 사법부가 아니라 입법자에 있으며, 검사와 판사는 법을 통해 이루어진 잔학행위에 대한 대부분의 책임으로부터 면제될 수 있게 된다. 하지만 이 주장은 법실증주의와 형식주의, 기계적 법적용 개념을 혼동하고 있다. 하트는 그의 글에서 형식주의는 법실증주의의 필수 요소가 아님을 지적한다.[20] 법실증주의자나 비실증주의자 모두 법 규범을 기계적으로 적용할 수 있기 때문이다.

사람들은 책임을 추궁당하면 흔히 자신은 법에 따라 결정했을 뿐이라는 변명을 내세운다. 하지만 이것이 당시 독일 판사들의 상황을 사실 그대로 보여주는 것일까? 법을 해석하고 적용할 때 판사에게 선택의 여지가 있었다면, 자신들이 내린 판결에 따른 책임을 나치 입법자 탓으로 돌릴 수 없다.

독일 판사들이 단순히 법전에 적힌 그대로 기계적으로 법을 적용하는 데에 그치지 않았다는 증거는 충분히 많다. 오히려 나치 정권 초기에 자유롭고 민주적인 법치체제에서 전체주의적 독재체제로 변모된 것은 입법 활동의 결과라기보다는 사법부의 주도적 활동에 따른 것이었다.[21]

나치 체제의 악랄하고 억압적인 법률을 적용하는 과정에서, 나치 판사들은 선택권을 행사했다. 하트는 사법적 선택이 "어려운 사건hard case"에서, 법 개념과 규칙의 "반영부penumbra, 半影部"*에서 법 외적인 요소를 바탕으로 이루어지게 된다고 설명한다.22 법 규칙에는 구속력을 가진 핵심binding core과 판사가 법에 구속되지 않는 반영부가 존재한다는 하트의 이론을 인정하지 않는다면, 판사가 정권의 조치를 따르거나 반대할 때마다 개인적 선택이 개입된다는 그의 주장 또한 받아들이기 어렵게 된다. 이 논점은 다이젠하우스가 아파르트헤이트 치하의 남아프리카공화국 판사들을 분석하며 제기한 문제의식과도 연결되어 있다. 그는 판사들이 자신의 결정을 개인적 선택이 아니라 법이 요구하는 것으로 여겼다고 주장한다. 판사들이 판결을 내릴 때 어떤 논리와 근거를 사용하는지 분석한 결과, 판사들 사이에 전적으로 법적 이유에 따라 판결이 결정된다는 공감대가 형성되어 있었다는 것이다.23 즉, 단순 사실 접근법을 택한 판사들은 비록 억압적인 법률이라 하더라도 입법자의 입법목적을 최대한 효과적으로 달성하기 위해서 법에 따라 그렇게 해야만 한다고 믿었다. 커먼로적 접근법을 따르지 않은 다른 판사들 역시 동일한 맥락에서 자신들의 해석을 법이 요구하는 것이라고 생각했다. 다이젠하우스의 분석이 옳다면, 정권과 공모하는가 또는 인권을 보호하는가는 판사들이 일정한 형태의 법실증주의를 따르느냐에 따라 결정적으로 좌우되는 것처럼 보인다.

그러나 다이젠하우스 이론의 약점은 법이 특정 법이론을 지정하지 않는다는 점이다. 법은 단순 사실 접근법, 커먼로적 접근법 또는 그 밖

---

* 반영부는 천문학 용어로 빛과 그림자가 겹치는 경계 부근을 의미한다. 법학에서 불확실하거나 모호한 영역, 즉 개념 해석이 명확하지 않고 논란의 여지가 있는 부분을 가리키는 비유적 표현이다. 하트는 모든 규칙과 개념에는 '핵심(core)'과 '반영부(penumbra)'가 존재하며, 핵심은 명확하고 구속력 있는 부분으로서 누구나 그 뜻을 명확하게 알 수 있는 반면, 그 의미나 적용이 모호해 여러 해석의 여지가 있는 반그늘의 영역 또한 존재한다고 주장한다. 또한 그 영역에서 판사들은 도덕이나 정책, 사회적 필요 등 법 외부의 요소를 가져와 결정하게 된다고 한다. '핵심'과 '주변부'라고 번역하기도 한다.

의 다른 해석이나 이론을 이렇게 저렇게 적용하라고 지시하지 않는다. 판사는 자신이 따를 해석방식을 선택할 수 있으며, 그 선택은 법적 쟁점에 대한 그의 결론에 영향을 미칠 수 있다. 판사는 법 외적인 이유로 자신이 바람직하다고 생각하는 결론으로 이끌어가기 위해 어떤 접근법을 전략적으로 선택할 수도 있고, 그렇지 않을 수도 있다. 선택은 의식적으로도 무의식적으로도 이루어질 수 있다. 그럼에도 그의 선택과 그 결과는 법 자체에 의해 결정되지 않는다. 판사는 특정한 법적 결론을 직접 선택하거나 그 결론에 영향을 미치는 해석방법을 통해 간접적으로 결과에 영향을 미칠 수 있다. 이는 판사가 어떤 해석방법, 즉 어떤 접근법을 택하는지는 단순히 이론적 결정에 그치지 않고 도덕적·정치적 결정이기도 할 수 있음을 의미한다. 만약 그 접근법이 불의를 묵인하거나 더 나아가 불의를 강요하는 결과를 낳는다면, 그는 자신의 접근법을 재고해야 할 도덕적 의무가 있다. 하트의 핵심/반영부 이론에 동의하지 않더라도, 악법을 적용할 때 판사가 이처럼 도덕적 선택을 해야 한다는 점은 부정할 수 없다. 어쨌든 1930년대까지 독일 법률가들이 견지한 법실증주의가 과연 단순한 형식주의*에 기반했는지는, 반드시 검토해야 할 문제다.

법실증주의의 대안

전후 독일에서는 법실증주의가 아닌 다른 설명을 제시하는 논객들도 있었다. 코블렌츠 출신 판사이자 지방법원장이었던 로트베르크Rotberg

---

* 법의 내용이 아니라 법의 형식과 절차적 정당성만 중시하는 태도. 즉, 법이 어떤 도덕적·정치적 함의를 가지는지와 상관없이, 정해진 형식과 절차를 따르면 그것이 법이라는 관점.

박사는 판사들의 정치 참여를 문제의 원인으로 지적했다.[24] 그에 따르면, 1933년 이전에는 많은 판사가 정당정치에 관여했고 이는 당연한 현실로 여겨졌다. 나치의 정권 장악 이후, 당의 이익을 위해 판사를 활용하는 것이 사법정책의 주요 과제가 됐다. 판사들은 정치적 충성도를 지녔는지, "법은 국민에게 이익이 되는 것"이라는 슬로건에 부응할 의사와 능력이 있는지에 따라 선발되고 검증되었다. 이 과정에서 사법부는 로트베르크 박사의 표현을 빌리자면 "정치의 창녀"로 전락했다. 그는 이러한 상황을 방지하기 위해서 판사가 명령과 지시뿐만 아니라 정신적으로도 독립적이어야 한다고 주장했다. 판사는 당리당략을 초월해야 하며, 그래야만 판사가 사회적 갈등을 해결하는 과정에서 실질적으로, 그리고 외형상으로도 공정성을 유지할 수 있다는 것이다.

이에 대해 쿠르트 오플러 국무참사관은 로트베르크의 분석에 동의하면서도 판사들의 정치적 역할에 대해서 상반된 의견을 제시하면서 사법부에 더 많은 정치적 판사가 필요하다고 반박했다.[25] 그는 실제로 판사들이 나치 집권 이전부터 정치적으로 편향되어 있었으며 바이마르공화국 시기 대다수가 민주주의와 공화국에 반대하는 입장을 취했다고 주장했다. 또한 공식 당원은 아니었지만 정치적 성향이 강했던 판사들 대부분이 1933년 이후에 나치당에 급속히 가입했음을 지적했다. 따라서 전후 독일의 민주적 발전을 위해 판사들이 민주주의와 법치주의에 대한 확고한 헌신을 보여야 하며, 사회의 중요한 정치적 쟁점들에 초연해서는 안된다고 보았다. 따라서 판사의 정치 참여는 결격사유가 아니라 오히려 적격사유로 간주돼야 하며, 다만 취임 후에는 정당정치에 적극적으로 관여하는 것을 자제해야 한다고 주장했다.

20세기 초 독일에는 다양한 법이론들이 존재했기 때문에, 나치 법이 법실증주의 외에도 다른 학파의 영향을 받았을 가능성 역시 고려해 볼 수 있다. 오코 베렌츠는 나치 법이론의 기원을 19세기 말과 20

세기 초의 이른바 자유법 운동에서 찾는다. 이 학파는 형식주의적 개념법학에 대한 반발로 등장했으며 법의 핵심은 개념과 교리가 아니라 판사의 판결, 즉 사법적 판단에 있다는 점을 강조했다. 사법적 판단은 추상적인 개념과 교리가 아니라 사건의 구체적 상황과 이를 둘러싼 사회적 현실에 따라 이루어져야 한다는 주장이다. 베렌츠에 따르면, 이 학파는 법에 대한 의지적voluntaristic 접근법, 사법적 판단의 낭만화, 이론적으로 발전해 온 법적 개념과 가치로부터 판사를 해방시키려는 시도를 통해 나치 법이론의 토대를 제공했다.[26]

베렌츠는 자유법 운동의 주요 사상이 어떻게 카를 슈미트나 롤란트 프라이슬러 같은 나치 이념 신봉자들에 의해 채택될 수 있었는지, 실제로 채택되었는지에 대해 설득력 있게 설명한다. 자유법 운동은 판사를 법의 주권자로 칭송했을 뿐 아니라 사회적 현실을 법의 생명과 본질을 구성하는 "민족의 살아 있는 의지"로 낭만적으로 강조했다. 이런 식으로 자유법 운동은 판사와 그의 판결을 중심에 두었고, 판사를 규범적 제약에서 해방시켰다는 점에서 다른 법이론 학파와 구별되었다. 이와 유사한 법이론들이 독일 외의 다른 법체제에서도 동시에 발전했으며, 특히 미국과 스칸디나비아에서 현실주의 법학자들에 의해 주도적으로 발전했다.

법실증주의와 자유법 운동 이론 모두 독일 법률가들이 체계적이고 개념적인 구성주의constructivism*를 고수했다면 사법체계가 나치의 테러 도구로 전락하는 결과를 피할 수 있었으리라는 함의를 내포하고 있다. 분명 나치는 사법부와 법 시스템을 자신들의 목적에 맞게 활용하기 위해 특정 법이론을 필요로 했다. 3장에서 살펴본 바와 같이 나

---

* 법 시스템을 단순히 규칙과 법의 단편적인 집합체가 아니라, 논리적으로 연결되고 구성된 하나의 체계로 이해하는 견해. 이 견해에 따르면 법적 개념은 일관되고 명확하게 정의돼야 하며 그 체계 내에서는 일관된 해석이 가능해야 한다. 또한 이러한 법적용은 사회의 예측 가능성과 안정성을 높인다.

치 지도자들은 권력을 장악하는 동안 합법성의 외형을 유지하는 데 큰 비중을 두었다. 그들은 스스로에 대한 인식에서나 실질적 측면에서나 "자유주의 법치국가"와 혁명적 변화와 단절을 추구했다. 그러므로 기존의 개념, 가치, 구법과 새로운 법과 결정 사이의 연속성과 체계적 동일성을 강조하는 법이론으로는 자신들의 국가 운영을 정당화할 수 없었다. 그들에게는 과거의 규범적 제약으로부터 벗어나 자유롭게 법을 적용할 수 있는 방식이 필요했고, 법은 언제든지 체제의 목표를 충실히 이행하는 도구로 기능해야 했다. 따라서 판사들은 체제의 기본 이념과 변화하는 사회적 가치에 민감하게 반응하도록 만들어져야 했고, 이는 인종, 혈통, 민족이라는 기본가치를 설정하고 거기에 총통의 의지라는 신비로운 원천을 도입하는 방식으로 이루어졌다.

따라서 법의 시간적 일관성*을 강조하는 이론으로는 나치의 요구를 충족시키기 어려웠다는 사실을 쉽게 알 수 있다. 마찬가지로 법을 '마땅히 있어야 할 법'과 분리된 것으로 이해하는 법실증주의 역시, 나치 법원이 나치당의 이데올로기를 기존 법률 위에 두거나 그 이념에 따라 기존 법률을 수정하려는 시도를 차단하는 역할을 했을 것이다. 예를 들어 법원이 프로이센 행정항소법원처럼 법실증주의 원칙을 고수했다면[27] "독일 민족의 필요"나 "독일 민족의 순수성"과 같은 개념을 상위의 법원法源으로 인정하지 않았을 것이며, 따라서 독일 민법이나 다른 법조항을 무시하거나 자의적으로 재해석할 근거 역시 갖지 못했을 것이다.[28]

반면 이러한 현상이 나치에게만 국한된 것은 아니다. 나치 법을 다른 시대나 다른 지역의 법과 구분짓는 요소는 그들의 법이론 자체가 아니다. 법학자와 실무자가 법적 관점을 변경하고 채택하는 데에는 나

---

* 법체계가 과거, 현재, 미래에 걸쳐 논리적이고 일관된 연속성을 유지하는 것을 뜻한다.

름의 이유가 있으며, 나치의 필요에 부응하는 법적 관점들이 다른 사회에서도 유사한 필요를 충족시키는 데 활용된 바 있다. 사회는 때로 안정을 추구하고 때로 변화를 추구하며, 조화와 동질성으로 특징지어질 때도 있지만 갈등과 다양성으로 특징지어질 때도 있다. 법이론의 다양성은 법학이라는 학문 분야의 규모와 복잡성에서 비롯된 것이지 그 자체로 법의 본질적 요소는 아니다. 따라서 특정 이론이 다른 이론들보다 우월하다는 것을 입증하기 위해서는 법 외적 논증이 요구된다. 어떤 이론이 변화를 중시한다면 다른 이론은 적응성을 중시하고, 어떤 이론이 예측 가능성을 중시한다면 다른 이론은 실질적 정의를 중시할 수 있다.

그러나 변화, 안정, 예측 가능성, 실질적 정의는 무엇을 변화시키고 안정시키며 예측 가능하게 하고 어떤 정의를 실현하려는 것인가에 대한 가치의 문제와 분리해서 논의할 수 없다. 도덕이나 정치의 영역에서는 당면한 구체적 사안에 대한 평가를 통해 그러한 가치들이 판단된다. 그 사회가 당면한 정치적 쟁점이 기본적으로 연속성과 변화를 둘러싼 문제일 때, 법적 방법론의 선택은 그 자체로 정치적 성격을 띤다. 이는 1930년대 미국의 뉴딜 정책, 20세기 중반 북유럽 국가들의 복지국가 도입, 현재 대부분의 유럽 국가에서 진행 중인 법의 유럽화* 등 많은 역사적 사례에서도 확인된다. 더 나아가 입법자가 법치주의와 맞서는 상황에서는 법적 방법론의 선택이 도덕적 선택으로 전화轉化한다. 따라서 나치 독일 판사들에게 던져야 할 올바른 질문은 '그들이 인종적 이유로 이루어진 박해, 기본권 박탈, 무자비하고 부당한 처벌에 가담해야만 했는가?'이지 '이러저러한 특정 법적 방법론을 따랐어야

---

* 유럽연합의 발전에 따라 각 회원국의 국내법을 유럽연합 법과 조화를 이루거나 그에 종속되는 방식으로 바꾸는 현상.

했는가?'라는 질문이 아니다. 그들이 나치 정권이 보여준 인종적 박해에 가담했던 문제는 법적 방법론의 선택과 관련이 있었지만, 바로 그 점에서 법적 방법론이나 법이론의 선택은 단순히 법이론의 문제가 아니라 정치적이고 도덕적인 문제로 전환됨을 보여준다.

16장
다른 방식의 법해석

단순 사실 접근법

권위주의 체제에서 입법자의 권한이 강화되는 현상에 대해서는 데이비드 다이젠하우스가 아파르트헤이트 치하의 남아프리카공화국 대법원에 대한 연구에서 깊이 다룬 바 있다. 다이젠하우스는 권력자의 억압적 조치를 사법부가 묵인하는 이유를 법실증주의 이론으로 설명하려는 시도를 거부한다. 대신 그는 "단순 사실 접근법"이라고 부르는 관점으로 설명한다. 단순 사실 접근법에서 법은 존재하는 그대로 적용되며, 도덕이 요구하는 바에 따르지 않는다. 판사는 "과거의 법적 행위와 결정, 주로 입법자의 법적 행위와 결정에서 역사적 사실로 존재하는 일정한 유형pattern을 따른다."[1] 이 유형은 법의 실질적 제정자, 즉 실질적 권력자가 의도적으로 설계한 결과물이라는 게 그의 주장이다.

단순 사실 접근법은 대륙법계에서 말하는 주관적 접근법 또는 주관적 해석이론*과 유사하다. 즉, 판사는 법령 제정 당시 입법자가 부여

---

* 법을 제정할 때 입법자가 가졌던 목적과 의도를 파악하고, 이를 해석의 기준으로 삼는 것을 가리킨

한 의미에 구속되며 이를 최대한 정확하게 규명하려고 노력해야 한다. 이러한 접근법 때문에, 남아프리카공화국 판사들은 입법자의 인종차별 이데올로기에 결정적 의미를 부여하고 이를 최대한 효과적으로 반영하는 쪽으로 법령을 해석해야 한다는 압박을 받았다. 이 해석방법은 극단적으로는 "개인의 자유에 대한 명시적 제한이 클수록 묵시적 제한도 커진다"는 논리로 적용되었다.[2] 이에 따라 평등이나 법의 지배 등 커먼로의 기본원칙들은 아파르트헤이트 입법자의 명백한 차별 의도 앞에서 후퇴할 수밖에 없었다.

단순 사실 접근법은 법령을 하나의 유형을 가리키는 지표pointer로 받아들인다. 이러한 지표는 법의 일반원칙에서 도출할 수 있는 해석과는 반대방향으로 작용한다.[3] 이러한 법해석의 좋은 사례가 로수 사건 Roussow v. Sachs case이다. 이 사건에서 90일 구금 조항에 따라 구금된 사람이 독서 및 필기도구 사용을 요청했으나 거부당했는데, 독서와 필기도구 사용을 허용하면 구금 효과가 떨어져 입법자의 의도가 무력화된다는 이유였다. 이런 해석방식에 따르면 행정부에 논란이 되는 결정을 내릴 권한을 위임한 법은 적법절차를 반드시 준수할 필요가 없다는 의미로도 해석할 수 있는데, 적법절차를 반드시 준수해야 한다고 해석하면 행정부의 의사결정은 "거의 관리 불가능한 수준"[4]이 될 수 있기 때문이다. 마찬가지로 피부색과 인종을 이유로 사람들을 분리할 권한을 부여한 법은 "불가피한"[5] 이유라면 불합리한 분리도 가능하게 하는 권한까지 부여함을 의미하게 된다. 또한 특정한 제한조치를 정한 법률에 명시적으로 표현되어 있지 않아도 보다 더 광범위한 제한

다. 이 경우 법조문의 문자가 가진 원래 의미보다는 입법자의 의도에 더 큰 비중을 둔다. 따라서 법을 해석할 때 단순히 법조문을 읽는 데에 그치지 않고, 법이 제정된 배경, 역사적 맥락, 입법자의 발언 등 다양한 요소를 고려해 법의 목적을 이해하려고 한다. 그래서 입법 기록이나 회의록, 입법자의 발언 등을 중요하게 여기며 목적론적 해석방법으로 법을 해석하고자 한다.

을 포함한다고 해석될 여지가 있는 경우, 그와 같이 해석하는 것은 해당 제한이 효과적으로 작동하기를 바라는 입법자의 의도를 충실히 반영한 것으로 간주된다.[6]

다이젠하우스에 따르면 단순 사실 접근법은 판사가 법해석에 임할 때 취하는 하나의 태도로서, 해석이 이루어지는 맥락을 형성한다.[7] 이러한 맥락 속에서, 법해석 과정에서 제시된 자료나 주장에서 발생하는 모든 장애물은 그 맥락에 따라 해석된다. 그 결과, 평등이나 법의 지배와 같은 커먼로의 기본원칙들은 인종차별적 의도를 명백하게 담은 아파르트헤이트 입법자의 의도 앞에서 후퇴할 수밖에 없었다.

남아프리카공화국의 경우, 판사들은 아파르트헤이트 입법과 커먼로에 기반한 법치주의 원칙 사이의 관계를 다루어야 했다. 판사들이 해석·적용해야 하는 대부분의 법률은 아파르트헤이트 이데올로기가 지배하는 입법부가 제정한 법률이었다. 반면 나치 독일의 상황은 달랐다. 나치 집권 이전에 제정된 방대한 법들은 대체로 나치보다 개인의 권리와 법치주의에 더 우호적인 입법자의 의도를 담고 있었다. 따라서 판사들은 주관적 접근법을 버리고 나치 집권이라는 새로운 상황에 비추어 법령에 "객관적" 의미를 부여하는 방식으로 해석해야 했다. 결과적으로 판사들은 법령 해석에서 객관적 접근법을 택했다.[8] 객관적 접근법에서는 법률과 입법자를 구분하는 것이 중요하며, 법령은 입법자의 주관적 의도와는 무관하게 "객관적으로" 해석된다. 이런 해석방법은 다이젠하우스가 "커먼로적 접근법"이라고 부른 방법론과 유사한 점이 있다. 즉, 법령이 적용되는 시점의 맥락이 입법 당시 입법자의 의도나 역사적 상황보다 우선해 "법적 의미를 좌우하는 요소"가 된다는 점에서 그렇다.[9]

나치 법해석의 핵심요소는 법령의 문구와 목적 그리고 나치 이데올로기가 해석의 맥락을 형성하는 현실 여건에서 그것들을 실현하는 것이었다. 이 과정에서 새로운 이데올로기는 기존 법률과 대립하는 것이 아니라 기존 법률의 일부를 형성하는 것처럼 논리를 구성했다.[10] 이 방식으로 나치 법률가들은 이전 체제에서 물려받은 법과 그 속에 담긴 법치주의 가치와 단절하고 기존 법에 대한 충성을 공공연하게 부정하지 않으면서도 새로운 시대의 이념과 요구에 맞게 법을 해석·적용했다. 이 접근법은 나치 이전의 법률을 적용할 때에도 중요했지만, 동시에 나치 정권이 스스로 제정한 법에도 적용돼 정권이 자신이 만든 법에 제약받지 않도록 하는 역할을 했다. 나치는 입법 당시 의도된 의미대로만 법령을 준수하거나 문구를 엄격하게 해석하면 "규범주의"라고 조롱했다.

언뜻 보기에 이 접근법은 입법권을 존중한 남아프리카공화국 법원의 해석방법과 다르게 보인다. 남아프리카공화국 법원은 입법자의 권위를 확고히 고수한 반면, 독일 법원은 오히려 입법자의 권위를 약화시키는 듯한 모습을 보였기 때문이다. 그러나 더 깊이 들여다보면 두 사례에는 공통점이 존재한다. 나치 판사들은 현 입법자와 권력에 매우 충실한 태도를 보였다. 그들은 나치당 강령과 이데올로기를 바탕으로 일관되고 적용 가능한 규범체계를 구축하려 했으며, 이를 위해 새로운 법적 개념과 아이디어를 구성하고, 기본원칙의 활용, 제한적 해석, 맥락적 해석, 유추 등 전통적인 법해석 기법을 적극 활용했다.[11] 대부분의 경우 판사들은 이전의 법과 법치주의로부터 이탈하는 결정을 내릴 때, 서로 상충하는 가치를 공개적으로 평가하기보다는, 실정법에 기반한 논증과 전통적인 해석방법을 활용했다. 이러한 기법에는 법의 공백을 메우기 위한 확대 또는 제한해석, 유추 또는 체계적 논증과 같은 방법이 포함되었다.[12]

독일 사법부가 직면한 주요 과제는 남아프리카공화국의 경우와 달랐다. 독일에서는 기존의 모든 법을 민족사회주의의 도구로 활용할 수 있도록 재해석해야 했다. 그럼에도 판사가 법령 및 기타 관련 법률 자료를 해석하는 방식에는 두 체제 모두에 공통된 핵심요소가 존재했다. 바로 집권당의 기본적 이념 틀을 법의 해석 맥락이자 가장 권위 있는 법적 근거로 삼았다는 점이다. 아파르트헤이트를 지속시킨 남아프리카공화국 판사들은 아파르트헤이트 법안과 입법자가 추구한 이데올로기에서 해석의 틀을 가져왔다. 이 경우, 입법에 따라 변경되어야 했던 기본 법체계가 커먼로 체계 아래의 불문법이었기 때문에, 해석방법으로 주관적 접근법이 선택되었다. 이들이 따랐던 기본적인 이념 틀은 입법이라는 형식을 갖춘 실정법뿐만 아니라 국민당의 이데올로기, 백인우월주의에 입각한 인종차별, 남아프리카공화국 사회의 백인 기독교문명을 보호해야 한다는 확신과 같은 비실정법적 요소로 구성되어 있었다. 독일 판사들 역시 입법자가 추구한 이념에서 해석의 틀을 가져왔다는 점에서는 동일했다. 그러나 그들이 변경해야 했던 법체계는 주로 민법에 기반한 성문법으로 이루어져 있었기 때문에 법률 해석에서는 객관적 접근법을 취해야 했다. 이들의 이념적 틀 역시 실정법적 근거와 비실정법적 요소들이 결합된 형태로 구성되었다.

이 점을 고려할 때, 과거 입법자의 의도에서 현재 통치자의 의도로 강조점을 옮길 경우 다이젠하우스의 단순 사실 접근법은 나치 판사들이 취한 해석방법과 잘 들어맞는다. 독일 판사들은 나치 이데올로기를 해석의 맥락으로 삼아, 구 정권의 법령과 나치 정권의 법령에 공통으로 적용하고자 했다. 그러나 입법자의 의도를 가리키는 지표로 간주된 것은 오로지 나치 정권에서 제정된 법률뿐이었다. 이러한 지표는 구법과 신법의 해석과정에서 그와 다른 결론이 도출되지 않도록 조정하거나 그러한 결론을 뒤집는 반대지표로 활용됐다.

두 접근법의 결과는 동일했다. 바로 집권세력이 추구하는 가치를 실현하는 것이었다. 독일과 남아프리카공화국의 사례를 비교하면, 나치 독일과 비시 프랑스를 비교했을 때와 마찬가지로 같은 결론에 도달하게 된다. 어디까지 유대인으로 볼지 인종적 범주를 설정하기 위해 법을 재해석하는 과정에서, 독일과 프랑스 법률가들은 서로 다른, 심지어 상충되는 해석방법을 사용했음에도 유사한 결론을 끌어냈다. 결국 중요한 점은 이런저런 법적 접근법이나 방법이 아니다. 핵심은 사법부가 집권세력이 설정한 평가기준과 어떠한 관계를 맺었는가이다. 판사들은 당대의 통치자와 이데올로기에 맞추어 해석방법을 조정했다. 판사들이 항해에 사용한 변치않는 나침반은 해석방법이 아니라 그들이 속한 국가질서와 사회에 대한 충성심이었다. 뤼터스가 주장한 것처럼, 법적 방법론은 사회적 정의감을 '저해하는' 도구가 아니라 이를 '실현하는' 방법으로 고안된 장치이다.[13] 한나 아렌트는 이 주장을 보다 일반적인 차원에서 정확하게 표현했다.

> 히틀러 정권 동안 존경받던 사회가 보여준 총체적인 도덕적 붕괴는 우리에게 중요한 교훈을 남긴다. 그러한 상황에서는 가치를 중시하고 도덕규범과 기준을 고수하는 사람들조차 신뢰할 수 없다는 것이다. 도덕규범과 기준은 하루아침에 바뀌며, 그때 남은 것이라고는 단지 무언가를 고수하는 습관뿐이라는 점을 이제 우리는 알게 되었다.[14]

입법자가 억압적이고 법치주의의 가치를 위협함에도, 오히려 그 권위가 법원에 더욱 설득력 있게 작용하는 이유는 무엇일까? 그러한 조건에서 입법자가 평소보다 더 강압적으로 자신의 권위를 주장하기 때문이라는 것이 한 가지 답이 될 수 있다. 나치 집권 이후 판사들에게 가해진 이념적·정치적 압력이 얼마나 심각했는지를 이미 앞서 살펴봤다. 이는 단지 부정적 압력에 그치지 않았다. 나치는 구질서의 복귀, 권위 존중, 사회의 핵심 구성원으로서 판사의 지위 회복을 약속하는 방식으로 긍정적 압력도 행사했다.15 또한 많은 판사가 나치 정권의 이데올로기, 특히 인종적·민족주의적 이념을 지지했다는 점도 무시할 수 없다.

이런 요인이 중요한 역할을 했을 수는 있다. 하지만 과연 그것만으로 평소 법치주의 이념에 따라 행동하던 양심적인 판사들마저 이를 저버리도록 만들기에 충분했을까? 판사들이 구체적 사건에서 그 피해자들을 법정에서 직접 대면했음에도 불구하고 말이다. 특히 정권의 정치적 목표에 동조하지 않았던 판사들이 보여준 지지를 설명하기에는 충분하지 않다. 리사 힐빙크Lisa Hilbink는 칠레 대법원 판사들을 인터뷰한 결과, 36명의 판사 중 6명만이 군사정권을 적극적으로 지지했고 14명은 군사정권과 분명히 대립했으며 이들이 민주주의에 관한 역사적·국제적 기준을 잘 인식하고 있었다는 사실을 발견했다. 나머지 16명은 정권과 거리를 두는 "중간 입장"이었으며 군사정권에 대한 태도는 제각각이었다.16 그럼에도 대법원은 판결을 통해 일관되게 군사독재 정권의 억압적 조치를 지지하고 옹호했다. 나치 독재 치하에서도 모든 독일 판사가 나치당을 지지한 것은 아니었다. 전쟁 수행과 반대파 탄압의 핵심 도구로 활용됐던 군사법원에도 나치 이데올로기에 반대하는 판사들이 상당수 존재했다. 그럼에도 그들은 나치에 대한 모든 저항세력을 엄격하고도 강력하게 진압해야 한다는 입장을 받아들이는 데 주저하지 않았다.17

우리는 판사들이 필요하다고 느낄 때 가혹한 규정에 따른 결과를 완화하고 조정할 수 있는 방법을 스스로 찾아 활용하는 경우가 적지 않다는 사실을 알고 있다. 그런데 왜 억압적 상황에서는 입법 권위에 대한 복종이 그토록 강력해져 판사들이 그러한 완화의 가능성마저도 스스로 포기하는 것일까? 오히려 그러한 상황에서 판사들은 창의적인 법적 사고력을 발휘하여, 충분히 정당성을 인정받을 만한 대안적 해석의 범위를 넘어서면서까지 입법자의 이념과 의도를 더욱 효과적으로 달성하려고 노력하는 모습을 보인다.

로버트 M. 커버의 부조화 이론

19세기 미국 노예제 반대 운동과 사법절차를 연구한 로버트 M. 커버는 이러한 현상을 심리학의 인지부조화 이론으로 설명한다. 노예제에 반대했던 판사들은 노예제를 지지하는 판결을 내릴 수밖에 없는 법령과 자신의 윤리적 신념, 법에 대한 충성심, 사법적 역할 사이에서 깊은 갈등을 겪었을 것이다. 커버는 이처럼 법과 신념 사이에서 갈등하는 판사에게는 다음과 같은 선택지가 있다고 제시한다. 자신의 신념에 반하는 법을 그대로 적용하거나, 법을 무시하고 자신의 신념을 따르거나, 사임하거나, 자신이 진정으로 생각하는 바와 법이 다르다고 선언하는 것이다.[18] 이 방안 중 어느 하나도 심리적으로 쉽게 받아들여지지 않기 때문에, 대부분의 사람들은 이 갈등을 해결하기 위해 타협점을 찾으려 할 것이다.

판사들이 처음 마주한 갈등은 자유와 노예제 중 하나를 선택해야 하는 상황이었다. 이런 식으로 틀을 짜면 도덕적으로 쉬운 선택처럼 보인다. 그러나 판사라는 직무의 결과로, 이들이 실제 마주한 선택지는 자유와 노예제 사이의 선택이 아니라, 예를 들어 자유와 질서 있는 연방주의 사이, 자유와 공적 신뢰에 대한 충성 사이, 자유와 미국 국민으로서 공동체의 목표에 대한 충성 사이에서 하나를 선택하는 것이었다.[19] 판사들은 자신들이 따라야 하는 공식적 원칙과 판사의 일반적 역할을 따를 때 어쩔 수 없이 부도덕한 법을 적용할 수밖에 없는 상황으로 끌려 들어갔다. 커버의 부조화 가설은 이러한 상황에서 노예제를 지지하는 판결로 가장 괴로워하는 판사일수록 이 부조화를 줄이기 위한 행동을 보일 가능성이 높다고 예측한다. 이 경우 법의 형식적 지위를 격상시키거나, 기계적 형식주의로 후퇴해서 법을 적용하거나, 그 결과에 대한 책임을 판사의 개인적 선택이 아닌 다른 외부 요인에 돌림으로써 이런 부조화를 줄이려 한다는 것이다.[20]

이 세 가지 방식은 모두 법치주의가 지닌 가치를 근거로 정당화할 수 있다. 법의 권위는 일반적으로 법이 정당성을 획득하는 방식과 연결되며, 평등 및 예측 가능성과 같은 가치와 밀접하게 관련된다. 법적용에서 형식적 접근법을 취하는 것은 예측 가능성과 공정성, 권위와 선례에 대한 존중과 같은 가치들에 의해 정당화된다. 이 관점에서 판사의 적절한 역할은 법을 적용하는 것일 뿐 그 이상도 이하도 아니다. 입법자에게 책임을 돌리는 것은 권력분립의 원칙과 입법자와 판사의 역할을 분리하는 원칙에도 부합한다.

단순 사실 접근법으로 후퇴하거나 법 그 자체 뿐만 아니라 입법자에 대한 복종의무를 강조하는 태도는 법치주의의 기본원칙과 반드시 모순된다고 보기 어렵다. 일반적으로 입법자에 대한 복종을 노골적으로 거부하는 것은 판사로서 실행하기 어려우며, 사법적 역할과도 조화되기 어렵다. 이런 상황에서 취할 수 있는 대안은 일단 법을 적용하되 극단적인 경우에는 비판할 권리를 유보하는 방식이다. 그러나 이 경우에도, 판사는 사법심사를 통해 법적용을 거부하지 않는 이상, 여전히 해당 법을 적용한 책임에서 벗어날 수 없다. 법의 이면에 있는 전제와 이념에 도덕적으로 동의하지 않는 사람이라면, 이런 입장을 감당하기 어려울지도 모른다. 그렇다면 차라리 굴복하고 자신은 그저 "법이 말하는 것을 그대로 전할 뿐"이라는 역할을 받아들이는 편이 더 편할 수 있다.

다이젠하우스는 커버의 이론을 반박하며, 입법자의 의지에 충실한 판사들이 개인적 책임을 회피하려 한다는 증거는 거의 없다고 주장한다. 그들은 헌법질서 아래에서 자신들의 역할을 "자유의 수호자라기보다는, 민의를 대변하는 의회가 제정한 법률에 표현된 민의에 복무하는 자"로 보기 때문에 이런 관점에 따라 법률을 해석한다는 것이다.[21] 그러나 이런 설명은 왜 이들 판사들이 자신들의 사법적 책임에 대해 그와 같이 이해하게 됐는지 의문을 낳는다. 어떤 설명은 판사들이 자신의 역할에 대해 일관된 견해를 가졌다고 전제하지만, 실제로는 그렇지 않은 경우가 많다. 다이젠하우스도 데닝 경이 다룬 여러 판례*를 언급하며 국가안보와 관련된 사건과 그렇지 않은 사건에서 법령 해석에 대한 접근법이 달랐음을 지적하고 있다.[22]

같은 맥락에서 전 미국 대법원장 윌리엄 렌퀴스트William Rehnquist도 전시에는 시민의 자유를 평상시와 같은 수준으로 우선시할 수 없으며, 법원은 정부가 시민의 자유를 제한할 필요성을 주장하는 경우 이를 법적 제한의 근거로 고려해야 한다고 주장했다.[23]

판사들이 자신의 신념이나 판단을 왜곡했다고 비난할 필요는 없다. 커버의 이론은 그러한 비난을 위한 것이 아니라, 판사들이 왜 그런 특정한 신념을 갖게 되는지에 대한 설명이다. 다이젠하우스의 사례 분석은 판사들이 자신들의 헌법적 역할을 어떻게 인식했는지, 그리고 법령의 해석과 적용에 대해 어떤 접근법을 취했는지를 보여주며, 여러 측면에서 커버의 가설을 뒷받침한다. 미국의 반노예제 판사들, 남아프리카공화국 판사들, 나치 독일의 판사들에 대한 연구를 보면, 이들은 입법자의 권위를 강하게 강조했고, 입법자가 추구한 이념과 가치를 해석

---

* 레이커 항공사(Laker Airways v Department of Trade) 사건에서 데닝은 항공면허를 취소하려는 상무부장관의 행위에 대해 정부의 재량행위는 법적 한계를 준수해야 한다고 판단한 반면, 호젠볼(R v Secretary of State for Home Affairs, exparte Hosenball) 사건에서는 저널리스트 호젠볼의 추방에 대해 국가안보의 이익이 개인의 권리보다 우선하므로 상세한 정보가 제공되지 않아도 정당화된다는 의견을 제시했다.

16장 다른 방식의 법해석

의 기준으로 고려했으며, 이러한 이념을 바탕으로 법령에 기재된 문구를 뛰어넘어 법령을 확장하고 적용했다. 특히 독일의 경우, 나치 이데올로기는 이전 정권에서 제정된 법을 재해석하는 경우뿐 아니라 필요하다면 그 법률을 무효화하는 데에도 활용됐다. 결국 문제는 판사들이 그러한 방식으로 판결할 의무가 있다고 믿었는지가 아니라 왜 그러한 신념을 갖게 되었는지에 있다.

커버의 인지부조화 가설을 반박하는 또 다른 주장이 있다. 스칸디나비아의 법적 전통에서는 단순 사실 접근법이 오랜 기간 지배적 방식으로 자리 잡았다. 20세기 중반부터 말기에 이르기까지 덴마크, 스웨덴, 노르웨이는 이른바 "스칸디나비아 법현실주의" 학파의 영향을 강하게 받았다. 동시에 이들 국가는 민주주의와 대의제 정부 시스템이 굳건하게 자리 잡은 자유주의 사회였다. 이러한 환경에서 판사들이 법과 도덕적 양심 사이에 심각한 갈등을 자주 겪었다고 보기는 어렵다. 실제로 다이젠하우스가 지적하듯이, 입법자가 대체로 도덕적으로 건전한 법을 제정하는, 윤리적으로 정당성을 갖춘 법체계에서는 단순 사실 접근법이 전반적으로 더 나은 결과를 가져온다고 주장할 수 있다.[24]

스칸디나비아 법전통에서 법적 방법론의 주류는 다이젠하우스가 설명한 바와 같이 단순 사실 접근법이었으며, 이는 지금도 마찬가지이다. 이 접근법은 입법이 법적 근거의 중요한 부분을 차지하며, 판사의 역할은 주로 입법자의 명시된 의도와 목적에 실질적 효력을 부여하는 데 있다는 관점에 기반하고 있다. 이러한 이유로 판사는 법적 방법론의 중요한 일환으로 입법 자료를 조사하고 분석할 필요가 있으며, 이를 반드시 검토해야 한다. 가장 중요한 문서는 정부가 입법 제안취지를 담아 의회에 제출하는 보고서이지만, 종종 정부 보고서에 앞서 제출되는 전문가 보고서도 함께 고려한다. 이 문서들은 새로운 법안을 제안하는 배경과 그 취지를 알려주는 정보로 중요하게 취급될 뿐 아니라 법해석의 지침으로도 활용된다. 뿐만 아니라 이 보고서들은 법적용을 보완하는 규범을 포함하는 경우가 많으며 때로는 법령 본문보다 우선시되기도 한다.

입법자의 명시적 의도는 스칸디나비아에서 해석의 중요한 지침이다. 입법자의 의도는 법의 목적을 명시하는 특별 조항으로 표현되기도 하며, 종종 입법준비자료preparatory material*에 상세하게 설명되거나 확장되기도 한다. 스칸디나비아 국가들은 이러한 접근법을 유럽연합 법을 국내에 이행하는 데에도 적극 활용해 왔다. 스웨덴 당국은 "소비자 계약의 불공정 약관에 관한 지침"의 이행과 관련해 "스웨덴과 북유럽 국가들 내에 확립된 법적 전통에 따라 입법 자료는 법률 해석의 중요한 참고자료이다. 따라서 이 지침 부록을 입법준비자료에 포함하는 것이 가장 적합한 해결책으로 보인다"라고 설명한 바 있다.[25] 공개된 입법준비자료는 판사가 법률을 적용할 때 행사해야 하는 재량권에 대한 지침으로 사용되며, 확장해석 또는 유추, 또는 제한해석의 근거로 사용할 수 있다.

반면 스칸디나비아 법현실주의는 일반 법원칙의 적용에 대해 상당히 비판적이었으며 특정 법원칙을 근거로 법률의 적용을 제한하거나 검토할 수 있다는 관점을 오랫동안 인정하지 않았다. 1971년 이후 20세기 말까지 오슬로대학교의 법학 교과서에는 "법원칙"이라는 개념 자체가 존재하지 않았다.[26] 이 교과서는 법을 현실주의적 관점에서 접근하며, 법, 입법준비자료, 판례, 행정당국의 법적 관행과 같은 단순 사실plain facts 외에도 판사의 판단을 사법적 판단의 법원法源으로 인정한

---

* 입법과정에서 작성하는 문서로서 입법자의 의도와 법률의 목적을 이해하는 데 참고가 되는 자료들을 일컫는다. 예를 들어 정부 보고서, 전문가 보고서, 의회 토론과정을 담은 회의록, 위원회 보고서 등이 여기에 포함된다.

다. 판사의 평가는 사법적 판단의 근거로 인정되지만, 이는 여러 입법 원천에 내재된 전통적 법원칙 norms entailed in the plain fact sources으로 뒷받침되지 않는다면, 법의 영역을 넘어선 것으로 간주된다.

입법자의 권위에 대한 스칸디나비아식 법적 사고방식과 우리가 살펴본 억압적 상황에서의 법적 사고방식은 매우 유사하다. 그러나 사회적·정치적 환경은 매우 다르다. 이는 단순 사실 접근법이 반드시 입법자의 힘과 법관의 도덕적 신념 사이의 대립, 즉 인지부조화에 따른 결과일 필요는 없음을 보여준다. 어쩌면 이는 매우 안일한 해석일 수도 있다.

제2차 세계대전 이후 스칸디나비아 사회는 기본적으로 사회적·문화적으로 동질적인 사회였으며 높은 수준의 사회적 연대가 존재했다. 산업화와 20세기 초 경제위기로 인한 노동과 자본의 갈등은 사회민주주의와 복지국가 건설이라는 공동의 사회 프로젝트로 대체됐다. 정부에 대한 국민들의 신뢰 수준이 높았고, 정부의 개입으로 사회 및 경제 문제를 해결해내리라는 기대도 높았다. 이들 국가는 국민총생산GNP 대비 세계 최고의 공공부문과 직간접 조세로 재원을 조달하는 최고 수준의 공공예산을 보유했다.

이러한 사회적 조건이 입법과 사법적 접근방식의 배경을 이루었다. 입법정책은 대중과 엘리트층 모두에서 폭넓은 지지를 받았으며, 정책이나 정부 개입이 사회 구성원 개개인의 권익을 명백하게 위협하는 것으로 간주되지 않았다. 문제가 있더라도 그것은 법원이 아닌 입법부가 해결해야 할 문제로 여겨졌다.

노르웨이의 「공공행정법the Public Administration Act」 제정이 이 점을 잘 보여준다. 이 법의 제정 배경 중 하나에는 입법부가 행정부에 매우 광범위한 재량권을 부여하려는 의도가 존재했다. 이에 대해 자유주의 진영과 재계에서 각각 우려를 표시했다. 결국 「공공행정법」은 행정부가 광범위한 재량권을 유지하되, 민간 부문이 행정결정 과정에 대한 정보 접근권과 의견 제출권을 행사하도록 제도적 장치를 마련하고 적법절차를 보장하는 규정을 둠으로써 다양한 이해관계를 조정하는 국가적 타협을 통해 제정되었다.

스칸디나비아의 모습은 사회갈등 수준이 낮고 구성원들 사이에 공유하는 가치가 높을 때 단순 사실 접근법이 효과적일 수 있음을 시사한다. 이러한 상황에서는 입법자가 제정한 법의 권위를 형식적 법치주의의 중요한 가치로 자연스럽게 받아들이게 된다. 복지국가는 실질적 정의의 실현에 중점을 두는 경향이 있어, 실질적 정의가 법의 예측가능성과 일관성 같은 원칙이나 공정한 법적용보다 더 중요한 가치로 여겨진다. 복지국가에서는 입법부와 사법부의 상호존중이 자리잡고 있다. 사법부는 입법부가 권한을 남용하지 않으리라고 신뢰하고, 입법부는 법이 명확하고 예측 가능한 방식으로 표현되어 있지 않아도 사법부가 법을 충실하게 적용하리라고 신뢰한다. 이러한 상황에서 단순 사실 접근법을 취하지 않는다면 어쩌면 이를 선택하는 것보다 더 번잡한 설명을 요구하는 상황이 펼쳐질지 모른다. 즉, 그러한 접근법을 택하지 않을 정당한 이유를 찾기가 어렵다는 것이다.

지난 수십 년간 스칸디나비아 국가들도 변화를 겪었다. 변화의 주요 요인 중 하나는 세계화이다. 사회는 이민으로 인해 사회문화적으로 더욱 분화됐다. 개인과 소수자들은 이전보다 더 빈번하게 다수로부터 보호받을 필요가 생겼다. 또 다른 요인은 세계화된 경제와 개인의 자유 원칙의 확산이다. 개인주의와 시장 자유화는 사적 영역에 대한 공공의 간섭을 둘러싼 갈등 수준을 높였다. 국제법체제는 국내 판사에게 국내법을 검토할 임무와 수단을 제공하고 국내법은 국제법원이 검토한다.

그럼에도 스칸디나비아의 경험은 개인을 보호하는 법원칙에 대한 반대세력이 없거나 사회의 기본가치와 정책에 대한 논쟁이 존재하지 않을 때 단순 사실 접근법이 얼마나 매력적인지 보여준다. 판사들이 입법자의 가치와 정책을 공유하는 경우에도 마찬가지이며, 심지어 그러한 가치와 정책이 사회의 다른 구성원들과 충돌하는 상황에서도 그렇다. 판사는 현존하는 법질서에 봉사하는 직업이다. 이는 법질서가 정의로운지 아니면 부정의한지, 국가가 법치주의에 의해 지배되는지와 상관없이 그들이 맡은 제도적 역할의 중요한 부분이다. 다양한 국가체제에서 판사들은 주어진 역할을 담당하는 순응주의자일 수밖에 없다. 따라서 판사가 억압적인 입법자들에 맞서기를 기대하는 것은 판사가 현 통치자의 권위에 반대할 뿐 아니라 판사로서 주어진 제도적 역할에서 이탈하기를 기대하는 셈이다. 반면 판사들은 법치주의와 그 이념에 내재된 핵심적 법적 가치를 보호해야 한다는 규범적 기대도 받는다.

이러한 점은 독일과 남아프리카공화국에서 인종차별 이념의 기본적 전제를 공유했던 판사들, 공산주의와 국가 전복의 위험요소에 맞서는 긴급조치의 필요성을 둘러싸고 당시 권력자들에게 동조한 판사들, 사회문제 해결을 위한 우생학 정책에 동의한 판사들이 단순 사실 접근법을 사용한 이유를 설명할 수 있다. 억압적 통치자가 내세우는 가치를 승인한 판사들과 양심의 갈등을 경험하는 판사들 둘 다 법률 해석에서 단순 사실 접근법이라는 동일한 해석방식을 공유하게 된다. 그 결과 이들은 서로를 지지하며 다른 동료 판사들에게도 강한 영향을 미치는 하나의 흐름을 형성하게 된다.

17장
법이론을 통한 설명을 넘어서

법이론이 사법적 판단을 좌우하는가

법실증주의는 판사가 권위주의 정권의 잔학행위에 가담하게 되는 이유를 설명하는 데 가장 자주 제시되는 해석이다. 이는 이 이론이 사법행위의 두 가지 기본적 특징에 부합하기 때문이다. 첫째, 판사도 다른 사람들처럼 권위에 순응하려는 경향이 있다. 권위에 대한 복종은 사람들이 명령을 받았을 때 심지어 끔찍한 범죄까지 저지를 수 있는 이유를 설명하는 중요한 요소이다. 둘째, 이 특성은 판사들에게 보다 특수한 것으로, 판사는 정치에 개입하지 않아야 한다는 인식과 밀접하게 연관되어 있다. 특히 심각한 정치적 갈등 상황에서 정부 지도자의 결정과 조치에 어떤 입장을 표명하는 것은 판사들에게 정치적 행위로 여겨진다. 따라서 판사들은 이러한 조치를 사법심사의 대상으로 삼기보다는, 법해석 및 적용의 전제로 수용하려는 경향을 보인다.

    그러나 앞서 살펴본 바와 같이 이 두 가지 요소는 법실증주의라는 특정 법이론과 거의 관련이 없으며 다른 법적 방법론들과는 더욱 무관하다. 여기에서 제시된 설명들은 서로 다른 차원에서 작동한다. 권위에 대한 복종과 정치관여 회피는 심리적·이념적 차원의 설명이다. 반면 법이론과 방법론은 규범적 수준과 정당화 차원의 문제이다. 그렇다면 법이론은 실제로 사법 실무에 영향을 미치며, 판사들의 행동 방식을 이해하고 설명하는 데 유용한가? 마크 오시엘은 아르헨티나와 브라질 판사들에 대한 연구에서 이렇게 말한다. "윤리적 각성의 순간이 반드시 있어야 하는 것은 아니다. 판사가 자신을 정권과 동일시할 것인지 아니면 이에 저항해야 할 것인지에 대해 내적으로나 외적으로 압박을 느끼는 순간이 반드시 존재할 필요는 없다." 판사라는 직업은 "유능한 실무 처리 능력이 요구되는 직업 특성상 독립적인 판단을 하려는 성향을 가지는 것"만으로도 충분하다.[1] 오시엘에 따르면, 법이론이 판사를 저항으로 이끄는 경우는 거의 없다. 단지 판사가 정권을 지지하거나 반대할 때 사용할 수 있는 수사적修辭的 형식을 제공할 뿐이다.[2]

나치 시대의 독일 사법私法을 심층적으로 연구한 베른트 뤼터스도 비슷한 결론을 내렸다. 그 시기 사법 실무의 상당 부분은 법적 방법론의 관점에서 흠잡을 데가 없었다. 이러한 이유로 법질서가 권위주의적 목적에 오용되는 것을 막을 수 있는 법적 방법론을 찾는 시도는 실패할 수밖에 없다.[3] 뤼터스는 다음과 같이 비유한다. "법적 방법론과 사회공학의 문제로만 축소된 법이론은 뛰어난 장비와 계산식을 가졌지만 별, 등대, 무선신호 같은 항해의 기준점을 갖지 못한 항해사와 같다."[4]

비비언 그로스월드 커런은 독일과 프랑스 법률가들이 유대인의 범주를 설정하는 문제를 두고 법을 재해석하는 과정에서 각자 다른, 심지어 상충하는 해석방법을 사용했음에도 결론은 비슷했다고 말한다. 독일 판사들이 일반조항을 근거로 추론하는 방법을 사용했다면, 프랑스 판사들은 일반 법원칙을 해석 근거로 삼는 것을 피하면서 자신들의 전통적 방식에 따라 접근했다. 커런은 이렇게 말한다. "자연법과 형평의 원칙은 다른 모든 법원칙이나 관점들과 마찬가지로, 역사의 각 시기마다 너무나 다르게 정의되고 해석된다. 결국 법이 역사의 어느 순간에 인류에 기여할지 아니면 오히려 그 반대일지를 결정하는 것은 이러한 이론들이 아니라 법을 다루는 개인과 법제도를 운영하는 주체들의 가치관이다."[5]

리처드 H. 바이스버그Richard H. Weisberg는 그의 연구에서 프랑스 법조계가 "건조한 데카르트주의, 즉 종교법의 정교한 해석을 모든 논리적 결론에서까지 추구하려는 프랑스 특유의 욕망"을 통해 …… 어떻게 비시 정권의 인종법령에 대해서도 "박해에 관해 합리화된 독자적 체계를 구축했는지" 보여주었다.[6] 법률가들은 인종차별법을 해석할 때 그 문제를 낮은 수준의 일반화로 다룸으로써, 법을 이루는 근본원칙인 인종주의 자체에 대한 명확한 입장 표명을 회피했다. 그러나 결과적으로 이러한 해석은 인종차별법이 사회에서 더 널리 받아들여지고 그 정당성을 강화하는 데 기여했다.[7] 즉, 독일과 프랑스는 서로 다른 접근법을 취했지만, 결과는 동일했다. 비교적 사소한 법조항을 해석하는 과정에서 법체계 전체가 법의 재해석을 통해 변형된 것이다. 이에 대해 커런은 "판사가 적용하는 철학적 또는 방법론적 이론과 개별 사건의 구체적인 결과 사이에 높은 상관관계가 있다고 믿는 것은 사법적 의사결정 과정에 내재된 불확정성을 간과하는 것이다"라고 지적한다.[8]

오토 키르히하이머는 법이론의 영향력에 대해 다음과 같이 결론지었다. "요컨대 법이론은 공동체의 입장을 흐릿하게나마 반영하고 그 결론이 환영받도록 합리화하는 역할을 하지만, 사법행위의 주된 결정요인이라고 보기는 어렵다."[9]

키르히하이머가 언급한 공동체의 입장, 즉 특정 정책에 대한 합의는 1933년 이후 독일 법원의 실무 관행에도 분명하게 드러난다. 이는 민족사회주의 이데올로기를 법해석의 근본원칙으로 받아들이려는 법원의 적극적 태도와 유대인 혈통 관련 사건에 위 이데올로기가 미친 영향에서 확인할 수 있다.[10]

어떤 경우든 법령해석에서 형식적 접근법과 실질적 접근법 모두 실제로는 억압적 조치를 제어하거나 대중의 통념과 가치관을 교정하는 데 활용할 수 있다.[11] 1930년대 프로이센 행정항소법원은 형식적 접근법을 사용해 억압적 조치에 대항하고자 했다. 법원은 아직 폐지되지 않은 권리 조항을 나치에게 유리한 방식으로 재해석하는 것을 거부함으로써 경찰에 대한 사법적 통제를 유지하려 했다. 그러나 나치가 이 조항을 폐지하자 방어선은 무너졌다. 오시엘이 지적했듯이 "통치자가 가장 억압적인 정책을 실정법으로 제정하려는 의지가 강할수록 법실증주의는 사법적 저항의 명분을 제공하기가 그만큼 어려워진다."[12]

남아프리카공화국 정권에 반대 입장에 섰던 판사들은 다이젠하우스가 '커먼로적 접근법'이라고 명명한 방식을 사용했는데, 이는 법률과 판례를 해석할 때 커먼로의 원칙을 기준으로 삼는 방식으로, 그 핵심 요소로는 법 앞의 평등, 적법절차, 인신보호영장 등이 포함된다.[13] 그러나 이 접근법도 커먼로 자체가 의회주권의 원칙을 기반으로 하는 한계가 있었기에, 입법자가 법조문으로 명시한 문언이 존재할 경우 따를 수밖에 없었다. 판사가 특정한 해석법을 사용한다고 해서, 그 체제에서 판사의 지위를 유지하면서 집권세력의 정책과 그 사회의 지배적 가치에 지속적으로 일관되게 맞서기는 불가능하다. 뤼터스가 지적했듯이 법은 기득권이며, 어떤 국가에서든, 어떤 법이론에서든 법에 대한 접근법은 결국 기본적으로 체제를 유지하고 지원하는 역할이다.[14]

심리적 요인

라드브루흐 이론은 오늘날 나치 판사의 잔학행위에 대한 설명으로 더 이상 받아들여지지 않는다. 앞서 살펴본 바와 같이 법실증주의는 나치 시대의 입법, 사법 실무, 그리고 나치가 판사를 통제하고 지시하기 위해 만들어낸 법이데올로기와 양립할 수 없다. 단순 사실 접근법은 권위주의 통치자의 의도에 맞춰 법을 적용하는 방법론적 도구로서 법해석과 적용방식의 하나이다. 일단 이 접근법이 실무에서 주류로 자리잡게 되면 현행법이 지향하는 이데올로기와 목표를 충족하기 위한 사법적 억압은 거의 필연적으로 따라오게 된다. 그러나 커버가 제시한 심리적 설명 외에, 이 접근법이 주류로 자리 잡게 된 이유를 어떻게 설명할 수 있을까? 커버의 설명은 판사의 이러한 선택에 대해 입법자의 권위에 대한 복종에서 비롯된다고 할 뿐, 다른 이유를 제시하지 않는다. 하지만 스탠리 밀그램의 유명한 권위에 대한 복종 실험에서도 참가자의 1/3은 실험자의 권위에 끝까지 복종하지 않았다.

밀그램은 실험 참가자의 복종을 설명하면서 "구속 요인binding factors"과 "실험 참가자의 사고 조정adjustments in the subject's thinking"을 구별했다.[15] 구속 요인은 실험 참가자를 상황에서 벗어나지 못하게 하는 요인으로, 예의범절이나 실험에 기여하겠다는 애초 약속을 지키려는 욕구 또는 중도에 그만두게 될 경우 빚어질 난처함 등이 이에 해당한다. 사고 조정은 실험참가자가 실험자와 관계를 유지하면서도 실험 중 발생한 내적 갈등에서 비롯된 심리적 부담을 낮추는 데 도움을 준다.

판사의 경우, 그에게 작용하는 구속 요인은 명백하다. 판사로서 가지는 책임감, 법을 수호해야 한다는 법적·직업적 의무감 등이 있다. 판사는 법정에 서는 한 이러한 의무를 의식한다. 또한 집단이나 조직에서 이탈하는 데서 비롯되는 난처함도 중요한 요인으로, 다른 연구에서 철저히 분석된 바 있다. 사람들은 조직 내 비순응자로 지목되어 집단에서 떨어져나가지 않으려고 극단적 행동까지 감행한다는 것이 밝혀졌다. 집단 압력은 집단 구성원 간의 기본적 동일시와 집단으로부터 분리되지 않으려는 강한 충동을 통해 작용한다.16

사고 조정은 법의 구속력을 강조하며, 법이 판사에게 선택의 여지를 남기지 않는다고 단언하는 태도에서 분명하게 드러난다. 또한 합법성과 그로 인해 초래되는 도덕적·인간적 결과, 즉 법적용이 인간에게 미치는 영향을 분리하려는 강한 충동 역시, 판사가 억압적 법률의 적용과 법치주의 이상 사이에서 겪는 인지적 갈등을 극복하는 데 중요한 역할을 한다.

억압적 입법자의 이데올로기와 목표에 비판적인 판사라면 그 입법자를 위해 만들어진 법의 권위에 복종하지 않아도 되는 정당한 근거를 찾으려 할 것이다. 남아프리카공화국에서 보듯이, 일부 판사들은 다이젠하우스가 커먼로적 접근법이라고 부른 방식을 활용했지만, 그렇지 않은 경우가 훨씬 더 많았다. 이는 단순히 권위에 대한 복종만으로는 설명할 수 없는, 보다 복잡한 여러 요인들이 작용하고 있음을 분명하게 보여준다.

권위에 대한 복종은 하나의 설명이 될 수 있지만 그것만으로는 충분하지 않다. 결국 모든 판사가 권위주의 체제의 억압에 가담하는 것은 아니기 때문이다. 판사들은 법을 해석하고 적용하는 과정에서 어느 정도 독립성과 선택권을 지니고 있다. 그렇다면 왜 그들은 법치주의에서 명백히 벗어나는 행위를 피하려는 노력을 하지 않았던 것일까? 판사들이 억압적 조치가 초래하는 결과에 대해 인식하지 않는, "도덕적 실명moral blindness"에 빠진다는 것이 하나의 설명이 될 수 있다.

나치 친위대 판사 콘라트 모르겐의 사례는 도덕적 실명이 어떤 상태인지 잘 보여준다. 그는 동부전선과 수용소를 방문해 유대인 학살을 목격하고도 침묵했다. 그러면서 동시에 학살에 가담한 사람들을 부패와 명령위반으로 기소했다. 파우어-스투더와 벨레만Velleman은 모르겐에 대한 연구에서 그가 스스로를 "정의의 광신자"로 이해했다고 지적한다. 파우어-스투더는 뉘른베르크 재판에 제출한 모르겐의 답변을 인용해, 그가 자신의 아우슈비츠 방문을 다음과 같이 묘사했다고 설명한다. "비르케나우의 학살장치를 살펴본 후 모르겐은 '이 장치'를 관리하는 나치 친위대원들에게 관심을 돌렸다. 모르겐은 경비실을 보면서 '처음으로 진정한 충격을 받았다'라고 말했다. 그는 그곳에서 '스파르타식 엄격함'으로 무장한 친위대원들을 볼 것으로 기대했으나, 밤새 술을 많이 마시고 흐릿한 눈으로 소파에 뒤엉켜 졸고 있는 모습을 보게 되었을 뿐이었다. 모르겐은 대원들이 죄수복이 아닌 민간인 복장을 한 너덧 명의 어린 유대인 소녀들로부터 감자팬케이크를 제공받는 모습도 보았다. 모르겐이 특히 불쾌해 한 것은 친위대 남성들과 여성 포로들이 서로를 공식적인 호칭인 '당신Sie' 대신 친숙한 호칭인 '너Du'로 부른다는 사실이었다."17 파우어-스투더는 "모르겐의 헌신은 최고 권위자의 명령에 맹목적으로 따르려는 충성심 때문이 아니었다. 때로는 그도 이를 무시하고 회피할 방법을 찾으려 했다. 애초부터 그 자신이 문제였다"라고 결론지었다. 모르겐은 법을 지나치게 도덕적 관점에서 바라보았으며, 그 이해를 바탕으로 자신에 대해서도 도덕적 가치를 실현하는 인물이라고 인식했다. 그랬기에 자신이 활동하던 정치적 상황과 왜곡된 규범체계가 자신이 하려는 일의 목적과 의미를 훼손하고 있다는 사실을 깨닫지 못했다는 것이다.18

    도덕적 실명은 독재체제에서만 나타나는 현상이 아니다. 1920년대 이후부터 1970년대까지 많은 자유주의 국가가 우생학을 근거로 강압적 조치들을 시행했다. 대표적인 예가 정신적으로 열등하다고 여겨지는 사람들에 대한 강제 불임수술과 같은 조치이다. 당시 사람들은 반드시 열등한 유전자로부터 인종을 보호하려는 동기에서 이런 조치를 지지한 것은 아니었다. 오히려 범죄와 반사회적 행동을 예방하고 새로운 생명이 사회적 비참함과 빈곤 속에서 태어나지 않도록 하려는 사회정책적 이유가 더 큰 동기로 작용했다. 사법부는 이러한 강압적 조치를 승인하고 수용했다. 이와 관련해 대법관 올리버 웬델 홈즈는 다음과 같은 악명 높은 의견을 남겼다. "저능한 후손이 태어나 범죄를 저질러 사형에 처해지거나 혹은 저능한 까닭에 굶주려 죽게 내버려두기보다 명백히 부적합한 사람들이 자손을 생산하지 못하도록 막을 방법이 있다면 그것이 세상을 위해 더 낫다. 바보들은 3대로 충분하다."[19]

이처럼 비뚤어진 도덕과 정의관을 어떻게 설명할 수 있을까? 하랄트 벨처Harald Welzer는 사람들이 도덕적 이상을 저버리고 잔학행위에 대한 통제력을 상실하는 과정을 세 개의 원으로 설명한다.[20] 첫 번째 원은 사회적 과정으로, 우호적 존재인 "친구"와 적대적 존재인 "적" 사이에서 갈등과 분열의 경계가 설정된다. 예를 들어 1941년 독일군이 동부전선에서 유태인과 공산주의자를 탄압하면서 살해 행위를 "금지"에서 "의무"로 전환시킨 것이 대표적 사례이다. 두 번째 원은 행위자를 둘러싼 사회 상황과 그에 대한 행위자의 해석이다. 세 번째 원은 가장 내밀한 부분을 구성하는데, 행위자가 스스로 자신에게 허용된 선택지가 무엇인지를 인식하는 방식이다. 이러한 인식은 심리적 구속 요인과 사고 조정 요인에 크게 영향을 받는다. 이를 통해 우리는 억압에 가담한 판사의 선택은 단순히 개인적이고 도덕적인 실패가 아니라, 사회적·정치적 환경 변화, 그에 따른 판사의 직업적·개인적 이해관계, 판사 개인에게 영향을 미치는 심리적 요인들이 상호작용한 결과임을 알 수 있다.

이러한 구속 요인은 판사의 사고에 깊은 영향을 주어서, 억압조치의 불합리함이나 부당함을 제대로 인식하지 못하게 할 수 있다. 앞서 살펴본 것처럼 남아프리카공화국 판사들은 아파르트헤이트 법을 확대 적용했는데, 이는 나치 판사들이 유대인에 대한 차별을 확대 적용한 방식과 유사했다. 1934년 트란스발 우체국 사건에서 인종차별이 합리적이고 이성적인 조치로 간주될 수 있는지가 핵심 쟁점이었다. 스트래트퍼드 대법관은 지역사회를 백인과 유색인종으로 분리하는 것 자체를 불합리하다고 볼 수 없다고 판단하면서, "그와 같은 분리가 불합리하다는 결론은 현재 일반적으로 통용되는 원칙과 상식에 반하기 때문"이라고 밝혔다. 드 빌리에 대법관은 "부당한 차별"과 "차등 대우가 정당화되고 합리화되는 이유가 있는 차별"을 구분하고 인종과 피부색에 따른 차별은 후자에 속한다고 보았다.

 도덕적 실명은 거리감으로 길러진다. 이 거리감은 심리적·제도적·물리적 거리감으로 나타날 수 있다. 심리적 거리는 부족주의적 사고와 우리 행동이 만들어낸 피해자에 대한 비인간화로부터 생겨난다. 이는 사람들이 타인에게 악행을 저지르는 이유를 설명할 때 흔히 지목되는 요소로, 나치 독일과 아파르트헤이트의 인종차별 법제에서도 실제로 작동했다. 국가안보를 지키기 위한 "전쟁"이라는 명목 아래에 재판에 회부된 사람들을 반사회적인 인물로 규정하는 과정에서도 이런 현상이 나타난다. 제도적 거리는 사람들을 전인격체로 보기보다 권리나 의무의 당사자, 범죄자, 피고인 등 추상적 범주로 분류하면서 형성된다. 물론 이는 법적 사고에 내재된 필연적 요소이지만, 법이 억압적으로 변할 경우 이러한 거리감은 도덕적 실명을 조장할 위험성을 가짐을 염두에 둬야 한다. 물리적 거리는 동정심을 약화시키는 요소로 작용한다. 특히 물리적 거리감은 비현실적이고 멀리 떨어진 장소에서 잔학행위가 벌어질 때 독특하게 발생한다. 글로버의 지적대로, 현실감이 떨어지면 동정심 역시 약해진다.[21] 그는 아우슈비츠를 가리켜 "우리와 다른 행성"이었기 때문에 "실제로 일어나지 않는 일"이라고 여겨지기 쉬웠다고 말한다. 이 효과가 콘라트 모르겐의 도덕적 실명에도 작용했을 것이다. 이처럼 다양한 방식으로 거리감을 조성하는 요인들은 인간의 반응을 압도하고 약화시키며 제한하는 공통의 심리적 메커니즘이다.

제도적 요인

독일에서 두 차례의 전체주의 통치를 겪은 베른트 뤼터스는 이를 성찰하면서 판사 개인이 정권의 권위에 복종할지를 결정하는 것은 완전히 자유로운 선택이 아니라고 지적한다. 판사가 되기 위해 겪은 사회화 과정, 가정 상태와 부양가족, 사회적·경제적 생계수단, 기타 여러 가지 요인에 의해 영향을 받는다는 것이다.[22] 따라서 그 결정은 단순한 선택을 넘어서는 도덕적 판단으로, 설명, 분석, 정당화, 비판의 대상이다. 결국 판사의 행동을 평가하려면 그가 처한 조건과 상황을 이해하는 것이 무엇보다 중요하다.

제도적 요인은 독일 판사들이 나치 정권의 요구를 수용하는 데 중요한 역할을 했다. 나치가 정권을 장악할 당시 이미 법조계에서는 전면적인 법률 개혁의 필요성에 대해 광범위한 공감대가 형성되어 있었다. 이러한 이유로 판사들은 나치의 개혁 프로그램에 적극 협력할 준비가 되어 있었다.[23]

대다수 판사는 바이마르공화국에 비판적이었으며 그 정책에 소외감을 느끼고 있었다. 그 배경에는 사회적·정치적·경제적 이유가 있었다.[24] 법조인들은 대체로 보수적인 계층에 속했다. 법조인이 되려면 오랜 기간 동안 박봉에 시달려야 했다. 이러한 이유로 자산을 보유한 계층만이 판사직에 접근할 수 있었고 결국 1920년대 하이퍼인플레이션이 닥치자 이 계층이 가장 큰 타격을 입었다. 동시에 법조 지망생들의 실업률도 급격히 높아졌다. "1918년 패전의 충격, 노동자 계급의 정치적 부상, 특히 1920년대 초 급격한 인플레이션으로 인한 중산층의 빈곤은 사법부를 정치적 기득권층과 소원하게 만들었다"라고 키르히하이머는 지적한다.[25]

바이마르공화국에서 판사들과 법학계는 당시 집권세력이던 사회민주주의자들과 불편한 관계에 있었다. 법무부장관 구스타프 라드브루흐는 판사들에게 엄격한 법실증주의를 준수하고 의회 다수파가 제정한 법에 충실할 것을 요구했다.[26] 그러나 판사들은 사법심사와 사법부의 독립적 법해석을 통해 입법자의 "실수"를 바로잡을 필요가 있다고 주장했다. 반면 제국 대통령이 바이마르 의회에 맞서 선포한 비상명령에 대해서는 어떠한 사법심사도 하지 않았다. "사법부는 좌파 정적에 맞서 정부를 지원하는 데는 과도할 정도였지만, 우익의 정치 관련 법 위반행위에는 개입을 거부하는 태도로 일관했다."[27]

나치의 권력장악 이후, 판사들에게 나치는 비록 권위주의적 색채를 가졌지만 사회질서를 재건할 의지가 있는 세력으로 비쳤다.[28] 모든 면에서 나치 통치자들은 "법치국가"를 회복할 것으로 기대됐으며, 비상명령은 임시적이고 혁명적인 조치로 여겨졌기에 판사의 역할을 근본적으로 바꾸리라고 생각하지 않았다. 「직업공무원제의 재건을 위한 법」에 따른 사법부 숙청조차도 사법부 구성에 큰 변화를 가져오지 않았다. 이데올로기적 압력과 민족사회주의법률가협회 가입 강요는 대부분의 판사에게 달갑지 않은 일이었지만, 사법부는 나치 집권 이후 자신들의 사회적 지위와 중요성이 오히려 상승했다고 느꼈다.

이와 비슷하게 남미 판사들이 권위주의 통치자의 요구에 순응한 이유도 제도적 요인으로 설명할 수 있다. 아르헨티나, 브라질, 칠레의 법체계는 상당히 유사한 구조를 가지고 있었으며 다른 법체계와 비교했을 때 상대적으로 강력한 위계구조를 형성하고 있었다. 이들 법체계는 국가기관의 배타적 권한과 정책 실행을 우선시하는 경향이 강했으며, 법을 가치나 갈등의 조정수단이라기보다는 국가정책 실현의 도구로 여겼다. 그럼에도 각국의 군사정권은 권력행사 방식과 군과 사법부의 관계 설정에서 다른 양상을 보였다. 이 차이는 부분적으로 군대가 정치에서 수행해 온 역할의 역사적 차이에 기인한다.[29] 따라서 법질서와 사법부의 제도적 구성은 사법부가 억압적 법률에 어떻게 대응하는지를 결정하는 중요한 요인으로 작용한다고 할 수 있다.

입법자는 사법공동체 내의 유일한 권위가 아니다. 독일에서는 법학자와 법이론 역시 중요한 권위로 인정받는다. 나치의 권력장악은 학계에서 광범위한 지지를 받았으며, 법이론은 새로운 정권을 정당화하고 민족사회주의 법령 체계로 전환을 뒷받침하는 역할을 담당했다.[30] 또 다른 권위는 대법원이다. 선례구속의 원칙 stare decisis을 채택한 국가에서는 공식적으로 제도화된 법적 권위이며, 선례의 구속력을 인정하지 않는 대륙법계 국가들에서도 대법원은 일반적으로 법적 권위로 인정받고 있다.

상급법원이 지니는 설득력이란, 만약 상급법원이 정권의 억압적 조치를 지지하는 쪽으로 태도를 변경하면 다른 법원들도 이에 따를 가능성이 큼을 의미한다. 적어도 정권은 중요한 사건에서 사법부의 지지를 확보할 수단을 갖게 되는 것이다.

미국 유타주 지방법원의 카셀 Cassell 판사는 상급법원 판례에 따라 자신의 양심과 법적 소신에 반하는 결정을 내려야 하는 하급심 판사의 상황을 대표적으로 보여준다.

> 법원은 상급법원, 특히 제10순회 항소법원과 대법원의 판례를 따라야 할 의무가 있음을 잘 알고 있다. 대법원은 이 사건과 매우 유사하다고 할 만한 사안을 다룬 바 있다. 대법원은 데이비스 사건에서 당시 약 200달러 상당의

마리화나 9온스를 소지한 혐의로 두 차례 연속해 각 20년 형(총 40년)을 선고한 것이 수정헌법 제8조 위반이 아니라고 판결했다. 데이비스 판례가 여전히 유효하다면, 이 사건의 형량이 수정헌법 제8조를 위반했다고 하긴 어렵다. 이 사건에서 피고인 안젤로스는 700달러와 약 16온스(1파운드)의 마리화나를 포함한 최소 두 건의 마리화나 거래에 관여했다. 통화 인플레이션으로 오늘날의 700달러는 1980년대의 200달러에 해당한다. 그러나 단순한 산술적 계산으로 볼 때 마리화나 9온스의 소지에 대해 내려진 40년 징역형이 수정헌법 제8조를 위반하지 않는다면, 16온스 또는 그 이상을 유통한 혐의로 61년의 징역형을 부과하는 것이 수정헌법 제8조를 위반했다고 보긴 어렵다. 데이비스 판결이 현재까지 지속적으로 인용되어 왔다는 점을 고려할 때 법원은 위 판결을 따를 의무가 있다고 생각한다. 실제로 대법원은 데이비스 판결에서 지방법원 판사들에게 "연방 사법체제에 무정부상태가 만연하기를 원치 않는다면 연방 하급법원은 대법원 판례를 따라야 한다"라고 지적한 바 있다.[31]

미국 대법원은 형의 선고와 관련해 하급법원에 대한 대법원의 권위를 직접적으로 주장한 바 있다. 사실 법치주의의 핵심요소 중 하나는 법이 모든 사람에게 공평하게 적용되어야 한다는 원칙이다. 법치주의의 형식적 특성은 법이 정해진 절차에 따라 시행되고 일관되게 적용되어야 한다는 원칙을 강조한다. 이 때문에 부당한 법률이라 하더라도 그대로 유지되거나, 하급법원이 상급법원의 판례를 따르게 되는 일이 발생하게 된다. 더불어 최종적으로 판결을 내리는 주체가 상급법원이라는 사실 자체가 그 결론에 사법적 정당성을 강화한다. 이제는 더 이상 사법부가 억압적 정권의 입법·행정조치를 지지해야 하는지를 논하는 것은 의미가 없다. 정권이 이미 이러한 지지를 확보한 상태이기 때문이다.

억압적 정권은 지속적으로 최고법원의 지지를 확보하려 한다. 3장에서 우리는 새로운 정권이 대법원 판사를 교체하거나 친정부 성향의 판사를 추가로 임명하는 "법원 재편courtpacking" 방식을 통해 지지를 확보한 몇 가지 사례를 살펴봤다.

칠레는 대법원의 권위가 독재정권에 대한 사법적 지지를 정당화하는 데 핵심적 역할을 한 대표적 사례이다. 칠레는 1973년 쿠데타 전까지 사법부 독립의 전통을 지켜왔으며 군부는 법원의 독립성을 침해하려 하지 않았다. 그럼에도 법원은 군사정권의 정당성이나 정책을 문제 삼으려 하지 않았으며 오히려 정권에 전적으로 협조했다.32 칠레는 아르헨티나와 브라질에 비해 민주주의 경험과 법치주의 존중의 역사가 더 길고 강했지만, 이들 국가와 달리 칠레 법원은 정권에 어떤 형태의 반대도 보이지 않았다.

법관의 임용, 평가, 징계, 승진은 대법원의 통제 아래 있었고, 군사정권에서도 이 제도는 그대로 유지됐다. 이를 바탕으로 리사 힐빙크는 1973~1990년 칠레 판사들이 군부독재를 지지한 이유에 대해, 커버의 심리적 설명과 달리 제도적 맥락에서 분석한다.33

힐빙크는 칠레 사법부가 어떻게 구성되었는지를 살펴본다. 이 구조는 위계적인 경력직 시스템이었는데, 판사들은 젊은 나이에 낮은 급여를 받는 지방법원 판사직에 입문한 후 계층구조를 통해 더 권위 있고 높은 보수를 받는 상위 직급으로 올라간다. 상급직으로 승진하려면 상급자의 환심을 얻는 것이 필수적이었다. 또한 상급 판사는 하급 판사의 사법적 과오나 남용을 감독하는 역할도 맡았다. 결국 판사의 채용, 승진, 징계조치에 대한 최종 결정권은 대법원에 있었다.

이러한 관료적 구조 때문에 판사들은 상급법원의 의견과 태도에 부응하려는 강한 동기를 갖게 됐고, 상급법원의 보수적 소수가 사법부 전체를 효과적으로 통제할 수 있었다. 특히 1974년 대법원이 반대파 판사들을 숙청한 사건은 이러한 구조적 문제를 더욱 부각시켰다. 대법원은 권위주의정권 시절에도 판사들에게 직접적인 징계권을 행사했다. 일례로, 실종된 공산당 지도자 사건에 사면법을 적용하지 않겠다고 선언하고 군사법원으로 사건을 이송하지 않겠다고 밝힌 한 판사는 대법원에 의해 두 달 반의 직무정지 및 감봉 처분을 받았다.

하지만 이러한 구조만으로는 대법관들이 취한 태도를 충분히 설명할 수 없다. 그들은 왜 법치를 포기하고 독재정권을 지지했을까? 힐빙크는 대법관에 오른 판사들이 창의적이고 독립적인 의사결정보다는 상급자의 눈치를 보고 그들을 만족시키는 방법을 체득해 왔기 때문이라고 분석한다. 또한 사법부는 정치로부터 독립된 기관이어야 한다는 이데올로기가 사법부 스스로를 정치적 갈등에서 초월한 존재처럼 묘사하면서 오히려 억압적인 정권에 대한 대법원의 지지를 정당화하는 도구로 작용했다.

또 다른 이유는 아옌데 전 정권과의 갈등에서 찾을 수 있다.[34] 아옌데는 대법원 개혁을 추진하려 했지만 대법원은 그 시도가 위헌이라고 대응했다. 정부는 법원 판결을 집행하지 않겠다며 맞섰다. 이러한 배경에서 법원은 피노체트가 법치 회복을 들먹이며 일으킨 쿠데타를 환영했던 것으로 보인다. 이 상황은 1933년 독일에서 판사들이 사회질서를 재건하고 법에 대한 존중을 재확립하겠다는 나치의 약속을 환영했던 상황과 유사하다. 전 정권과 사법부 사이의 소원해진 관계가 권위주의 통치를 승인하는 명분으로 작용하기도 한다. 이러한 사례에서 판사들은 법치주의와 인권보호보다는 자신의 개인적·제도적 지위와 독립성을 더 중요하게 여겼던 것으로 보인다.

힐빙크의 설명은 칠레 사법부라는 특정 조직구조를 토대로 한다. 칠레에서 최고법원의 권위는 판사들의 임용과 승진에 관한 공식적 권한을 통해 유지되었다. 힐빙크의 설명이 강조하는 것은, 제도적 구조가 판사의 태도와 행동을 설명하는 데 일반적으로 중요한 요소라는 점이다. 아울러 상급법원의 권위를 확보하는 방법은 선례구속의 원칙에만 국한되지 않고 다양한 방식으로 가능하다는 점도 보여준다.

도덕적 정체성의 함정과 상실

조나단 글로버는 억압적 체제 아래에서 개인이 악행에 가담하게 되는 결정적 요인으로 도덕적 함정entrapment을 지목한다.[35] 개인적 차원에서 보자면, 악행에 가담하는 것은 바람직하지 않을 뿐 아니라 당사자에게 이익이 되지 않을 수도 있다. 그러나 집단적 차원에서는 저항할 수 있는 선택지가 거의 없는 게 현실이다. 제1차 세계대전 당시 병사들이 겪은 상황에 대한 글로버의 설명은 권위주의체제의 판사들에게도 쉽게 적용해볼 수 있다. 판사들 사이에서도 정권이 취한 조치의 합법성과 정당성을 검토하면서 일관된 의견을 내지 못할 수 있고, 서로 의견이 엇갈릴 수도 있다. 그래서 개인적으로 복종을 거부하더라도 그 거부가 실제로 변화를 일으킬 가능성은 크지 않으며 사법부 전체로 빠르게 확산되지 않는 한 내부 분열로 의미있는 성과를 내기 어렵다. 이러한 움직임을 조직화하는 것은 매우 어렵고 조직적 노력 없이는 실현될 가능성이 낮다.

사법부 내의 연대 역시 판사의 행동을 규정짓는 하나의 요인이 될 수 있다. 심리학 연구에 따르면 동료의 존재는 인간 행동에 강한 영향을 미친다. 크리스토퍼 브라우닝Christopher Browning은 독일 특무부대에 대한 재판기록을 분석한 결과, 최악의 잔학행위조차도 이러한 요인의 영향을 크게 받았다는 점이 명확히 드러난다고 주장한다. 이 부대는 동부전선에서 유대인을 대상으로 활동한 공안경찰 부대였다. 고된 임무에 직면했을 때 동료에 대한 충성심과 책임감은 매우 강력한 동기가 되었고 동시에 동료들과 다르게 행동하는 것에 대한 두려움 역시 중요한 결정요인이었다. 판사는 억압적인 법적용을 거부하는 과정에서 자신이 사임하거나 전보를 신청하면 그 자리는 결국 다른 동료 판사가 이어가야 함을 잘 알고 있었다.

정권의 지침을 따르고 집행하는 것 외에 현실적 대안이 거의 없는 상황에서 시간이 지날수록 개인은 점점 더 깊이 정권의 억압에 연루되며, 결과적으로 공범이 되어간다. 스톨츠푸스Stoltzfus가 지적하듯이 독일인들이 나치의 유대인 정책에 성공적으로 저항한 해는 1943년이 아니라 1933년이다.36 당시 이를 목격한 세바스찬 하프너는, 1933년 3월 1일 나치 돌격대가 별다른 저항 없이 베를린 항소법원Kammergericht에 난입해 유대인 판사와 변호사, 사무원들을 내쫓으면서 사법기관으로서 베를린 항소법원은 사실상 붕괴했다고 회고한다.37 독일 판사들이 1933년 3월과 4월 유대인 동료들의 숙청을 받아들였을 때, 그들은 나치 정권의 인종박해를 사실상 독려해준 셈이 되었고 그 조치의 정당성을 상당 부분 승인한 셈이었다. 이로 인해 이후 법원에 유사한 소송이 제기됐을 때 판사들로서는 정권의 인종정책에 저항하기가 훨씬 더 어려운 상황에 놓이게 되었다.

초기 저항이 중요한 이유는 단순히 그 시점에서 더 효과적일 수 있기 때문만은 아니다. 많은 사람이 겪는 도덕적 함정을 피할 수 있게 해줌으로써 훗날 저항력이 더욱 약해질 가능성을 줄이기 때문이다. 글로버는 1940년 독일군 점령 직후 유대인에 대한 조치에 맞선 네덜란드 국민의 저항 사례를 들려준다. 유대인의 공무원 채용 금지조치는 시위와 학생 파업으로 이어졌다. 암스테르담에서 400명의 유대인이 체포되자, 암스테르담과 인근 도시는 총파업으로 맞섰다. 글로버에 따르면 이 시위는 네덜란드인들에게 강한 자긍심을 일깨워줬고 점령 기간 동안 많은 사람이 유대인들에게 피난처를 제공하게 했다. 그 결과, 2만

5,000명의 유대인들이 네덜란드 가정에 숨어들어 목숨을 구했다.38

　존 듀가드도 남아프리카공화국 판사들의 상황에 대해 비슷한 점을 지적한다. 그는 정권이 법원의 지지를 확보하기 위해 대법원을 재편하던 1955년 또는 재판 없는 무기한 구금조치가 도입된 1967년에 판사들이 대규모로 사임하거나 항의했다면 상당한 효과를 거두었으리라고 주장한다. 그러나 1980년대에 이르러서는 "시기를 놓쳤다."39

　반면 독일 점령 치하의 벨기에 판사들은 처음부터 점령당국에 저항했다. 그들은 벨기에 국내법을 적용할 권한만 있다는 이유를 들며 점령당국이 제정한 법의 적용을 거부했다. 점령군의 위임 아래에 벨기에 행정부가 통과시킨 법도 같은 이유로 적용을 거부했다. 벨기에 행정부가 제정한 법령은 벨기에 헌법이 부여한 비상사태 및 전시 권한에 근거를 두어야만 했다. 그들은 판사와 변호사직에서 유대인을 축출하는 시도에도 저항했는데, 이것이 이후 벨기에법에 인종 범주와 인종주의적 요소를 도입하는 것을 저지할 수 있었던 이유 중 하나로 보인다. 벨기에 법원은 전쟁 기간 내내 독일 점령에 맞서 비교적 성공적으로 저항했다. 이는 네덜란드나 덴마크 법원과 대조적인데, 여기에는 여러 이유가 있겠지만, 벨기에 법원이 점령 초기부터 저항의 모습을 보였기에 이후 더 강압적인 조치에도 저항하기 쉬웠다는 점은 분명하다.

　어려운 문제는, 과연 어느 시점에서 정권이 권위주의로 향하는 길을 걷고 있다고 판단할 것인가이다. 법원이 저항에 나서야 할 정도로 정권이 자유주의 헌법에서 벗어난 순간은 언제일까? 외국의 점령이나 쿠데타와 같이 명백한 단절이 발생한 상황에서는 비교적 판단하기 쉽다. 이러한 상황에서 법원이 직면한 문제는 기존의 권한에 따라 업무를 계속할지, 아니면 새로운 정권이 명시적으로나 묵시적으로 부여한 권한을 받아들이고 그에 따라 업무를 수행할지 결정하는 것이다. 대부분의 법원은 후자를 선택하지만, 경험상 이는 매우 위태로운 길이다.

정권의 탄압이 주어진 한계를 넘어설 때, 그때부터 법원이 의미 있는 저항을 하기란 어렵다. 법원이 새로운 정권에 대한 충성을 바탕으로 업무를 계속 수행하기로 결정하면, 그 후 거의 피할 수 없이 정권의 탄압 도구로 전락하게 된다.

이런 상황에서 법원이 선택할 수 있는 유일하고도 도덕적으로 정당한 방안은 기존 헌법을 기준으로 계속 업무를 수행하는 것이다. 기존 헌법이 법치주의에 기반한 체제라면, 법원이 가능한 한 이를 유지함으로써 새로운 정권의 조치를 완화할 수 있을 것이다. 길게 보면 정권의 헌법 준수를 강제하여 더 혹독한 억압 정책을 저지할 수 있을지도 모르나, 그렇게 안된다면 결국 정권과 법원의 충돌로 이어지게 될 것이다. 단기적으로는 법원이 패배할 가능성이 크다. 법원은 정권이 판결을 존중하거나 판결을 집행하도록 강제할 수는 없으며, 새로운 법원을 설치하거나 기존 판사를 해임하고 새로운 판사를 임명하는 것을 막을 수도 없다. 그럼에도 법원은 기존 법원의 승인과 판사들의 협조를 거부함으로써 정권에 정당성을 부여하지 않을 수 있다. 실제로 나치의 벨기에 점령과 같은 억압적인 상황에서도 이러한 방식이 정권을 약화시킨 사례가 존재한다.

효과적인 저항이 이루어지기 위해서는 대법원뿐만 아니라 더 넓은 범위의 사법부가 참여해야 한다. 정권은 남아프리카공화국처럼 판사들을 추가로 임명해 대법원을 재편하거나 아르헨티나처럼 판사들을 숙청함으로써 대법원을 굴복시킬 수 있다. 그러나 나머지 판사들이 여전히 정권에 충성한다면 정권으로서는 법원으로부터 정당성을 확보하는 데 문제가 없다. 따라서 새로운 정권에 대한 저항은 사법부의 더 많은 다수를 포함해야 한다.

기존 헌법에 근거해 작동해 오던 정권이 억압적 조치를 시행할 때, 상황은 훨씬 더 어려워진다. 지적 장애인에 대한 불임수술이나 중범죄자 또는 공공의 적에 대한 가혹한 처벌처럼 특정 집단에 취한 조치, 또는 비상사태에서 내려지는 긴급조치가 그런 사례이다. 이 상황에서 법원은 그러한 조치가 법치주의를 수호하기 위한 정당한 조치인지, 아니면 권위주의로 향하는 첫 단계인지 판단해야 한다.

혼란의 시기에 판사들은 비상사태에서 사회를 보호하기 위해 기본권침해를 허용해야 하는지를 판단해야 하는 상황에 자주 직면한다. 비상사태는 외국의 테러 공격과 같이 외부의 위협으로 발생할 수도 있고 심각한 사회불안과 같은 내부의 위협에서 비롯될 수 있다. 실제로 국제인권규약에도 "민주주의 사회에서 필요한 경우" 또는 "전쟁 또는 기타 국가의 존립을 위협하는 공공비상사태"에 해당하는 경우 특정 권리를 제한할 수 있는 조항이 있다. 유사한 조항들이 많은 국가의 헌법에 존재한다.

이러한 비상사태 조항은 바이마르 독일이나 라틴아메리카의 여러 나라에서처럼 독재자들이 권력을 장악하기 위해 사용하는 법적 근거가 되기도 했다. 남아프리카공화국의 아파르트헤이트나 9·11 테러 이후 미국이 취한 테러와의 전쟁에서 볼 수 있듯이, 국가긴급권emergency powers은 정권이 억압적 정책에 대한 비판을 방어하는 데 악용될 소지가 있다.

공공질서 보호와 국가존립을 위해 국가가 어느 정도까지 권리를 제한할 수 있는지에 관한 법적 문제는 매우 쉽지 않은 질문이다. 역사가 보여주는 교훈은, 법치주의의 가치를 깊이 내면화한 민주적 사고방식을 갖춘 법원이라 할지라도 이 질문에 대한 답은 당시 사회에서 이 문제를 어떻게 인식하는지에 따라 달라진다는 점이다. 이에 대한 역사적 예로, 제2차 세계대전 당시 나치와 일본인의 강제수용을 두고 영국과 미국 법원이 보인 태도나 1940년대와 1950년대 서구 국가 법원들이 표현의 자유와 공산당에 대해 취한 태도를 언급하는 것으로 충분하다.

내무부장관 존 앤더슨 경을 상대로 한 리버시지 사건에서, 영국 상원은 법원이 전쟁 중 나치 관련자를 구금하는 정부의 결정에 대해 어느 정도까지 심사해야 하는지를 판단해야 했다.[40] 다수의견은 커먼로에서 인정하는 자유의 기본원칙에 따라 법을 엄격히 해석하는 대신, 정부의 조치를 그대로 승인했다. 이에 대해 몸 자작은 다음과 같은 말로 정부의 조치를 지지했다.

> 사용된 단어의 의미에 대해 합리적 의문이 있는 경우, 우리는 입법자의 명백한 의도를 실행에 옮길 수 있는 해석을 선호해야 하며, 그 의도를 무산시키는 해석을 택해서는 안 된다.[41]

마찬가지로, 미국 대법원의 다수의견은 데니스Dennis v. the US 사건에서 「스미스 법」을 합헌으로 판결했다. 이 법은 미국 정부의 전복 또는 파괴행위를 알면서도 또는 그럴 의도를 가지고 폭력이나 무력을 사용해 선동하는 것을 범죄로 규정했다.[42] 공산당 지도자들에 대한 이 사건에서 빈슨Vinson 대법관은 다수의견을 대변해 다음과 같이 판시했다.

> 정부를 전복하려는 목표를 가진 집단이 구성원들을 세뇌해 그 지도자들이 적절한 때가 됐다고 판단하는 경우 행동에 나서도록 준비시켰다는 사실을 알게 되면, 정부는 이에 대응할 필요가 있다.

오늘날 국제 및 각국 법원이 인권 제한조치에 대해 엄격한 입장을 취한다고 해서 향후 급격히 달라진 상황에서도 계속 그렇게 하리라는 보장은 없다. 이는 2001년 9·11 테러 이후 미국 행정부가 법원을 제쳐놓고 용의자를 구금하고 고문하는 등 억압적 수단을 사용한 사례만 봐도 알 수 있다. 처음에는 행정부가 법원의 지지를 받았지만, 과연 이러한 수단이 적법한가를 놓고 현재 판사들 사이에는 상당히 분열된

견해들이 존재한다.⁴³

격동의 시기가 지나고 민주주의와 일상이 회복된 시기로 넘어오면서 과거의 사건들은 종종 다른 시각에서 재조명된다. 오늘날 대부분의 사람들은 영국의 리버시지 사건이나 미국의 데니스 사건의 다수의견을 훌륭한 판례로 여기지 않을 것이다. 그렇다고 해서 당시 판사들이 법치주의에서 벗어났다고 비판할 근거가 있을까? 더 중요한 질문은, 유사한 상황에서 법치주의를 지지해주고 판사들이 억압에 굴복하지 않도록 할 방법이 있다면 그것이 과연 무엇일지이다. 이는 단순히 법조문을 좀 더 명확하게 규정하는 방식으로 만드는 것만으로 될 수 없다. 상황이 매우 중대한 경우에는 여전히 최고 사법당국이 법을 어떻게 해석하고 적용하는지가 핵심적 문제가 된다.

윌리엄 렌퀴스트 미국 대법원장은 전쟁 중 국가안보와 관련한 문제에 대해서는 정부에 불리한 판결을 자제하는 편이 바람직하다고 주장했다.⁴⁴ 남아프리카공화국 법원이 비상입법에 따라 시행한 재판 없는 무기한 구금조치를 승인한 데는 리버시지 판결이 중요한 근거가 되었다. 비상조치권은 나치의 권력장악과 그 직후 조치들의 시행에 활용된 법적 근거였다. 형식적인 관점에서 볼 때 당시 독일 법원은 나치 정권의 합법성을 문제 삼을 근거를 찾지 못했다. 이러한 전개과정은 도덕적 함정의 작동 메커니즘을 잘 보여준다. 정권이 기존 헌법의 법적 기반에서 이탈한 특정 지점을 정확히 지적하기란 어렵다. 굳이 정권 초기부터 이미 그렇게 됐다고 주장하지 않는 한 말이다.

이러한 점에서 법률전문가주의legal professionalism는 법치주의 수호에 걸림돌이 된다. 대개 법과 도덕의 분리를 강조하기 때문이다. 법률가들은 기술적으로 일정한 경지에 이르도록 훈련받고 자신의 도덕적 신념과 관점을 전문업무와 분리하도록 교육받는다. 법의 적용대상인 사람은 일반적인 인간이 아니라 법의 틀에 맞춰진 추상적 범주를 대표하는 주체로 간주된다. 법률가는 당사자에게 인간적으로 공감하기보다는 당사자의 법적 지위에서 사안을 합리적으로 냉철하게 바라보도록 요구받는다.

직업적 중립성은 판사가 잔학행위에 가담하는 동시에 이를 법적으로 정당화하는 것을 돕는다. 비비언 커런은 프랑스 법학자들이 취한 중립적 접근방식이 어떻게 비시 정권의 유대인 박해에 공모하게 만들었는지를 보여준다.[45] 비시 정권은 유대인의 시민권과 재산을 박탈하는 법을 제정했다. 이 법에 관한 40여 권의 법 해설서가 저술됐고, 법 저널에는 "유대인", "유대인 문제", "유대인 이슈"와 같은 새로운 항목이 만들어졌다. 논평자들은 중립적인 입장에서 법학의 일반적인 접근법을 사용해 해당 법의 목적, 개념, 체계적 구조, 전체 법에서 해당 법이 차지하는 위치를 논의했다. 일부 예외 사례를 제외하고는 법 해설서에 반유대주의적이며 위헌인 이 법에 대한 도덕적 평가나 비판은 없었다.

법이 인종이나 신념에 관계없이 모든 사람에게 권리를 부여한다는 법치주의의 일반 상황에서는, 이런 중립적이고 기술적인 접근법이 개인을 보호하는 데 도움이 된다. 반면 억압적 입법이 횡행할 때 이런 접근법은 그 대상이 된 개인의 고통에 대해서 판사를 무감각하게 만들기도 한다. 법률적 맥락의 이면을 들여다보지 않도록 훈련받은 탓에, 판사는 당사자에게 공감하거나 문제된 법이 현실에서 일으키는 반인권적 영향을 충분히 인식하지 못하게 된다. 문제는 입법을 통한 억압이 점진적으로 증대되는 경우에 더욱 심각해진다. 피해자의 고통이 극심해졌음에도 판사는 자신이 이전에 내린 판결과 그로 인한 결과로 도덕적 함정에 빠져버린 상태에 처했을 가능성이 높기 때문이다.

18장
차악 선택의 논리

홀로코스트의 실행

한스 칼마이어Hans Calmeyer는 독일이 점령한 네덜란드의 제국판무관부Reichskommissariat에서 유대인 문제를 담당하는 부서 책임자였다. 그는 14만 명의 네덜란드 유대인 중 76퍼센트가 동부 독일로 강제 이송돼 학살당한 작전의 일원이기도 했다. 그는 네덜란드 유대인법Judenrecht의 정비, 해석, 적용을 담당했으며, 특히 1941년 모든 유대인이 자발적으로 유대인으로 등록하도록 의무화한 법률을 포함한 입법에 관여했다.[1] 그러나 다른 한편으로 그는 그의 부서를 통해 수백 명의 생명을 구하는 데에도 직접 관여했다.

칼마이어의 부서는 모든 유대인에게 자신의 혈통 정보를 제출하고 등록하게 하는 일 외에도 혈통이 불분명하거나 논란의 여지가 있는 경우 그 분류를 결정하는 책임을 맡고 있었다. 뉘른베르크혈통보호법은 유대인 조부모가 세 명 이상인 사람만 "완전 유대인"으로 분류했다. 또한 유대인 조부모가 두 명인 사람도 유대교 신자이면 완전 유대인으로 간주했다. 그 외 유대인 조상을 가진 다른 사람들은 "혼혈" 또는 아리안으로 분류했다. 이 법에 따르면 완전 유대인만 추방 대상이었다.

칼마이어의 부서는 1941년부터 1944년까지 혈통이 불분명하거나 논란이 된 5,700건을 처리했는데, 그중 3,700건에서 해당자가 법적으로 완전 유대인이 아니라고 결정했다. 기록에 따르면 이 과정에서 칼마이어와 직원들은 해당자에게 유리한 판단을 내리기 위해 모든 가능한 재량과 법 외의 속임수를 동원했다. 그는 당사자에게 이의를 제기하라고 부추겼고 당사자에게 유리한 증거규정을 마련했으며, 해당 인물이 유대인이 아니라는 진술서와 위조된 것이 분명한 서류도 증거로 인정해줬다. 그는 자신의 자녀가 비유대인과 혼외관계에서 출생했다는 유대인 어머니의 진술도 인정해줬고 심지어 변호사들에게 백지문서를 제공해 더 그럴싸한 위조서류를 제출하도록 지원하기도 했다.

이런 방식으로 그는 수백 명의 사람들을 학살로부터 구해냈는데 그것이 성공한 이유는 그의 결정이 합법적으로 이루어졌기 때문이다. 칼마이어는 유대인 관련 문제의 권위자로서 상급자와 나치 친위대에게 높은 존경을 받았다. 친위대는 사건 계류 중이라는 이유로 해당 유대인의 추방이 연기되는 상황에 비난과 불만을 드러내기도 했지만, 칼마이어의 결정은 법에 근거를 둔 정당한 결정으로 간주돼 친위대도 존중했다. 칼마이어에 의해 유대인이 아니라고 판정된 사람은 친위대의 강제이송 대상에서 제외됐다.

칼마이어가 한 일은 전쟁 후 오랫동안 논란의 대상이었다. 일부에서는 그를 네덜란드 유대인 대량학살에 연루된 나치 관료로 본다. 다른 사람들은 나치의 유대인 말살 정책에 맞선 저항의 영웅이자 수백 명의 생명을 구한 구세주로 여긴다. 그가 네덜란드에서 최종해결책 final solution*의 실행에 기여했음은 사실이다. 그는 유대인 등록을 관리했을 뿐 아니라, 2,000건의 혈통심사에서 유대인 판정을 내려 그들을 강제수용소로 보내 죽음을 맞게 했다. 반면 대부분의 역사가들은 그 자리에 그보다 더 철저한 나치 관료가 있었다면 칼마이어 덕분에 목숨을 구한 수백 명도 분명 죽음을 맞이했으리라고 말한다.

한스 칼마이어는 반유대인 법률이 적용되는 최종 단계에서 이를 집행하는 책임을 맡았다. 반면 이 법을 입안하고 정비하는 역할을 했던 인물이 베르나르트 뢰제너였다. 뢰제너 역시 스스로의 주장에 따르면 유대인에 대한 잔혹행위를 완화하는 데 기여했다.

뢰제너는 1933년부터 1943년까지 내무부 제1과에서 인종 및 유대인 문제를 담당했다. 그는 상관이던 빌헬름 슈투카르트Wilhelm Stuckart에 대한 뉘른베르크 "관료 재판"에 검찰 측 증인으로 출석했다. 빌헬름 슈투카르트는 1935년부터 1945년까지 제국 내무부의 국무차관Staatssekretär을 지냈다. 뢰제너는 1961년 독일에서 자신의 내무부 시절에 대한 회고록을 출간했다.[2]

인종 및 유대인 문제 부서 책임자로서 뢰제너는 내무부의 "유대인 전문가"였다. 그는 1935년 뉘른베르크법의 초안을 작성하는 데 핵심 역할을 맡았으며, 이후 규정과 법령의 시행을 둘러싸고 관료들 간에 벌어진 논쟁에도 깊이 관여했다. 뢰제너에 따르면, 반유대인 법률의 적용범위를 확장하려는 나치당과 내무부 사이에 지속적인 갈등이 있었다. 그의 주장에 따르면, 당시 내무부는 나치의 유대인 박해의 범위를 되도록 제한하고 완화하려는 분명한 입장을 가지고 있었다. 그는 이렇게 기록했다.

다행히도 내무부에는 모든 수단을 동원해 당에 맞서 싸웠고 마지막까지 계

---

* 네덜란드는 독일 점령하에 놓인 유럽국가 중에서도 유대인 희생률이 가장 높은 나라 가운데 하나였고, 1941년부터 유대인 등록을 의무화하여 1942년부터 폴란드 아우슈비츠, 소비보르 등으로 강제이송을 시작해 대부분의 유대인이 학살당했다. 그 수는 약 14만 명에 이른다.

속 그런 태도를 견지한 직원들이 꽤 많았다.³

뢰제너의 주장에는 이견이 있으며, 다른 자료에 의하면 내무부는 그의 진술보다 훨씬 더 적극적으로 유대인 박해에 가담하고 이를 수용했다. 하지만 뢰제너의 말을 그대로 받아들인다고 해도, 그를 영웅으로 볼 수 있을까?

유대인을 겨냥한 첫 번째 입법조치는 1933년 4월 7일 제정된 「직업공무원제의 재건을 위한 법」이었다. 이 법으로 공무원들 중에서 유대인과 정치적으로 불온한 인물들이 숙청됐다. 유대인 조부모가 한 명이라도 있는 사람은 누구나 이 법의 적용대상에 포함됐다. 이 규정은 이후 민간 부문과 사용자들의 유대인 숙청에도 그대로 적용됐다.

1935년 뉘른베르크법 초안은 "유대인"의 법적 정의가 일반적 기준으로 처음 다루어진 사례였다. 뢰제너는 "혈통의 1/4이 유대인인 사람들의 지위를 개선하는 것"을 자신의 첫 번째 임무로 정의했다고 설명한다.⁴ 뉘른베르크법 제정 이전에 당과 내무부는 이 문제를 두고 갈등을 벌였다. 뉘른베르크 회의에서 내무부는 유대인 조치의 적용 대상을 "완전 유대인", 즉 유대인 조부모가 세 명 이상인 사람으로 제한하는 데 성공했다. 제1차 「제국시민권법Reich Citizenship Law」 시행령에 따라 대부분의 반半유대인들과 소수의 혼혈인들은 유대인으로 간주되지 않았으며, 비유대인과 결혼한 유대인 및 소위 특권 유대인privileged jews*도 대부분 동일한 적용을 받았다. 이 규정은 독일 내 약 10만 명 이상에게 영향을 미쳤다. 이 분류법은 나치당과 친위대의 끊임없는 공

---

* 나치 독일의 반유대 정책 속에서 특정한 법적 지위를 부여받아 상대적으로 완화된 차별을 적용받은 유대인을 의미한다. 비유대인과 결혼한 유대인 외에 국가에 필수적인 기술이나 직업을 가진 유대인이 여기에 속한다. 이들은 제한적으로나마 보호받았으며 강제이송과 같은 극단적인 조치에서 일시적으로 면제되기도 했으나 1942년 이후에는 결국 상당수가 강제수용소로 보내졌다.

격을 받았지만 정권 붕괴 직전까지 그대로 유지됐다.

뢰제너에 따르면, 당시 뉘른베르크법은 박해의 법으로만 여겨지지 않았다. "나치의 지지자가 아니었던 사람들, 심지어 직접 영향을 받은 사람들조차도 이 법률이 법적 혼란을 종식시킬 것을 기대하면서 안도감 속에 이 법을 받아들였다"라고 그는 회고했다.[5] 뉘른베르크법이 제정된 후에도 뢰제너와 내무부는 반유대인 조치의 범위, 즉 유대인 개념의 정의 및 반#유대인과 아리아인과 결혼한 유대인들에 대한 거주지 재배치, 다윗의 별 착용, 방공호 출입권 등과 같은 억압조치의 시행을 둘러싸고 나치 친위대 및 당과 끊임없는 갈등을 겪었다.

뢰제너는 자신의 지위를 이용해 사람들을 돕기도 했다. 그는 사람들에게 법적 조언을 해줬을 뿐 아니라, 어떤 법적 조치가 곧 취해질 것이라든가, 이러저러한 경찰 단속이 있을 것이라는 등의 정보를 알려주고 경고해주기도 했다. 내무부는 혈통 심사에 대한 이의신청의 최종 심사기관이기도 했다. 그의 동료에 따르면, 뢰제너의 지시에 따라 청구인이 제기한 모든 이의 제기는 일단 근거가 미약해도 모두 조사했다. 그는 청구인에게 조언을 아끼지 않았으며 의심의 여지가 있거나 행정재량권을 행사할 여지가 있는 경우에는 항상 청구인에게 유리한 결정을 내렸다. 예를 들어, 유대인 여성이 낳은 혼외자녀는 아버지의 신원이 불분명하면 언제나 혼혈로 분류했다. 혈통에 대한 조사 절차가 진행 중인 동안 해당자는 강제이송 대상에서 제외됐으며, 이 조치만으로도 많은 사람이 목숨을 구했다.

그러나 홀로코스트와 관련한 뢰제너의 역할과 공헌에 대해서는 논란이 제기되고 있다.[6] 그가 기울인 노력에 대해 알려진 대부분의 내용은 뉘른베르크 군사재판소 및 출판된 회고록에서 그가 직접 진술한 내용에 근거한다. 그렇기 때문에 그의 행동이 실제보다 자신에게 유리하게 각색되고, 혼혈 유대인이나 아리아인과 결혼한 유대인을 구하는 그의 역할이 과장되었을 가능성이 있다.

나치가 반#유대인 및 독일인과 결혼한 유대인에 대해 박해를 자제한 이유에 대한 더 유력한 설명은 나치 지도자들이 대중의 반응을 두려워했기 때문이라는 것이다. 대중의 항의로 1941년 정신질환자에 대한 안락사 프로그램이 중단됐으며 1943년 2월 로젠슈트라세에서 유대인 남편을 둔 1,700명의 독일인 아내들이 시위를 벌인 끝에 남편들이 석방됐다. 히틀러는 자신의 정책을 지지하고 집행해야 하는 관료들이 아니라, 보다 근본적으로는 독일 국민의 반응을 의식하고 있었다.7 반#유대인과 유대인 배우자를 추방하는 것은 수만 명의 독일인 친척과 관련된 문제이기도 하고, 자칫 독일인의 의식과 전통에 깊이 뿌리내린 결혼과 가족생활의 개념에 도전하는 일이 될 수 있었다.

내무부 입장에서 보면, 당과 나치 친위대의 극단적인 요구에 대한 관료들의 저항은 여전히 중요한 의미를 가질 수밖에 없었을 것이다. 절멸 정책이 반#유대인에게까지 확대되지 않았다는 점에서 그 저항이 일정 부분 효과적이었다고 평가할 여지가 있으며, 따라서 이 정책을 지켜낸 사람들이 그 결과에 대해 공로를 주장하는 것은 자연스러운 일이다.

법치주의의 예외

이 두 이야기는 극단적인 상황에서 차악 선택의 논리를 적용한 사례이다. 하지만 이 사례들은 이 논리가 야기하는 딜레마의 본질과 그 적용에 따르는 어려움을 잘 보여준다. 소수를 구하기 위해 수천 명을 죽음으로 내모는 것이 정당화될까? 이는 도덕이론의 고전적 딜레마이다. 판사가 처한 상황은 선로를 벗어난 전차나 익사 위험에 빠진 아이의 사례와 다르다. 여기에는 동일한 점도 있지만 몇 가지 중요한 차이가 있다. 판사는 단순히 주어진 상황에 직면하지 않고 특정 상황을 직접 만들어내는 데 중요한 역할을 담당하며, 반복적으로 동일하고 유사한 상황에 처한다는 점에서 근본적으로 다르다.

차악 선택의 논리는 절멸과 같은 극단적인 상황이 아니라 그보다 더 작은 규모에서도 적용될 수 있으며, 그 경우에도 여전히 어려운 도덕적 딜레마를 수반한다. 후베르트 쇼른은 나치 독일에서 많은 판사가 겪은 딜레마를 언급한다. 당시에는 게슈타포가 법의 적용범위 밖인 지하실과 강제수용소에서 정치적 반대자와 "불온한 요소"들을 비밀리에 처리하는 병행 시스템이 존재했다. 많은 경우 게슈타포는 법원이 석방 결정을 내린 사람들이 법정 밖으로 나서자마자 그 자리에서 다시 체포했다. 쇼른에 따르면 어떤 경우에는 판사들이 이를 막기 위해서 근거가 없음에도 구금명령을 내렸다고 한다. 일부 판사들은 게슈타포가 그들 나름의 게슈타포식 정의를 실현하는 것을 막기 위해 무죄라고 생각하면서도 유죄로 판결하기도 했다.[8]

이러한 차악 선택의 논리를 평가하고 비판하며, 사회와 개인 중 어느 하나를 선택한 행위를 검토하려면, 법의 바깥에서 출발점을 찾아야 한다. 이러한 출발점은 양심적인 판사가 법을 어떻게 해석해야 하는지, 정부의 의지를 따를지 아니면 다른 길을 선택할지에 대한 성찰의 기반을 제공할 것이다.

비상상황을 이유로 기본권을 제한해야 하는 입장에 놓인 판사들이 종종 취하는 논리가 정부 방침을 따르는 것이 그나마 차악이라는 입장이다. 자신이 협력을 거부한 결과 정부가 아예 법의 테두리를 벗어나 버리거나 더 순응적인 다른 판사가 임명되는 상황이 더 나쁜 선택이라는 것이다. 또한 정부를 지지하고 법질서를 일정 수준으로 유지하는 것이 그보다 더 나쁜 상황을 초래하는 것보다 낫다고 믿기도 한다.

종종 판사들은 사회에 대한 위협을 고려할 때 자신을 정부와 동일시하며 일부 개인의 권리를 제한하는 것이 차악이라는 논리를 수용한다. 제2차 세계대전 중 덴마크와 벨기에는 점령당국의 억압적 조치에 법원과 경찰이 협력하는 과정에서 두 가지 다른 양상을 보여주었다. 두 경우 모두 법원은 정부 방침에 따라 행동했다. 덴마크 정부는 1940년 4월 독일 점령 후에도 그대로 존속되었으며 어쩔 수 없이 독일과 협력 정책을 펼쳤다. 여기에는 경찰, 검찰, 법원이 포함됐다. 덴마크 시민에 대한 사법권을 유지하는 것이 정부의 목표였기에, 정부는 독일의 이익을 효과적으로 보호하라는 요구를 수용해 형법과 소송법을 개정했다. 법원은 이 정책에 적극 협력하면서 법치주의적 요소가 결여된 절차를 통해 가혹한 처벌을 했다. 그럼에도 독일군은 덴마크 수감자의 인도를 요구했고 1942년 12월까지 80명의 덴마크인이 독일의 구금 하에 놓였다.

덴마크 국민들의 법의식에 비추어 볼 때, 자국 경찰이 독일을 대신해 덴마크 국민을 체포하는 것은 용납할 수 없는 일이었다. 그럼에도 정부는 자국 경찰에 의한 체포가 더 나은 선택이라고 주장했다. 경찰 내부의 반대가 있었음에도 경찰과 법원 모두 정부의 협력 정책을 충실히 따랐다. 1945년, 한 관찰자는 독일 점령군이 중앙정부를 장악하자, 공공부문에 상존했던 습관적인 복종과 충성심으로 인해 그 영향력이 정부 조직 전체로 자연스럽게 확산됐다고 지적했다.[9] 반면 다음 사실도 주목할 만하다. 노르웨이에서는 독일에 협력한 법원이 292명의 저항군에게 사형을 선고한 반면, 덴마크에서는 총 133명에 그쳤다.[10] 이 사형 판결 모두는 1943년 8월 덴마크 정부의 협력 정책이 폐기된 후 독일 법원에 의해 선고된 것이다.

1943년 8월, 덴마크 정부가 사퇴하자 독일군은 계엄령을 선포했다. 정부는 비상사태가 지속되는 동안 "국가를 위한 최선의 선택"이라는 명목으로 공무원들이 현직에 남아 임무를 계속 수행하도록 독려했다. 사실상 덴마크는 전쟁이 끝날 때까지 각 부처 수장들이 통치했다. 독일군은 독일군 지휘 아래 덴마크 경찰부대를 조직했는데, 이 경찰 대부분은 동부전선에서 독일군을 위해 자발적으로 싸웠던 군인들로 구성됐다. 이 경찰 부대원들은 모두 독일군에 협력한 혐의로 전후에 유죄판결을 받았다. 그러나 점령 말기 몇 년 동안 이들이 존재함으로써 일반 경찰은 독일 점령군을 위해 지나치게 협력하지 않아도 됐을 것이다. 전후 부역 혐의로 유죄판결을 받은 경찰서장은 단 한 명이었고 경찰관도 30명에 불과했다.[11]

벨기에에서도 자국민과 관련된 사건의 관할권을 두고 벨기에 행정부와 독일 점령군 사이에 갈등이 벌어졌다.[12] 독일 군사법원은 불법 총기소지 사건을 관할했지만, 독일 경찰은 모든 사건을 처리할 능력이 없었다. 이에 벨기에 당국은 자국민이 연루된 사건에 대해서는 자국의 배타적 관할권을 유지하려 했다. 그러자 독일은 유죄판결과 가혹한 처벌을 보장할 수 있도록 관련 법 개정을 요구했고, 벨기에 법무부 사무총장은 독일이 해당 사건을 벨기에 당국이 처리하도록 서면으로 보장할 경우 이를 수용할 의향이 있음을 밝혔다.

당시 망명 중이던 벨기에 정부는 1942년 자국민을 적에게 인도하는 것을 금지하는 법령을 발표했다. 이에 따라 벨기에 경찰은 이 법령을 인용하며 군정당국과의 협력, 특히 자국민 인도 협력을 거부했다. 독일은 벨기에 당국에 압력을 가했고, 사법부 주요 인사들의 체포 방안까지 검토했다. 하지만 이는 그들의 영향권에 있는 하급자들의 협력을 더욱 어렵게 만든다는 이유로 포기했다. 결국 독일은 벨기에 법원에 배타적 관할권을 인정하는 데 동의했다. 그러나 벨기에 법원이 협력 거부에 예외를 둔 사안이 있었는데, 유대인 강제이송이었다. 법원은 법조계 내 유대인의 숙청에 대해서는 법조단체들과 함께 항의에 나섰지만, 유대인들에 대한 전반적인 조치나 강제이송에 대해서는 별다른 반대의사를 표명하지 않았다.

판사가 정부나 그 정책에 동의하지 않을 수도 있다. 그러나 그가 자신의 사법적 역할을 엄격히 준수하려는 태도를 보일 경우, 결과적으로 부당한 조치를 옹호하는 쪽으로 기울어지게 된다. 19세기 중반의 많은 반 노예제 판사들 상당수가 이런 식의 논리를 내세웠다. 유사한 논리는 오늘날 미국의 일부 판사들에게서도 찾을 수 있다. 이들은 입법부와 상급법원이 부과한 엄격한 양형제도에 반대하면서도, 법을 집행해야 하는 사법적 역할 때문에 따를 수밖에 없다는 입장을 보인다.

차악 선택이라는 항변

판사는 정권의 과도한 권력행사를 제어하고 개별 사건에서 정의를 실현할 수 있다. 억압적 흐름을 초기에 차단함으로써 사회가 전체주의로 나아가는 것을 막을 수도 있다. 그러나 이러한 기여에는 종종 타협이 따른다. 결국 판사는 자신이 속한 체제의 법 정책을 관리하고 집행하는 역할을 맡고 있기 때문이다. 그렇다면, 악행과 불의에 가담하라는 요청을 받았을 때 더 큰 악을 피하기 위해 그보다 더 작은 해악을 감수하는 것이 정당한 판단이 될 수 있을까?

제2차 세계대전 후 나치의 정책에 법원이 관여한 정도가 드러나자, 많은 독일 판사가 차악 선택의 논리를 방어수단으로 사용했다. 독일 판사들은 "이중국가"를 인식하고 있었으며, 많은 경우 게슈타포가 정치적 목적을 위해 법적 근거 없이 누구에게나 개입해 심지어 무죄판결을 받은 사람조차 강제수용소로 보내는 상황을 염두에 두었다는 것이다.

법조인 재판에서 이런 방식의 변론이 제출되었다.

슐레겔베르거는 흥미로운 방어논리를 내세우는데, 대부분의 피고인들도 어느 정도는 주장하는 논리이다. 그는 사법행정이 힘러를 포함한 경찰국가 지지자들로부터 지속적인 공격을 받았다고 주장한다. 그건 사실이다. 그는 사법행정의 기능을 히틀러와 힘러의 무법세력에 빼앗긴다면 국가는 더욱 심각한 상황에 빠질 것이라고 주장한다. 그는 자신이 사임하면 더 나쁜 사람이 그 자리를 차지하리라고 우려했다. 실제로 일어난 일을 보면 그의 주장은 상당 부분 진실이었다.13

아파르트헤이트 시절 남아프리카공화국 판사들도 비슷한 맥락으로 스스로를 변호했다.

남아프리카공화국에 남기를 선택한 백인 중, 사법기능을 수행하기에 개인적으로나 직업적 측면에서 적절한 자격을 갖췄다고 인정된 우리는 판사직을 제안받았을 때, 이를 수락하는 것이 사회 전체에 더 도움이 되는지 아니면 거부하는 것이 더 도움이 되는지를 결정해야 했다. 수락 또는 거부는 이에 대한 답변(물론 지극히 주관적인 개인적 고려도 포함해)에 따라 이루어졌다. 변호사들이 임명을 거부하면 정부가 가끔 위협했던 것처럼 공무원(치안판사, 법률고문 등)들이 판사로 임명될 위험성도 있었다. 우리는 그것이 공공의 이익에 부합하지 않는다고 보았다. 우리는 임명을 거부하는 것보다 수락하는 것이 더 좋은 결과를 가져오리라고 판단했다.14

그러나 차악 선택의 항변은 법조인 재판에서 기각되었다. 미 군사재판소는 법률가들이 나치의 잔학행위를 저지른 최악의 가해자가 아니라는 주장을 배척하면서 다음과 같이 판시했다.

법의 외형을 빌린 인종말살 프로그램이 포그롬, 강제이송, 경찰에 의한 집단학살과 같은 정도에 이르지 못했다는 항변은 "사법"과정의 생존자들에게는 차가운 위로이며, 이 재판소 앞에서는 궁색한 변명일 뿐이다. 범죄의 목적으로 사법제도를 팔아넘기는 것은, 법복을 더럽히지 않은 채 자행된 노골적 잔학행위에서는 찾아볼 수 없는, 국가에 대한 또 다른 형태의 심각한 해악을 초래한다.15

내부무에서 자신의 역할은 나치 정책을 적당한 선에서 조절하는 것이었다는 슐레겔베르거의 주장은 재판 과정에서 어느 정도 받아들여졌지만, 그럼에도 그는 유죄 및 종신형을 선고받았다.

이 논리는 군사재판소의 관료 재판에서도 받아들여지지 않았다. 내무부장관이자 뢰제너의 직속상관이던 빌헬름 슈투카르트에 대해 재판부는 다음과 같이 판결했다.

> 피고인에 대한 공정을 기하는 차원에서, 우리는 그가 오랫동안 혼혈인에 대한 조치에 맞서 용감하게 싸웠고, 혼혈결혼 가족을 보호하기 위해 개입하려 했다고 확신한다.16

그럼에도 재판부는 다음과 같은 말로 그에게 유죄를 선고했다.

> 슈투카르트의 기술, 학문, 법 지식은 인종절멸을 기획한 사람들에게 제공됐다. 그의 양심이 괴로웠을 수 있다는 사실과 미쉴링Mischling*과 관련한 자신의 제안이 잘못됐고 어리석은 것임을 그가 알고 있었다는 사실이 그가 한

---

* 독일어로 "혼혈" 또는 "잡종"을 뜻하는 단어이다. 나치는 1935년 뉘른베르크법 제정 후 같은 해 11월 14일 제1차 「제국시민권법」 시행령을 통해 조부모 중 3명이 유대 혈통이면 유대인, 조부모 중 2명이 유대인이면 미쉴링 1급, 한명만 유대인이면 2급으로 분류했다. 1급 미쉴링은 아리아인과 결혼이 금지되는 등 여러 제한을 받았다.

일을 변명하거나 정당화할 수 없다.[17]

도덕적 관점에서 차악 선택의 논리에 호소하는 것을 받아들여야 할까, 아니면 나치 사법부 지도자들에게 내려진 미 군사재판소의 판결에 대한 구스타프 라드브루흐의 평가에 동의해야 할까? 이에 대해 다음과 같은 그의 말을 인용한다.

> 악에 가담함으로써 악을 피할 수 있다고 믿지 말라. 이는 이미 충분히 시도했지만 번번이 실패했으며, 비겁한 공모에 대한 변명에 불과한 경우가 많다. 설령 그렇지 않은 경우라도, 예를 들어 슐레겔베르거(독일 법무부장관, 1941~1942)의 사례처럼, 악과 연대하면 필연적으로 눈이 멀게 돼 자신이 가담한 악의 본질을 더 이상 분명히 인식하지 못하게 된다.[18]

한나 아렌트도 이 문제에 대해 분명한 입장을 밝혔다. "정치적으로, 이 주장의 약점은 차악을 선택한 사람들이 스스로 악을 선택했다는 사실을 아주 빨리 잊는다는 것이다. …… 전체주의 정부의 통치기법을 살펴보면, '차악' 주장은 지배 엘리트의 핵심에 속하지 않는 외부 사람들에 의해 제기되는 것이 아니라, 공포와 범죄로 작동하는 체제에 처음부터 내장된 핵심 구성장치 가운데 하나임이 명백하다. 차악 선택 이론은 정부 관료뿐만 아니라 일반 대중까지도 악을 있는 그대로 받아들이도록 길들이는 데 목적의식적으로 사용된다."[19] 여기서 아렌트는 앞서 논의한 도덕적 실명과 도덕적 함정의 위험성을 지적한다. 차악의 선택은 판사를 점점 더 불의에 무뎌지게 만들고 타인의 고통이나 부당한 처우에 대해 본능적으로 느끼는 윤리적 책임감과 연민을 약화시킬 수 있다.

권위주의 통치자들은 사회 안에서 권력을 형성하는 여러 부분들이 보여주는 지지와 협력에 의존한다. 그들은 국가기능 수행에 필수적인 인력의 기술과 자원을 필요로 하며, 그 범주에는 사법부도 포함된다. 대중의 지지 또한 필수적인데, 법원이 정권에 정당성을 부여하면 권력은 이를 통해 대중의 지지를 더욱 공고히 하게 된다. 반면 법원과 같은 핵심 기관이 지지를 철회하면 권위주의 정권의 권력은 약화될 수 있고 종국에는 그 지배구조가 무너질 수도 있다.[20]

그러나 정권의 악행에 협조하지 않는다고 해서 항상 바람직한 결과가 따르는 것은 아니다. 역사를 돌이켜 보면, 판사들이 정권을 비판하자 정권이 법의 테두리 밖에서 탄압을 은폐하고 대중의 시선과 법원의 관할이 미치지 않는 곳에서 경찰, 군대, 암살단을 운영한 경우도 있었다. 브라질 군사독재 시기, 브라질 대법원은 정권의 억압조치를 자연법에 근거해 무효로 선언하고 집행을 거부했다. 그 결과, 정권은 법을 우회해 초법적 테러를 자행했고 정치적 반대세력을 처리하기 위해 특별 군사법원을 설립했다. 관찰자들에 따르면, 그렇게 설립된 군사법원이 정권의 법률을 법실증주의적 태도로 해석해 협력적 태도를 보임으로써 결과적으로 대법원의 저항보다 더 많은 생명을 구했다고 한다.[21] 결국 결과가 모든 것을 말해주는 것일까?

나치 독일처럼 상황이 극단적일 때, "차악 선택"의 논리는 억압에 가담하는 행위를 정당화해주기에는 무기력한 변명으로 보인다. 반면 그 반대편에는 현대 인권규범에서도 "민주 사회에서 필요하다고 인정되는" 인권에 대한 제한이 존재한다. 렌퀴스트 대법관이 러니드 핸드 Learned Hand 판사의 말을 인용했듯이, "자유에 대한 어떠한 제한도 인정하지 않는 사회는 곧 자유가 야만적 소수의 전유물이 되는 사회가 된다."[22]

이러한 제한에서 요구되는 비례성 심사는 결국 악을 균형 있게 비교, 평가해 더 큰 악을 피하기 위해 더 작은 악을 허용하는 과정과 다름없다. 그러므로 "차악 선택"의 논리는 일반적인 상황에서는 분명 타당한 주장으로 인정된다. 자신의 판결로 누군가가 고통받을 수밖에 없는 상황에서 많은 판사들은 그 결과가 더 큰 이익을 위한 것이라고 스스로 위로하곤 한다. 그렇다면 비례성 심사나 공익을 이유로 한 판단이 허용되지 않는 순간은 언제인가? 이것이 "좋은" 판사라면 스스로에게 던져야 할 중요한 질문이다.

독일 법률가들은 홀로코스트와 테러를 막아내지 못했다. 그러나 일부 유대인들은 법절차를 통해서 목숨을 구했으며, 독일인과 결혼한 유대인이나 혼혈인들은 법률적 이유로 절멸 프로그램의 대상에서 벗어났다. 남아프리카공화국 판사들 역시 아파르트헤이트를 중단시키지 못했으며 오히려 그 체제 유지를 위한 억압조치를 정당화하는 데 한몫을 담당했다. 남아프리카공화국 진실·화해위원회는 "아파르트헤이트가 오랫동안 지속될 수 있었던 이유는, 국민당이 '법의 지배'가 아니라 '법에 의한 지배'에 피상적으로나마 충실했던 점에 있다. 국민당 지도자들은 자신들이 저지른 불의에 '법'이 정당성이라는 후광을 둘러주기를 갈망했다"라고 결론 내렸다.[23] 하지만 보안법이나 인종차별법에 따라 기소된 사람들은 사법적 지원을 환영했으며 재판절차가 억압을 정당화하는 구실로 이용된다는 이유로 변호사의 조력을 거부하지 않았다. 브라질 군사법원은 피고인들의 70퍼센트에게 무죄를 선고해서 생명을 구했다.[24] 그러면 이 법원은 억압적 법률을 적용해 30퍼센트의 유죄판결을 내린 것으로 비난받아야 할까? 아니면 70퍼센트의 무죄판결로 칭송받아야 할까? 독일 군사법원 판사 베르너 오토 뮐러-힐의 증언은 판사의 태도가 얼마나 중요한지를 명백히 보여준다. 모든 독일 군사법원 판사들이 사형판결을 내린 것은 아니었다.

이 문제에 대한 답이 더욱 어렵게 느껴지는 이유는, 무엇보다도 고려해야 하는 이해관계와 가치가 비교 불가능하다는 사실 때문이다.

1830년대에서 1850년대 미국에서 노예제를 반대한 판사들을 생각해 보자. 그들은 자유에 대한 신념과 이를 인종에 관계없이 모든 사람에게 적용해야 한다는 확신을 가졌음에도 「도망노예법Fugitive Slave Acts」*을 옹호했다. 그들은 자유와 노예제 중 하나를 선택한 것이 아니라 미국이라는 연방국가의 질서와 자유, 공공의 신뢰에 대한 충성과 자유, 그리고 국가적 정체성을 둘러싼 공공적 합의에 충실할 의무와 자유 가운데 선택하는 문제로 생각했다. 판사들에게는 노예제 반대를 뒷받침하는 도덕적 가치가 노예제가 봉사하는 공공의 이익과 가치를 능가하는지가 쟁점이었다.25

어떤 억압적 조치에 직면했을 때, 사법적 자제를 통해 적절하게 대응해 이를 견제할 수 있는 때가 언제인지, 법의 영역을 넘어 완전한 무법 단계로 진입한 것은 언제인지를 알 수 있을까? 나치 독일이 처음에 대상으로 삼은 사람들은 주로 유대인과 정치적 반대세력, 특히 공산주의자와 사회민주당원들이었다. 그러나 1933년 당시 독일 사회는 이미 전반적으로 무법 상태였다고 할 수 있을까? 일부 주장에 따르면 나치 독일은 결코 무법 사회가 아니었고 법은 아우슈비츠까지 직접 연결되어 있었으며, 심지어 그 장소 자체도 무법 지대는 아니었다고 한다. 이런 관점에서 보면 나치 제체 하의 사건들은 법과 단절이 아니라 서구의 법전통 안에서 역사와 법이 정상으로 이어 내려온 과정의 한 부분에 불과하다.26 데이비드 프레이저는 이렇게 말한다. "실제 초점은

---

* 「도망노예법」은 노예의 도망을 방지하고 도망친 노예를 붙잡아 주인에게 돌려보내기 위해 제정된 법이다. 1793년 법은 연방정부가 도망친 노예를 붙잡아 원래 주인에게 돌려보내도록 했으며, 이를 방해하거나 도망친 노예를 숨겨주는 사람에게 벌금을 부과했다. 1850년 법은 더욱 강화된 형태로, 도망친 노예를 잡기 위해 연방 공무원들에게 더 많은 권한을 부여하고, 법적 절차 없이 도망친 노예를 즉각 주인에게 돌려보낼 수 있게 했다. 「도망노예법」은 북부 자유주들의 거센 반발을 불러 일으켜 결국 남북전쟁과 함께 폐지됐으며, 노예제도의 종말을 가져온 역사적 계기 중 하나였다.

법률가들이 굉장히 불편해 하는 '법의 정치'에 맞춰져야 한다. 즉, 법의 실질적이고 규범적인 내용 및 사법적 해석이 어떤 식으로 이루어져 어떤 결과를 빚어냈는지에 집중해야 한다. 나는 이 질문이 '법이 아닌 것' 대 '법'의 문제가 아니라 악한 법에 직면했을 때 우리가 해야 할 일, 할 수 있는 일, 그리고 해야 하는 일에 관한 문제라고 믿는다."27

이 관점에 따르면 "무법 상태"는 경계를 설정하기에 적절한 기준이 아니다. 많은 사람이 프레이저의 독일과 법에 대한 견해에 반대하며 1930년대에 억압조치가 시행되던 독일과 1940년대의 무법 상태를 구분해야 한다고 주장한다. 그러나 그 경계는 실정법 바깥에 있는 상황에 따라 결정돼야 한다. 론 L. 풀러는 H. L. A. 하트와 한 유명한 토론에서 법의 내적 도덕성internal morality of law*에 따라 경계를 설정해야 한다고 제안했다. 그는 이를 법에 대한 충실성fidelity이라 정의했다.28

하지만 이 역시 해결해야 할 문제를 남긴다. "법에 대한 충실성"이란 무엇이며, 권력자가 이를 성실히 지키는지를 어떤 기준으로 측정할까? 통치자가 자신에게 정당성을 부여하는 법과 그들 자신이 제정한 규칙에 얼마나 헌신적으로 임하는지를 말하는 것일까? 그렇다면 1932년 10월 쾨니히스베르크에서 히틀러가 한 다음과 같은 연설을 어떻게 받아들여야 할까?

> 나는 단지 권력을 얻고 싶을 뿐이다. 일단 권력을 획득하면 신의 가호 아래 그 권력을 붙들고 결코 놓지 않을 것이다. 우리는 결코 스스로 권좌에서 물러나지 않을 것이다.

---

* 론 풀러의 '내적 도덕성'은 법 자체가 효과적으로 작동하고, 법으로 기능하기 위해 필요한 형식적이고 절차적인 조건들을 가리킨다. 그는 일관성, 명확성, 적용 가능성, 공개성, 비자의성, 안정성, 일치성, 미래 지향성 등을 법의 내적 도덕성을 충족하는 요건으로 든다.

1932년 8월 6일 괴벨스의 일기에는 다음과 같이 적혀 있다.

일단 우리가 권력을 잡으면 절대 내주지 않을 것이다. 우리가 권력을 내주는 유일한 방법은 시체로 끌고 나가는 것이다.

나치 지도자들의 의도는 처음부터 분명하고 공공연했다. 그렇다면 판사들은 처음부터 정권에 대한 충성을 거부해야 했는가? 그렇다면 그것은 나치가 정권을 장악한 직후에도 그 자리를 지키고 앉아 법을 집행한 독일 판사들을 비난해야 함을 의미한다. 물론 판사들의 대규모 사직은 정권에 타격을 줄 수 있었을 것이다. 그러나 유사한 상황에서 판사들에게 그러한 방식의 행동, 즉 정권에 대한 충성을 거부하고 사직하는 것이 현실적인 전략으로 여겨질 수 있을까? 역사적 경험에 따르면 판사들은 거의 예외없이 새로운 권력자가 비헌법적 수단으로 권력을 장악하더라도 사법적 충성을 거부하지 않는다. 외국의 점령 아래에서도 많은 국가의 판사가 점령자의 조치에 대해 충성스럽고도 일상적인 방식으로 계속 복무하고 법을 집행한다.

그렇다면 판사들에게 요구해야 할 것은, 직위를 버리는 것이 아니라 법치주의의 기준에 따라 성실하게 판결함으로써 권력자들에게 법에 대한 최소한의 충실을 강제하는 것이 아닌가? 문제는 그들이 이를 어떻게 실천할 수 있으며, 가혹하지만 정당한 조치와 부당한 억압을 어떻게 구별해야 하는가이다. 우리는 법에 대한 충실성으로 판단하기보다는 통치자가 선한 의도를 가졌는지 아니면 악을 행하려는 의도를 가졌는지를 기준으로 삼아야 하는 것은 아닐까? 이 방향은 라드브루흐의 다음과 같은 제안과 일치한다.

정의가 목적조차 되지 못하고 정의의 핵심인 평등이 실정법에서 의도적으

로 부정될 때, 그 법은 정당하지 않은 법일 뿐만 아니라 아예 법으로서 성격조차 결여한 것이다.29

만약 이러한 구분을 개별 법률 별로 적용한다면, 예를 들어 아파르트헤이트의 인종차별법은 법의 성격을 결여한 것으로 간주되어야 하며, 따라서 남아프리카공화국 판사들은 이를 적용하지 말아야 한다는 결론에 이르게 된다. 반면, 이 같은 기준만으로는 판사들이 아파르트헤이트 체제에 반대하는 사람들에 대한 억압조치의 집행을 거부해야 한다고 요구할 수는 없다. 그 조치들이 명백히 "무법"이라는 판단을 명확히 내릴 수 없기 때문이다. 즉, 개별 법률별로 일일이 이 기준을 적용하면 특정 정부가 무법 상태에 있는지를 판단할 명확한 기준이 없게 된다.

법에 대한 충실성과 정의에 대한 헌신을 평가하는 기준은 특정 개별 법률이 아니라 법체계 전반에 적용해야 할 것이다. 크리스틴 런들은 론 풀러의 법에 대한 충실성이라는 개념을 나치의 유대인 박해에 적용함으로써 1930년대의 합법적 박해와 홀로코스트의 초법적 학살을 구분해 보려 했다.30 그는 초기 단계의 유대인 박해를 법으로 인정할 수 있다고 주장하는데, 유대인을 행위주체로 인정하는 법적 프로그램 안에서 그러한 박해가 이루어졌기 때문이라는 설명이다. 그는 유대인과 나치의 자료를 모두 인용해 1938년 11월 대학살 이전까지는 유대인에 대한 규제에 어느 정도의 합법성과 법적안정성이 존재했다고 주장한다. 포그롬 후 유대인들은 하나의 집단으로 다루어지며 재산과 생명 피해를 감수해야 했다. 런들은 이 시점부터 유대인들의 삶을 규율한 것은 더 이상 법적 질서가 아니었다고 결론짓는다.31

절멸 단계로 넘어가자 유대인은 더 이상 법적 주체로 인정되지 않았으며 나치 친위대의 테러 속에 무자비한 폭력에 노출되었다. 법에 대한 충실성이 유지되려면 법의 적용대상이 되는 사람을 법적 주체로 취급해야 한다. 즉, "인간은 규칙을 이해하고 준수할 수 있으며, 이를 위반했을 때 책임질 수 있는 주체"라는 믿음이 그 바탕에 깔려 있어야 한다.[32] 같은 맥락에서, 어떤 정권이 스스로 정한 법규범을 어기면서 초법적 수단으로 억압과 테러를 조직적으로 실행하고 있다면, 그럼에도 법원이 적극 저지하지 않고 비록 사회안보를 위한 조치일지라도 법과 법제도의 범위 안에서 취해야 할 것을 정권에 요구하지 않는다면, 그 정권은 더 이상 법에 대한 충실성을 유지하고 있다고 할 수 없다. 판사들이 특정 사건에서 억압에 가담하는 한편, 법정 밖에서 벌어지는 악행을 묵인한다면 그들은 무법 상태를 조장하는 것이다. 이것이 뉘른베르크 군사재판소가 독일 사법부에, 칠레와 남아프리카공화국의 진실·화해위원회가 칠레와 남아프리카공화국의 판사들에게 던진 비판이다.

박해와 절멸 사이에는 본질적인 차이가 있다는 견해에 동의하는 것은 어렵지 않다. 마찬가지로 법원의 구조를 통해 운영되는 규칙체계와 테러 정권이 단순히 행정 목적으로 시행하는 규칙 사이에도 분명 차이가 있어야 한다. "법"이라는 자격을 전자에만 부여해야 하는지는 기본적으로 법이론에서 다뤄야 할 문제이며, 이는 하트-풀러 논쟁 이후 오랫동안 학계에서 논의되어 온 주제이기도 하다. 그러나 법 개념과 법이론을 어떻게 이해하고 해석하는지가, 판결로 억압과 악에 협력한 판사의 법적 또는 도덕적 책임 문제를 결정하는 기준이 돼야 하는지는 의문이다.

런들의 구분은 법의 적용을 받는 사람의 관점에서 바라보는 법의 맥락에서 틀을 잡은 것이다.[33] 그러나 법집행자의 관점을 취한다면 문제는 달라진다. 예를 들어 공해방지법이나 동물권에 관한 법은 그 규율대상이 법적 주체가 아니라 사물임에도 그 사실과 관계없이 판사나 행정가의 관점에서는 여전히 "법"이다. 이러한 법적 특성은 그 대상이 인간으로 바뀌더라도 동일하다. 다만, 법의 도덕적 성격은 달라질 수 있다. 인간을 대상으로 한 모든 법이 그들을 권리주체로 인정해야만 도덕적 기준을 충족하는 것은 아니다. 사회 복지 및 의료체계에서 개인의 권리가 보장된 것은 비교적 최근이며, 과거에도 복지 수혜자나 환자를 직접 주체로 인정하지 않더라도 사회복지사나 의사의 권리와 의무를 규율하는 법은 오랫동안 존재해왔다. 사회적 변화에 따라 복지수혜자와 환자를 법적 주체로 인정하는 방향으로 나아가는 것은 바람직한 일이다. 그러나 과거의 규제를 "법"에서 제외한다면 판사와 법률가를 분석하고 평가하는 과정에서 "법"의 개념이 지나치게 협소해질 것이다. 따라서 인간을 독립적인 법적 주체로 인정하지 않는다고 해서, 판사들이 그러한 법을 적용하지 않아야 한다는 요구는 적절하지 않다. 이는 법의 내용 변화가 중요하지 않다는 뜻이 아니다. 특히 법이 인간을 법적 주체로 인정하다가 그렇지 않게 변하는 경우, 이는 중대한 변화이다. 그러나 이런 변화를 판사들이 협력을 거부해야 하는 시점을 결정하는 기준으로 사용할 수는 없다.

뉘른베르크 재판에서 법률가들은 학살 가담, 차별적 법률의 제정과 집행, 전쟁법을 위반하여 정의 실현을 거부한 혐의로 유죄판결을 받았다. 그러나 피해자를 법적 주체로 인정하지 않았다는 이유로는 기소되지 않았다. 그들이 활동했던 법체계는 피해자들의 법적 주체성은 인정했지만 그 지위를 차별적으로 인정했다. 프라이슬러나 로트아우크와 같은 "악한 판사"들을 제외하면, 나치 법체계는 대체로 실정법의 정합성과 규범성을 유지했다. 프라이슬러와 로트아우크는 "하층 인종"에 대한 멸시를 극단적으로 밀어 붙여 나치의 법조차도 훌쩍 뛰어넘었다. 그러나 그러한 판사들조차 유대인과 폴란드인에게 차별적 판결을 내린 이유는, 피해자들이 법적 주체가 아니어서가 아니라, 법적 주체로서 특히 심각한 범죄를 저질렀다고 보았기 때문이다. 예를 들어, 로트 아우크는 한 폴란드인에 대한 재판에서 다음과 같이 판시했다.

> 피고인의 공격은 독일 혈통의 순수성에 대한 것이었다. 이 관점에서 볼 때 피고인은 독일 공동체 내에서 극도의 불복종을 보였으며, 그 행위는 특히 중대한 것으로 간주돼야 한다.[34]

판사가 법을 적용하는 대상을 법적 주체로 간주했다고 해서 그 사실이 그들의 행위를 정당화해주는 변명이 될 수 없다. 위 사례에서 피고인의 법적 주체성을 강조한 것은 오히려 상황을 더욱 악화시켰다. 피고인이 아리아인보다 열등한 폴란드인이었기에, 그가 독일 혈통의 순수성을 공격하며 보인 불복종은 특히 가혹한 처벌이 필요하다는 논리로 이어졌기 때문이다. 나치 친위대에 넘겨진 폴란드인들이 그보다 더 끔찍한 처우를 받았다는 사실도 이러한 방식으로 판결한 판사들에게 면죄부가 될 수는 없었다.

유대인, 폴란드인, 정신질환자에 대한 학살은 히틀러의 의지를 표현한 포고령에 따라 이루어졌다. 이 포고령들은 대개 비밀리에 시행되었으며 어떤 경우에는 문서조차 작성되지 않았다. 그럼에도 당시의 법 개념에서 "법"으로 간주됐는데, 최고의 법적 근원은 총통의 의지라는 원칙 때문이었다.[35] 공식적으로 사법부의 역할은 총통의 의지를 찾아내 모든 법률에 반영하는 것이었다.

히틀러나 그 대리인이 직접 문서로 명시하지 않아도 마찬가지였다. 특히 그 의지가 비밀리에 구두로만 전달되었더라도, 사실로 확인되면 법은 이에 맞춰 해석, 적용되었다. 전후 독일 법원은 이러한 명령과 지시를 법으로 인정하지 않았다. 박해받는 사람들을 법적 행위주체로 대우하지 않았기 때문이 아니라 "모든 문명사회 구성원이 공유하는 정의의 핵심과 모순"된다는 이유에서였다.36 결국 런들과 풀러의 논지는 동일한 결론에 이른다. 홀로코스트는 법의 범위 밖에서 일어났고 본질적으로 불법이었다.

    이러한 포고령의 집행을 강요받은 판사는 마땅히 이를 거부해야 한다. 로타 크라이지히 판사가 바로 이런 입장을 취했다. 그는 나치의 안락사 체제 아래에서 정신과 의사에게 환자들을 맡기는 것을 거부한 혐의로 판사직에서 물러났다. 그가 퇴직당한 공식 사유는 총통의 명령을 법의 최고 권위로 인정하지 않는 한 그 직책을 수행할 수 없다는 것이었다. 그러나 그가 더 이상의 강력한 제재를 받지 않았다는 사실은 눈여겨 볼 만하다. 어쩌면 이 시점에서는 이미 사법부의 협력이 충분히 확보된 상태였기 때문일 수도 있다. 정권 입장에서는 체제에 반기를 드는 판사들이 계속 법원에 남아서 사법부를 흔들게 두기보다는 조용히 퇴직시키는 것이 더 나았을 수도 있다. 나아가 더 강한 처벌을 하는 경우, 판사들 사이에 불만을 초래할 위험이 있었을지도 모른다. 흥미로운 사실은, 일반 공무원들 뿐만 아니라 심지어 대량학살을 자행한 경찰특수작전부대에서도 거부의 의사표시를 했지만 개인적 불이익 없이 임무에서 배제되기만 한 사례들이 있었다는 점이다.

사직이 유일한 대안인가?

그렇다면 잔학행위에 가담할 수밖에 없는 상황에서 판사는 어떻게 해야 하는가? 판사가 직무를 수행하는 과정에서 부당한 해악에 기여하는 것을 피할 수 없다면, 스스로 기피하거나 사임해야 한다고 답하는 사람이 많을 것이다. 물론 사임은 억압에 직접 가담하는 것을 막는 방법이 될 수 있다. 나치 독일에서도 일부 판사들이 정권의 법적 탄압을 견디지 못해 사임했다. 5장에서 살펴본 바와 같이, 로타 크라이지히는 히틀러가 승인한 안락사 프로그램의 합법성을 인정하지 않자 사임을 요구받았으며, 한스 폰 도나니는 3년간 대법원에서 근무한 후에 사임했다. 히틀러 저항세력의 일원이었던 뤼디거 슐라이허Rüdiger Schleicher는 제국 군사최고재판소 판사직 임명을 거부했는데, 그 직위가 자신이 개인적으로 정당하다고 생각하는 행동을 한 사람들을 유죄로 판결해야 하는 위치라는 점과 특히 이 재판소에서 법관의 독립성을 "극도로 상대적"으로 간주했기 때문이었다.[37]

이러한 사임은 정권에 거의 영향을 미치지 못했다. 그러나 다른 한편으로 사임은 정권의 정당성을 공격해 정권을 약화시키는 도구가 될 수 있으며, 정권이 마음대로 법 시스템을 운영할 가능성도 줄일 수 있다. 독일 점령 초기에 노르웨이 대법원 판사들의 집단 사임은 노르웨이 퀴슬링 정권의 정당성을 약화시키는 데 어느 정도 영향을 미쳤을 것이다.

그러나 사임에는 문제점도 존재한다. 개인의 결단으로 이루어지는 사임은, 누군가 그 자리를 대신 차지하게 할 뿐이며, 이는 결과적으로 정권의 억압에 기여하는 역할을 넘겨주는 것에 불과하다. 따라서 이런 사임은 "책임 전가"에 지나지 않을 수 있다.[38] 오히려 이는 억압을 더욱 심화시킬 수 있다. 후임자가 어떤 사람이 될지는 단정적으로 말할 수 없으나 정권에 반대 입장을 가진 사람이 사임하면, 그 자리는 정권에 더 순응적인 사람으로 대체될 가능성이 높다. 남아프리카공화국의 아파르트헤이트 체제 아래의 자유주의 성향 판사들은 만약 자신들이 사임한다면 정권에 더 동조적인 다른 판사들이 들어와 개인의 자유를 더 제한하는 쪽으로 긴급조치법을 해석하리라는 점을 알았다. 이처럼, 부당하고 억압적이기는 하지만 완전 무법천지가 아닌 사회에서 사법부가 처한 상황을 충분히 고려하지 않은 채, 판사들에게 사임을 요구

하는 것은 적절하지 않을 수도 있다.³⁹

이러한 논리는 나치 정권 초기 단계에도 적용할 수 있다. 로타 크라이지히는 자서전에서 이렇게 회고했다.

> 1933년 봄, 나는 판사로서 사직서를 작성하면서 당국이 저지르거나 묵인한 일련의 법위반 사례를 언급했다. 불면의 밤을 보낸 후 나는 이게 너무 쉬운 선택이라는 것을 깨달았다. 당국 사이의 불화는 곧 잊힐 것이며 남겨진 자리는 순응적인 사람들로 채워질 터이다. 내 결정이 잘못됐을까? 이 의문은 나를 끊임없이 깨어 있게 했으며, 판사의 직무를 수행할 때 불가피하게 맞닥뜨리는 충돌을 예상하며 주의를 기울이게 했다.⁴⁰

크라이지히는 결국 사임하지 않고 몇 년을 근무했다가, 자신의 관할에 있던 정신질환자들에 대한 조직적 학살의 합법성을 인정할 수 없다는 양심적 결단에 따라 비로소 사임했다.

1983년 3월 더반에 있는 나탈대학교 법학교수 취임 강연에서 레이먼드 왁스Raymond Wachs는 남아프리카공화국의 법을 도덕적인 차원에서 옹호할 수 없다고 판단한 판사들은 사임해야 한다며 사퇴를 촉구했다.⁴¹ 그는 이러한 상황에 처한 판사에게는 세 가지 선택지만이 있을 뿐이라고 보았다. 항의하거나, 법을 왜곡하거나, 사임하는 것이다. 법과 법의 기초를 이루는 도덕원칙 사이의 갈등을 경험한 판사는 부도덕한 법의 적용을 거부하는 방식으로 항의할 수 있다. 그는 실정법을 의도적으로 왜곡 해석해, 자신이 법적 판단을 통해 파악한 실제 내용과 다르게, 해당 법이 도덕적으로 정당화될 수 있는 방식으로 해석할 수도 있다. 그러나 이 두 가지 선택 모두, 클로버의 말을 빌리자면, 판사가 아니라 반란자로 활동하는 쪽을 선택한 것이다.⁴² 더욱이 이러한 방식이 실질적인 변화를 가져올 가능성은 크지 않다. 그가 최종

심의 판사가 아니라면 상소심에서 판결이 번복될 가능성이 높다. 그가 법을 다르게 해석하면 입법자는 향후 그러한 왜곡 해석이 아예 불가능하도록 법을 보다 명확하게 개정하려 할 것이다. 판사가 개별 사건에서 억압조치의 가혹한 영향을 줄일 수는 있겠지만 법체계 전체는 여전히 변하지 않은 채로 남을 것이다.

그러나 계속 직무를 수행하는 행위만으로도 판사들은 억압적 정권에 대한 존중과 정당성을 부여하는 역할을 하게 된다. 왁스에 따르면, 양심과 법적 의무 사이에서 갈등하는 판사가 선택할 수 있는 유일한 길은 결국 사임뿐이다. 직업 자체가 정의의 추구를 표방하는 소명을 가진 공직자의 사임은 "희미하게나마 정부 청사에 울려 퍼질 수 있으며" 다른 판사들에게도 영향을 미칠 수 있다.

남아프리카공화국 판사들도 진실·화해위원회에 제출한 서면 답변에서 같은 견해를 밝혔다.

> 개인적 신념이 좌파든 중도든 우파든 상관없이, 자신의 신념과 상충된다고 해서 직무선서를 무시할 수 있다고 생각하는 판사는 영웅이 될 수 없다. 그러한 행위는 판사로서 신실함을 저버린 것이며 자기만족적인 사법권 남용이다. 이러한 상황에서 취할 수 있는 선택지는 사임하거나 직무선서를 준수하는 것 두 가지뿐이다.[43]

존 듀가드는 왁스에 대한 반론에서, 아파르트헤이트가 스스로 완결된 법체계로 독립적으로 존재한 것은 아니라고 반박했다.[44] 억압적 법률들은 커먼로와 네덜란드식 로마법Dutch Roman law의 자유주의 원칙을 배경으로 하는 법체계 속에서 작동하고 있었으며, 그 안에서도 인권을 옹호하기 위한 여지가 여전히 존재했다는 것이다. 그는 판사들에게만 도덕적 책임을 묻는 것에도 반대했다. 정치재판에 참여한 변호사들도 체제의 정당성을 강화하는 역할을 한다. 변호사가 참여한다는 것이 그 법체계가 공정하게 운영된다는 인상을 주기 때문이다. 심지어 "정치적 법률"과는 무관해 보이는 세무 전문 변호사들조차도 그 체제가 정상적 법체계라는 인상을 주는 데 일조한다. 따라서 사퇴를 요구하는 논리는 모든 법률가에게 동일하게 적용될 수밖에 없는 것이며, 결국 아무것도 하지 않는 것을 정당화하는 논리로 이어질 위험이 있다.

진 샤프에 따르면, 권위주의 정권에 맞서는 비폭력 행동에는 구체적으로 200가지가 넘는 방법이 있으며, 이를 세 가지 주요한 범주로 나눌 수 있다. 항의와 설득, 불복종, 개입이다.[45] 판사는 세 가지 모두를 활용할 수 있다. 예를 들어 프로이센 행정항소법원이 초기 단계에서 경찰의 조치를 다뤘던 것처럼 심리를 통해 합법으로 인정하지 않는 것이다. 아르헨티나와 브라질 법원처럼 독재자 또는 사회 엘리트들과 대화를 시도할 수도 있다.[46] 인신보호영장을 발부하는 과정에서 당국에 증거 제출을 요구함으로써 보안기관의 활동을 통제할 수 있다. 이처럼 법원이 정권에 반대하는 세력을 지원하고 정권의 정당성을 의문시할 근거를 제공하는 방법은 다양하다. 그 방법 중 하나가 사임이며, 퀴슬링 정권 초기 노르웨이 대법원이 집단 사임을 통해 정권의 정당성에 타격을 준 사례가 있다. 그러나 사임만이 유일한 방법은 아니다. 점령 기간 동안 벨기에 법원처럼 직위를 유지하면서 불복종하는 방법도 있다. 판사의 행동범위는 단순한 불복종에 국한되지 않는다. 반면 판사가 사임하면, 실제로 할 수 있는 일은 극히 좁아지게 된다.

판사들이 변화를 만들어낼 여지가 있다는 주장은, 독일연방대법원이 동독 정권 판사들에 대한 재판에서 제기한 바 있다. 동독 정권이 전체주의적이고 억압적이었고 탈주자와 정치적 반대자에게 가혹한 처벌을 내리기는 했으나, 여전히 동독 법원은 기본권보호를 위해 사법재량을 행사할 여지가 있었다는 것이 독일연방대법원의 판단이다. 독일

연방대법원은 비교적 경미한 범죄에 대해 사형을 선고한 동독 대법원 판사에 대한 사건에서 당시 동독 형법이 사형 외에도 다른 대안을 허용하고 있었으므로, 동독 판사들은 사법 재량을 행사하여 "인권 친화적 방식으로" 판결해야 했다고 강조했다.[47] 또한 대법원은, 특히 나치 정권 시절 사형이 남용됐다는 역사적 배경을 고려할 때, 후대의 판사들은 특히 정치적 사건에서 가장 중대한 범죄에만 제한적으로 사형을 선고할 의무가 있었다고 강조했다. 독일연방대법원이 동독의 1950년대 법기준과 다른 판단기준을 적용했다는 점에서 비판의 여지가 있다. 하지만 당시 판사들이 정권의 억압적 정책을 제한하는 데 활용할 수 있었던 논거를 지적했다는 점은 주목할 만하다. 결국 판사들에게는 선택의 여지가 주어지며, 그 선택권을 어떻게 행사하는지가 중요하다.

판사들의 항의나 사임이 미치는 영향을 과대평가해서는 안 될지도 모른다. 1970년대와 1980년대 남아프리카공화국의 자유주의 성향 판사들의 항의는 정권에 별다른 영향을 미쳤다고 보기 어렵다. 브라질 대법원의 항의도 군부 통치자들에게 별다른 영향을 미치지 못했다. 나치 독일에서 몇몇 판사들이 항의하고 사임했지만, 사법부가 억압과 공포의 시스템으로 변하는 것을 막지는 못했다. 반면, 1940년 12월 노르웨이 대법원장이 적시에 사임한 것은 퀴슬링 정권과 독일 통치의 정당화를 저지하는 데 일조했을 가능성이 크다. 마찬가지로 점령기 벨기에 법원이 보여준 일관된 항의는 독일로부터 벨기에 국민에 대한 사법 관할권을 유지하는 데 기여한 것으로 보인다. 이는 덴마크와 네덜란드 법원이 법치주의에 대한 양보를 강요당한 것과는 사뭇 대조적이다. 미국에서 일부 판사들이 가혹한 양형기준을 문제삼으며 사임한 것도 미국 대법원이 그레이엄 사건에서 18세 미만 범죄자에 대한 종신형 적용을 재고하는 데 영향을 미쳤을 가능성이 크다.[48]

현실적 계산

우리는 차악 선택 상황에서 발생하는 딜레마가 복잡하고 해결하기 어렵다는 점을 확인할 수 있다. 억압적 정권 치하에서 차악 선택 논리는 명백한 위험을 수반한다. 그렇다면 그 주장이 타당하기 위해 충족해야 하는 최소한의 조건은 무엇일까? 한 가지 조건은 그 방법이 더 큰 악을 배제하는 데 직접적으로 도움이 돼야 한다는 점이다. 일반적으로, 개인의 자유를 희생함으로써 안전을 보장하려는 시도는 자유의 침해라는 확실한 결과를 낳는 반면 그로 인해 안전이 보장받을 가능성은 불확실한 경우가 많다고 할 수 있다. 차악 선택의 주장이 타당하려면 그 결과가 구체적이며 실현 가능성이 있어야 한다.

이 때문에 뢰제너보다 칼마이어를 변론하기가 더 쉽다. 칼마이어는 네덜란드 제국판무관부에 근무하면서 유대인의 강제추방에 가담했지만, 동시에 그의 행동을 통해 유대인 수백 명이 추방을 면하고 목숨을 구했다는 점에서 직접적으로 더 큰 악을 줄이는 데 기여했다고 볼 수 있다.

뢰제너는 유대인에 대한 주요 입법안을 작성해 유대인 박해에 기여했다. 동시에 그는 혼혈인 및 아리아인과 결혼한 유대인이 박해 대상에 포함되지 않도록 제한하는 방향으로 논리를 전개하는 등 노력했다는 것이다. 그러나 그 결과는 불확실했고 간접적이었다. 뢰제너의 노력이 없었더라도 나치 정권은 동일한 정도의 자제력을 보였으리라는 반박이 어렵지 않게 가능하다. 행정부와 당 내에는 뢰제너와 같은 견해를 가진 사람들이 있었고, 실제로 정권으로서는 그보다 더 강압적으로 나설 경우 대중의 분노를 불러일으킬 수 있다는 두려움이 컸다. 그 두려움이 가장 중요한 자제 요인이었을 것이다. 군사재판소가 그의 상관이던 슈투카르트에게 한 평가는 뢰제너에게도 똑같이 적용된다. 즉,

그는 자신의 능력, 학문적 지식, 법적 전문성을 인종절멸을 기획한 사람들에게 제공했다. 그의 양심이 괴로웠을지도 모른다는 사실과 그가 미쉴링과 관련한 자신의 제안이 잘못됐을 뿐 아니라 어리석은 것임을 알고 있었다는 사실이 그가 한 일을 변명하거나 정당화해줄 수 없다.

이 사례들은 언제나 차악 선택의 논리를 배척할 수는 없다는 점을 보여준다. 비록 그 자리에서 직무를 계속 수행하는 것이 악에 기여하는 결과를 낳을 수 있더라도, 사임만이 항상 최선의 선택은 아니다. 때로는 정권에 남아 일하면서 자신의 지위를 이용해 피해자들을 구제할 수 있고, 그런 노력이 분명 가치 있는 경우도 있다. 그러나 이러한 판단은 종종 어렵고도 모호하다. 억압적인 조치를 적용하고 집행함으로써 기여하게 되는 나쁜 결과는 명확하고 측정 가능한 반면, 그로 인해 얻는 이익은 가정적이고 불확실한 경우가 많다. 따라서 차악 선택의 논리를 적용할 때에는 극도로 신중해야 한다.

'미끄러운 경사길'의 오류 피하기

차악 선택의 논리를 정당화하기 위해 충족해야 할 두 번째 조건은 그것이 명확한 방향성을 가진 행동이어야 한다는 점이다. 단순히 그저 맡은 일을 수행했을 뿐이라는 변명의 도구가 되어서는 안 되며, 정권의 억압에 대응하기 위한 의도적인 전략의 일부여야 한다. 법이라는 것은 본질적으로 부당하거나 악으로 해석될 수 있는 행위를 정당화하는 속성을 가지고 있다. 법은 절박한 가난에 처한 사람들로부터 가진 자의 재산을 보호하고, 사회의 이익을 위해 사람을 감옥에 가두며, 심지어 생명을 앗아가기도 한다. 물리적 강제력의 사용 자체가 더 큰 악을 피하기 위한 목적으로 어떤 형태의 악을 허용함을 의미하는 것이다. 예를 들어 이민당국에 허위 서류를 제출했다는 이유로 이민자 가족 전부를 추방하는 것처럼, 실현되는 해악은 실제적이며 정의의 실천은 추상적이다. 법은 항상 비율과 균형에 관한 것이다. 가장 형식주의적인 법 논리조차도 법 규정의 본래 취지에서 벗어나는 것이 더 큰 해악이라는 이유로, 법 규정에 따른 결과의 내용이 어떻든 간에 그 결과를 옹호한다. 그리고 여기에 차악 선택의 논리를 거부하는 핵심이 있다. 법이 항상 차악을 적용하는 것이라면 차악 논리를 적용한 판사를 비난할 수 있는 경우는 오직 과도한 악을 적용한 경우뿐이며, 이는 판사가 악을 행했다는 비판과 전혀 다른 차원의 문제가 된다.

한편 이러한 논리는 법을 적용하는 과정에서 악을 저울질해 덜 악하다고 생각하는 것을 선택하는 행위가 판사라는 역할의 고유한 특성이라는 결론으로 이어진다. 이는 법치주의가 존중되는 민주주의 사회에서든, 비상사태에서든, 독재와 폭정으로 치닫는 사회에서든, 심지어는 거의 무법천지로 간주될 수 있는 사회에서든, 다를 바 없다. 판사가 자신의 행동에 책임을 져야 하는지를 판단할 때, 이를 단순히 다른 선택지와 비교해서 평가할 수 없다. 우리는 그 행위 자체의 본질을 검토하여, 그것이 의도나 정당화된 이유와 상관없이 도저히 용납할 수 없는 악에 해당하는지를 판단해야 한다.

차악 선택 논리가 가진 가장 큰 위험은 판사가 정권의 논리에 함몰돼 자신이 하는 일이 악하다는 사실 자체를 잊어버릴 수 있다는 점이다. 반면 이 논리를 정권에 맞서기 위한 점진적인 대응전략으로 활용한다면, 함정에 빠지지 않을 수 있다. 이것이 도덕적 관점에서 볼 때 칼마이어와 뢰제너의 차이점이다. 칼마이어가 가능한 한 많은 생명을 구하기 위해 자신의 능력을 이용했다면 뢰제너는 주로 악한 정책을 법으로 바꾸는 데 자신의 능력을 사용했을 뿐이다. 그가 정권의 강경파들이 원하는 만큼 극단적으로 나가지 않았다고 해서 그가 나치 체제를 좋은 쪽으로 바꾸기 위해 애썼다고는 볼 수 없다. 그저 더 나빠지는 것을 막기 위해 노력했을 뿐이다. 동시에 그는 체제를 지금의 모습으로 만드는 데 큰 공헌을 했다. 반면 칼마이어는 학살에서 구할 수 있는 사람들의 수를 늘리려 노력했고, 상황을 실질적으로 개선하는 데 공헌했다.

차악 선택의 논리는 위험한 지침이 될 수 있다. 차악을 선택하는 일은 판사 업무의 본질적인 부분이기도 하다. 따라서 판사는 특히 라드브루흐와 아렌트의 경고, 즉 악은 악에 대한 무감각으로 이어지며 차악 선택의 논리가 공직자를 길들이기 위해 의도적으로 활용될 수 있다는 경고를 민감하게 받아들여야 한다. 오직 정권에 저항하고 점진적이더라도 실질적으로 상황을 개선하기 위한 의도적 전략의 하나로서 차악 선택의 논리를 활용해야만 판사 스스로 함정에 빠지지 않는다.

19장
정의를 추구하는 판사들

법 뒤에 숨지 않기

이제 이 책의 주요 내용을 요약할 차례이다. 서문에서 나는 서구의 법적 전통이 공통의 뿌리와 역사를 가졌다고 밝혔다. 여기에는 정의, 평등, 법치주의와 같은 일반적인 가치를 보호하기 위해 헌신하는 자율적인 존재로서 법 이념이 포함된다. 이러한 이념은 시공을 초월해 판사들을 하나로 묶는 연결고리이다. 이 책은 입법부와 행정부에 의해 법이념이 위협받을 때 판사들이 어떻게 고군분투하며 이를 옹호하는지, 어떻게 그로부터 이탈하게 되는지를 살펴 보았다. 이 연결고리는 비록 실타래처럼 얽혀 있지만 때때로 위태롭고 희미하여 어떤 경우에는 거의 존재하지 않는 듯이 보인다. 그러나 이 연결고리가 여전히 존재한다는 사실은, 권위주의 정권에 협력하는 판사들조차도 자신의 행동을 정당화하기 위해 이러한 법 이념에 호소한다는 점에서 확인할 수 있다. 그들 중 일부는 심지어 양심의 가책으로 괴로워하기도 한다. 또한 우리는 개인의 자유와 권리가 제한되는 가장 엄혹한 순간에도 법이념에 충실하며 정권의 억압적 조치에 맞서 싸우는 판사들이 있다는 사실을 잊지 말아야 한다. 그렇다면 이런 연결고리의 존재가 그러한 법체계에 종속되어 살아가는 사람들의 삶을 실제로 더 낫게 만들까? 안타깝게도 대부분의 경우 그렇지 않다. 그럼에도 이러한 연결고리가 존재한다는 사실은 법치주의의 보호기능을 좀 더 강화할 수 있다는 희망을 준다. 이제 우리는 어떻게 이를 촉진할지 살펴볼 것이다.

우리는 판사가 인권과 법치주의의 수호자가 되기를 기대한다. 국가의 행정부와 입법부가 사회의 기본가치를 공격하는 경우 법원이 사법심사권을 행사해 이 권리들을 수호하기를 바란다. 우리는 판사들이 권위주의 통치자에 맞서 영웅적인 모습을 보일 것이라 생각하고 싶어 하며, 현재의 헝가리처럼 헌법재판소가 국가기관들 사이에서 견제와 균형을 유지하는 역할을 수행하는 모습을 기대한다. 그러나 서구 법치주의 전통에 속하는 여러 국가에서 최근 권위주의적 통치가 강화되는 사례를 보면, 법원은 이러한 역할에 실패했다.

실제로 많은 판사는 법을 적용하는 것이 곧 법치주의를 수호하는 것이라고 믿으며, 가장 억압적인 상황에서도 마찬가지이다. 후베르트 쇼른은 나치 독일 판사들을 옹호하는 글에서 "양심에 따라 업무를 수행했고, 용기 있고 고상한 방식으로 법을 지키는 것을 최고의 의무로 여겼던 판사들"이라고 표현했다.[1] 이 표현은 권위주의적 상황에서 많은 판사가 스스로에 대해 어떻게 인식하는지를 분명하게 보여준다. 그럼에도 그들이 수행하는 역할이 초래하는 결과는 끔찍할 수 있으며, 법치주의에 대한 합리적 이해와 동떨어진 것일 수 있다.

절박한 과제는, 판사들이 법치주의를 더욱 효과적으로 수호하도록 어떻게 제도적 안전장치를 만들어낼지, 그것을 어떻게 실현할 수 있는지이다. 독일연방공화국 헌법에는 바이마르공화국에서 히틀러 통치로 이행한 경험을 바탕으로 한 "영속성 조항 perpetuity clause"이 있다. 이런 방식으로 권위주의 통치를 방지하는 입법이 가능할까? 이 책에서 검토한 사례들 이후 국제법 분야에서 인권보호를 위한 각종 규범과 제도의 진전이 있었다. 이러한 규범과 제도들이 이 책에서 살펴본 사례와 같은 상황에서 유사한 사태의 재발을 막는 실질적인 안전장치가 될 수 있을까? 판사들을 특정한 과학적이거나 합리적인 방법론적 접근법으로 교육하고 훈련시키는 것이 그 해답이 될 수 있을까? 판사들이 동조압력이라는 심리적 요인에 더 효과적으로 저항할 수 있는 방법이 무엇인가? 이것이 마지막 장에서 다루고자 하는 질문이다.

헌법 조항으로 권위주의를 막을 수 있는가

역사는 자유주의 헌법이 존재하고 자유주의적 가치 속에서 법치를 존중하면서 성장한 사법부가 있다고 해도, 그 존재가 권위주의 정권의 도래를 막지 못했음을 보여준다. 바이마르공화국 독일은 개인의 권리를 폭넓게 보장하는, 당대에 가장 자유주의적인 헌법을 가졌다. 남아프리카공화국은 커먼로에 깊이 뿌리내린 법적 전통을 가졌다. 칠레는 독립적 법원과 입법 및 행정조치에 대한 헌법심사의 전통을 가졌으며 1972년 「시민적·정치적 권리에 관한 국제규약」을 비준했다. 브라질 대법원은 비교적 강력한 기관으로 "브라질 민주주의의 보루"로 여겨졌다.[2] 그렇다면 이렇게 명백하게 권위주의에 맞서는 헌법적 기반이 존재했음에도 폭정과 억압의 확산을 막지 못한 이유는 무엇일까?

독일과 남아프리카공화국의 경우 권위주의 통치로 가는 길이 헌법에 마련되어 있었다고 할 수 있다. 두 경우 모두 사회적 비상사태에 대응한 독재조치를 허용하는 조항이 있었다. 그 길이 없었다면 사법부가 그렇게 쉽게 독재조치를 허용하지 않았을 것이라는 주장도 가능하다. 이것이 현행 독일 기본법 제79조 제3항에 있는 소위 영속성 보장의 기본사상이다.

기본법 제79조 제3항은 "어떠한 헌법 개정도 헌법의 기본권이나 공화국의 연방 구조를 폐지할 수 없다"라고 명시한다. 이 조항은 비상조치권의 과도한 사용뿐만 아니라 사회의 지배세력이 정치적 규칙을 임의로 변경하려는 시도로부터 헌법을 보호하는 역할을 한다. 기본권과 소수자 보호를 유예하거나 폐지하는 헌법 개정은, 정치적 다수파가 그런 시도를 통해 오히려 권력을 상실할 위험이 있는 사회적 환경에서는 추진하기 어렵다. 그런 경우 새로운 집권자로부터 보호받기 위해 헌법적 안전장치를 유지하려는 동기가 커진다. 또한, 선거를 통해 권력이 교체될 가능성이 있고 선거 결과가 불확실한 경우라면, 정치인들은 기본권 보호제도를 유지하려 할 확률이 높다.[3] 그러나 권력자가 계속 권력을 유지할 수 있다고 확신하는 경우, 정치권력을 제약하는 헌법을 그대로 두려 하지 않을 것이다. 나치 집권 후 독일에서 이런 일이 벌어졌다. 히틀러는 1932년 쾨니히스베르크 연설에서 이렇게 선언했다. "일단 권력을 획득하면 신의 가호 아래 그 권력을 붙들고 결코 놓지 않을 것이다. 우리는 결코 쫓겨나지 않을 것이다."[4]

영속성 보장 조항은 다수당이나 지배적 정치세력이 법치주의를 수호하려는 동기나 이념이 부족한 상황에서 이를 방어하는 역할을 해야 한다. 이러한 조항은 헌법 내에서 이루어진 개헌으로부터는 법치주의를 보호할 수 있지만, 헌법 자체가 폐지됐다는 논리를 통해 헌법이 무력화되는 상황까지 막을 수는 없다. 이것이 나치 독일이 정권을 잡은 직후에 확립한 법적 해석이었다. 나치 정권은 바이마르 헌법에 따라 비상입법을 시행했고, 1933년 3월 24일 제정된 수권법에 따라 정부는 제국의회의 개입 없이 법을 제정할 권한을 부여받았다. 여기에는 헌법 개정도 포함됐다. 그럼에도 명시적으로 폐지되지 않는 한, 헌법 조항들은 여전히 독일법으로 유효하다는 주장이 가능했다. 그러나 나치 법률가들은 이런 논리를 거부했다. 결국 정권이 확립한 법적 견해는 나치 정권이 그 어떤 기본법에도 구속되지 않으며 오로지 독일 민족의 이익만을 최상의 법으로 삼아야 한다는 것이었다. 그리고 그 이익은 궁극적으로 총통이 선언하거나 의지를 표명하는 방식으로 결정된다고 해석했다.

나치 질서가 바이마르 헌법의 연속선상에 있었는지에 대한 논의는 1934년 3월 26일자 다름슈타트 특별법원 사건과 그에 대한 《법률 주간Juristische Wochenschrift》* 논평에서 확인할 수 있다.5 당시 헤센주 경찰청장은 여호와의증인의 집회와 선전을 금지하는 명령을 내렸으며 그 뒤 단체를 해산하고 회원 가입을 금지했다. 명령의 법적 근거는 수권법이었고 피고인들은 모두 이 명령을 위반한 혐의로 기소됐다. 그러나 법원은 여호와의증인이 바이마르 헌법 제137조에서 규정하는 종교단체에 해당하며 헤센주 경찰청장의 명령이 이 조항과 모순된다고 판단했다. 법원은 수권법이 헌법 제48조를 근거로 제정되었는데, 제48조가 비상시 배제대상으로 제137조를 명시하지 않았기 때문에 수권법이 제137조를 폐지할 수는 없다고 판결했다.6 수권법이 정부에게 법률로 헌법을 변경할 권한을 부여했지만 아직 헌법 제137조에 관해 그런 입법이 이루어진 적이 없었다.

법원은 더 나아가, 바이마르 헌법 자체가 헌법의 효력을 가지는 입법에 의해 명시적으로 폐지되지 않은 한 여전히 헌법으로 효력을 가진다고 판단했다. 만약 헌법이 아예 폐지됐다고 간주한다면 현재의 모든 제도와 법이 공중에 떠 있는 것과 같게 된다. 법원은 헌법의 많은 부분이 민족사회주의 국가의 기초와 모순되지 않는다는 사실도 지적했다. 민족사회주의 체제에서도 종교의 자유는 폐지되지 않았고, 총통

---

* 1872년부터 1939년까지 독일에서 발행된 법률 잡지로 독일변호사협회 기관지이다.

역시 종교의 자유를 폐지할 뜻은 없다고 공언했다는 것이다. 이러한 상황에서 경찰은 종교의 자유를 정한 헌법 제137조를 존중해야 하며 결국 여호와의증인에 대한 체포 명령은 무효라고 판결했다.

그러나 이 판결은 즉각적인 비판을 받았다. 키일, 라이프치히, 스트라스부르크의 교수이자 나치의 대표적 헌법학자였던 에른스트 루돌프 후버는 이 판결이 잘못된 법적 해석을 바탕으로 했다고 지적했다. 법원은 헌법이 여전히 유효하다는 것이 무엇인지를 잘못 이해했다는 주장이다. 후버는 헌법의 효력 유무가 그 헌법을 이루는 개별 조항들이 여전히 시행되고 있는지와는 무관하다고 주장했다. 헌법이 효력을 발휘하려면 "국가의 정치생활에 대한 통일적이고 포괄적이며 단일한 권력의 기반"이어야 한다는 것이다. 헌법의 통합된 성격은 헌법을 뒷받침하는 주요 원칙에 따라 정의되는데, 바이마르 헌법에서는 형식적 민주주의, 의회주의, 연방주의, 권력분립, 개인의 권리 등이 주요 원칙이었다. 이 모든 원칙은 민족사회주의에 따라 입법이 아닌 혁명적 방식으로, 즉 민족사회주의당의 권력장악을 통해 바로 효력을 상실했다. 따라서 이러한 혁명적 변화를 겪은 상황에서는 어떤 헌법도 스스로를 방어할 수 없다는 것이다.

자유주의적 법치체제에서 권위주의적 통치로 전환하는 과정에서 사법부가 직면하는 근본 문제는, 헌법적 충성constitutional loyalty의 문제이다. 만약 법원이 이전 정권에서 구성된 그대로 유지되어 온 경우, 그들은 그 체제의 헌법질서에 따라 설립됐을 것이다. 즉 구체제의 헌법질서가 법원이 행사하는 공식 권한의 법적 기반이다. 한편 새로운 정권이 자신의 권력을 새로운 법적 원천으로 정당화하려면, 그것이 "혁명적" 법적 근거이든 "필요의 법칙"이든 간에 필연적으로 이전 헌법체계의 바깥에서 그 기초를 찾을 수밖에 없다. 이러한 상황에서 법원은 두 가지 중 하나를 선택해야 한다. 이전 헌법을 유지하면서 새 정권이나 그 조치의 합법성을 부인할지 아니면 새로운 정권 스스로 헌법적 기반이라고 주장하는 새로운 법적 근거를 인정하고 그에 따라 정권의 조치를 평가할지이다. 이러한 단절은 그 사회가 혁명적 변화를 겪었다는 사실을 공개적으로 인정하는 방식으로 이루어질 수도 있고, 기존 헌법체계가 그대로 유지되고 있으나 다만 이를 재해석할 뿐이라는 식으로 이루어질 수도 있다. 판사는 이 두 가지 선택지 외에도 스스로 사임하거나 정권의 헌법적 정당성을 판단하는 것은 사법부의 심사 범위를 벗어나는 문제라고 선언할 수도 있다.[7]

이 네 가지 선택지가 저마다 갖는 논거는 복잡하며 법률, 법이론, 윤리학에 바탕을 둔다. 확실한 점은 이 문제가 법의 해석과 적용에서 끝나는 게 아니라 어느 법체제를 기준으로 삼아야 하는지를 선택하는 과정까지 포함하고 있기에, 단순한 법적 추론만으로는 해결할 수 없다는 점이다. 실제로는 대부분의 경우 법원이 새로운 정권에 순응하는 길을 선택한다. 이는 법치주의와 정치 도덕의 관점에서 보면 실망스러운 결과일 수 있다. 법원이 권위주의 정권에 맞서 기본권과 법치주의 수호의 역할을 포기함을 의미하기 때문이다. 법원이 이렇게 움직이는 단순하고 근본적인 논리는 다음과 같다. 정권이 인정하지 않는 헌법 규정에서 법원이 자신의 법적 기반을 찾으려 한다면 그 정권 아래에서 법원의 존속 자체가 불가능하기 때문이다.

로디지아의 스미스 정권이 영국으로부터 독립을 선언한 후 로디지아 대법원 항소부가 제시한 논리는 이 점을 잘 보여준다. 로디지아 남부는 1923년 영국에 병합됐다. 1961년, 이 지역은 헌법을 부여받았으며 이 헌법에 따라 남로디지아 의회는 로디지아 남부의 평화, 질서, 선한 통치를 위한 법을 제정할 권한을 가지게 되었다. 또한 "행정권한은 …… 국왕 폐하에게 귀속되며 총독이 폐하를 대신하여 행사할 수 있게" 되었다.

1965년 11월 11일, 남로디지아 총리와 그의 동료들은 독립선언을 발표하여 "남로디지아는 더 이상 왕실령이 아니라 독립된 주권국가"임을 선언했다. 그러나 1965년 11월 16일, 영국 의회는 「남로디지아법 Southern Rhodesia Act」을 통과시키며 남부 로디지아가 여전히 국왕 폐하의 영토에 속하며 "영국 정부와 의회는 남로디지아에 대해 지금까지와 마찬가지로 책임과 관할권을 가진다"라고 명시했다.

이후 스미스 정부는 긴급조치법을 제정해 시행했는데, 그에 따라 체포된 이의 아내가 영국 추밀원에 체포의 합법성에 대한 판단을 요청했다.[8] 이 문제를 다루면서 추밀원은 "폐하의 신민, 특히 남로디지아에 있는 폐하의 판사들이 현재 남로디지아를 장악한 불법 정권이 만든 법이나 행정조치, 결정을 인정하거나 적용할 권한이 있는가, 그 범위는 어디까지인가"에 대해서도 함께 다루었다.

다수의견을 대변한 리드Reid 경은 "국왕 폐하의 판사들이 극도로 어려운 처지에 놓였다"라고 인정하면서 다음과 같이 판시했다.

> 그러나 판사들이 매우 어려운 처지에 놓였다는 사실이 영국 의회에서 통과되거나 승인된 법을 무시할 이유가 될 수 없다. …… 법과 질서유지 명분으로 권력을 찬탈한 정부가 제정한 법을 어느 정도까지 인정할지를 결정하는 것은 오로지 의회만이 할 수 있으며, 이는 의회의 고유 권한이다.

스미스 정권은 추밀원의 판결을 거부했으며 로디지아 법원은 스미스 정권을 지지했다. 법원의 이같은 결정은 판사들이 모두 영국의 헌법질서에서 임명됐고 그 헌법에 충성을 맹세했음에도 벌어진 일이었다. 이 과정에서 두 명의 판사가 항의하며 사임했는데 그중 한 명인 필즈엔드Fieldsend 판사는 백인 소수 정권이 전복된 후 짐바브웨의 초대 대법원장으로 임명됐다.

법원이 계속해서 그 기능을 유지하는 한, 판사들은 필연적으로 현 체제의 법적 기반을 승인하게 된다. 따라서 법원과 권력자 간의 기본권보호와 법치주의에 대한 논쟁은 불가피하게 정권이 수용하는 법적 틀 안에서 이루어질 수밖에 없다. 아무리 이전 체제에서 영속성 조항을 만들어 놔도 이러한 현실을 바꿀 수 없다.

국제기준

독일 법률가 대다수가 나치의 요구에 저항하지 않았으며 오히려 민족사회주의 정책에 맞춰 법체계를 정비하는 데 적극 협력했다. 그들이 그렇게 해야 할 의무를 느꼈을지 모르지만, 이 과정에서 법실증주의와 결별하게 되었다. 만약 그들이 법실증주의를 고수했다면 민족사회주의 이념과 히틀러주의의 신비주의를 법의 우월한 원천으로 인정하기를 거부했을 것이다. 저항을 선택한 일부 법률가들은 오히려 법실증주의를 논거로 삼았다. 예를 들어 프로이센 행정항소법원은 법실증주의를 근거로 새 이데올로기에 따른 기존 법령의 재해석을 저지하고 나치의 입법자를 기존 법령에 구속되게 만들 수 있었다. 그러나 이 법원은 정권이 제정한 법률을 직접 제한할 수 있는 논거를 제공하는 초국가적이거나 초법적 기초를 갖고 있지는 못했다.

반면 남아프리카공화국 판사들은 저항의 방식으로 커먼로적 접근법을 활용했다. 커먼로적 접근법은 불문법에 내재되어 있는 일반 법원칙을 참조하는 방식이었다. 이를 통해 실정법을 보다 제한적으로 해석하고 그 영향도 최소화할 수 있었다. 그러나 이러한 판사들도 의회의 우월적 지위에는 맞설 수 없었으며 명확하고 분명한 법률 조항을 무효로 선언할 상위 법질서를 갖고 있지 못했다.

오늘날 각국 판사들은 인권보호를 위한 국제규범을 실정법의 일부로 활용하여 억압조치에 대응할 수 있다. 국제법은 국내에서 시행된 조치의 평가기준을 제공하며, 이 기준의 해석과 적용은 국제법원과 재판소의 판례에 따라 이루어진다. 또한 독립적인 국제기구와 법원이 개별 국가의 법률과 관행을 검토하고 평가한다.

국내 입법자 및 통치자와 무관하게, 국제규범은 실정법으로 국내 판사들에게 구속력을 가진다. 이것이 제2차 세계대전 후 뉘른베르크 재판소가 취한 접근방식이었으며, 동독이 해체되고 독일이 재통일된 후 독일 대법원이 따른 방식이다. 동독 붕괴 후 사법적 범죄를 처리하면서 독일 법원은 입법자와 통치자가 의도한 방식으로 판사가 법을 적용하더라도 불법행위가 될 수 있음을 인정했다. 이런 결론에 이르게 된 데에는 국제인권조약도 법관이 고려해야 하는 실정법의 일부가 된다는 전제가 있었다. 그에 따라 비준된 국제인권조약 역시 법적 판단의 근거가 된 것이다. 동독이 「시민적·정치적 권리에 관한 국제규약」을 비준한 사실은 동독의 국내법 집행에 대해 형사책임을 인정하는 법적 근거가 됐다.[9]

오늘날 국제법 위반에 대한 개인의 책임과 형사책임은 관습법과 「국제형사재판소에 관한 로마규정」 둘 다에 명확히 규정되어 있으며, 국제사회에서도 이를 널리 받아들이고 있다. 로마규정에서 다루는 범죄는 국제법원 및 재판소뿐만 아니라 각국의 국내 법원에서도 재판 대상이 될 수 있으며, 이는 확립된 원칙으로 자리 잡았다.

국제인권체제는 두 가지 방식으로 참여국의 법질서에 영향을 미친다. 하나는 법적 구속력을 갖는 권위 있는 법체계를 형성하는 것이고, 다른 하나는 이 법체계를 근거로 다른 국가들이 인권침해국에 국제적 압력을 가할 수 있도록 하는 것이다. 이 두 가지 방식 모두 자국의 국내법을 통해 심각한 인권침해가 발생하는 것을 방지하는 데 기여할 수 있다.

바라건대 국제법과 국제적 감시체제의 작동으로 국내 판사들이 억압과 부정의에 가담하는 일이 줄어들기를 바란다. 그러나 이것이 확실한 것은 아니다. 국제인권체제의 효과에 대한 연구들은 결정적인 결과를 보여주지 못하고 있다. 통계 분석에 따르면 "국제사회의 인권 증진 노력은 국내 여건이 맞을 때 어느 정도 효과를 발휘할 수 있지만 그 자체로 개혁을 촉발하는 경우는 드물다. 게다가 독재국가나 전쟁으로 혼란에 빠진 국가와 같이 도움이 절실한 국가에는 거의 영향을 미치지 않는 것으로 보인다."10 진 샤프가 지적하듯이 국제적 압력은 독재정권을 다소 약화시킬 수 있지만 독재체제의 지속 여부는 주로 내부 요인에 달려 있다.11 반면 강력한 내부 저항이 존재하는 경우 국제적 지원과 압박이 큰 도움이 될 수 있다.

실제의 정량적 효과와 상관없이, 입법자가 억압적 법률을 제정할 때 국제인권기준은 상호 모순된 법체계를 드러내며 실정법과 충돌하는 요소로 작용한다. 이런 점에서 국제인권기준은 판사들이 겪는 교차압력cross-pressure을 가중시킨다. 이는 전혀 새로운 게 아니다. 국제인권체제가 확립되기 전에도 형식적으로는 자유주의 헌법과 법치주의를 기반으로 한 사회가 권위주의 체제로 변하는 과정에서 판사들은 이미 교차압력 속에 놓여 있었다.

독일 판사들은 법치주의 수호를 위한 기준이 부족했던 것이 아니라 이를 활용하는 데 실패했다. 남아프리카공화국 판사들은 커먼로에 입각한 법적 기준이 있었지만 이 기준이 실질적으로 효력을 발휘하게 하는 데는 실패했다. 칠레 군부는 정치적 반대자들을 탄압하면서 동시에 「시민적·정치적 권리에 관한 국제규약」 비준절차를 밟았다.

억압적이고 권위주의적인 조치를 금지하는 실정법적 효력을 가진 규범의 존재는 새로운 일이 아니지만, 21세기 이후의 상황은 중요한 차이를 보인다. 20세기의 국제규범은 대체로 일반적이고 추상적인 성격이 강했지만, 오늘날에는 이러한 규범의 해석과 실무적 적용을 안내하는 방대한 판례가 축적되어 있다. 또한 이러한 규범의 집행을 돕는 국제기구도 효과적으로 작동하고 있다. 2009년 롬인들에 대한 프랑스의 조치에 관한 유럽연합집행위원회European Commission의 개입*이 대표적 사례이다.12 유럽연합집행위원회와 유럽평의회Council of Europe가 헝가리 문제에 개입한 사례**도 이러한 변화의 한 예라고 할 수 있다.

제도는 단순한 규범적 논거를 넘어 실제적인 영향력을 발휘할 수 있다는 점에서 중요하다. 오늘날 판사들은 정권의 억압적 조치에 맞서기 위해 국제인권보호체계에 호소할 수 있으며, 그 점에서 과거의 판사들보다 훨씬 더 확고한 저항 기반을 갖출 수 있다. 반면 제도나 기구조차도 완벽하지는 않다. 미국 대법원장처럼 강력한 권위를 지닌 기구조차도 미국 대통령에 의해 공개적으로 도전받은 적이 있다. 1861년 링컨은 메릴랜드에 계엄령을 선포하면서 인신보호영장 발부를 중지시켰다. 이후 존 메리먼John Merryman이 체포되자 당시 대법원장인 로저 B. 태니Roger B. Taney는 인신보호영장을 발부했지만 정부가 거부해 집행되지 않았다. 태니는 링컨에게 공개서한을 보내 대통령으로서 의무를 다하라고 촉구했다. 링컨은 이를 무시하고 미국 전역에서 인신보호영장의 효력을 계속 중지시켰다.

---

* 프랑스가 자국에 거주하고 있는 롬인들의 동향을 파악해 약 1만 명 이상을 국외로 추방한 일을 유럽연합집행위원회가 강력하게 비판한 사건이다. 그 뒤에도 프랑스는 추방 정책을 철회하지 않았으나, 이 사건은 이주민의 권리와 각국의 난민 정책에 대한 국제사회의 각성과 비판을 촉발했다.
** 헝가리는 2010년 빅토르 오르반 총리 재집권 이후 유럽연합과 계속 갈등을 빚었다. 오르반 총리는 2011년 개헌을 통해 대법원장과 대법관의 해임권을 정부에게 부여하고 친여 인사들을 헌법재판관으로 채우는 등 여러 방식으로 법치주의를 훼손하고 사법부를 무력화하려 시도했다. 유럽연합집행위원회는 2022년 헝가리가 유럽연합헌장 및 사법독립을 준수할 것을 촉구하며 220억 유로의 기금 지원을 동결했다.

그럼에도 링컨의 조치는 대중의 비판을 거의 받지 않았다. 렌퀴스트는 이를 드레드 스콧Dred Scott 재판*에서 태니가 다수의견을 작성한 사실과 관련지어 설명한다. 이 사건은 북부의 강한 반발을 불러 일으켰으며 이후 적어도 한 세대 동안 대법원의 명성에 그림자를 드리웠다. 그는 또한 당시 법원이 오늘날처럼 사회에서 중심적인 역할을 하지 않았다는 점도 영향을 미쳤다고 지적한다.13 이 사건은 법원이 공론의 흐름에서 완전히 자유로울 수 없으며, 그로 인해 법원의 권위가 약화될 수도 있다는 점을 보여준다. 이는 국제기구에서도 마찬가지이다.

오늘날 한 가지 중요한 차이점은 판사들이 이제 권위주의적 통치자에 맞설 법적 수단을 가졌다는 점이다. 이러한 수단은 법실증주의적 사고를 가진 판사도 사용할 수 있다. 따라서 판사가 정권에 반대하기 위해 "정치적"으로 보일 필요는 없다. 그는 제정된 규범과 판례법 등 전통적으로 인정해 온 법원法源를 기반으로, 실정법의 특정 규범에 근거해 반대 입장을 취할 수 있다.

그러나 안타깝게도, 사법부가 억압에 침묵하는 이유는 법적 수단의 결여만에 있는 게 아니다. 입법자의 권위에 대한 충성심, 제도적 요인, 직업적 유대감, 도덕적 함정 등이 또한 중요한 요인이다. 국제법이 제공하는 수단을 사용하려면 판사는 이러한 제약에서 벗어나야 한다. 이는 쉽지 않은 일이다. 어떤 법원은 국제법적 견해에 도전하면서 국내 법원으로서 자신들의 권위를 더 앞세우기도 한다.

---

* 1857년 흑인 노예였던 드레드 스콧이 노예제도가 금지된 지역인 위스콘신과 일리노이에 거주했었다는 이유로 자유인이라고 주장하며 소송을 제기했으나 7:2의 결정으로 청구를 기각한 사건이다. 당시 로저 B. 태니 대법원장은 다수의견에 서서 흑인의 시민권을 부정하고 노예가 법적으로 주인의 재산이라고 했는데, 이 판결이 북부를 자극해 결국 노예제 반대 운동에 불을 붙였다. 남북전쟁 종결 이후 미국 수정헌법에 따라 이 판결은 번복됐으나 미국 역사상 가장 잘못된 판결로 꼽히는 불명예를 안았다.

국제법을 통한 인권보호 역시 헌법의 기본권보호와 마찬가지로 취약하다는 점에서 그 한계가 명확하다. 이에 대해 러니드 핸드 판사는 다음과 같이 언급했다.

> 자유는 사람들의 마음 속에 있다. 자유가 그 마음에서 사라져버리면, 어떤 헌법이나 어떤 법도, 어떤 법원도 그것을 지켜낼 수 없다. 그것을 되살리는 데조차 큰 역할을 하지 못할 것이다. 그러나 자유가 사람들의 마음에 살아 있다면, 그것을 지키기 위해 어떤 헌법이나 법도, 법원도 필요하지 않다.[14]

그러나 국제인권체제를 제대로 이해하고 그 법적 권위를 존중하며, 입법자가 법치주의를 위협하는 상황의 위험성을 깊이 인식할 때, 판사의 마음속에 깃든 자유의 정신을 제대로 지킬 수 있을 것이다.

법적 방법론의 정치학

어떤 사람들은 올바른 법적 방법론을 따르는 판사들이라면 법치주의가 입법자에 의해 위협받는 상황에서라도 이를 지켜낼 수 있을 것이라고 주장한다. 법적 방법론은 고대부터 이어진 토론 주제이다. 퀸틸리아누스Quintilian(서기 32-96)는 저서 『수사학 교육』에서 법해석에 대해 다음과 같이 설명했다.

> 모든 법은 부여하거나 박탈하거나 처벌하거나 명령하거나 금지하거나 허용한다. 이는 그 자체로 또는 다른 법 사이의 관계 때문에 논쟁을 야기하며, 그 논쟁은 법문의 표현 또는 의도를 둘러싸고 이루어진다. 그 문구는 명확하거나 모호하거나 이중적으로 해석될 수 있다.[15]

이 같은 내용은 오늘날의 법학 방법론 서적에도 그대로 실릴 만한 주제이다. 법적 방법론을 둘러싼 주제, 논쟁, 논란은 판사와 법학자들이 다루는 핵심적 문제들이기 때문이다.

많은 법적 쟁점은 본질적인 문제라기보다는 어떤 법적 방법론을 적용해야 하는지에 대한 논쟁으로 구성된다. 미국 헌법에서는 헌법 해석에 어떤 접근법이 타당한지를 결정하는 헌법이론에 대한 입장 차이가 학자와 판사들 간의 주요 갈등 요소이다. 유럽연합법과 같은 새로운 법질서의 형성은 새롭거나 특별한 법적 방법론과 해석에 대한 접근법의 발전을 수반한다.

일부 법체계나 특정 상황에서는 올바른 법적 방법론에 대한 높은 수준의 합의가 존재한다. 현재 독일에서는 대부분의 학자와 판사가 법령 해석에 대한 객관적 접근방식을 지지한다. 스칸디나비아에서는 20세기 후반에 법원法源에 대한 현실주의 접근법으로 폭넓은 합의가 이루어졌다. 그 외의 상황이나 다른 나라에서는 보다 다양한 견해가 존재하며 이를 둘러싼 학문적 논쟁이 두드러진다. 20세기 초 독일에서도 그랬고 오늘날 미국과 다른 나라들에서도 마찬가지다.

대부분의 경우 법적 방법론의 문제는 학문적 논의와 토론을 통해 해결해야 할 이론적 문제로 간주된다. 이러한 논의에서는 이론적인 논거와 실용적인 논거가 모두 사용된다. "이런 접근방식이 법적 의사결정의 합리성을 높인다"라는 이론적 논거가 있는가 하면 "이런 접근방식이 결정 결과의 법적 확실성 또는 정의를 증진시킨다"라는 실용적 논거가 제시되기도 한다. 이 글에서는 이러한 논의를 깊이 다루지 않겠다.

그러나 중요한 점은 방법론적 문제의 해결이 대부분 전문적이고 학문적인 영역에 속한다고 여겨진다는 점이다. 입법자는 이런 논의에 거의 관여하지 않으며, 관여하더라도 일반적으로 국내법과 국제법 간의 관계와 같은 특정 문제로 한정한다.

일부 다른 의견이 있긴 하지만, 법체계는 판사들이 법해석과 법적 추론에서 매우 다른 접근법을 취한다고 해도 그 기능을 수행하는 데 문제가 없다. 동일한 법질서 내에서 서로 다른 접근법이 경쟁하면서 병행하는 경우에도 마찬가지이다. 서로 다른 법적 접근방식은 종종 서로 다른 법적 결과로 이어지지만, 그렇다고 해서 그 결과를 기준으로 특정 접근법을 택해야 한다고 생각하지는 않는다. 이러한 기준에 근거한 선택은 흔히 기회주의적이고 불성실하다는 비판을 받을 뿐이다.

학자들이 논쟁을 벌이는 동안 실무자들은 매일 반복하는 일상으로 법적 방법론을 사용한다. 많은 경우 특정 방법론을 사용하는 것은 의식적인 선택의 결과라기보다는 확립된 관행에 따라 "하던 대로 하는 것"의 문제이다. 그 방법론을 당연하게 여기는 이유는 법 교육, 이론적 신념 또는 일상적인 습관과 관행 때문일 수 있다. 그러나 법적 결과는 종종 채택돼오던 방법론에서 비롯되므로 법은 실제보다 더 구속력이 있고 덜 개방적인 것으로 인식될 수 있다. 이는 원칙적으로 하나의 정답이 존재한다고 믿는 경우에도 발견된다. 예를 들어 로널드 드워킨의 법이론은 정답에 도달하기 위해 "헤라클레스"의 능력을 동원한다.* 그러나 일반 판사는 헤라클레스가 아니므로 평가와 추정을 해야 한다. 게다가 이러한 평가와 추정은 어떤 방법론을 택했느냐에 따라 달라지거나 잘못될 수도 있다.

이러한 상황 자체가 법적으로 잘못된 것이 아니며, 오히려 불가피한 현상이다. 법적 판단에서 절대적으로 옳은 답을 알 수 없기 때문에

---

* 드워킨은 법적 해석에서 '완벽하게 정의된 올바른 답'을 도출해내는 것을 목표로 삼으며, 이를 위해 그는 '헤라클레스'라는 이상적 존재를 상상한다. 헤라클레스는 모든 법적 문제에 대해 완벽한 논리와 도덕적 판단을 내릴 수 있는 능력을 지닌 인물로 묘사된다. 로널드 드워킨, 『법의 제국』, 장영민 역, 아카넷(2004), 340쪽 이하 참조.

어떤 방법론을 사용할지를 두고 의식적으로 논쟁을 벌이는 것은 합리적이며, 편향된 사고를 방지하는 역할을 한다. 방법론적 선택이 법적 결론에 영향을 미치며 때로는 결론을 결정짓기도 하지만, 이러한 논쟁이 반드시 정치적인 것은 아니다. 방법론적 선택과 특정 정치적 이해관계 사이에 직접적인 연관이 없다면, 이 논쟁은 여전히 법해석의 문제로 남는다. 일반적인 상황에서는 법적 예측 가능성이 어떤 경우에는 특정 이익을, 다른 경우에는 그 반대쪽의 이익을 보호하는 역할을 할 수 있다. 이는 법해석에서 주관적, 객관적 접근법이나 맥락적 접근법을 선택하는 것이 특정이익을 강화하거나 그 반대편의 이익을 보호하는 역할을 하는 것과 마찬가지이다.

억압은 다양한 법적 접근방식과 방법론을 통해 정당화될 수 있다. 이 때문에 일부에서는 법적 방법론과 법을 통한 억압 사이에 아무런 연관성이 없다고 보기도 한다. 더 그럴듯한 가설은, 이 상황이 법적 추론방식의 정치적 측면을 보여준다는 것이다. 법적 추론은 법의 안정성과 변화 사이에서 균형을 잡는 방식에 관한 것이며, 동시에 상황이 전제하는 조건, 입법목적, 법원칙에 대한 다양한 평가에 관한 것이기도 하다. 이 모든 요소는 법 자체에 내재된 가치이며, 법을 집행하는 과정에서 항상 선택이 이루어지는 부분이다. 그럼에도 입법자가 법치주의와 전쟁을 벌이는 상황에서는 이러한 선택이 판사가 피할 수 없는 특정한 정치적 성격을 갖는다. 사회적 변동과 변화가 큰 상황에서도 마찬가지이다. 이러한 상황에서 판사는 판사로만 존재할 수 없으며 개인으로서 선택을 해야 한다. 이 선택은 본질적으로 도덕적 선택이며, 판사가 책임을 져야 한다.

법률가들은 종종 중대한 정치적 쟁점을 방법론의 문제로 제기한다. 나치 시대에 있었던 민사법의 극적 변화는 판사들이 새로운 원칙과 나치 이데올로기를 직접 근거로 삼아 만들어낸 것이 아니었다. 오히려 광범위한 해석, 유추, 법률의 공백과 누락을 보완하는 방식 등 그 전부터 해 오던 통상적이고 일반적인 법적 논증이 사용되었다.[16] 이러한 방식이 나치법에만 국한된 게 아니었다. 전쟁이 끝나고 나치 정권이 붕괴된 후에도 독일 판사들은 나치 정권의 법을 무효화하기 위해 새로운 포괄적 조항을 만들어 적용하는 것에 소극적이었다. 새로운 법을 제정해 나치 법을 무효로 해석하는 대신, 나치 시대의 법을 새로운 자유주의 법과 이념에 비추어 재해석하려 했다.

많은 경우 권위주의에 대한 투쟁은 법적 방법론을 직접적으로 공공연하게 포함한다. 특히 나치 독일에서 이런 경향이 두드러졌다. 나치의 주요 법이론가들은 기존의 "로마법적"이고 "자유주의적"인 접근법에 반대하는 새로운 "독일식" 법적 방법론을 주장했다. 이 접근법의 주된 목적은 나치의 세계관을 법적 추론을 위한 구속력 있는 근거로 만드는 것이었다. 이 새로운 법질서는 법과 독일 민족공동체에 대한 소속감을 바탕으로 "법과 불법Recht und Unrecht"을 구별하는 의식과 인성을 판사에게 요구했다.[17] 유대인 문제도 방법론적 문제로 다루어졌다. 카를 슈미트는 유대인이 저술한 책을 도서관에서 모두 없애고 유대인 배경을 가진 저자의 모든 인용문에 "유대인"이라는 주석을 붙일 것을 요구했는데, "유대인 저자는 학문적으로도 아무런 권위가 없기 때문"이라는 이유를 댔다.[18]

새로운 법적 방법론에 대한 요구는 자유주의 법사상의 "규범주의", 즉 규칙과 법률을 통해 사고하는 기존의 법적 사고방식도 공격했다.[19] 나치 법이론가들은 판사들이 실증주의적이고 형식적인 접근법을 핑계삼아 법적 책임을 회피하는 것을 허용하지 않았다. 159-160쪽에서 언급한 프로이센 행정항소법원에 대한 비판은 이 점을 잘 보여준다. 법규는 독일 민족과 나치 세계관을 토대로 한 전체 법질서와 분리된 개별 규칙으로 간주되어서는 안된다는 것이었다. 이러한 세계관, 즉 총통의 의지와 나치당 강령이 주요 법적 근거가 됐다. 그러나 이를 바탕으로 일관된 법이론을 구성하기란 어려웠고, 그 결과 법학 자체도 큰 혼란을 겪게 되었다. 판사들은 예전과 같은 독일 법전통 아래에서 기대했던 법학 이론적 지침을 제대로 제공받지 못하게 되었다.[20] 그 결과, 법의 불확실성이 더욱 커졌고, 프로이센 행정항소법원과 같은 일탈적 판례가 생길 여지가 커졌다. 1942년 법무부가 "'판사' 서한"을 시작한 것도 나치 이데올로기를 법으로 구현하는 것과 관련해 판사가 너무 지나치게 또는 너무 소극적으로 업무를 수행하는 일을 방지하고 보다 일관된 관행을 만들어낼 필요가 있었기 때문이었다.

다른 경우에는 억압에 대한 저항이 방법론적 문제로 이루어지기도 한다. 벨기에와 노르웨이의 독일 점령 통치에 대한 사법적 저항은 모두 국내 법원에서 국제법을 적용하는 문제였다. 이때 벨기에 법원은 국내법만 적용하겠다는 입장을, 노르웨이 법원은 국제법을 적용하고 이를 근거로 독일 점령당국의 조치에 대해 사법적 심사를 수행하겠다는 입장을 견지했다. 벨기에 법원의 입장은 제1차 세계대전 당시 독일 점령의 경험에 바탕을 둔 것이었다.

노르웨이 법원의 입장은 이전의 법학 이론이나 관행에 근거한 것이 아니었다. 오히려 점령 이후 독일과 사이의 민간 행정을 둘러싼 협상 과정에서 나온 결과로 볼 수 있다. 1940년 4월 침공 후 국왕과 정부는 오슬로를 떠나 점령되지 않은 지역에서 저항을 이어갔다. 점령지역에 유일하게 남은 국가기관이던 대법원은 민간 행정체제 구성 문제를 두고 독일군과 협상을 주도했다. 이후 노르웨이 전역이 점령되고 국왕과 정부가 영국으로 망명하자 독일군은 노르웨이 의회를 소집해 국왕을 폐위하고 새로운 정부를 구성할 것을 요구했다. 이 협상에서 대법원은 노르웨이 헌법에 따라 이는 불가능하며 독일의 요구는 국제법 위반이라는 입장을 밝혔다.

협상과정에서 노르웨이 나치당 지도자 비드쿤 퀴슬링은 자신을 노르웨이 정부수반으로 임명할 것을 요구했다. 협상은 좌초됐고, 9월 25일 제국판무관 테르보벤은 자신을 대신해 각 부처를 관리할 임시장관들을 임명했는데, 이들 중에는 퀴슬링 정당의 주요인사들이 포함돼 있었다. 이에 대해 노르웨이 대법원은 이 장관들이 어떠한 법적 근거도 갖지 못했다고 주장했다. 즉, 이들은 제국판무관의 위임에 따라 권한을 가졌기 때문에 국제법상 점령자의 권리만을 가졌을 뿐, 독립적인 정부 권한을 행사할 수 없다는 입장이었다. 또한 대법원은 노르웨이 법원에 접수된 사안들에 대해서는 해당 조치가 국제법의 범위 내에 있는지를 검토해야 한다는 입장을 취했다.[21]

사법심사에 대한 대법원의 이러한 입장은 아마도 퀴슬링과 그의 정권수립 계획에 대한 저항, 그리고 국왕과 망명정부를 대체하는 정부수립이 노르웨이법에 따르면 불법이라는 배경을 염두에 두고 이해해야 할 것이다. 대법원은 협상에서 이러한 입장을 분명히 밝혔고, 1940년 6월 15일 성명을 통해 이를 공개적으로 표명했다.[22] 국왕 역시 의회 의장에게 퇴위 요청을 받은 후에도 같은 입장을 취했다. 따라서 제국판무관이 수립한 정부의 조치를 사법적으로 심사하겠다는 대법원의 입장은 퀴슬링 행정부뿐만 아니라 독일을 향한 입장이기도 했다. 몇 달 후 공개적인 충돌이 발생했을 때에도 마찬가지였다. 당시 갈등의 핵심은 임시 법무부장관이 발표한 법원 조직 관련 조치였다. 결국 퀴슬링 정권의 합법성 문제는 국내 법원이 국제법을 적용해 판단해야 하는 사안으로 결정됐다.

데이비드 다이젠하우스는 남아프리카공화국 판사들이 정권의 억압적 조치를 지지하거나 제한하려고 할 때 법적 방법론에 대한 접근방식이 어떻게 결정적인 영향을 미쳤는지 보여준다. 그는 판사들이 자신의 정치적 또는 심리적 필요에 맞는 정당화 방식을 찾기 위해 특정한 해석방법을 선택했다는 이론을 거부한다. 다이젠하우스에 따르면, 판사들은 어려운 사건hard case, 즉 법적으로 명확한 답을 내리기 어려운 복잡한 사건에서 자신의 답변이 법에 따라 완전히 결정된다고 여긴다.[23] 이는 판사들이 스스로 최선이라고 생각하는 접근법으로 이끌 법적 논거를 자유롭게 선택할 수 있다고 느끼지 않음을 의미한다.

법의 결정성determinacy 여부, 즉 정해진 법규에 따라 명확한 판결을 내릴 수 있는지, 아니면 판사의 해석에 따라 판결이 달라질 수 있는지에 대한 판사들의 생각은 경험적 질문에 속한다. 법 내부의 관점에서 보더라도, 일부 쟁점이 입법자로부터 판사의 재량에 위임됐다고 보는 것이 충분히 가능하다. 실제로 스칸디나비아 법체계에서는 많은 사안에 대해 입법자와 판사 모두 이러한 개념을 받아들인다. 특정 사안이 판사의 재량에 따라 결정돼야 한다고 주장하는 데는 논리적이거나 규범적 모순이 없다. 즉, 특정 판사가 자신에게 이러한 재량권이 있다고 생각하는 정도는 결국 그 판사의 견해를 파악하는 문제라는 뜻이다. 나는 "판사들은 어려운 사건에서 자신이 내린 답이 법에 따라 완전히 결정된 것이라고 여긴다"라는 다이젠하우스의 주장이 잘못되었다고 본다. 내 경험으로 보자면, 많은 판사가 어려운 법리적 문제가 있는 사건에서 자신에게 재량이 있고 그 결론이 명확하게 정해져 있지 않다고 생각한다. 또한 많은 판사가 동료와 의견 일치를 보지 못했다 하더라도 그 때문에 동료들이 틀렸다고 생각하지 않으며, 단지 자신과 견해가 다르다고 믿는다.

남아프리카공화국의 사례에 대한 다이젠하우스의 뛰어난 분석은 법적 방법론의 정치적 차원을 훌륭하게 보여준다. 그는 이론과 실제 모두에서 다양한 방법론적 접근이 가능했고, 그 선택에 따라 정권을 지지할 것인가 아니면 반대할 것인가에 관한 결과가 달라졌음을 보여준다. 방법론의 선택이 규범적으로 미리 정해져 있지 않은 상황에서 판사가 어려운 사건에서 자신의 답변이 이미 완전히 결정됐다고 믿는 것은 허위의식에 불과하다. 이는 그들이 억압을 지지할지 말지를 결정하는 과정에서 충분한 정보에 입각해 더 깊이 숙고하는 일을 방해한다. 입법자가 법치주의와 충돌할 때 판사는 이 문제를 외면할 수 없다.

법적 추론은 특정 조건에서 정치적 문제가 된다. 특히 입법과 사법이 더 이상 두 개의 평행한 힘으로 균형을 유지하지 못할 때에 그렇다. 입법자가 법치주의와 맞설 때 법적 방법론은 정치적 문제가 된다. 입법자가 특정한 해석방법을 요구하고 법의 역할을 재정의하려 하게 한다는 의미에서도 그렇고, 판사 역시 어떤 방법론을 택할지 결정해야 한다는 의미에서도 그렇다. 미하엘 슈톨라이스Michael Stolleis는 독일 판사들이 나치 지도자들의 요구 앞에 무력했다고 말하는 것은 오해의 소지가 있다고 지적한다. 당시 그들이 억압적 입법자의 요구에 맞설 수단이 전혀 없었던 게 아니라 오히려 가족법, 노동법, 계약법 등 다양한 분야에서 법을 나치화하기 위해 원래 입법의도를 넘어 새로운 방법론을 사용했기 때문이다.[24] 판사가 어떤 해석방법을 택하느냐에 따라 정권의 탄압에 가담하는 정도가 달라진다. 그리고 법적 접근법이 어떤 결과를 가져올지는 구체적인 상황에 따라 달라진다. 따라서 어떤 방법이 법치주의에 유리하고 다른 방법은 폭정에 유리하다고 미리 단정할 수 없다.

로버트 M. 커버는 어려운 선택에 직면한 판사들이 스스로를 타인의 의지를 기계적으로 따르는 도구로 여길 때 안도감을 느끼는 경향이 있다고 지적한다. 법에 따라 이미 결과가 정해졌다고 생각하면 자신이 저지른 잔학행위에 대해 책임질 필요가 없다는 식으로 양심적인 판사의 부담을 덜어줄 수 있다. 또한 정치에 관여하는 것은 판사의 역할 밖이라는 기존의 개념을 굳이 문제삼지 않아도 된다. 반면 자유를 옹호하는 방향으로 법률을 해석할 수 있는 개방적 의사결정 모델은 판사가 자신의 개인적 의지의 발로로 판결을 내린 것인지, 아니면 그것이 법이기 때문에 그 요구를 따른 것인지에 대한 질문을 끊임없이 제기할 것이다.25 이러한 맥락에서 역설적으로, 양심이 있는 판사일수록 법적 방법론이 이미 정해져 있으며 판결은 거기에서 자연스럽게 도출된다고 여기게 될 위험이 존재한다. 특히 도덕적으로 민감한 사례를 다룰 때, 자신의 결정이 지닌 정치적 선택의 의미를 자각하는 것이 중요한 시점에서 오히려 그러한 자각을 회피하게 만든다.

많은 프랑스 법학자가 비시 정권의 반유대인 법에 취한 태도도 같은 맥락에서 이해할 수 있다. 프랑스 학자들은 이 법을 다루면서 통상적인 법학적 접근방식을 취했으며, 그에 따라 목적, 범주, 법체계의 다른 부분에 대한 관계를 논의했다. 반유대인법을 다른 법들과 마찬가지로 취급함으로써, 프랑스혁명 이후 발전해온 법 개념을 근본적으로 명백하게 위반한 법률들이 기존의 법체계에 통합됐다. 이러한 접근법은 냉정하고 객관적이며 중립적인 태도를 띠었기 때문에, 반유대인법이 법적 관점에서 정상적이고 전적으로 허용 가능한 것처럼 보이게 했다. 이 법이 실제로는 유대인의 헌법적 권리를 노골적으로 무시했음에도 말이다. 실제로 많은 학자가 이 법에 대해 보인 태도는 평소 그들이 글을 쓰면서 취했던 접근방식보다 더 중립적이었다. 평소에는 법의 도덕적 가치에 대한 비판과 판단에 자제를 보이지 않았던 반면, 이 법에 대해 보인 극히 절제된 태도는 자신들이 매우 정치적이라고 생각한 문제에 중립을 유지하려 한 결과로 볼 수 있다.26

따라서 권위주의적 상황에서 법적 방법론이 가지는 정치성을 인식하는 것만으로는 충분하지 않다. 판사에게는 자신이 어떤 선택을 할 수 있는지 알면서도 이를 무시하게 하는 강력한 이유들이 존재하기 때문이다. 따라서 판사는 법을 따르고 적용할 때 자신이 특정한 도덕적 선택을 한다는 사실을 자각해야 한다. 그는 정치적·도덕적 문제에서 순종 같은 것은 존재하지 않는다는 한나 아렌트의 말을 상기해야 한다. 모든 사람은 항상 선택을 하며, 권위주의적 통치자는 결국 그들이 지배하는 사람들의 선택에 힘입어 권력을 행사한다.

법이 명백히 극악무도하게 보이는 상황에서는 판사들이 법을 따르지 말아야 한다고 많은 사람이 주장해 왔다. 로널드 드워킨은 법질서가 부도덕한 경우 판사가 기존의 해석방법에서 벗어나야 한다고 권고한다.[27] 악한 법질서에서 헤라클레스의 상대역인 지그프리드는 가능하다면 법과 판례를 무시해야 하며, 그렇지 못하다면 가능한 모든 수단을 동원해 불의를 최소화하는 데 최선을 다해야 한다는 것이다. 《하버드 법률평론》의 편집진은 판사들에게 "미국이 표방한 가치에 대해 실제로 헌신하는 역할을 수행하기 위해 …… 강력하고 상징적인 시민 불복종 행동에 참여해야 한다. 특히 정부가 자칫 관심을 기울이지 않거나 자발적이며 유기적인 사회운동이 조직되기 어려운 분야에서 필요하다"라고 촉구한다.[28] 에르하르트 블랑켄부르크Erhard Blankenburg에 따르면, 독일은 동독 지도자 및 관료들에 대한 재판에서 공직자에게 인권에 기초한 시민불복종 의무가 있음을 확인했다. "시민불복종은 정부의 권리침해를 방어하는 시민의 권리일 뿐 아니라, 정부가 시민의 기본권을 침해할 경우 공직자에게도 하나의 의무가 된다."[29]

법이 명백히 도덕에 반하는 결과를 요구하는 상황에 직면했을 때, 이는 두 가지 경우로 나누어진다. 첫째, 이전부터 확립되어온 해석과 방법론을 이용해서 덜 억압적인 결과에 도달할 가능성이 있는 경우이다. 이는 특정 이론에서 "어려운 사건hard case"이거나 반영부penumbra, 半影部라고 부르는 것에 해당하는 사건일 수 있다. 남아프리카공화국 판사의 단순 사실 접근법 또는 커먼로적 접근법 같이 서로 다른 방법론을 적용할 가능성이 있을 수도 있다. 둘째, 그러한 방법론을 쓰더라도 강압적이지 않은 결과를 도출할 가능성이 전혀 없는 경우이다.

이를 어떻게 구분할지는 법에 대한 이론적·개념적 접근방식에 따라 달라진다. 무엇보다도 법의 결정성을 믿느냐, 비결정성을 믿느냐의 문제이기도 하다. 베를린 커피 사건을 보자. 이 사건에서 베를린 유대인들은 주민들에게 공지된 배급을 받으려 했다는 혐의로 벌금을 부과받았다.30 그러나 이를 무죄로 판결한 자이델 판사는 법치주의의 기본 원칙에 근거해 판단했다. 하지만 1940년 당시 독일에서는 이러한 법적 논리가 독일 내 유대인에게는 적용될 수 없다는 입장이 일관되게 유지되고 있었다. 제국 법무부장관은 해당 판결을 비판하며 자이델이 국가기관의 권위를 훼손했다고 비난했다. 특히 판사는 법에 따라 판단했다고 생각하더라도 "어떤 경우에도 식량사무소의 위신을 손상시키는 것을 피했어야 하며 그 결과 유대인이 정당하다는 입장에 놓이게 해서는 안 됐다"라는 이유에서였다.

여기서 우리는 판사가 당시 독일법의 범위 내에서 행동했는지 또는 독일법을 위반했는지를 판단할 필요가 없다. 어느 쪽이든 그의 결정이 도덕적으로 옳았고 유대인을 유죄로 판결하는 것이 도덕적으로 잘못된 일이라는 점은 분명하다. 만약 이러한 상황에서 판사가 일정한 재량권을 가졌거나 해석방법의 선택을 통해 도덕적으로 정당한 결론을 이끌어낼 수 있다면 그는 부당한 결과를 피하기 위해 그 재량을 행사해야 한다. 만약 법이 부도덕한 결과를 요구한다면, 그는 마땅히 그 법을 위반해야 한다.

그렇다면 판사가 법을 따르거나 적용하지 않는 것이 도덕적으로 정당화될 수 있는가? 판사의 역할은 자신의 가치관과 도덕적 신념이 아니라 법을 적용하는 것이라고 대부분의 사람들이 생각한다. 판사는 이를 어떻게 받아들여야 할까? 좀 더 자세히 살펴보면 법과 도덕이 분리됐다는 명제에서 법을 따라야 할 도덕적 의무가 존재한다는 결론은 나오지 않는다. 분리 명제는 단지 판사가 자신의 개인적 의견을 법이라고 주장해서는 안 된다는 것을 의미할 뿐이다. 법을 준수할 도덕적 의무가 존재하는지는 별도의 분석이 필요하다. 이 논점은 도덕적 요구가 법의 일부라고 보는 법이론에도 동일하게 적용된다. 예를 들어 낙태의 경우를 생각해보자. 라드브루흐, 풀러, 드워킨의 법이론을 따르는 사람은 특정 법질서 내에서 올바른 법해석에 따르면 낙태가 합법이라고 주장하면서도 동시에 자신의 도덕적 신념에 따라서는 낙태가 비도덕적이라고 주장할 수 있다. 이러한 사람에게 법을 지켜야 할 도덕적 의무가 있는지는 별도의 도덕적 관점에서 평가가 필요하다. 그 자체로 도덕에 반하거나 그러한 결과를 초래하는 규범은 법이 될 수 없다는 입장을 취하는 경우에만 법을 결정하는 문제와 법을 따라야 하는 도덕적 의무가 하나로 합쳐진다. 그러나 이런 경우는 현대 법이론에서 그리 흔하지 않다.

제프리 브랜드-발라드Jeffrey Brand-Ballard는 특정 사건에서 그 결과가 도덕에 반하는 경우, 판사가 반드시 법을 따라야 할 도덕적 의무가 있다고 할 만한 강력한 이유는 없다고 주장한다.[31] 일반적으로 시민들은 부도덕한 법이라도 지켜야 할 도덕적 의무가 있지만, 판사에게는 그 의무가 동일하게 적용되지 않는다는 주장이다. 법이 시민에게 도덕적으로 옳지 못한 행위를 하라거나 그러한 행위를 막는 일을 금지하는 경우는 거의 없기 때문이다. 하지만 판사는 다르다. 법을 적용하는 과정에서 직접적으로 타인에게 물리적 강제력을 행사하게 된다. 따라서 특정 행동이 도덕적으로 잘못된 경우 해를 끼치지 말아야 할 도덕적 의무가 법을 준수해야 할 의무를 무효로 한다는 것이다. 브랜드-발라드는 법 준수 의무가 판사의 직무선서나 판사라는 역할에서 비롯된다는 주장도 거부한다. 선서나 직무설명이 도덕적 해악을 정당화하는 근거가 될 수 없다. 타인의 권리에 대한 도덕적 의무는 단순히 당사자 사이의 약정으로 폐지할 수 없다.

브랜드-발라드의 주장은 여기까지는 설득력을 가진다. 그러나 문제는 어떤 기준으로 도덕적 해악을 결정할지, 그리고 이를 개별 판사에게 맡기는 것이 정당화될지이다. 법이 정당성을 갖는 한, 그는 결국 정당한 방식으로 제정된 규범에 구속된다. 그렇다면 자신의 도덕적 직관에 따라 이 규범을 무시하는 것을 어떻게 정당화할까? 이 문제를 해결하는 한 가지 방법은, 판사의 도덕적 평가가 항상 옳다고 전제하는 것이다. 실제로 정당하고 적법한 법조차도 때로는 도덕적으로 정당화하기 어려운 결과를 초래하는 경우가 있다. 만약 특정 상황이 그러한 경우에 해당한다면, 판사가 법을 따름으로써 도덕적 해악을 초래해야 할 강력한 도덕적 이유는 존재하지 않는다.

그러나 이 전제는 모든 상황에서 모든 판사에게 적용된다고 할 수 없으며 객관적인 측면에서 도덕적 문제를 어떻게 판단할 것인가 하는 어려운 문제를 회피한다. 도덕적 추론의 주관성을 고려할 때, 판사들은 무엇이 옳고 그른지에 대한 의견 일치를 볼 수 없으며, 어떤 판사들은 다른 동료의 판단을 실수라고 생각할 수도 있다. 한 판사가 특정 사건에서 법에 어긋나는 판결을 내리면 이는 다른 판사들이 다른 사건에서도 법을 따르지 않는 이유가 될 것이며, 실제로는 도덕적 신념에서 옳다고 생각해 내린 결정이 잘못된 판단이 될 수도 있다. 궁극적으로 이러한 흐름이 법을 준수함에 따라 도덕적 해악이 초래되는 경우보다 더 많은 피해를 야기할 수도 있다. 도덕적 해악을 피하기 위해 법을 따르지 않은 것이 법체계 전반에 미치는 영향을 살펴보면, 오히려 법을 준수해야 할 도덕적 의무가 판사에게 있다는 주장도 가능하다. 그러나 브랜드-발라드에 따르면, 법체계가 요구하는 것은 모든 경우에 법을 따르는 것이 아니라 대부분의 경우 법을 준수하는 것으로 충분하다. 법치주의는 판사들이 간혹 법에서 벗어나는 것만으로 붕괴하지 않는다. 실제로 이런 일은 모든 법질서에서 항상 발생한다.

따라서 판사는 어떤 경우에는 도덕적 해악을 방지하기 위해 법에서 벗어날 도덕적 의무가 있다. 다만 너무 과도하지 않은 범위 내여야 한다. 그 판단은 어떤 경우에는 옳고 어떤 경우에는 틀릴 수 있다. 그럼에도 모든 판사가 항상 법을 준수하면서 도덕적 해악을 고려하지 않는 편보다는 나은 결과를 가져올 것이다. 다만, 판사들이 신중하게 판단한 결과 법을 따르는 것이 도덕적 해악을 가져올 것이라고 확신하는 경우에만 그렇게 해야 할 것이다.

브랜드-발라드의 주장에는 여러 비판이 제기된다. 판사가 어떤 사건에서 법에서 벗어날지를 어떻게 결정할 것인가, 그 이탈이 어느 정도이면 과도한 것인가, 그리고 법에서 이탈할 경우 자신의 판결을 어떤 식으로 정당화해야 하는가 등과 관련해서이다. 이러한 논란에도 불구하고, 브랜드-발라드의 핵심 주장은 타당한 것으로 보인다. 즉, 법에서 일부 이탈한다고 해서 법체계 전체에 큰 해악을 끼치는 것은 아니며, 도덕적 해악을 방지하기 위해 법을 따르지 않는 것이 정당하다는 설득력 있는 논거를 제공한다는 점에서 그렇다. 만약 이러한 논리가 비교적 정의로운 법체계에서도 타당한 것으로 인정된다면, 권위주의적 체제에서는 더욱 그럴 것이다. 이러한 경우에도 판사는 개별 사건에 정의를 실현하는 것과 법을 준수해야 한다는 법치주의 일반원칙 사이에서 균형을 잡아야 한다. 그러나 정권의 법을 따르는 것이 오히려 더 큰 해악을 가져온다면 판사는 가능한 한 그 법에서 벗어나야 한다. 판사의 직무선서는 법을 지켜야 할 도덕적 의무를 부여하지 않는다. 그것은 마치 마피아 조직에서 부하로 충성하겠다고 서약하더라도 그 서약이 도덕적 의무를 낳지는 않는 것과 마찬가지이다.

판사는 억압적인 법률에 직면했을 때 도덕적 선택의 갈림길에 놓인다. 중요한 것은, 판사들에게 이러한 선택의 자유가 있으며 그에 따라 실천할 여지 또한 존재함을 인식하는 것이다. 법적 억압은 법 자체에서 비롯되지 않으며 판사가 그 법을 적용하고 집행한 결과일 뿐이다. 법은 저절로 집행되지 않는다. 결국, 판사 역시 법을 따를지 어길지를 선택하는 존재이다. 따라서 이 문제는 단순히 법이나 법이론의 문제가 아니라, 행위자로서 도덕적 책임을 져야 하는 인간의 선택과 행동의 문제이다.

이러한 선택에서 중립적 입장은 존재하지 않는다. 입법자 편에 서는 것이든, 법치주의와 확고히 뿌리 내린 법원칙을 따르는 것이든, 모두 도덕적·정치적 선택이다. 이 선택은 종종 법적 추론 문제처럼 보일 수 있지만, 본질적으로 정치적이며 도덕적인 문제이다. 따라서 판사는 정치적 행위로 보일 것을 두려워하여 입법자나 행정부에 맞서는 것을 주저해서는 안된다. 역사적 경험은 이러한 두려움이 종종 과장된 것임을 보여준다. 법질서를 중시하는 권위주의 정권은 판사를 탄압하는 데 극히 신중을 기하며, 사법적 저항에 대해 예상 외로 관대한 태도를 보인다. 판사는 종종 자신들이 생각하는 것보다 더 넓은 재량을 가지고 있으며, 통치자의 의지와 독립적으로 법을 해석·적용할 여지가 있다. 이 사실을 인식하는 것은 장래에 법을 통한 폭력을 방지하기 위해서도 중요하다.

법치주의를 위한 저항

경험에 따르면 법적 안전장치만으로는 권위주의 통치자의 억압적 조치를 막을 수 없다. 이러한 안전장치는 행정부뿐만 아니라 이를 집행해야 하는 법원조차도 종종 무시한다. 입법부와 행정부가 법적 수단을 이용해 법치주의를 위협할 때 판사는 어려운 선택의 기로에 놓이게 된다. 법을 따를 것인가, 아니면 법치주의라는 이념에 내재된 가치를 존중할 것인가. 대부분의 사람들처럼 판사들 역시 자신의 가치를 따르기보다는 복종을 선택하는 경우가 많다. 게다가 판사들도 사회 전체가 도덕적 공황 상태에 빠져들 때 도덕적 판단력을 상실하는 일반적인 경향에서 예외가 되기 어렵다. 여기에 더해 차악 선택의 문제도 쉽지 않은 딜레마를 낳는다. 제 아무리 도덕적 감각이 살아 있는 판사라 할지라도 자신이 그 조치를 집행함으로써 결국 더 가혹한 탄압수단의 등장을 막을 수 있을지를 판단하기란 어렵다.

판사가 악에 가담하는 것을 방지하고 오히려 이에 맞서 저항하도록 하기 위해서 어떤 안전장치를 마련해야 할까? 사법부가 법치주의와 정의의 기본원칙에서 벗어나지 않도록 도덕적 나침반을 제공하는 일이 가능할까? 많은 사람이 법이론과 올바른 법적 방법론에서 그 답을 찾으려 했다. 판사들이 올바른 방법론으로 법을 해석하고 적용한다면 억압적인 입법자에 맞서 법치주의의 이상을 지킬 수 있으리라는 생각에서였다. 그러나 경험에 따르면 이는 가능하지 않다. 그 해답은 법이론이나 법의 차원이 아닌 다른 곳에서 찾아야 한다. 판사는 그 역할의 본질상 법의 권위에 복종할 수밖에 없다. 법의 지나친 가혹함을 완화하면서도 동시에 정권을 향한 충성을 유지하고 그 균형을 맞추기 위해 노력하는 한, 판사들은 차악 선택이라는 파괴적 계산에 내몰릴 수밖에 없다. 이러한 함정을 피하기 위해, 판사들은 단순히 판사의 역할에 머무르는 것이 아니라 한나 아렌트가 독재 체제에서 개인적 책임에 관해 쓴 글에서 성찰한 바와 같이, 자신이 억압에 동의하는 한계가 어디까지인지를 스스로에게 물어봐야 한다.[32]

판사도 다른 사람들과 마찬가지로 부정적 상황에 지배당한다. 앞서 살펴본 바와 같이, 권위의 압력, 법을 따름으로써 유발되는 도덕적 무감각, 차악 선택이라는 파괴적 계산법 등은 판사가 평소 신봉하던 정의와 법치주의의 가치를 저버리게 만들 수 있다. 대다수의 판사가 겪는 이러한 일에서 자신을 보호하기 위해 판사는 주변 환경에서 오는 부정적 압력을 피하거나 극복하는 법을 배우고, 원치 않거나 필요하지 않은 영향력에 저항할 수 있어야 한다.

선한 사람이 어떻게 악하게 변하는지를 연구한 필립 짐바르도는 사람을 악하게 만드는 개인적·상황적 요인을 활용해 선한 행동을 하도록 유도할 수 있다고 제안한다.[33] 그는 사람들이 도덕적 경계심을 낮추게 만드는 "문지방 효과foot in the door" 전략을 도덕적 저항력을 강화하는 데도 활용할 수 있다고 제안한다. 판사들은 이 전략으로 권위주의적 조치를 조금씩 억제할 수 있다. 존 듀가드 교수는 아파르트헤이트 체제 아래의 판사들에게 보내는 편지에서 "아파르트헤이트 법질서의 틈새에는 여전히 인권을 증진시킬 여지가 남아 있습니다. 특히 법령 해석, 커먼로의 해석과 발전, 행정조치 및 하위 법령의 심사과정에서 그렇습니다"라고 썼다.[34] 그는 판사들에게 이 여지를 적극 활용하라고 호소하며 이것이 법을 곡해하는 것이 아니라 오히려 판사로서 직무선서에 충실한 행동이라고 주장했다. 이러한 방식으로 판사들은 저항이 가능하다는 것을 직접 경험하고 배우며, 법체계가 정권의 정당성 유지수단으로 활용되는 한 자신들에게 일정한 독립성이 남아 있다는 사실을 깨닫게 될 수 있다. 판사들은 법적 추론을 정권의 정책에 정당성을 부여하기 위해 사용하는 대신, 오히려 정권이 법을 악용하는데 더 큰 어려움을 겪도록 해야 한다.

진 샤프는 권위주의 정권의 권력기반을 일정 기간 제한하거나 견제할 수 있다면, 처음에는 혼란과 불확실성이 초래될 수 있지만 궁극적으로는 권력의 약화가 뒤따를 가능성이 높다고 지적한다.[35] 나치 통치자들이 권력장악에 더욱 자신감을 갖게 된 계기는 1933년 3월과 4월에 유대인 판사와 변호사 숙청을 놓고 법원이 어떤 항의도 하지 않은 것일 가능성이 높다. 그 당시 더 많은 법원이 프로이센 행정항소법원을 따라 특권국가를 축소하려고 노력했다면 보안경찰과 친위대가 무제한의 권한을 가지는 식으로 이중국가가 발전하지는 못했을 것이다.

이 사례는 또한 다양한 반대세력 간의 협력이 얼마나 중요한지를 보여준다. 1933년부터 1936년까지 나치 친위대와 비밀경찰의 무제한적 권력에 저항한 것은 프로이센 행정항소법원만이 아니었다. 내무부와 법무부도 비밀경찰의 활동과 강제수용소 운영이 행정법원의 심사를 받아야 한다고 주장하며 저항했다. 이 과정에서 프로이센 항소법원만 두 부처의 노선을 지지하고 게슈타포에 맞섰다. 두 부처의 저항이 패배하고 게슈타포가 정치투쟁에서 승리했을 때 법원도 더 이상 저항할 수 없게 되었다. 법원의 반대는 분명히 국가 내 다른 저항세력에 의해 뒷받침될 때 더 큰 힘을 발휘할 수 있음을 보여준다. 만약 더 많은 법원이 프로이센 행정항소법원의 노선을 따랐다면 부처들의 정치투쟁 결과 역시 달라졌을 가능성이 높다.

정신장애인 안락사 프로그램에 대한 사법부의 저항이 거의 없었던 이유도 추측해볼 수 있다. 로타 크라이지히 판사가 법무부장관 면담에 앞서 먼저 폰 도나니를 만나 이야기를 나눴다. 그는 비슷한 상황에서 후견권을 행사하는 판사가 독일에 1,400명이 넘는데 법무부에 자신과 같은 항의가 많지 않은지 물었다. 이에 대해 도나니는 "아니요, 안타깝게도 당신이 유일합니다"라고 대답했다.[36] 다시 말해 법무부 관료들은 안락사 프로그램에 반대했음에도 법원으로부터 어떠한 지지도 받지 못했다는 뜻이다.

나치 독일이 전체주의로 전락하는 것을 막을 힘이 사법부에 있었을지도 모른다.[37] 나치의 인종 이데올로기가 법으로 전환되는 과정에서 사법부의 역할은 더욱 결정적이었다. 앞서 살펴본 바와 같이, 나치당의 반유대인 정책에 법적 효력을 부여한 것은 거의 법원의 판결이었다. 이러한 현상은 독일뿐 아니라 프랑스도 마찬가지였다. 두 나라에서 판사들은 유대인 동료들이 법원에서 쫓겨나는 모습을 보기만 하고 공개적으로 항의하지 않았다. 반면 벨기에 판사들은 유대인 동료의 숙청에 항의했으며, 법원을 통해 인종차별을 법으로 확립하려는 시도에 가담하지 않았다. 오히려 독일의 반유대인 법령을 벨기에 법체계에 통합하는 것을 저지하기 위해 자신들이 가진 법논리를 활용했다.38

이러한 사례는 정권에 맞서 저항하고, 정권의 억압적 수단에 대한 정당성과 합법성을 거부하는 것이 전략적으로 중요한 순간이 있음을 인식하는 계기가 될 수 있다. 권위주의 정권이 항상 강력하지는 않으며, 어떤 상황에서는 특히 취약한 모습을 보인다. 그때 정권의 요구를 거부하는 행위는 평소보다 더 큰 영향을 미칠 수 있다. 이를 보여주는 예로 1944년 9월 뒤셀도르프에서 혼혈 유대인 및 독일인과 결혼한 유대인들을 체포해 총살하라는 명령을 거부한 나치 친위대 부사령관 노스케Nosske 중령의 사례를 들 수 있다. 노스케는 1934년 법무과정 시험에 합격해 1934년 할레의 법무부에 들어갔고, 1935년 게슈타포로 전속됐다. 그는 1941년 6월부터 1942년 3월까지 특수임무부대 소속 12 출동부대를 지휘하며 동부 지역 유대인들에 대한 총통의 학살 명령을 수행했다.39 그는 독일에서 복무할 때 뒤셀도르프에서 유대인을 사살하라는 명령을 받았지만, 인종법에 따라 많은 유대인이 독일인으로 간주된다는 이유로 거부했다. 그 명령은 취소됐고 그는 약간의 "불이익"을 겪었지만 특별한 제재를 받지 않았다. 베를린의 독일인과 결혼한 유대인들을 추방하려던 괴벨스의 시도가 체포된 유대인들의 독일인 아내들이 벌인 대중 시위로 좌절된 직후였다. 그 후 나치 정권은 다시는 기혼 유대인과 "반半유대인"을 추방하려 하지 않았다.40 만약 베를린에서 대중 시위가 없었다면, 과연 노스케의 명령 거부가 유대인들에게나 본인에게 긍정적 결과로 이어졌을지 우리는 확신할 수 없다. 또한 노스케가 뒤셀도르프에서 명령을 집행했다면 독일 안에 있던 나머지 유대인 기혼자들의 운명이 어떻게 됐을지도 우려할 만한 부분이다.

짐바르도가 지적했듯이 사회적 본보기는 이러한 맥락에서 중요한 역할을 한다. 남아프리카공화국의 "커먼로" 판사들은 비록 정권을 저지하는 데 성공하지 못했지만 그때나 지금이나 대안적 법해석이 가능함을 보여줬다. 그들은 억압받는 사람들과 정치적 범죄로 재판에 회부된 사람들에게 희망의 빛을 비춰주었다. 법원 관할 아래에 있는 사람들을 살해하지 말라는 명령을 내린 로타 크라이지히 판사의 용기 있는 행동이 나치의 안락사 프로그램을 종식시키는 데 기여했을 수도 있고, 그렇지 않았을 수도 있다. 그러나 그는 1930년대 말 전체주의 독일과 같은 상황에서도 판사가 그런 행동을 할 수 있다는 것을 보여주었으며, 나아가 전체주의 정부라 하더라도 판사의 저항을 기존의 공포정치 방식으로 쉽게 탄압할 수 없다는 점을 보여줌으로써 미래 세대의 판사들에게 영감을 준 사실만큼은 분명하다.

오늘날에는 국제재판소들 역시 권위주의적 입법부나 행정부와 맞서게 된 판사들에게 본보기가 될 수 있다. 지난 수십 년 동안 국제법 분야에서 주목할 만한 요소는, 국제재판소의 설립과 이들이 만들어낸 판례를 바탕으로 법해석이 발전했다는 점이다. 국제사법기관들은 판사들에게 덜 억압적 방식으로 법을 적용할 수 있는 근거와 모델을 찾는 데 영감을 주고 그들의 행동에 정당성을 부여해줄 수 있다.

짐바르도의 "원치 않는 압력에 저항하는 10단계 방법"[41]을 바탕으로 권위주의적 조치를 적용해야 하는 판사가 고려해야 할 몇 가지 요소를 짚어볼 수 있다. 진 샤프가 말했듯이 권위주의 정권은 일시적인 현상에 불과한 경우가 많으며, 취약하고 비교적 짧은 시간 내에 무너질 수 있다.[42] 본 연구의 대상이 된 모든 정권은 결국 종말을 맞았으며, 소련의 지배 아래에 놓였던 중부 및 동유럽의 정권 또한 마찬가지였다. 따라서 판사들은 현재의 시점에만 머무르지 말고 자신의 시간적 관점을 균형 있게 유지하며 과거와 다가올 미래 모두를 고려하면서 자신의 위치를 설정할 필요가 있다. 현재 시행되는 법을 적용할 때에 이러한 법의 적용이 이전 시대의 정의와 법치주의라는 이상과 어떻게 부합하는지 스스로에게 질문해야 한다.

또한 앞으로 다가올 시대와 독재 통치가 종식되는 미래가 자신들의 조치들을 어떻게 받아들일지도 고려해야 한다. 일부 경우에는, 정권 교체의 가능성이 높아지면 반정부 판결 비율이 증가하기도 한다. 이런 상황이 되면 판사들은 정부와 거리를 두면서 자신의 입지를 확보하고자 할 수 있다. 1983년과 1989년 아르헨티나에서 정권 붕괴의 가능성이 높아지자 판사들이 저항했던 사례가 그 예시이다.[43] 독일 점령기 브라질, 남아프리카공화국, 네덜란드 사법부에서도 유사한 경험을 볼 수 있다. 이러한 전략적 이탈은 판사들이 단순히 정권에 대한 충성과 그 방침을 따르는 것에 매몰되지 않고, 자신의 역할을 수행하면서 정권을 넘어서는 관점을 가질 수 있음을 보여준다. 문제는 권위주의 정책의 종말을 모든 사람들이 분명하게 알아차리기 전에 판사가 먼저 고려할 수 있는가 하는 점이다. 그렇기 때문에 판사들이 권위주의 체제에서 악을 방조한 탓에 이후 진실·화해위원회와 대중에게 비난받았던 역사적 경험을 지속적으로 상기하는 일이 중요하다. 점령기 벨기에의 판사들, 남아프리카공화국의 커먼로 판사들처럼 정권에 저항했던 판사들의 이야기를 전하는 것 역시 그와 같은 저항이 가능함을 보여주는 의미있는 작업이다.

특히 판사는 안보를 위해 개인의 자유를 희생하는 것을 경계해야 한다. 이러한 희생은 언제나 실질적 손실을 초래하며, 결국 권위주의적 조치의 실행을 낳는다. 반면 안보라는 개념은 종종 실체가 없는 환상에 그친다. 그저 실현되지 않는 위협이거나, 예측하거나 통제하기 어려운 방식으로 실현될 미래의 목표일 수 있다. 벨마시Belmarsh 사건*

에서 빙엄Bingham 경은 판결문에서 테러에 대한 예방조치는 상황의 긴급성이 요구하는 범위를 넘어서는 안 되며, 이에 대한 증명은 국가의 책임이라고 강조했다.44 법원의 역할은 비례성의 원칙을 준수하도록 보장하는 데 있다. 판사는 "사법심사가 없었다면 더 가혹한 수단이 사용됐을 가능성이 있는가?"라고 묻는 대신 "그 가혹한 수단이 필요하고, 그 수단이 효과적이며, 그보다 덜 효과적인 수단이 없음을 정부가 증명했는가?"라고 질문해야 한다.

물론 어떤 조치가 정의로운지 아닌지를 구별하는 것은 어려운 일이다. 실정법은 이에 대한 답을 제시하지 않는데, 이 문제가 바로 실정법이 가지는 한계와 관계있기 때문이다. 판사는 자신의 도덕적 직관과 양심에 따라 그 한계를 설정해야 한다. 이 과정에서 그는 법치주의 이념과 원칙, 기본권보호, 행위와 처벌 사이에 최소한의 비례성 요구 원칙 같은 법이론과 원칙에서 도움을 받을 수 있다. 판사들에 대한 국제재판소의 형사 판례나, 회복적 정의를 다룬 국내 사례에 참고할 요소가 있을 것이다. 물론 이러한 사례를 다룬 판례는 많지 않으며, 여기에서 도출할 수 있는 사법적 기준은 매우 기본적인 수준에 그친다. 그럼에도 판사가 집행할 수 있는 법에는 한계가 존재하며 이를 넘어서면 정권이 바뀐 후에 들어서는 후속 법정에서 형사처벌을 받을 위험에 처할 수 있음을 알려준다. 이 점을 깨닫는 순간, 판사들은 자신들이 선고하는 판결이 단순히 실정법과 입법자의 책임으로 돌릴 수 있는 것

---

* 9·11테러 이후 영국 정부는 「반테러법Anti-terrorism, Crime and Security Act」(2001)을 제정해 외국인 테러용의자를 법적 절차 없이 무기한 구금할 수 있도록 허용했는데 이렇게 구금된 이들은 벨마시 감옥에 수감되었고, 정식재판도 구금사유도 명확히 고지받지 못했다. 이 법이 외국인들에게만 적용되었기에 피구금자들은 기본권침해와 차별을 이유로 소송을 제기했고 2004년 영국 상원은 8:1로 이 조치가 인권침해에 해당한다고 판결했다. 이후 영국은 2005년에 새로운 「반테러법」을 제정했다.

이 아니라, 결국 본인의 개인적 책임으로 돌아옴을 알게 될 것이다.

판사가 자신이 한 일에 도덕적으로, 경우에 따라서는 심지어 법적으로도 책임이 있음을 깨닫는 것이 매우 중요하다. 판사가 판결과 그 결과에 대해 개인적 책임을 수용하는 첫 단계이기 때문이다. 사람을 감옥에 가두는 것은 법이 아니라 판사이다. 법의 권위에 복종하는 것은 항상 그 권위에 동의함을 수반한다. 사람들은 자신의 책임을 회피하며 다른 사람, 집단이나 기관으로 책임을 떠넘기는 경우 결과적으로 반사회적 집단에 더 쉽게 동조한다. 판사 역시 마찬가지이다. 법실증주의에 대한 비판이 이러한 책임회피의 한 예로, 법실증주의나 법 자체를 탓함으로써 판사 개인의 책임을 희석시킨다. 독일 판사들은 이런 식으로 자신들이 저지른 만행에 대한 책임을 법적용의 책임을 진 판사 개인이 아니라 법 제정의 책임자, 즉 히틀러와 그의 측근에게 떠넘겼다. 이런 식으로 판사들은 자신을 나치 통치의 가해자가 아닌 나치 통치의 피해자로 묘사했다. 법실증주의는 자신들이 저지른 일을 후회하는 판사들의 욕구를 충족시켜주면서 자신들이 내린 판결과 법치주의에 헌신하는 판사라는 자아상 사이의 불일치를 해소해 주었다.

저항하기 위해서는, 판사가 법을 적용할 때 자신에게 선택의 여지가 있음을 스스로 상기하는 것이 중요하다. 어떤 법률이 정의, 평등 또는 법치주의의 기본개념을 명백히 위협할 때, 판사는 반드시 균형을 잡아야 한다. 역사적 사례에서 보듯이, 판사들은 정권에 유리한 방향으로 균형을 맞추고 법을 왜곡해 억압과 박해를 정당화한 경우가 많았다. 그러나 자유를 지향하는 방식으로 법을 해석할 수도 있다. 판사가 이러한 균형을 어떻게 맞추느냐는 결국 판사 개인의 책임이며, 이것이 바로 사법부 독립의 핵심요소이다. 사법부의 독립이 최소한이라도 유지되는 한 판사는 자신의 책임을 다른 곳으로 전가할 수 없다.

모든 법률가는 법적 질문을 어떻게 구성하느냐에 따라 그 결과가 거의 결정된다는 것을 안다. 이것이 바로 교수들이 법학을 배우는 학생들에게 가르치는 내용이다. 법적 문제를 해결할 때 중요한 지점은 적절한 "법적" 방식으로 문제를 구성하는 것이다. 경험 많은 법률가들은 질문을 구성하는 방법이 하나가 아니라는 점을 잘 안다. 올리버 웬델 홈즈 대법관이 캐리 벅Buck v. Bell 사건에서 "공익을 위해서라면 최고의 시민들에게도 목숨을 요구할 수 있을 때, 국가가 국가의 힘을 약화시키는 사람들에게 더 작은 희생을 요구할 수 있지 않은가?"라는 식으로 질문을 구성했을 때, 강제불임 조치의 합법성 여부에 대한 답은 이미 정해진 셈이었다. 마찬가지로, 오늘날 우리가 "국가가 인종을 정화하거나 사회정책을 추진하기 위해 동의하지 않는 개인의 생식능력을 파괴할 수 있는가?"라고 묻는다면, 그 답 역시 이미 주어진 셈이다.

암스테르담Amsterdam과 브루너Bruner는 입법자와 법원이 특정한 이야기storytelling에 의존하며, 그러한 이야기 구조, 즉 서사narrative가 법의 실천에서 필수적이라는 점을 강조했다. 법은 시대와 상황이 변해도 가치판단의 연속성을 유지하는 수단이다. 법적 갈등은 기존의 합법적 상태가 어떤 인간의 행위로 복잡해지거나 도전받을 때 발생한다.[45] 이를 바로잡는 것이 법원과 판사의 역할이다. 우리가 연구한 권위주의 정권들은 서사의 효과를 명백하게 보여준다. 나치 독일에서는 유대인과 기타 체제전복 세력들이 독일 민족의 영혼과 생존을 위협했고, 남아프리카공화국에서는 인종 간 구분이라는 자연질서를 공산주의자와 아프리카 민족회의ANC가 위협했다. 덴마크 점령기에는 정부의 생존과 독일에 대한 협력 정책이 정치적 반대파와 독일 점령에 대한 "무분별한" 저항으로 위협받았다. 이러한 서사구조는 법적 문제를 사회와 그 제도의 생존을 위한 투쟁으로 인식하도록 만들었으며, 그 결과 억압적 수단이 당면한 대의를 위해 불가피하고 정당한 것으로 받아들여졌다. 심지어 정권이 내세우는 대의에 회의적이었던 사람들조차 자신들이 참여하지 않을 경우 정권을 지키겠다는 체제수호자들이 더 가혹한 수단을 들고 나설 것이라고 믿게 됐다.

암스테르담과 브루너는 "논쟁적 사건들은 대안적인 서사로 구성될 수 있으며, 그 중 하나를 선택하는 것은 관점, 상황, 해석 틀에 따라 달라질 수 있다"라고 강조한다.46 이는 라술 사건에서 잘 나타난다. 이 사건은 해외에서 체포돼 쿠바의 관타나모만 해군기지에 수감된 외국인들에 대한 구금조치의 합법성을 미국 법원이 심사할 권한이 있는지에 관한 것이다.47 스티븐스 대법관은 인신보호영장에 관한 서사를 커먼로의 전통을 중심으로 구성했다. "기지에서 구금된 사람들에게 인신보호법을 적용하는 것은 인신보호청구권이 역사적으로 영향을 미쳤던 범위와 일치한다. 커먼로에 따르면, 법원은 자국 영토에서 구금된 외국인뿐만 아니라 이른바 '관할면제구역'*이나 왕실의 지배하에 있는 다른 모든 영토에서도 인신보호영장 관할권을 행사했다. 1759년에 맨스필드 경이 썼듯이, 영토가 '왕국의 일부가 아닐지라도', 그 영토가 '왕의 통제 아래에 있는 한' 인신보호영장을 발부할 법원의 권한에 '의심의 여지가 없었다.'" 이 서사구조 아래에서, 선례구속 원칙의 문제는 제2차 세계대전과 관련된 사건**을 다룬 판례가 청구인들의 인신보호영장 청구를 심사할 연방법원의 권한을 제한하는 "법적 장애물"이 되는가 하는 단순한 쟁점으로 귀결되었다.

스칼리아 대법관은 다른 법적 서사를 제시했다. 그는 다수의견을 "새로운 판결일 뿐만 아니라, 반세기 동안 유지되어 온 선례를 정면으

---

* 커먼로에서 법원의 관할권으로부터 면제된 특정 지역, 예를 들어 군사기지나 왕실의 통제를 받는 곳을 뜻한다.
** 제2차 세계대전 후 독일에서 체포된 독일인 포로들이 미국 법원에 인신보호영장을 청구할 권리가 있는지를 다룬 아이젠트라거(Johnson v. Eisentrager) 사건으로, 이 사건에서 연방대법원은 미국 영토 밖에서 구금된 외국인에게는 관할권이 없다고 판결했다.

로 뒤집은 것"이라고 보았다. 그는 전시 상황에서 질서유지 필요성을 강조하며 다음과 같이 말했다. "법률해석에서 선례구속 원칙을 벗어나는 것은 극히 이례적이다. 더욱이 그러한 이탈이 국가의 전쟁수행에 잠재적으로 해로운 영향을 미칠 수 있다면 고려조차 하지 말아야 한다." 덧붙여 그는 "최고 사령관과 그의 부하들은 관타나모만에 전투원을 구금한다고 해서 그것이 국내 법원이 전쟁과 관련된 군사문제에 복잡하게 개입하는 결과를 초래하리라고는 전혀 예상하지 못했을 것이다. 의회는 현재 회기중에 있다. 만약 의회가 연방대법원이 기존에 해석했던 연방판사의 인신보호 관할권을 이전과 다르게 변경하고자 했다면, 그렇게 할 수 있었다. 다수의견처럼 서투르기만 하고 법문의 취지에 반하는 재해석을 통해서 전시포로들에게 국내 수감자보다 더 강력한 인신보호권을 부여하는 방식이 아니라, 법률을 명확하게 개정하는 방법으로 그렇게 해야 했다."

두 가지 다른 서사, 즉 인신보호영장 권한의 지속적 확대를 강조하는 서사와 전쟁 수행 시 선례와 법적 확실성을 중시해야 한다는 서사는 완전히 다른 결론으로 이어진다. 판사는 개인의 권리와 자유를 침해하는 법에 직면했을 때 법적 쟁점을 어떻게 구성하고 서사를 어떻게 만들어내느냐가 판결에 미치는 영향을 깊이 인식해야 한다. 이 말이 곧 전시 상황에서도 시민의 자유가 평상시와 동일하게 우선순위를 차지해야 한다거나 법원이 국가가 주장하는 필요성 논리를 무시해야 한다는 의미는 아니다. 그러나 판사가 시민적 자유를 어떤 수준까지 제한하는 것이 불가피한지를 신중히 평가하려면, 시민적 자유가 반드시 법적 서사구조 안에 포함되어야만 한다.

평화로운 시기의 미국 대법원이라는 온화한 환경에서는 대안적 서사를 구성하기가 쉽다. 그러나 나치 독일, 라틴아메리카의 군사독재, 남아프리카의 아파르트헤이트 정권과 같은 가혹한 독재체제 아래에서는 상황이 다르다. 이러한 체제는 사람들에게 공포와 두려움을 심어 준다. 특히 그렇기 때문에, 사법부의 저항이 어느 정도 가능했는지, 그리고 그것을 정권이 어느 정도 용인했는지를 조명하는 것이 중요하다. 반대의견을 낸 판사들은 사적으로나 공적으로 비판과 모욕을 당했고, 때로는 좌천되기도 했다. 그럼에도 나치 독일에서조차도 정권에 순응하는 판결을 하지 않았다는 이유로 형사처벌되거나 비밀경찰에 넘겨진 판사는 알려진 바 없다. 크라이지히는 퇴직 후 그의 생태농장에서 평온한 삶을 보냈고, 베를린 커피 사건의 자이델 박사는 당에서 쫓겨나 민사법원으로 전보됐을 뿐이다. 남아프리카공화국의 커먼로 판사들은 반대의견을 냈음에도 그 자리를 지켰다. 독일 점령 아래의 벨기에 판사들에게도 정권은 전반적으로 가혹한 조치를 취하지 않았다. 저항하는 판사들에 대한 이야기가 적은 것은, 판사들의 저항이 거의 없었기 때문만이 아니다. 많은 권위주의 정권이 정권에 반대하는 판사들을 굳이 순교자로 만들지 않았기 때문이다.

역자 후기

이 책은 판사에 관한 이야기입니다. 법치주의의 핵심가치—자유, 평등, 정의—가 위협받을 때, 판사는 어떤 고민에 빠지며, 결국 어떤 선택을 하게 되는지, 사회는 그것을 어떻게 평가할 수 있고 판사들은 자신들의 판단에 어떤 책임을 져야 하는지를 묻고 답하는 이야기입니다.

저자 한스 페터 그라베르 교수는 노르웨이의 저명한 법학자로 오슬로대학교에서 법사회학, 행정법, 법수사학 등 다양한 영역에 걸쳐 법치주의와 사법부의 관계 및 역할을 연구해왔습니다. 저자는 이 책에서 법치주의와 민주주의의 관계를 정립하고 이를 실현해온 서구의 법전통을 가진 나라들에서 사법부가 어떻게 억압적 정권의 법치주의 공격에 가담하고 심지어 인권유린을 정당화하게 됐는지를 먼저 분석합니다. 저자의 시선은 나치의 인종말살 정책에 적극 협력한 독일의 판사들, 아파르트헤이트 체제의 남아프리카공화국 판사들, 남미 군사독재 정권에 협조한 판사들로 나아갑니다. 그다음에 판사들이 왜 그런 판단을 하게 되는지를 여러 측면에서 살펴보고, 판사에게 형사책임을 물을 수 있는지, 있다면 그 기준과 이론적 근거를 어떻게 마련해야 하는지를 탐색합니다. 특히 저자는 판사의 법치주의 이탈을 설명하는 이론으로 지목되어 온 법실증주의를 비판적으로 검토하면서 문제는 특정한 법이론이나 분석방법이 아니라는 점을 날카롭게 지적합니다.

　법치주의란, 자의적인 판단이 아니라 법에 따라 권력을 행사해야 한다는 원칙입니다. 근대 민주주의 제도는 권력이 국민에게 귀속되며, 입법부, 행정부, 사법부는 국민으로부터 부분적으로 위임받은 권력을 상호 견제와 균형 속에서 행사해야 한다는 믿음 위에 서 있습니다. 그 실현은 법률에 기초하여 적법절차, 비례성, 예측 가능성, 법적안정성 등의 원리에 따라 이루어져야 합니다. 그러나 법치주의는 이러한 형식과 절차의 문제에 그치지 않습니다. 법은 공동체 안에서 보편적으로 수용된 인권과 정의의 가치를 담고 있어야 하며, 그래야 비로소 정당성을 가질 수 있습니다.

　사법부는 국가 권력구조에서 독특한 위치에 있습니다. 판사는 선거제도와 가장 멀리 떨어진 곳에서 모든 분쟁과 갈등의 최종 해결을 담당하는 책임을 지고 있으며, 강력한 신분보장을 받습니다. 판사가 현실의 권력에서 독립해 민주주의, 인권, 법치주의의 가치를 지키는 역할을 수행하게 하기 위해서입니다. 그러나 만일 판사가 단지 입법자에 의해 제정됐다는 이유만으로 헌법 질서를 위반하고 자유와 평등을 짓밟는 법을 아무렇지 않게 집행한다면, 그 결과는 참담할 수밖에 없습니다. 이 책은 나치 독일이 저지른 인종말살의 참극, 사람을 피부색으로 분리해 차별한 아파르트헤이트 체제가 판사들의 협조 없이는 유지될 수 없었음을 생생히 보여줍니다.

　이런 일들을 우리 사회와 멀리 떨어진 곳에서 일어난 과거의 극단적 사례로만 치부할 수 있을까요? 한국 현대사에도 사법의 이름으로 저질러진 무수한 불의가 존재합니다. 우리 사법부 역시 권위주의 독재 체제의 적법성과 정당성을 인정하고 비상입법기구가 만들어낸 법률을 적용하는 데 주저하지 않았습니다. 단지 법률이라는 이유만으로 그 법을 충실히 적용하는 것이 판사의 역할이라는 태도로 일관했습니다.

그뿐만이 아닙니다. 경찰과 검찰, 정보기관이 조작한 사건에 합리적 의심의 여지가 충분하고 피고인들이 고문을 당했다고 호소해도 그에 눈감은 채 수사 결과를 판결로 바꾸어준 수많은 사례가 있습니다.

1974년의 인민혁명당 재건위 사건이 대표적입니다. 박정희 정권은 공산주의자들이 배후에 있다면서 무고한 이들을 체포·고문했습니다. 대법원은 그중 8명에게 사형을 확정했으며, 판결 선고 후 18시간 만에 사형 집행이 이루어졌습니다. 피해자들이 고문받았다는 흔적이 역력했고 수사와 재판절차에 많은 문제가 있었는데도 대법원은 무시했습니다. '사법살인'이라고도 불리는 이 사건은 사법사상 가장 치욕적인 사건의 하나였습니다. 2007년에서야 재심절차를 통해 피해자들이 무죄판결을 받았지만 이것을 두고 정의의 실현이나 사법부의 자기반성이라고 하기는 어렵습니다. 인혁당 사건만이 아닙니다. 남북 분단이라는 현실에서 공포로 자리 잡은 반공이데올로기를 배경으로, 나치 정권의 유대인이 한국 현대사에서는 '빨갱이'라는 이름으로 대체됐습니다. 이승만 정권의 눈에 거슬려 사형을 당한 진보당 조봉암 사건, 1970~1980년대의 조작간첩 사건들, 유신체제의 긴급조치 위반 사건들, 「국가보안법」이나 「집회 및 시위에 관한 법률」로 처벌된 수많은 형사사건은 일일이 언급하기도 어려울 정도입니다. 지금의 헌법 체제가 수립된 후에 발생한 강기훈 유서대필 조작사건은 공안 검찰과 사법부가 협력하지 않았다면 일어날 수 없었던 사건입니다.

이 문제가 단지 총과 칼의 위협 때문일 것이라는 생각은 잘못입니다. 저자가 지적하듯이, 전쟁 위협이나 독재정권이 존재하지 않는 자유민주주의 사회에서도 판사가 법치주의의 가치에서 이탈하는 일은 가능하고, 실제로도 그렇습니다. 저자는 미국과 영국 사법부의 어두운 사례를 통해 그 점을 경고합니다.

1987년 이후 민주화 과정에서 우리 사회는 사법부가 과거에 보인 행태에 대한 구조적 원인을 직시하고 제도적으로 바로잡으려는 노력을 소홀히 했고, 사법부는 과거에 대한 진지한 반성 없이 국민에게 군림하는 자세로 일관해왔습니다. 그 결과가 지난 박근혜 정부에서 벌어진 소위 '사법농단' 사태입니다. 양승태 당시 대법원장은 상고법원 제도를 도입하기 위해 법원행정처를 앞세워 행정부, 입법부에 불법적 로비를 하고 이에 비판적인 의견을 가진 판사를 주요 보직에서 배제하고 법조계 인사들을 불법 사찰했습니다. 심지어 목표를 달성하기 위해 청와대를 비롯한 행정부와 '재판거래'까지도 서슴지 않았다는 의혹을 뒷받침하는 많은 증거가 발견되기도 했습니다. 주권자에게 충성해야 할 법원이 주권자의 위에 올라서서 온갖 불법적인 일을 서슴지 않았음에도, 법원은 주요 관계자들에게 무죄를 선고했을 뿐 아니라 본질적 반성과 제도 개혁 없이 흐지부지 사건을 마무리한 채 오늘에 이르고 있습니다.

2024년 12월 3일 불법 계엄선포를 통한 현직 대통령의 내란 시도를 국민의 저항에 힘입은 국회의 신속한 계엄해제 요구 의결로 막아내고 결국 헌법재판소의 결정으로 대통령직에서 파면하기까지, 국민은 헌법과 민주주의를 지킬 임무를 부여받은 사법부와 헌법재판소가 마치 헌법의 주인인 것처럼 행세하면서 혹여라도 헌법의 정신을 배반하고 민주주의를 나락으로 빠뜨리지나 않을까 노심초사하며 잠 못 이루는 나날을 보내야 했습니다.

판사들이 부당한 권력에 굴복하지 않고, 스스로에게 도취하지도 않고, 오로지 인권과 정의의 편에 설 수 있도록 하려면 어떻게 해야 할까요? 하나의 해결책으로 해답을 얻을 수는 없습니다. 저자 역시 역사 속에서 판사에 대한 형사처벌의 중요성과 가능성을 진지하게 탐구해 보지만, 손쉬운 답이 없음을 인정하는 것 같습니다. 결국 판사 개인이 내리는 도덕적 선택의 문제를 중심에 놓고 그 선택이 미칠 인간적 결과에 대해 끊임없이 성찰할 수 있게 하는 것이 필수라고 강조합니다. 판사가 자신의 직업적 정체성을 넘어 도덕적 주체로서 끊임없이 고민하고, 법적 판단을 내릴 때 고려해야 할 많은 가치 사이에서 균형을 잡으려는 노력을 게을리하지 말아야 한다는 것입니다. 언뜻 보기에 매우 건조하고 추상적으로 보이는 법 개념 하나하나에는 오늘의 자유민주주의 사회를 이루고 그 초석이 되는 중요한 가치들이 자리 잡고 있습니다. 법률이 정한 추상적 요건과 법이론에만 매몰되어 구체적인 인간적 상황과 판결이 현실에서 가져올 결과를 무시하는 법 기술자가 되어서는 안 될 것입니다. 특히, 개인의 자유와 권리를 침해하거나 민주주의와 법치주의를 위험에 빠뜨릴 수 있는 법률 문제를 다룰 때, 법적 쟁점을 구성하고 해석의 서사를 만들어내는 방식 자체가 판결의 방향에 결정적 영향을 준다는 점을 판사는 깊이 인식해야 합니다.

우리의 질문은 여기서 멈추지 않아야 합니다. 저자가 강조한 바는 판사 개인에게 요구되는 조건에 가깝습니다. 한 걸음 더 나아가 '그렇다면 우리 공동체는 어떻게 그러한 판사를 길러낼 수 있는가'라는 질문을 던져야 합니다. 권력이 법치주의를 공격하고 자유와 평등의 가치를 위협할 때 이에 맞서 민주주의와 법치주의를 지켜낼 수 있는 판사를 양성하는 교육, 문화, 윤리와 제도를 고민해야 합니다. 법원 조직, 나아가 우리 사회가 이러한 판사들을 고립시키는 대신 격려할 수 있는 방향을 모색해야 합니다. 이런 어려운 질문을 외면하고 쉽게 떠오르는 해결책에 매몰된다면, 우리는 사법부의 역할이 가장 절실하게 필요할 때 오히려 불의와 타협해 국민과 정의를 배신하는 법복관료들에게 휘둘리는 존재로 남을 수밖에 없습니다.

가슴을 졸이며 보낸 2024년 겨울은 다행히 헌법재판소의 파면 결정을 거치며 민주주의와 법치주의가 얼마나 소중한 것인지를 다시 한번 일깨우는 것으로 마무리되고, 이제 새로운 봄을 앞두고 있습니다. 그 과정에서 우리는 민주주의와 인권의 수호라는 임무를 부여받은 사법부에 대해 그 중요성과 함께 여러 의문과 과제를 떠안게 되었습니다. 사법부의 개혁은 사법부만의 과제가 될 수 없습니다. 주권자인 국민의 과제입니다. 판사의 역할과 그 한계에 대한 진지한 성찰을 바탕으로 한 감시와 비판, 사회적 합의를 통한 꾸준한 제도 개혁의 노력이 이어져야만 의미 있는 성과를 거둘 수 있을 것입니다.

이 책이 민주주의의 일부로서, 민주주의를 지켜내는 사법부를 만들어나가는 데 작은 밑거름이 되기를 바랍니다.

이 책을 번역하도록 권유해주시고 끝까지 아낌없는 격려와 조언을 해 주신 조용환 변호사님, 번역과 출판의 전 과정을 함께 해 준 진실의 힘 김경훈 님과 관계자들께 깊이 감사드립니다.

주

1장 사법의 역할과 법치주의

1. The Justice Case (1951), p. 1156.
2. Milgram (1974), p. 167.
3. Halliday et al. (2007), pp. 32-33 참조.
4. 남아프리카공화국의 판사들이 아파르트헤이트 체제 아래에서 내린 판결의 논리를 분석하고, 권위주의와 법이론의 입장을 검토한 뛰어난 분석으로 Dyzenhaus (2010)를 참조.
5. Berman (1983), p. 43 참조.
6. Muller (2012).
7. Abel (2007), pp. 392-398.
8. Korando (2012) 참조.

2장 국가의 억압과 법치주의

1. 대법원 항소부 소속 대법관인 J.W. Smalberger, C.T. Howie, R.M. Marais, D.G. Scott.가 공동으로 남아프리카공화국 진실·화해위원회에 제출한 진술서.
2. Berman (1983), p.292.
3. Berman (1983), p.294.
4. Dworkin (1986), p.93.
5. Shapiro (2008), p.329 참조.
6. Halliday et al. (2007), pp. 10-11.
7. The Justice Case (1951), p. 985.
8. 이 개념들에 대해서는 Dyzenhaus (2010), chapter 6 참조
9. Osiel (1995), pp. 527-528.

10. Pereira (2005), Kindle edition, location 2293.
11. Report of the Chilean National Commission on Truth and Reconciliation, University of Notre Dame Press, Notre Dame, Indiana 1993, p. 143.
12. The Justice Case (1951), p. 1086.
13. The Justice Case (1951), pp. 1155-1156.
14. 예를 들어 Loewenstein (1935-1936) 참조. 더 일반적으로는 Tuori (2002) 참조.
15. The Justice Case (1951), p. 31.
16. Wilke (2009), pp. 181-201 참조.
17. Dworkin (1986), p. 91. Fraser (2005), pp. 84-107 참조.
18. Rundle (2009), p. 76 참조.
19. Fraenkel (1941), p. 46.
20. Fraenkel (1941), p. 41.
21. Fraenkel (1941), p. 57.
22. Fraenkel (1941), p. 107.
23. Pauer-Studer (2012), p. 378.
24. 아르헨티나는 1968년 2월 19일 국제인권규약(시민적·정치적 권리에 관한 국제규약)에 서명하고 1986년 8월 8일 비준하였으며, 브라질은 1992년 1월 24일 서명 및 비준했다. 칠레는 1969년 9월 16일 서명하고 1972년 2월 10일 비준하였으며, 남아프리카공화국은 1994년 10월 3일 서명하고 1998년 12월 10일 비준했다.
25. Report of the Truth and Reconciliation Commission of South Africa, vol. 4, p. 101.
26. 위 보고서, vol. 4, p. 103.
27. Report of the Chilean National Commission on Truth and Reconciliation, p. 141.
28. Halliday et al. (2007)에 보고된 사례들 참조.
29. Barros (2008), pp. 167-168.
30. Osiel (1995), p. 518.
31. Rode (1983), p. 331.
32. Lothar Kreyssig에 대한 추가 내용은 이 책 162쪽-165쪽을 참조.
33. Fraser (2005), pp. 330-331 참조.
34. 법과 법률가에 대한 히틀러와 다른 나치 지도자들의 견해를 개괄적으로 다룬 내용은 Rüthers(2012), 101-111쪽을 참조.
35. The Justice Case (1951), p. 1011.
36. Rüthers (2012), p. 272 참조.
37. Führer decree of 1 September 1939; The Medical case (1951), vol. I, p. 795 참조.
38. The Medical case (1951), vol. I, pp. 815-817.
39. Döring (2011), p. 45 및 이 책 162쪽-165쪽을 참조.
40. Freudiger (2002), pp. 347-350 참조.
41. The Justice Case (1951), pp. 1014-1017.
42. Fuller (1957), p. 652 참조.

43. Fraser (2005), p. 438.
44. Großer Senat für Straffsachen,23 February 1938, Entscheidungen des Reichsgerichts, Strafsachen 72 91.
45. 위 판결집 제72권 91쪽.
46. Pauer-Studer (2014), p. 55 참조.
47. 이와 관련하여, Ogorek(2008), 304쪽을 참조.
48. Fraenkel (1941), p. 96.
49. Fraenkel (1941), p. 89.
50. Rundle (2009).
51. RG., 1 Siv.Sen., 27. June 1936, Seufferts Archiv 91, 65; 그리고 이 책 110쪽-112쪽 참조.
52. Schleunes (2001) 참조.
53. Essner (2002), pp. 201-214 참조.
54. Essner (2002), p. 204.
55. Herbert (2011), p. 224 참조.
56. Lippman (1992-1993), pp. 257-318.
57. Adami (1939), pp. 486-491.
58. Schmitt (1933), p. 43.
59. Rüthers (2012), p. 505 참조.
60. Majer (1988), pp. 46-73.
61. Strenge (2002), pp. 170ff.
62. Pereira (2005), Kindle edition, location 128과 141 참조.
63. Haffner (2003), p. 126.
64. Herbert (2011), pp. 177-181 참조.
65. 친위대 고위 지도자인 Dr.Günther Reinecke의 진술, Institut für Zeitgeschichte, Reinecke, Dr. Guenther ZS-0121 http://www.ifz-muenchen.de/archiv/zs/zs-0121.pdf (2014. 11. 4. 접속).
66. Fraenkel (1941), p. 39.
67. Osiel (2009) p. 37.

3장 사법부에 대한 억압

1. Kirchheimer (1961), p. 6.
2. Kirchheimer (1961), pp. 419-423.
3. Ginsburg and Moustafa (2008), p. 4.
4. Ginsburg and Moustafa (2008), p. 6.
5. Fraenkel (1941), p. 72.
6. Truth and Reconciliation Commission (41998), vol. 4 Chapter 4 Institutional Hearing:

The Legal Community, p. 101.
7. Ellmann (1995), p. 426.
8. Strenge (2002), p. 17 참조.
9. Fraser (2005), 4장 참조.
10. Stoltzfus (1996).
11. Knopp (2004), p. 285. 나치 지도자들을 위해 제작된 롤란트 프라이슬러 법정을 기록한 영상을 여기에서 볼 수 있다 (http://www.youtube.com/watch?v¼x_bwucQ7l3g, 2013년 10월 30일 접속).
12. RGH Urteil vom 13.07.1938 73 RGSt. S. 31-36.
13. Osiel (1995), p. 484.
14. Schleunes (2001)과 이 책 364-367쪽 참조.
15. Stoltzfus (1996), p. 245 참조.
16. Loewenstein (1935-1936), pp. 779-813.
17. Mahmud (1994), pp. 49-140, p. 103 참조.
18. 유엔 「사법부 독립에 관한 기본원칙」 참조. 이 원칙은 1985년 8월 26일부터 9월 6일까지 밀라노에서 개최된 제7차 유엔 범죄 예방 및 범죄자 처우에 관한 회의에서 채택됐으며, 1985년 11월 29일의 총회 결의 40/32와 1985년 12월 13일의 결의 40/146에 의해 승인됐다.
19. Aall (2014), p. 33 참조.
20. Linder (1987), p. 15 참조.
21. Garbe (2000), p. 100.
22. Angermund (1990), pp. 87-92.
23. Angermund (1990), p. 93.
24. Trial of the Major War Criminals before the International Military Tribunal, Nuremberg 14 November 1945-1 October 1946, vol. 17, p. 487.
25. The Justice Case (1951), pp. 1011-1012.
26. The Justice Case (1951), pp. 1024-1025.
27. Angermund (1990), pp. 244-245.
28. Angermund (1990), pp. 253-265.
29. Angermund (1990), p. 248.
30. Angermund (1990), p. 248.
31. Loewenstein (1948), p. 444와 Oppler (1947) 참조.
32. Rasehorn (2000), p. 130.
33. Schorn (1959), pp. 39-40.
34. Angermund (1990), p. 245 참조.
35. Weisberg (1996), p. 10.
36. 더 상세한 내용은 이 책 151-152쪽 참조.
37. Rode (1983), p. 353 참조.
38. Michielsen (2004), pp. 161-162 참조.

39. Michielsen (2004), pp. 45-46.
40. Michielsen (2004), pp. 47-50과 81-92.
41. Michielsen (2004), pp. 70-77.
42. Fraser (2009), pp. 47-51과 p. 211.
43. Dugard (1987), p. 494.
44. Osiel (1995), p. 510.
45. Osiel (1995), p. 537.
46. Hilbink (2008), pp. 104와 113 참조.
47. Osiel (1995), pp. 510-511.
48. Ginsburg and Moustafa (2008), p. 14 참조.
49. The Justice Case (1951), p. 1020.
50. Gesetz zur Wiederherstellung des Berufsbeamtentums of April 7, 1933, RGBI. I, 175.
51. Angermund (1990), p. 54 참조.
52. Angermund (1990), p. 102.
53. Angermund (1990), p. 138 참조.
54. Dyzenhaus (1998), p. 154 참조.
55. 더 자세한 내용은 이 책 149-150쪽 참조.
56. Osiel (1995), p. 513과 P. 531.
57. Hilbink (2008), p. 102.
58. Hilbink (2008), p. 123.
59. 이 책 151-152쪽 참조.
60. Angermund (1990), pp. 39-40.
61. Loewenstein (1935-1936), p. 810.
62. Barros (2008), p. 174.
63. Report of the Chilean National Commission on Truth and Reconciliation (1993), p. 141.
64. Osiel (1995), p. 518.
65. Snyder (1983-1984), p. 516.
66. Pereira (2005), Kindle edition, loc. 1072.
67. Pereira (2005), Kindle edition, loc. 1096.
68. Moustafa (2007), Kindle edition, location 546.
69. Osiel (1995), p. 500, 각주 64.
70. 특별법원에 관한 설명은 Tribunal in the Justice Case pp. 999-1002에 따름.
71. Angermund (1990), pp. 138-139.
72. See Gready and Kgalema (2003), pp. 145-146.
73. Snyder (1983-1984), pp. 503-520.
74. Osiel (1995), p. 531.
75. Hilbink (2008), p. 107.

76. 이 책 10장 참조.
77. Osiel (1995), p. 538.
78. Loewenstein (1935-1936), p. 782.
79. Angermund (1990), p. 61
80. Angermund (1990), p. 93.
81. 판사 서한은 법조인 재판 1017-1019쪽에서 검토가 이루어졌다.

4장 억압에 대한 사법부의 수용

1. Carmen (1972), pp. 1059-1060.
2. Mahmud (1994), pp. 138-139.
3. Pauer-Studer (2014), pp. 36-38 참조.
4. 아르헨티나에 대해서는 Osiel (1995), pp. 511-512를, 브라질에 대해서는 pp. 527-528를 참조.
5. Hilbink (2008), p. 104.
6. Ginsburg과 Moustafa (2008), p. 15는 특히 이집트, 필리핀, 파키스탄, 가나, 짐바브웨, 우간다, 나이지리아, 키프로스, 세이셸, 그리고 그레나다를 언급한다. Osiel (1995)은 p. 497 각주 58에서 파키스탄, 우간다, 로디지아 대법원의 판결을 인용하며, 새로운 통치자들이 이전 정권을 성공적으로 교체하고 새로운 기반 위에 공공질서를 확립했음을 근거로 쿠데타를 수용한 사례를 소개한다.
7. Snyder (1983-1984), p. 517.
8. Osiel (1995), p. 521.
9. 법적 관점에서 나치 지배로 이행한 것에 대한 연구로 Strenge (2002) 참조.
10. Strenge (2002), p. 191.
11. 좀 더 자세한 내용은 이 책 149-150쪽 참조.
12. Madzimbamuto v. Lardner-Burke [1969] 1 AC 645.
13. Michielsen (2004), pp. 125-131.
14. Michielsen (2004), p. 122.
15. Michielsen (2004), p. 153.
16. Tamm (1984), pp. 35-62 참조.
17. Tamm (1984), pp. 44-45.
18. Tamm (1984), p. 60.
19. Dodson et al. (1997), p. 61.
20. Dyzenhaus (2010), pp. 48-54.
21. Osiel (1995), pp. 548-549.
22. Pereira (2005), loc. 942-950.
23. Kirchheimer (1961), p. 197.
24. Linder (1993), p. 1113.

25. Curran (1998-1999), p. 31.
26. Angermund (1990), p. 191 참조.
27. Critch (2012), p. 362.
28. Rüthers (2012), p. 479.
29. Case IV 94/34 12. July 1934, Juristische Wochenschrift 1934, pp. 2613-2615.
30. 독일어 원문은 Eine Ehe kann von dem Ehegatten angefochten werden, der sich bei der Eheschließung in der Person des anderen Ehegatten oder über solche persönliche Eigenschaften des anderen Ehegatten geirrt hat, die ihn bei Kenntnis der Sachlage und bei verständiger Würdigung des Wesens der Ehe von der Eingehung der Ehe abgehalten haben würden, BGB § 1333.
31. Loewenstein (1935-1936), p. 796.
32. Angermund (1990), p. 33 참조.
33. 더 상세한 내용은 Loewenstein (1935-1936), pp. 785-787 참조.
34. Ogorek (2008), pp. 292-293.
35. RG., IV. SivSen., 2. May 1938, Juristische Wochenschrift 1938, p. 2475.
36. RG., 1 Siv.Sen., 27. June 1936, Seufferts Archiv 91, 65.
37. Angermund (1990), p. 124 참조.
38. Ogorek (2008) 참조.
39. Großer Senat für Straffsachen, 23. February 1938, Entscheidungen des Reichsgerichts, Strafsachen 72 91.
40. 이와 관련된 중요한 연구로, 특히 독일 사법(私法)에 중점을 두어 살핀 글은 Rüthers (2012).
41. Fraenkel (1941), p. 43.
42. Fraenkel (1941), p. 45.
43. Adami (1939), pp. 486-491.
44. Bach (1938), p. 203.
45. Rüthers (2012), p. 277.
46. Dyzenhaus (1998), p. 149.
47. Landis(1961),pp.2-3 참조. 아파르트헤이트 입법의 간략한 역사적 배경은 Dyzenhaus (2010), pp. 34-38 참조.
48. Haysom and Plasket (1988), p. 307.
49. Dyzenhaus (2010), p. 74.
50. Landis (1961), p. 16.
51. Landis (1961), p. 52.
52. Dyzenhaus (2010), pp. 39-40 참조.
53. Minister of Post and Telegraphs v. Rasool, 1934 AD 167.
54. Dyzenhaus (2010), pp. 44-48 참조.
55. R v. Pitje, 1960 (4) SA 709 (A).
56. Dyzenhaus (2010), pp. 69 참조.

57. Minister of the Interior v. Lockhat 1961 (2) SA 587 (A).
58. Dyzenhaus (2010), p. 71.
59. Rossouw v. Sachs 1964 (2) SA 551 (A), Judgment March 24, 1964.
60. Dyzenhaus (2010), pp. 53-54.
61. Osiel (1995), p. 526.
62. Liversidge v. Anderson and Morrison (1941) 3 All E.R. 338 (H.L.).
63. Korematsu v. United States, 323 U.S. 214 (1944) and Dennis v. United States 341 U.S. 494(1951).
64. Simpson (1988), p. 124.
65. R v. Secretary of State for the Home Department, ex parte Hosenball [1977] 3 All E.R. 452.
66. Dyzenhaus (2010), chapter 3. 참조:
67. Dennis v. United States 341 U.S. 494.
68. SOU 2000:20, p. 33.
69. Buck v. Bell, Superintendent of State Colony for Epileptics and Feeble Minded, 271 U.S. 200 1927.
70. ECtHR, judgment 17 January 2012 The case of Vinter and Others v. the United Kingdom, (Applications nos. 66069/09 and 130/10 and 3896/10), paragraph 89.
71. Ewing v. California, 538 U.S. 11 (2003) 참조.
72. Lockyer v. Andrade, 538 U.S. 63 (2003).
73. United States of America v. Marion Hungerford 465 F.3d 1113.
74. D. Utah v. Angelos, 2004 U.S. 345 F.Supp.2d 1227.
75. C.A.10 (Utah) 2006 U.S. v. Angelos 433 F.3d 738.
76. Ewing v. California, 538 U.S. 11 (2003).
77. Deal v. U.S. 508 US 129 (1993).
78. Smith v. US 508 US 223 (1993).
79. Graham v. Florida 560 US—08-7412 (2010).
80. Circuit Court of Florida, Fourth Judicial Circuit. Duval County State of Florida v. Terrance Graham. No. 16-2003-CF-11912-AXXX-MA. May 25, 2006, 2006 WL 6283414 (Fla.Cir.Ct.).
81. Graham v. State 982 So.2d 43 Fla.App. 1 Dist. 2008 April 10, 2008.에서 인용.
82. The overview of Justice O'Connor in Lockyer v. Andrade 538 US 63 (2003), pp. 72-73 참조.
83. Müller (1989), p. 87.
84. Kirchheimer (1961), p. 322.
85. Oleson (2007), p. 679 참조.
86. Civil Disobedience—The Role of Judges—The Ninth Circuit Confirms Mandatory Sentence— *United States v. Hungerford*, 465 F.3d I i Q (9th Cir. 2006). 120 Harv. L.

Rev. 1988 2006-2007.
87. Oleson (2007), p. 696.
88. The Justice Case (1951), p. 1026.
89. Müller-Hill (2012), p. 30.
90. Fraser (2005), p. 109.
91. Tamm (1984), p. 607.
92. Kirchheimer (1961), p. 322.
93. Curran (1998-1999), p. 11.

5장 저항

1. Radbruch (1948), col. 64.
2. Niethammer (1946), p. 12.
3. Curran (1998-1999), pp. 8-9.
4. President of the Constitutional Court of South Africa Arthur Chaskalson, Dyzenhaus (1998), p. 20에서 재인용.
5. SA Truth and Reconciliation Commission Final report, p. 104.
6. Osiel (1995), p. 486.
7. Gerrens (2009), pp. 9-10 참조.
8. Essner (2002), pp. 113-133 참조.
9. 해당 법은 http://www.disa.ukzn.ac.za/index.php?option com_displaydc& recordID leg19510618.028.020.046 (2013년 3월 1일 기준)에서 확인할 수 있다. 이 법을 둘러싼 의회와 대법원의 갈등에 관한 개요와 논의는 Beinart (1958), pp. 587-608 및 Weinrib (1998)을 참조.
10. Harris v. Minister of the Interior 1952 (2) SA 428 (A). 사건. 영국과 남아프리카의 의회주권 원칙에 따른 이 사건의 법적 쟁점에 대한 포괄적 논의는 Cowen(1952), 282-296쪽(제1부) 및 Cowen(1953), 273-298쪽(제2부)을 참조.
11. Weinrib (1998), p. 356 참조.
12. Minister of the Interior v. Harris 1952 (4) SA 769 (A).
13. Collins v. The Minister of the Interior 1957 (1) SA 552 (A).
14. Beinart (1958), p. 603 참조.
15. Curran (1998-1999), pp. 30-34 참조.
16. Tamm (1984), pp. 35-62 참조.
17. 대법원의 1940년 사건에 관해 대법관 중 한 명이 서술했는데(Schjeldrup, 1945), 마지막 장에서 여기서 다루는 사건들을 설명하고 있다.
18. Michielsen (2004), pp. 32-33과 50-55.
19. Michielsen (2004), pp. 55-68.

20. Osiel (1995), pp. 524-526.
21. Osiel (1995), pp. 534-535.
22. Schorn (1959), pp. 144-169.
23. Scholz (1936), pp. 401-422.
24. Hempfer (1974), p. 105.
25. 일부 판례에 대한 요약은 Schorn(1959). 법치주의의 기본원칙에 반하는 판례들에 대한 철저한 분석은 Hempfer(1974)를 참조.
26. 이 갈등에 대한 자세한 내용은 Herbert (2011), pp. 150-163 참조.
27. Fraenkel (1941), p. 27.
28. Scholz (1936), p. 421.
29. Bach (1938), pp. 199-205.
30. Adami (1939), pp. 486-491 참조.
31. Höhn (1938), pp. 330-333.
32. Hempfer (1974), pp. 175-178.
33. Niethammer (1946), pp. 11-14.
34. RG., 1 Siv.Sen., 27. June 1936, Seufferts Archiv 91, 65; see, for a comment, Rüthers (2007), pp. 258-259.
35. 이 사건에 관해서는 이 책 263-264쪽 참조.
36. Gerrens (2009), pp. 130-131 참조.
37. Smid (2002), pp. 203-209.
38. 편지에서 인용된 내용은 Gerrens(2009), 108쪽에서 가져왔다.
39. Schorn (1959), pp. 442-444.
40. 나치 법무부에 보관된 그의 판사 경력 관련 자료는 Gruchmann(2011)을 참조.
41. Döring (2011), p. 180 참조. 또한 Lothar Kreyssig가 직접 작성한 회고록 Amtsgerichts-rats i. R. Dr. Lothar Kreyssig의 1969. 10. 16. 자 보고서 p. 5 참조. 이 자료는 뮌헨-베를린 현대사 연구소(Institut für Zeitgeschichte München-Berlin)의 Kreyssig, Dr. Lothar ZS-1956에서 열람할 수 있으며 http://www.ifz-muenchen.de/archiv/zs/zs-1956. pdf (2014.4.11. 접속)로 확인 가능하다.
42. Schorn (1959), pp. 649-652. The Justice Case (1951), pp. 1016-1017 에서도 법무부가 판사들에게 판사 서한을 통해서 지시한 사례로 인용된다.
43. Pauer-Studer (2012), pp. 367-390 참조.
44. Pauer-Studer (2012), p. 384.
45. Pauer-Studer (2012), p. 388.
46. Schorn (1959), pp. 32-35.
47. Angermund (1990), p. 213 참조.
48. Müller-Hill (2012), pp. 43-44.
49. Müller-Hill (2012), pp. 30.
50. Müller-Hill (2012), pp. 30.

51. Müller-Hill (2012), pp. 143.
52. Helmke (2002), p. 296.
53. Dyzenhaus (2010), p. 48 및 이 책 324쪽 참조.
54. Dyzenhaus (2010), pp. 148-164.
55. Rossouw v. Sachs 1964 (2) SA 551 (A).
56. Nkwinti v. Commissioner of Police 1986 (2) SA 421 E.
57. Basson (1987), p. 41.
58. Dyzenhaus (2010), p. 53
59. Dyzenhaus (2010), p. 161.
60. Osiel (1995), pp. 537-538.
61. Pereira (2005), location 2132.
62. Michielsen (2004), p. 179.

6장 형사책임을 둘러싼 논쟁

1. Pereira (2005), location 2263 참조.
2. Pereira (2005), location 2245 참조.
3. Pereira (2005), location 2317 참조.
4. Nøkleby (1996), pp. 177-178 참조.
5. Radbruch (1948), pp. 57/58-63/64 와 Bader (1948), pp. 40-43에 소개됐으며 50년 후 Perels (1997)에 의해 해당 판결과 그에 대한 반응이 소개됐다.
6. 주목할 만한 연구로는 Lippman (1997-1998), Wilke (2009), Fraser (2012)가 있다. Sands (2008)도 이 내용을 소개하고 논평했다.
7. The Justice Case (1951), p. 1025.
8. Shaman (1990), p. 4.
9. Compare Greene (1995), pp. 1122-1129.
10. 이 유사점에 대해서는 Friedrich (1983) 참조. 문헌에 보고된 사형 선고 건수는 다양하며, 많은 자료에서 훨씬 높은 수치를 보고하고 있다. 이 책에서는 나치 전범재판에 관한 최신 논문인 Freudiger (2002), pp. 295-297에 나온 수치를 인용했다.
11. Werke (2001), pp. 3001-3008 참조.
12. See Weinke (2011), p. 76.
13. 전후 공산주의 국가들에서 진행된 재판은 법치주의를 유지하려는 목적과 다른 이유로 이루어졌기 때문에 이 책에서 다루지 않았다.
14. Freudiger (2002), pp. 294-297 참조.
15. The Justice Case (1951), p. 1086.
16. The Justice Case (1951), pp. 1155-1156.

7장 국제법에 따른 위법성의 조건

1. 최신 연구에 대해서는 Fraser (2012) 참조.
2. The Justice Case (1951), p. 964.
3. The Ministries Case, Trials of War Criminals Before the Nuremberg Military Tribunals, vol. XII-XV, Nuremberg 1946-1949.
4. The Ministries Case, vol. XIII, p. 117.
5. The Justice Case (1951), p. 972.
6. The Justice Case (1951), pp. 1046-1047.
7. The Justice Case (1951), p. 972.
8. The Justice Case (1951), p. 1081.
9. The Justice Case (1951), p. 1164.
10. The Justice Case (1951), p. 1063.
11. The Justice Case (1951), p. 984.
12. The Justice Case (1951), p. 1128.
13. The Justice Case (1951), p. 984.
14. The Justice Case (1951), p. 1025.
15. The Justice Case (1951), p. 1027.
16. The Justice Case (1951), p. 1165.
17. The Justice Case (1951), p. 1145.
18. The Justice Case (1951), pp. 1146-1147.
19. The Justice Case (1951), p. 1149.
20. The Justice Case (1951), p. 1156.
21. The Justice Case (1951), p. 1128.
22. Schorn (1959), pp. 113-114 참조.
23. The Justice Case (1951), pp. 984-985.
24. The Justice Case (1951), p. 1026.

8장 불법적 권력과 위법성의 조건

1. Hickman v. Jones, 76 U.S. 9 Wall. 197 (1869).
2. Madzimbamuto v. Lardner-Burke [1969] 1 AC 645.
3. Kirchheimer (1961), pp. 315-316.
4. Pendas (2009) 참조.
5. Michielsen (2004), p. 232.
6. Tamm (1984), p. 570.
7. Michielsen (2004), pp. 235-241.

8. Michielsen (2004), p. 249.
9. Andenæs (1979), p. 198.
10. 추가 내용은 이 책 10장 참조.
11. 이 책 151-152쪽 참조.
12. NRT 1946, p. 1139.
13. NRT 1941, p. 63.

9장 전환기 상황에서 위법성의 조건

1. 자세한 설명과 분석은 Strenge(2002)를 참조.
2. 나치 체제에서 독일법의 변화에 대한 영미권 법학계의 반응은 Fraser(2005), pp.77-119 참조.
3. Rüthers (2012), p. 502.
4. Loewenstein (1936-1937), p. 541.
5. Radbruch (1946).
6. Coing (1947).
7. Hart (1957), pp. 619-620.
8. Freudiger (2002), p. 405 참조.
9. Werle (1992) 참조.
10. Law Reports of Trials of War Criminals, vol. XV Digest of Laws and Cases, United Nations War Crimes Commission, London 1949, pp. 6-7 참조.
11. Beschluß v. 27.7.49—WS 152/49.
12. Radbruch (1946), p. 208. My translation from German.
13. Thüringen 배심원단은 유사 사건에서 밀고자를 살인방조죄의 유죄로 판결했는데, 이는 해당 판사를 살인죄로 인정했음을 의미한다. Radbruch (1946), p. 106 참조.
14. BGH, Urteil vom 8.7.1952—1 StR 123/51.
15. BGH, Urteil vom 29.5.1952—2 StR 45/50.
16. Garbe (2000), p. 110 참조.
17. BGH, Urteil vom 19.06.1956—1 StR 50/56 (LG Augsburg).
18. BGH, Urteil vom 30.4.1968—5 StR 670/67.
19. Marxen and Werle (2007), p. XIX 참조.
20. Marxen and Werle (2007), p. XXIX.
21. Marxen and Werle (2007), p. XXXVII.
22. Schröder (2000), p. 3019 참조.
23. BGH, Urteil vom 13.12.1993 5 StR 76/93.
24. Marxen and Werle (2007), p. XLIII 참조.
25. BGH, Urteil vom 16.11.1995, 5 StR 747/74.
26. "Darin, daß dies nicht geschehen ist, liegt ein folgenschweres Versagen bundes-

deutscher Strafjustiz" NJW 1996, 857, on page 864.

10장 특별법원의 판사들

1. 이 책 83-88쪽 참조.
2. 전반적인 개요는 Ginsburg and Moustafa(2008), 17쪽을 참조.
3. Lippman (1992-1993), p. 315 참조.
4. Coing (1947), col. 62.
5. Kirchheimer (1961), p. 331.
6. 모두 다섯 가지 등급이 있었다. 주요 범죄자(Class I), 범죄자(Class II), 경미한 범죄자, 추종자, 그리고 면책된 자. 자세한 내용은 Loewenstein (1948), p. 449 참조.
7. The Justice Case (1951), p. 71.
8. The Justice Case (1951), p. 31.
9. The Justice Case (1951), pp. 1155-1156.
10. The Latza Case, reported in LAW REPORTS OF TRIALS OF WAR CRIMINALS, selected and prepared by THE UNITED NATIONS WAR CRIMES COMMISSION, vol. 14, London 1949, Norwegian law reports (NRT) 1948, p. 328.
11. Law Reports of Trials of War Criminals (1949), vol. 14, pp. 84-85 참조.
12. Radbruch (1946), Coing (1947), and Figge (1947) 참조.
13. Loewenstein (1948), p. 437(Figge의 글에 대한 Loewenstein의 각주 91의 논평은 이해하기 어렵다. 내가 이해한 바로는, Figge는 Loewenstein이 그에 대해 한 주장과 반대로 서술하고 있다).
14. Müller (1989), pp. 284-285 참조.
15. Schorn (1959), pp. 114-115 참조.
16. Kirchheimer (1961), p. 331.
17. BGH St 9, S. 302.
18. BGH, Urteil vom 30. 4. 1968—5 StR 670/67.

11장 사법적 억압의 정당화

1. Jescheck (2004), p. 44.
2. Jescheck (2004), p. 47.
3. The Justice Case (1951), pp. 977-978.
4. Reported in NRT 1949, p. 935.
5. 남아프리카공화국 대법원 항소부 소속 대법관 J.W. Smalberger, C.T. Howie, R.M. Marais, D.G.Scott이 남아프리카 공화국 진실·화해위원회에 공동으로 제출한 진술서. South African

Law Journal 1998, 제115권, pp. 45-46.
6. Paulson (1994) 참조.
7. 이 책 14장 참조.
8. Schorn (1959), p. 23.
9. Schorn (1959), pp. 30-31.
10. Schorn (1959), p. 31.
11. NRT 1946, p. 1268.
12. Freudiger (2002), pp. 336-350.
13. BGH, Urteil vom 30. 4. 1968−5 StR 670/67.
14. The Justice Case (1951), p. 38.
15. Radbruch (1946).
16. See Senat, NJW 1995, p. 3324, and BGH, Urteil vom 16.11.1995 5 StR 747/94, p. 857.
17. BGH, Urteil vom 16.11.1995 5 StR 747/94 p. 857 on p. 862.
18. The Justice Case (1951), p. 978.
19. Oppler (1947).
20. Figge (1947).
21. NRT 1949, p. 935.
22. Arendt(2003), 17쪽에서 Mary McCarthy를 인용.
23. Freudiger (2002), p. 416.
24. NRT 1946, p. 1139.

12장 '판사에 대한 특별면책?'

1. Trial of the Major War Criminals before the International Military Tribunal, Nuremberg, vol. 16, 466.
2. Kirchheimer (1961), p. 176.
3. Law Reports of Trials of War Criminals, vol. 15, p. 161.
4. Law Reports of Trials of War Criminals, vol. 15, p. 163.
5. Arendt (2003), p. 46.
6. Radbruch (1946).
7. Corbett (1998), p. 20.
8. See Shaman (1990).
9. For a presentation of the principles, see Lippman (1992-1993), pp. 311-317.
10. Shaman (1990), p. 2.
11. Brand-Ballard (2010), pp. 61-70.
12. Report of Truth and Reconciliation Commission of South Africa, Volume 4, 29 October 1998, p. 93.

13. Corbett (1998).
14. Dyzenhaus는 판사들이 출석을 꺼린 데에는 다른 이유가 있었을 가능성을 추측한다. 자세한 내용은 Dyzenhaus(1998), 36-46쪽을 참조.
15. 독일 대법원이 제339조(이전 제336조) 조항을 제한적으로 해석하고 적용함으로써, 사실상 사법면책의 결과를 초래했다는 주장이 제기된 바 있다. 자세한 내용은 Spendel(1996), 809-812쪽을 참조.
16. Dyzenhaus (1998), p. 146.
17. 이 책 72-80쪽 참조.
18. The Justice Case (1951), pp. 1024-1025.
19. Schorn (1959), p. 79.
20. The Justice Case (1951), p. 1020.
21. Shaman (1990), pp. 12-13.
22. Shaman (1990), p. 12.
23. The Justice Case (1951), pp. 1024-1025.
24. Kirchheimer (1961), p. 339.
25. K.G. Berlin, Beschluss vom 15.03.1954—1 RHE AR 7/54.
26. For an example, see Schorn (1959), p. 443.
27. 이 책 pp. 177-185 참조.
28. BGH, Urteil vom 19.06.1956—1 StR 50/56 (LG Augsburg).
29. Smid (2002), pp. 453-455.
30. Schminck-Gustavus (1995), p. 37.
31. BGH, Urteil vom 30.4.1968—5 StR 670/67.
32. 한스 폰 도나니(Hans von Dohnanyi)의 100번째 생일을 기념하여 열린 축하 행사에서 독일 연방대법원장인 귄터 히르슈(Prof. Dr. Günter Hirsch)가 2002년 3월 8일에 한 연설을 기록한 자료. 원문은 연방대법원 웹사이트인 http://www.bundesgerichtshof.de/cln_134/DE/BGH/Praesidenten/Hirsch/ HirschReden/rede08032002.html?nn¼544442,에서 확인할 수 있음(2013년 1월 10일 접속).
33. Angermund (1990), p. 245.
34. The Latza Case, reported in *Law Reports of Trials of War Criminals vol. XIV*, United Nations War Crimes Commission, London 1949 and NRT 1948, p. 1088.
35. Law Reports of Trials of War Criminals, vol. 14, p. 80, NRT 1948, p. 1089.
36. Law Reports of Trials of War Criminals, vol. 14, pp. 84-85.
37. Dyzenhaus (2010), p. 286.
38. Dyzenhaus (2010), pp. 116-117.
39. Graham v. Florida 560 US—08-7412 (2010) 사건의 소수의견.

13장 판사에 대한 처벌

1. Brems (2011), pp. 286-287 참조.
2. The Justice Case (1951), p. 984 참조.
3. The Justice Case (1951), p. 1026.
4. Law Reports of Trials of War Criminals, vol. XV Digest of Laws and Cases, United Nations War Crimes Commission, London 1949, p. 10 참조.
5. Werle (2001), p. 3001 참조.
6. 남아프리카공화국의 아파르트헤이트 체제에서 인권침해 기소에 관한 논의는 Berat(1993), 199-231쪽을 참조.
7. Einarsen (2012), pp. 51-62 참조.
8. 법체계의 판사와 공무원 공동체의 연속성에 관한 논의는 Müller(1989), 204-221쪽을 참조.
9. Freudiger (2002), p. 416 참조.
10. Pendas (2009), pp. 357-358 참조.
11. Pendas (2009), pp. 360-361 참조.
12. Freudiger (2002), p. 402 참조.
13. NRT 1948, p. 116 참조.
14. 이 책 201-203쪽 참조.
15. SA Truth and Reconciliation Commission Final Report, pp. 107-108.
16. Ellmann (1995), pp. 425-426 참조.
17. See Marxen and Werle (2007), p. XLIV with citations.
18. In the same direction, Werle (1995), p. 82.
19. Brems (2011), pp. 298-301 참조.
20. ECtHR case of Streletz, Kessler and Krenz v. Germany, (Applications nos. 34044/96, 35532/97 and 44801/98) Judgment 22 March 2001, p. 32.
21. Teitel (1996-1997), p. 2017.
22. See Tamm (1984), pp. 737-744.
23. Law Reports of Trials of War Criminals vol. XIV, United Nations War Crimes Commission, London (1949), s. 119.
24. Law Reports of Trials of War Criminals vol. XIV, United Nations War Crimes Commission, London (1949), s. 120-121.
25. Andenæs (1979), pp. 120-121 참조
26. NRT 1946, p. 1139.
27. Law Reports of Trials of War Criminals vol. III, United Nations War Crimes Commission, London (1948), s. 13.
28. NRT 2010, p. 1445.
29. Justice Møse, paragraph 119.
30. Schröder (1999).

31. 뉘른베르크 재판과 국제형사재판소(ICC) 규정의 관계는 Jescheck (2004) 참조.
32. Einarsen (2012), p. 8.
33. The Justice Case (1951), p. 982.
34. Case of Vinter and others v. the United Kingdom Applications nos. 66069/09 and 130/10 and 3896/10.

14장 법실증주의 명제

1. Arendt (2003), p. 44.
2. Brand-Ballard (2010), pp. 126-130 참조.
3. 이 책 41쪽 참조.
4. Halliday et al. (2007), pp. 26-27 참조.
5. Curran (1998-1999), p. 42 참조.
6. Karpik (2007), p. 475 참조.
7. Glover (2012), p. 401.
8. Brand-Ballard (2010), pp. 70-73 참조.
9. Haffner (2003), pp. 189-190.
10. Loewenstein (1948), p. 432.
11. Schmitt (2000), p. 108.
12. Schmitt (1933), col. 455-458.
13. Schmitt (1934), col. 945-950.
14. Fuller (1957), pp. 630-672.
15. Dugard (1987), pp. 496-497.
16. Hilbink (2008), p. 118.
17. Oleson (2007), pp. 676과 679.
18. Milgram (2004), p. 43.
19. Rode (1983), p. 334.
20. 남아프리카공화국 대법원 항소부 소속 대법관 J.W. Smalberger, C.T. Howie, R.M. Marais, D.G.Scott이 남아프리카 공화국 진실·화해위원회에 공동으로 제출한 진술서. South African Law Journal 1998, 제115권, p 43.
21. Paulson (1994) 참조.
22. Rüthers (2012), p. 277.

15장 어떤 법실증주의인가?

1. 해당 사건과 논평은 Juristische Wochenschrift 1934, pp. 1744-1747에 게재되었다.

2. Scheuner (1934), p. 190.
3. Mahmud (1994), pp. 110-113 참조.
4. Paulson (1994).
5. Rüthers (2012), p. 277 참조.
6. Trial of the Major War Criminals before the International Military Tribunal, Nuremberg 14 November 1945-1 October 1946, vol. 17, p. 489.
7. The Justice Trial, p. 1012.
8. Schmitt (1934), col. 947.
9. Scheuner (1934), p. 202.
10. Hart (1957).
11. Hart (1957), p. 603.
12. Ott and Buob (1997), p. 462.
13. Paulson (1994) 참조.
14. Rüthers (2012), p. 95.
15. Paulson (1994), p. 325 참조
16. Fraenkel (1941), p. 110 참조.
17. Scheuner (1934), p. 203.
18. Maus (1989), pp. 80-103 참조.
19. Hattenhauer(1989), 26쪽에 있는 요약도 참조.
20. Hart (1957), pp. 610-613.
21. Rüthers (2012), p. 505.
22. Hart (1957), p. 607.
23. Dyzenhaus (2010), pp. 174-175.
24. Rotberg (1947).
25. Oppler (1947).
26. Behrends (1989), p. 38.
27. 이 책 155-159쪽 참조.
28. Hempfer (1974), p. 103.참조

16장 다른 방식의 법해석

1. Dyzenhaus (2010), p. 48.
2. Dugard (1987), p. 491 참조.
3. Dyzenhaus (2010), pp. 61-69.
4. Cassem v. Oos-Kaapse Kommittee van die Groepsgebiedraad 1959 (3) SA 651 (A).
5. Minister of the Interior v. Lockhat 1961 (2) SA 587 (A).
6. Roussouw v. Sachs 1964 (2) SA 551 (A).

7. Dyzenhaus (2010), p. 81.
8. Rüthers (2012), pp. 178-185 참조.
9. Dyzenhaus (2010), p. 85.
10. Rüthers (2012), p. 174.
11. Rüthers (2012), p. 116 및 Adami (1939) 참조.
12. Rüthers (2012), p. 174.
13. Rüthers (2012), p. 443.
14. Arendt (2003), pp. 44-45.
15. Angermund (1990), pp. 66-67 참조.
16. Hilbink (2008), p. 115.
17. Garbe (2000), pp. 106-107.
18. Cover (1974), p. 6.
19. Cover (1974), p. 198.
20. Cover (1974), p. 229.
21. Dyzenhaus (2010), p. 82.
22. Dyzenhaus (2010), pp. 266-270.
23. Rehnquist (1998), Kindle edition loc. 3670.
24. Dyzenhaus (2010), p. 171.
25. Judgment of the Court of the European Union (Fifth Chamber) of 7 May 2002 in Case C-478/99, European Court reports 2002, p. I-04147 참조.
26. Eckhoff (2001).

17장 법이론을 통한 설명을 넘어서

1. Osiel(1995), p.482.
2. Osiel(1995), p.484.
3. Rüthers(2012), p.444.
4. Rüthers(2012), p.526
5. Curran(2005), p.488.
6. Weisberg(1996), p.48.
7. Weisberg(1996), p.81.
8. Curran(1998-1999), pp.39-40.
9. Kirchheimer(1961), p.212, note78.
10. 이 책 101-113쪽 참조.
11. Osiel(1995), pp.489-510에 나온 분석 참조.
12. Osiel(1995), p.544.
13. Dyzenhaus(2010), p.53.

14. Rüthers(2007), p.558.
15. Milgram(2004), p.17.
16. Browning(1998), p.71.
17. Pauer-Studer(2012), p.386.
18. Pauer-Studer(2012), p.389.
19. Buck v. Bell, Superintendent of State Colony for Epileptics and Feeble Minded, 271 U.S. 200 1927.
20. Welzer(2007), Kindle edition loc. 160.
21. Glover(2012), pp.407-408.
22. Rüthers(2007), p.563.
23. Rüthers(2007), p.502.
24. Angermund(1990), pp.66-67.
25. Kirchheime(1961), p.211.
26. Angermund(1990), pp.35-40.
27. Kirchheimer(1961), p.213.
28. Angermund(1990), pp.48-61.
29. Pereira(2005), location 887-896.
30. Pauer-Studer(2014) 참조.
31. D. Utah, 2004 U. S. v. Angelos 345 F. Supp. 2d 1227.
32. Hilbink(2008), p. 102 참조.
33. Hilbink (2008), pp.120-129.
34. Verner (1984), p.483 참조.
35. Glover(2012), Chapter 19.
36. Stoltzfus(1996), p.261.
37. Haffner(2003), p.151.
38. Glover(2012), p.385.
39. Dugard(1984), p.292.
40. 해당 사건 및 이를 둘러싼 법과 정황에 관한 비판적 논의는 Simpson(1988)을 참조.
41. Liversidge v. Anderson and Morrison(1941) 3 All E. R. 338 (H. L.).
42. US Supreme Court 341 U. S. 494.
43. Abel(2007), p.397.
44. Rehnquist(1998), loc. 3670.
45. Curran(1998-1999), pp.27-29.

18장 차악 선택의 논리

1. 칼마이어에 대한 서술은 Rüthers(2008), pp.84-101를 참조했다.

2. 그의 증언 내용과 군사재판의 증언 녹취록은 The Bernhard Loesener Memoirs and Supporting Documents by Schleunes(2001).
3. Schleunes(2001), location 546.
4. Schleunes(2001), location 571.
5. Schleunes(2001), location 787.
6. Essner(2002)에서 해당 논의 참조.
7. Stoltzfus(1996), p.259.
8. Schorn(1959), p.32.
9. Tamm(1984), pp.41-42.
10. Nøkleby(1996), pp.195와 p.188.
11. Tamm(1984), p.580.
12. Michielsen(2004), pp.84-89 참조.
13. The Justice Case (1951), p. 1086.
14. 남아프리카공화국 대법원 항소부 소속 대법관 J.W. Smalberger, C.T. Howie, R.M. Marais, D.G.Scott이 남아프리카 공화국 진실·화해위원회에 공동으로 제출한 진술서. South African Law Journal 1998, 제115권, p. 45.
15. The Justice Trial, p.1086.
16. The Ministries Case, vol. XIV, p.641.
17. The Ministries Case, vol. XIV, p.646.
18. 독일어 원문은 "Glaube niemand, daß es ihm gelingen werde, durch Teilnahme am Bösen Schlimmeres zu verhüten. Dies Experiment ist oft genug gemacht worden und oft genug mißlungen, ist auch oft genug ein bloßer Vorwand feiger Nachgiebigkeit gewesen. Auch wo er das, wie bei Schlegelberger, nicht war, führt er unvermeidlich in Verstrickungen mit dem Bösen, das man bekämpft, und schließlich zu jener Blindheit, die das Böse, das man zugesteht, in seinem wahren Wesen nicht mehr klar erkennt", Radbruch (1948).
19. Arendt(2003), p.35.
20. Sharp(2010), p.19 참조.
21. Osiel(1995), p.542.
22. Rehnquist(1998), location 3620.
23. Report vol. 4 from the South African Truth and Reconciliation Commission(1998), p.101.
24. Osiel(1995), p.538.
25. Cover(1974), pp.197-198.
26. Fraser(2005), p.10.
27. Fraser(2005), p.42.
28. Fuller(1957).
29. Radbruch(1946), p.107.

30. Rundle(2009), pp.65-125.
31. Rundle(2009), pp.91-98.
32. Rundle(2009), p.106에서 Fuller를 인용하고 있다
33. 이는 법이 그 적용 대상인 사람들의 일상생활에서 어떻게 경험되는지를 분석한 그의 논문에 더욱 두드러지게 나타난다. Rundle(2012) 참조.
34. The Justice Trial, p.1149.
35. Werle(1992), pp.2529-2535 참조.
36. Freudiger(2002), p.405 참조.
37. Gerrens(2009), p.126.
38. Brand-Ballard(2010), p.177 참조.
39. Dugard(1987), p.500.
40. Döring(2011), pp.113-114에서 인용.
41. Wachs(1984).
42. Clover(2012), p.198.
43. 남아프리카공화국 대법원 항소부 소속 대법관 J.W. Smalberger, C.T. Howie, R.M. Marais, D.G. Scott이 남아프리카공화국 진실·화해위원회에 공동으로 제출한 진술서 African Law Journal 1998, 제115권 p.45.
44. Dugard(1984).
45. Sharp(2010), p.31.
46. Osiel(1995), pp.548-549.
47. BGH, Urteil vom 16.11.1995—5 StR 747/94.
48. Graham v. Florida 560 US—08-7412 (2010).

19장 정의를 추구하는 판사들

1. Schorn(1959), p.4.
2. Verner(1984), p.488.
3. Ginsburg (2003), location 372 참조.
4. Königsberg 17 October 1932, Strenge(2002), p.72에서 인용.
5. 해당 사건과 논평은 Juristische Wochenschrift 1934, pp.1744-1747에 게재되었다.
6. 이는 1934년 1월 23일 대법원이 내린 판결(JW 1934, p.767)에서 표명된 견해와 일치하는 것이었다.
7. 네 가지 행동 선택과 그 적용이 영미법 국가들의 탈식민 쿠데타 상황에서 어떻게 나타나는지에 관한 분석은 Mahmud(1994), pp.100-140을 참조.
8. In Madzimbamuto v. Lardner-Burke [1969] 1 AC 645.
9. 이 책 221-223쪽 참조.
10. Hafner-Burton and Ronon (2009), p.373.

11. Sharp(2010), p.7.
12. Korando(2012), p.125 참조.
13. Rehnquist(1998), location 751.
14. Hand(1959), p.144.
15. Quintilian, Institutio Oratoria (The Orator's Education) book 7.1.
16. Rüthers(2012), p.174.
17. Rabofsky and Oberkofler(1985), p.97.
18. Schmitt(1936), col. 1198.
19. Rüthers(2012), pp.123-136 참조.
20. Rabofsky and Oberkofler(1985), p.101 참조.
21. Schjelderup(1945), pp.185-189.
22. Schjelderup(1945), pp.117-118.
23. Dyzenhaus(2010), p.174.
24. Stolleis(1998), p.15.
25. Cover(1974), p.234.
26. Curran(1998-1999), pp.27-29 참조.
27. Dworkin(1986), p.105.
28. Civil Disobedience—The Role of Judges—The Ninth Circuit Confirms Mandatory Sentence— United States v. Hungerford, 465 F.3d I i Q(9th Cir. 2006).
29. Blankenburg(1995), p.230.
30. 이 책 165-167쪽 참조.
31. Brand-Ballard(2010).
32. Arendt(2003), p.46.
33. Zimbardo(2007), p.450.
34. Dugard(1984), p.291.
35. Sharp(2010), p.20.
36. Bericht des Amtsgerichtsrats i. R. Dr. Lothar Kreyssig vom 16.10.1969, p. 5, Institut für Zeitgeschichte München-Berlin, Kreyssig, Dr. Lothar ZS-1956. http://www.ifz-muenchen.de/ archiv/zs/zs-1956.pdf (2011년 4월 14일 접속).
37. Nazis in the Courtroom: Lessons from the Conduct of Lawyers and Judges under the Laws of the Third Reich and Vichy France, 61 Brooklyn Law Review(1995), p.1126도 참조.
38. Fraser(2009), p.211.
39. The Einsatzgruppen Case(1946-1949), p.555.
40. Stoltzfus(1996), p.256.
41. Zimbardo(2007), pp.451-456.
42. Sharp(2010), p.15.
43. Helmke(2002), p.296.

44. A (FC) and others (FC) (Appellants) v. Secretary of State for the Home Department (Respon- dent), X (FC) and another (FC) (Appellants) v. Secretary of State for the Home Department (Respondent), [2004] UKHL 56.
45. Amsterdam and Bruner(2000), pp.140-141.
46. Amsterdam and Bruner(2000), p.141.
47. Rasul v. Bush, 542 U. S. 466(2004).

참고문헌

1장 사법의 역할과 법치주의

Abel RL (2007) Contesting legality in the United States after September 11. In: Halliday TC, Karpik L, Feeley MM (eds) Fighting for political freedom comparative studies of the legal complex and political liberalism. Hart, Oxford and Portland

Berman HJ (1983) Law and revolution: the formation of the western legal tradition. Harvard University Press, Cambridge, Mass

Dyzenhaus D (2010) Hard cases in wicked legal systems pathologies of legality, 2nd edn. Oxford University Press, Oxford

Halliday TC, Karpik L, Feeley MM (2007) The legal complex in struggles for political liberalism. In: Halliday TC, Karpik L, Feeley MM (eds) Fighting for political freedom comparative studies of the legal complex and political liberalism. Hart, Oxford and Portland

Korando AM (2012) Roma go home: the plight of European Roma. Law Inequality 30:125-147

Milgram S (1974) Obedience to authority, New York 1974 published by Perennial Classics with a foreword by Jerome S. Bruner New York, 2000. 스탠리 밀그램, 『권위에 대한 복종』, 정태연 역, 에코리브르(2009).

Muller EL (2012) Of Nazis, Americans and educating against catastrophe. Buffalo Law Rev 60:323-365

Trials of War Criminals before the Nuremberg Military Tribunals, vol III, the Justice Case, Washington, 1951

2장 국가의 억압과 법치주의

Adami FW (1939) Das Programm der NSDAP und die Rechtsprechung. Deutsches Recht

486-491

Barros R (2008) Courts out of context: authoritarian sources of judicial failure in Chile (1973-1990) and Argentina (1976-1983). In: Ginsburg T, Moustafa T (eds) Rule by law: the politics of courts in authoritarian regimes. Cambridge University Press, Cambridge

Berman HJ (1983) Law and revolution: the formation of the western legal tradition. Harvard University Press, Cambridge, Mass

Döring H-J (ed) (2011) Lothar Kreyssig Aufsätze, Autobiographie und Dokumente. Evangelische Verlagsanstalt, Leipzig

Dworkin R (1986) Law's empire. Fontana Press, London. 로널드 드워킨, 『법의 제국』, 장영민 역, 아카넷(2004).

Dyzenhaus D (2010) Hard cases in wicked legal systems pathologies of legality, 2nd edn. Oxford University Press, Oxford

Essner C (2002) Die "Nürnberger Gesetze" oder Die Verwaltung des Rassenwahns 1933-1945. Paderborn, München

Fraenkel E (1941) The dual state a contribution to the theory of dictatorship. Oxford University Press, New York

Fraser D (2005) Law after Auschwitz: towards a jurisprudence of the Holocaust. Carolina Academic Press, Durham

Freudiger K (2002) Die juristische Aufarbeitung von NS-Verbrechen. Mohr Siebeck, Tübingen

Fuller LL (1957) Positivism and fidelity to law - a reply to Professor Hart. Harv Law Rev 71:630-672

Haffner S (2003) Defying Hitler: a memoir. Phoenix, London

Halliday TC, Karpik L, Feeley MM (2007) The legal complex in struggles for political liberalism. In: Halliday TC, Karpik L, Feeley MM (eds) Fighting for political freedom comparative studies of the legal complex and political liberalism. Hart, Oxford and Portland

Herbert U (2011) Best Biographische Studien über Radikalismus, Weltanschauung und Vernunft 1903-1989, 5th edn. Verlag J.H.W Dietz Nachf, Bonn

Lippman M (1992-1993) They shoot lawyers don't they? Law in the Third Reich and the global threat to the independence of the judiciary. Calif West Int Law J 23:257-318

Loewenstein K (1935-1936) Law in the Third Reich. Yale Law Rev 45:779-815

Majer D (1988) Richter und Rechtswesen in Otto Borst Hrsg. Das Dritte Reich in Baden und Württemberg, Theis Verlag Stuttgart, pp 46-73

Ogorek R (2008) "Rassenschande" und juristische Methode Die argumentative Grammatik des Reichsgerichts bei der Anwendung des Blutschutzgesetzes von 1935. In: Regina Ogorek, Aufklärung über Justiz, 1. Halbbd.: Abhandlungen und Rezensionen,

V. Klostermann, Frankfurt am Main

Osiel MJ (1995) Dialogue with dictators: judicial resistance in Argentina and Brazil. Law Soc Inq 20:481-560

Osiel M (2009) Making sense of mass atrocity. Cambridge University Press, Cambridge

Pauer-Studer H (2012) Law and morality under evil conditions: the SS Judge Konrad Morgen. Jurisprudence 3(2):367-390

Pauer-Studer H (2014) Einleitung: Rechtfertigung des Unrechts. Das Rechtsdenken im Nationalsozialismus. 헤린더 파우어-스투더, 『히틀러의 법률가들』, 박경선 역, 진실의 힘 (2024). In: Pauer-Studer H, Fink J (eds) Rechtfertigungen des Unrechts Da Rechtsdenken im Nationalsozialismus in Originaltexten. Suhrkamp, Berlin

Pereira AW (2005) Political (in)justice authoritarianism and the rule of law in Brazil, Chile and Argentina. University of Pittsburgh Press, Pittsburgh (Kindle edition)

Rode LS (1983) De tyske krigsretter, in Den Norske Advokatforening, Advokaten - rettens og samfunnets tjener Den Norske Advokatforening 1908-1983, Oslo, pp 329-362

Rundle K (2009) The impossibility of an exterminatory legality: law and the Holocaust. Univ Toronto Law J 59:65-125

Rüthers B (2012) Die unbegrenzte Auslegung: Zum Wandel der Privatrechtsordnung im Nationalsozialismus 7. Ausg. Mohr Siebeck, Tübingen

Schleunes K (ed) (2001) Legislating the Holocaust: the Bernhard Loesener memoirs and supporting documents. Westview, Boulder (Kindle edition)

Schmitt C (1933) Staat, Bewegung, Volk, Die Dreigliederung der politischen Einheit. Hamburg

Shapiro M (2008) Courts in authoritarian regimes. In: Ginsburg T, Moustafa T (eds) Rule by law: the politics of courts in authoritarian regimes. Cambridge University Press, Cambridge

Strenge I (2002) Machtübernahme 1933: Alles auf dem legalen Weg? Ducker und Humblot, Berlin

Trials of War Criminals before the Nuremberg Military Tribunals, vol I, the Medical case, Washington, 1951

Trials of War Criminals before the Nuremberg Military Tribunals, vol III, the Justice Case, Washington, 1951

Tuori K (2002) Critical legal positivism. Ashgate, Dartmouth

Wilke C (2009) Reconsecrating the temple of justice: invocations of civilization and humanity in the Nuremberg Justice Case. Can J Law Soc 24:181-201

3장 사법부에 대한 억압

Aall J (2014) Requirements concerning the independence of the judiciary according to Norwegian and international law. In: Engstad NA, Frøseth AL, Tønder B (eds) The independence of judges. Eleven Publishing, The Hague

Angermund R (1990) Deutsche Richtershaft 1919-1945. Fischer, Frankfurt am Main

Barros R (2008) Courts out of context: authoritarian sources of judicial failure in Chile (1973-1990) and Argentina (1976-1983). In: Ginsburg T, Moustafa T (eds) Rule by law: the politics of courts in authoritarian regimes. Cambridge University Press, Cambridge

Dugard J (1987) The judiciary in a state of national crisis - with special reference to the South African experience. Wash Lee Law Rev 44:477-501

Dyzenhaus D (1998) Judging the judges, judging ourselves truth, reconciliation and the apartheid legal order. Hart, Oxford

Ellmann S (1995) Law and legitimacy in South Africa. Law Soc Inq 20:407-479

Fraenkel E (1941) The dual state a contribution to the theory of dictatorship. Oxford University Press, New York

Fraser D (2005) Law after Auschwitz: towards a jurisprudence of the Holocaust. Carolina Academic Press, Durham

Fraser D (2009) The fragility of law constitutional patriotism and the Jews of Belgium, 1940-1945. Routledge-Cavendish, Oxon

Garbe D (2000) Im Namen des Volkes?! Die Rechtlichen Grundlagen der Militärjustiz im NS-Staat und ihre "Bewältigung" nach 1945. In: Nolz B, Popp W (eds) Erinnerungsarbeit Grundlage einer Kultur des Friedens. Lit Verlag, Münster

Ginsburg T, Moustafa T (2008) Introduction: the functions of courts in authoritarian politics. In: Ginsburg T, Moustafa T (eds) Rule by law: the politics of courts in authoritarian regimes. Cambridge University Press, Cambridge

Gready P, Kgalema L (2003) Magistrates under Apartheid: a case study of the politicisation of justice and complicity in human rights abuse. S Afr J Hum Rights 19:141-188

Hilbink L (2008) Agents of anti-politics: courts in Pinochet's Chile. In: Ginsburg T, Moustafa T (eds) Rule by law: the politics of courts in authoritarian regimes. Cambridge University Press, Cambridge

Kirchheimer O (1961) Political justice: the use of legal procedure for political ends. Princeton University Press, New Jersey

Knopp G (2004) Sie wollten Hitler Töten. C. Bertelsmann, München

Linder M (1987) The Supreme Labor Court in Nazi Germany: a jurisprudential analysis. Vittorio Klostermann, Frankfurt am Main

Loewenstein K (1935-1936) Law in the Third Reich. Yale Law Rev 45:779-815

Loewenstein K (1948) Reconstruction of the administration of justice in the American occupied Germany. Harv Law Rev 61:419-467

Mahmud T (1994) Jurisprudence of successful treason: Coup d'Etat and common law. Cornell Int Law J 27:49-140

Michielsen JNME (2004) The "Nazification" and "Denazification" of the Courts in Belgium, Luxembourg and the Netherlands. University of Maastricht, Maastricht

Moustafa T (2007) The struggle for constitutional power law, politics, and economic development in Egypt. Cambridge University Press, Cambridge (Kindle edition)

Oppler K (1947) Justiz und Politik. Deutsche Rechts-Zeitschrift 2:323-326

Osiel MJ (1995) Dialogue with dictators: judicial resistance in Argentina and Brazil. Law Soc Inq 20:481-560

Pereira AW (2005) Political (in)justice authoritarianism and the rule of law in Brazil, Chile and Argentina. University of Pittsburgh Press, Pittsburgh (Kindle edition)

Rasehorn Z (2000) "Renazifizierung" der Nachkriegsjustiz. ZRP 127-131

Report of the Chilean National Commission on Truth and Reconciliation, University of Notre Dame Press, Notre Dame, 1993

Report of the Truth and Reconciliation Commission of South Africa Vol. 4 Chapter 4 Institutional Hearing: The Legal Community, 1998

Rode LS (1983) De tyske krigsretter, in Den Norske Advokatforening, Advokaten - rettens og samfunnets tjener Den Norske Advokatforening 1908-1983, Oslo, pp 329-362

Schleunes K (ed) (2001) Legislating the Holocaust: the Bernhard Loesener memoirs and supporting documents. Westview, Boulder (Kindle edition)

Schorn H (1959) Der Richter im Dritten Reich Geschichte und Dokumente. Vittorio Klostermann, Frankfurt am Main

Snyder F (1983-1984) State of Siege and rule of law in Argentina: the politics and rhetoric of vindication. Lawyer Americas 15:503-520

Stoltzfus N (1996) Resistance of the heart intermarriage and the Rosenstrasse protest in Nazi Germany. W.W. Norton & Company, New York

Strenge I (2002) Machtübernahme 1933: Alles auf dem legalen Weg? Ducker und Humblot, Berlin Trials of War Criminals before the Nuremberg Military Tribunals, vol III, the Justice Case, Washington, 1951

Weisberg RH (1996) Vichy law and the Holocaust in France. Harwood Academic Publisher, Amsterdam

4장 억압에 대한 사법부의 수용

Adami FW (1939) Das Programm der NSDAP und die Rechtsprechung. Deutsches Recht

486-491

Angermund R (1990) Deutsche Richtershaft 1919-1945. Fischer, Frankfurt am Main

Bach (1938) Die Rechtsprechung des Preußischen Oberverwaltungsgerichts im Lichte der nationalsozialistischen Weltanschauung und Rechtsauffassung. Deutsche Verwaltung 15:203

Carmen RD (1972) Constitutionalism and the Supreme Court in a changing Philippine polity. Asian Surv 13:1050-1061

Critch R (2012) Positivism and relativism in post-war jurisprudence. Jurisprudence 3(2):347-365

Curran VG (1998-1999) The legalization of racism in a constitutional state: democracy's suicide in Vichy France. Hastings Law J 50:1-96

Dodson JM, Jackson DW, O'Shaughnessy LN (1997) Human rights and the Salvadoran judiciary: the competing values of independence and accountability. Int J Hum Rights 1(4):50-65

Dyzenhaus D (1998) Judging the judges, judging ourselves truth, reconciliation and the apartheid legal order. Hart, Oxford

Dyzenhaus D (2010) Hard cases in wicked legal systems pathologies of legality, 2nd edn. Oxford University Press, Oxford

Fraenkel E (1941) The dual state a contribution to the theory of dictatorship. Oxford University Press, New York

Fraser D (2005) Law after Auschwitz: towards a jurisprudence of the Holocaust. Carolina Academic Press, Durham

Ginsburg T, Moustafa T (2008) Introduction: the functions of courts in authoritarian politics. In: Ginsburg T, Moustafa T (eds) Rule by law: the politics of courts in authoritarian regimes. Cambridge University Press, Cambridge

Haysom N, Plasket C (1988) The war against law: judicial activism and the appellate division. S Afr J Hum Rights 4:303-333

Hilbink L (2008) Agents of anti-politics: courts in Pinochet's Chile. In: Ginsburg T, Moustafa T (eds) Rule by law: the politics of courts in authoritarian regimes. Cambridge University Press, Cambridge

Kirchheimer O (1961) Political justice: the use of legal procedure for political ends. Princeton University Press, New Jersey

Landis ES (1961) South African Apartheid legislation I: fundamental structure. Yale Law J 71:1-52

Linder DO (1993) Journeying through the valley of Evil. N C Law Rev 71:1111-1150

Loewenstein K (1935-1936) Law in the Third Reich. Yale Law Rev 45:779-815

Mahmud T (1994) Jurisprudence of successful treason: Coup d'Etat and common law. Cornell Int Law J 27:49-140

Michielsen JNME (2004) The "Nazification" and "Denazification" of the Courts in Belgium, Luxembourg and the Netherlands. University of Maastricht, Maastricht

Müller I (1989) Furchtbare Juristen - Die unbewältigte Vergangenheit unsere Justiz. Knaur, München

Müller-Hill WO (2012) "Man hat es kommen sehen und ist doch erschüttert" Das Kriegstagebuch eines deutschen Heeresrichters 1944/45. Siedler, München

Ogorek R (2008) "Rassenschande" und juristische Methode Die argumentative Grammatik des Reichsgerichts bei der Anwendung des Blutschutzgesetzes von 1935. In Regina Ogorek, Aufklärung über Justiz, 1. Halbbd.: Abhandlungen und Rezensionen, V. Klostermann, Frankfurt am Main

Oleson JC (2007) The antigone dilemma: when the paths of law and morality diverge. Cardozo Law Rev 29:669-702

Osiel MJ (1995) Dialogue with dictators: judicial resistance in Argentina and Brazil. Law Soc Inq 20:481-560

Pauer-Studer H (2014) Einleitung: Rechtfertigung des Unrechts. Das Rechtsdenken im Nationalsozialismus. In: Pauer-Studer H, Fink J (eds) Rechtfertigungen des Unrechts Da Rechtsdenken im Nationalsozialismus in Originaltexten. Suhrkamp, Berlin

Pereira AW (2005) Political (in)justice authoritarianism and the rule of law in Brazil, Chile and Argentina. University of Pittsburgh Press, Pittsburgh (Kindle edition)

Rüthers B (2012) Die unbegrenzte Auslegung: Zum Wandel der Privatrechtsordnung im Nationalsozialismus 7. Ausg. Mohr Siebeck, Tübingen

Simpson AWB (1988) Rhetoric, reality and regulation 18B. Denning Law J 3:123-153

Snyder F (1983-1984) State of Siege and rule of law in Argentina: the politics and rhetoric of vindication. Lawyer Americas 15:503-520

SOU 2000:20 Steriliseringsfrågan, Stockholm 2000

Strenge I (2002) Machtübernahme 1933: Alles auf dem legalen Weg? Ducker und Humblot, Berlin

Tamm D (1984) Retsopgøret efter besættelsen. Jurist- og Økonomforbundets forlag, København

Trials of War Criminals before the Nuremberg Military Tribunals, vol III, the Justice Case, Washington, 1951

5장 저항

Adami FW (1939) Das Programm der NSDAP und die Rechtsprechung. Deutsches Recht 486-491

Angermund R (1990) Deutsche Richtershaft 1919-1945. Fischer, Frankfurt am Main

Bach (1938) Die Rechtsprechung des Preußischen Oberverwaltungsgerichts im Lichte der nationalsozialistischen Weltanschauung und Rechtsauffassung. Deutsche Verwaltung 15:203

Basson D (1987) Judicial activism in a state of emergency: an examination of recent decisions of the South African courts. S Afr J Hum Rights 3:28-43

Beinart B (1958) The South African appeal court and judicial review. Mod Law Rev 21:587-608

Cowen DV (1952) Legislature and the judiciary. Mod Law Rev 15:282-296 (Part I)

Cowen DV (1953) Legislature and the judiciary. Mod Law Rev 16:273-298 (part II)

Curran VG (1998-1999) The legalization of racism in a constitutional state: democracy's suicide in Vichy France. Hastings Law J 50:1-96

Döring H-J (ed) (2011) Lothar Kreyssig Aufsätze, Autobiographie und Dokumente. Evangelische Verlagsanstalt, Leipzig

Dyzenhaus D (1998) Judging the judges, judging ourselves truth, reconciliation and the apartheid legal order. Hart, Oxford

Dyzenhaus D (2010) Hard cases in wicked legal systems pathologies of legality, 2nd edn. Oxford University Press, Oxford

Essner C (2002) Die "Nürnberger Gesetze" oder Die Verwaltung des Rassenwahns 1933-1945. Paderborn, München

Fraenkel E (1941) The dual state a contribution to the theory of dictatorship. Oxford University Press, New York

Gerrens U (2009) Rüdiger Schleicher Leben zwischen Staatsdienst und Verschwörung. Gütersloher Verlagshaus, Gütersloh

Gruchmann L (2011) Ein unbequemer Amtsrichter im Dritten Reich aus den Personalakten des Dr. Lothar Kreyssig. In: Döring H-J (ed) Lothar Kreyssig Aufsätze, Autobiographie und Dokumente. Evangelische Verlagsanstalt, Leipzig

Helmke G (2002) The logic of strategic defection: court-executive relations in Argentina under dictatorship and democracy. Am Polit Sci Rev 96:291-303

Hempfer W (1974) Die nationalsozialistische Staatsauffassung in der Rechtsprechung des Preußischen Oberverwaltungsgerichts. Dunker & Humblot, Berlin

Herbert U (2011) Best Biographische Studien über Radikalismus, Weltanschauung und Vernunft 1903-1989, 5th edn. Verlag J.H.W Dietz Nachf, Bonn

Höhn R (1938) Alte und neue Polizeirechtsauffassung in der Praxis. Deutsche Verwaltung 330-333

Michielsen JNME (2004) The "Nazification" and "Denazification" of the Courts in Belgium, Luxembourg and the Netherlands. University of Maastricht, Maastricht

Müller-Hill WO (2012) "Man hat es kommen sehen und ist doch erschüttert" Das Kriegstagebuch eines deutschen Heeresrichters 1944/45. Siedler, München

Niethammer E (1946) Fortdauende Wirksamkeit der Entscheidungen des Reichgerichts. DRZ 11-14

Osiel MJ (1995) Dialogue with dictators: judicial resistance in Argentina and Brazil. Law Soc Inq 20:481-560

Pauer-Studer H (2012) Law and morality under evil conditions: the SS Judge Konrad Morgen. Jurisprudence 3(2):367-390

Pereira AW (2005) Political (in)justice authoritarianism and the rule of law in Brazil, Chile and Argentina. University of Pittsburgh Press, Pittsburgh (Kindle edition)

Radbruch G (1948) Des Reichministeriums Ruhm und Ende, Zum Nürnberger Juristenurteil. Süddeutsche Juristenzeitung col. 64

Rüthers B (2007) Hatte die Rechtsperversion in den Deutschen Diktaturen ein Gesicht? Juristenzeitung 11:556-564

Schjeldrup F (1945) Fra Norges Kamp for Retten 1940 i Høyesterett. Grøndahl & Søn, Oslo

Scholz F (1936) Die neue Rechtsprechung des Preußischen Oberverwaltungsgerichts. Verwaltungsarchiv 41:401-422

Schorn H (1959) Der Richter im Dritten Reich Geschichte und Dokumente. Vittorio Klostermann, Frankfurt am Main

Smid M (2002) Hans von Dohnanyi Christine Bonhoeffer, Eine Ehe in Widerstand gegen Hitler. Gütersloher Verlagshaus, Gütersloher, pp 203-209

Tamm D (1984) Retsopgøret efter besættelsen. Jurist- og Økonomforbundets forlag, København

Trials of War Criminals before the Nuremberg Military Tribunals, vol III, the Justice Case, Washington, 1951

Weinrib LE (1998) Sustaining constitutional values: the Schreiner legacy. S Afr J Hum Rights 14:351-372

6장 형사책임을 둘러싼 논쟁

Bader KS (1948) Das Urteil im Nürnberger Juristenprozeß. Deutsche Rechts-Zeitschrift 40-43

Fraser D (2012) Evil law, evil lawyers? From the justice case to the torture memos. Jurisprudence 3(2):391-428

Freudiger K (2002) Die juristische Aufarbeitung von NS-Verbrechen. Mohr Siebeck, Tübingen

Friedrich J (1983) Freispruch für die Nazi Justiz Die Urteile gegen NS-Richter seit 1948 Eine Dokumentation. Rowolt Taschenbuchverlag, Hamburg

Greene NL (1995) A perspective on "Nazis in the Courtroom". Brooklyn Law Rev 61:1122-1129

LippmanM(1997-1998) The prosecution of Josef Altstoetter et al.: law, lawyers and justice in the Third Reich. Dickinson J Int Law 16:343-433

Nøkleby B (1996) Skutt blir den ... Tysk bruk av dødsstraff i Norge 1940-1945. Gyldendal Norsk Forlag, Oslo

Pereira AW (2005) Political (in)justice authoritarianism and the rule of law in Brazil, Chile andArgentina. University of Pittsburgh Press, Pittsburgh (Kindle edition)

Perels J (1997) Der Nürnberger Juristenprozess im Kontext der Nachkriegsgeschichte, Vortrag gehalten am 4.12.1997 in der Johann-Wolfgang-Goethe Universität Frankfurt/Main

Radbruch G (1948) Des Reichministeriums Ruhm und Ende, Zum Nüˋrnberger Juristenurteil. Süddeutsche Juristenzeitung col. 64

Sands P (2008) Torture team deception, cruelty and the compromise of law. Penguin, London

Shaman JM (1990) Judicial immunity from civil and criminal liability. San Diego Law Rev 27 (12):4

Trials of War Criminals before the Nuremberg Military Tribunals, vol III, the Justice Case, Washington, 1951

Weinke A (2011) Ehemalige Wehrmachtrichter in der SBZ/DDR Elitenaustausch und verhinderte Aufarbeitung. In: Perels J, og Wette W (Hg.) Mit Reinem Gewissen Wehrmachtsrichter in der Bundesrepublik und ihre Opfer. Aufbau Verlag, Berlin

Werke G (2001) Rückwirkungsverbot und Staatskriminalität. Neue Juristische Wochenschrift 3001-3008

Wilke C (2009) Reconsecrating the temple of justice: invocations of civilization and humanity in the Nuremberg Justice Case. Can J Law Soc 24:181-201

7장 국제법에 따른 위법성의 조건

Fraser D (2012) Evil law, evil lawyers? From the justice case to the torture memos. Jurisprudence 3(2):391-428

Schorn H (1959) Der Richter im Dritten Reich Geschichte und Dokumente. Vittorio Klostermann, Frankfurt am Main

Trials of War Criminals before the Nuremberg Military Tribunals, vol III, the Justice Case, Washington, 1951

8장 불법적 권력과 위법성의 조건

Andenæs J (1979) Det vanskelige oppgjøret. Tanum-Norli, Oslo

Kirchheimer O (1961) Political justice: the use of legal procedure for political ends. Princeton University Press, New Jersey

Michielsen JNME (2004) The "Nazification" and "Denazification" of the Courts in Belgium, Luxembourg and the Netherlands. University of Maastricht, Maastricht

Pendas DO (2009) Nazi trials in postwar Europe. J Mod Hist 81:347-368

Tamm D (1984) Retsopgøret efter besættelsen. Jurist- og Økonomforbundets forlag, København

9장 전환기 상황에서 위법성의 조건

Coing H (1947) Zur Frage der strafrechtlichen Haftung der Richter für die Anwendung naturrechtswidriger Gesetze. Süddeutsche Juristen-Zeitung, col. 62

Fraser D (2005) Law after Auschwitz: towards a jurisprudence of the Holocaust. Carolina Academic Press, Durham

Freudiger K (2002) Die juristische Aufarbeitung von NS-Verbrechen. Mohr Siebeck, Tübingen

Garbe D (2000) Im Namen des Volkes?! Die Rechtlichen Grundlagen der Militärjustiz im NS-Staat und ihre "Bewältigung" nach 1945. In: Nolz B, Popp W (eds) Erinnerungsarbeit Grundlage einer Kultur des Friedens. Lit Verlag, Münster

Hart HLA (1957) Positivism and the separation of law and morals. Harv Law Rev 71:593-629

Loewenstein K (1936-1937) The German constitution 1933-1937. Univ Chic Law Rev 4:537-574

Marxen K, Werle G (eds) (2007) Strafjustiz und DDR-Unrecht Dokumentation, Band 5/1 Teilband Rechtsbeugung. De Gruyter, Berlin

Radbruch G (1946) Gesetzliches Unrecht und übergesetzliches Recht. Süddeutsche Juristen-Zeitung 105-108 [English translation Statutory Lawlessness and Supra-Statutory Law, Translated by Bonnie Litschewski Paulson and Stanley L. Paulson, 26 Oxford Journal of Legal Studies 2006, pp. 1-11]

Rüthers B (2012) Die unbegrenzte Auslegung: Zum Wandel der Privatrechtsordnung im Nationalsozialismus 7. Ausg. Mohr Siebeck, Tübingen

Schröder F-C (2000) Zehn Jahre strafrechtliche Aufarbeitung des DDR-Unrechts. NJW 3017-3022

Strenge I (2002) Machtübernahme 1933: Alles auf dem legalen Weg? Ducker und Humblot, Berlin

Werle G (1992) Der Holocaust als Gegenstand der bundesdeutschen Strafjustiz. Neues Juristische Wochenzeitung 2529-2535

10장 특별법원의 판사들

Coing H (1947) Zur Frage der strafrechtlichen Haftung der Richter für die Anwendung naturrechtswidriger Gesetze. Süddeutsche Juristen-Zeitung, col. 62

Figge R (1947) Die Verantwortlichkeit des Richters. Süddeutsche Juristen-Zeitung, col. 179-183

Ginsburg T, Moustafa T (2008) Introduction: the functions of courts in authoritarian politics. In: Ginsburg T, Moustafa T (eds) Rule by law: the politics of courts in authoritarian regimes. Cambridge University Press, Cambridge

Kirchheimer O (1961) Political justice: the use of legal procedure for political ends. Princeton University Press, New Jersey

Law reports of trials of war criminals, vol XIV. United Nations War Crimes Commission, London, 1949

Lippman M (1992-1993) They shoot lawyers don't they? Law in the Third Reich and the global threat to the independence of the judiciary. Calif West Int Law J 23:257-318

Loewenstein K (1948) Reconstruction of the administration of justice in the American occupied Germany. Harv Law Rev 61:419-467

Müller I (1989) Furchtbare Juristen - Die unbewältigte Vergangenheit unsere Justiz. Knaur, München

Radbruch G (1946) Gesetzliches Unrecht und übergesetzliches Recht. Süddeutsche Juristen-Zeitung 105-108 [English translation Statutory Lawlessness and Supra-Statutory Law, Translated by Bonnie Litschewski Paulson and Stanley L. Paulson, 26 Oxford Journal of Legal Studies 2006, pp. 1-11]

Schorn H (1959) Der Richter im Dritten Reich Geschichte und Dokumente. Vittorio Klostermann, Frankfurt am Main

Trials of War Criminals before the Nuremberg Military Tribunals, vol III, the Justice Case, Washington, 1951

11장 사법적 억압의 정당화

Arendt H (2003) Responsibility and judgment. Schocken Books, New York, 한나 아렌트,

『책임과 판단』, 서유경 역, 필로소픽(2019).

Figge R (1947) Die Verantwortlichkeit des Richters. Süddeutsche Juristen-Zeitung, col. 179-183

Freudiger K (2002) Die juristische Aufarbeitung von NS-Verbrechen. Mohr Siebeck, Tübingen

Jescheck H-H (2004) The general principles of international criminal law set out in Nuremberg, as mirrored in the ICC Statute. J Int Crim Justice 2:38-55

Oppler K (1947) Justiz und Politik. Deutsche Rechts-Zeitschrift 2:323-326

Paulson SL (1994) Lon L. Fuller, Gustav Radbruch and the "Positivist" theses. Law Philos 13:313-359

Radbruch G (1946) Gesetzliches Unrecht und übergesetzliches Recht. Süddeutsche Juristen-Zeitung 105-108 [English translation Statutory Lawlessness and Supra-Statutory Law, Translated by Bonnie Litschewski Paulson and Stanley L. Paulson, 26 Oxford Journal of Legal Studies 2006, pp. 1-11]

Schorn H (1959) Der Richter im Dritten Reich Geschichte und Dokumente. Vittorio Klostermann, Frankfurt am Main

Trials of War Criminals before the Nuremberg Military Tribunals, vol III, the Justice Case, Washington, 1951

12장 '판사에 대한 특별면책?'

Allan J (2011) Statutory bill of rights: you read words in, you read words out, you take parliament's clear intention and you shake it all about - Doin' the Sankey Hanky Panky. In: Campbell T, Ewing KD, Tomkins A (eds) The legal protection of human rights sceptical essays. Oxford University Press, Oxford

Angermund R (1990) Deutsche Richtershaft 1919-1945. Fischer, Frankfurt am Main

Arendt H (2003) Responsibility and judgment. Schocken Books, New York

Brand-Ballard J (2010) Limits of legality: the ethics of lawless judging. Oxford University Press, Oxford

Corbett MM (1998) Chief Justice of South Africa, presentation to the truth and reconciliation commission, 27 November 1996. S Afr Law J 115:17-20

Dyzenhaus D (1998) Judging the judges, judging ourselves truth, reconciliation and the apartheid legal order. Hart, Oxford

Dyzenhaus D (2010) Hard cases in wicked legal systems pathologies of legality, 2nd edn. Oxford University Press, Oxford

Kirchheimer O (1961) Political justice: the use of legal procedure for political ends. Princeton University Press, New Jersey

Lippman M (1992-1993) They shoot lawyers don't they? Law in the Third Reich and the global threat to the independence of the judiciary. Calif West Int Law J 23:257-318

Radbruch G (1946) Gesetzliches Unrecht und übergesetzliches Recht. Süddeutsche Juristen-Zeitung 105-108 [English translation Statutory Lawlessness and Supra-Statutory Law, Translated by Bonnie Litschewski Paulson and Stanley L. Paulson, 26 Oxford Journal of Legal Studies 2006, pp. 1-11]

Schminck-Gustavus CU (1995) Der "Prozeß" gegen Dietrich Bonhoeffer und die Freilassung seiner Mörder. J.H.W. Dietz Nachfolger, Bonn

Schorn H (1959) Der Richter im Dritten Reich Geschichte und Dokumente. Vittorio Klostermann, Frankfurt am Main

Shaman JM (1990) Judicial immunity from civil and criminal liability. San Diego Law Rev 27(12):4

Smid M (2002) Hans von Dohnanyi Christine Bonhoeffer, Eine Ehe in Widerstand gegen Hitler. Gütersloher Verlagshaus, Gütersloher, pp 203-209

Spendel G (1996) Rechtsbeugung und BGH - eine Kritik. NJW 809-812

Trials of War Criminals before the Nuremberg Military Tribunals, vol III, the Justice Case, Washington, 1951

13장 판사에 대한 처벌

Andenæs J (1979) Det vanskelige oppgjøret. Tanum-Norli, Oslo

Berat L (1993) Prosecuting human rights violators from a predecessor regime: guidelines for a transformed South Africa. Boston College Third World Law J 13:199-231

Brems E (2011) Transitional justice in the case law of the European Court of Human Rights. Int J Transitional Justice 5:282-303

Einarsen T (2012) The concept of universal crimes in international law. FICHL Publication series No. 14, Torkel Opsahl Academic EPublisher

Ellmann S (1995) Law and legitimacy in South Africa. Law Soc Inq 20:407-479

Freudiger K (2002) Die juristische Aufarbeitung von NS-Verbrechen. Mohr Siebeck, Tübingen Jescheck H-H (2004) The general principles of international criminal law set out in Nuremberg, as mirrored in the ICC Statute. J Int Crim Justice 2:38-55

Law reports of trials of war criminals, vol III. United Nations War Crimes Commission, London, 1948

Law reports of trials of war criminals, vol XIV. United Nations War Crimes Commission, London, 1949

Marxen K, Werle G (eds) (2007) Strafjustiz und DDR-Unrecht Dokumentation, Band 5/1 Teilband Rechtsbeugung. De Gruyter, Berlin

Müller I (1989) Furchtbare Juristen - Die unbewältigte Vergangenheit unsere Justiz. Knaur, München

Pendas DO (2009) Nazi trials in postwar Europe. J Mod Hist 81:347-368

Schröder F-C (1999) Der Bundesgerichtshof und der Grundsatz "nulla poena sin lege". NJW 89-93

Tamm D (1984) Retsopgøret efter besættelsen. Jurist- og Økonomforbundets forlag, København

Teitel R (1996-1997) Transitional jurisprudence: the role of law in political transformation. Yale Law J 106:2009-2080

Trials of War Criminals before the Nuremberg Military Tribunals, vol III, the Justice Case, Washington, 1951

Werle G (1995) We asked for justice and got the rule of law: German Courts and the Totalitarian Past. S Afr J Hum Rights 11:70-83

Werle G (2001) Rückwirkungsverbot und Staatskriminalität. Neue Juristische Wochenschrift 3001-3008

14장 법실증주의 명제

Arendt H (2003) Responsibility and judgment. Schocken Books, New York

Brand-Ballard J (2010) Limits of legality: the ethics of lawless judging. Oxford University Press, Oxford

Curran VG (1998-1999) The legalization of racism in a constitutional state: democracy's suicide in Vichy France. Hastings Law J 50:1-96

Dugard J (1987) The judiciary in a state of national crisis - with special reference to the South African experience. Wash Lee Law Rev 44:477-501

Fuller LL (1957) Positivism and fidelity to law - a reply to Professor Hart. Harv Law Rev 71:630-672

Glover J (2012) Humanity a moral history of the 20th century, 2nd edn. Yale University Press, New Haven

Haffner S (2003) Defying Hitler: a memoir. Phoenix, London

Halliday TC, Karpik L, Feeley MM (2007) The legal complex in struggles for political liberalism. In: Halliday TC, Karpik L, Feeley MM (eds) Fighting for political freedom comparative studies of the legal complex and political liberalism. Hart, Oxford and Portland

Hilbink L (2008) Agents of anti-politics: courts in Pinochet's Chile. In: Ginsburg T, Moustafa T (eds) Rule by law: the politics of courts in authoritarian regimes. Cambridge University Press, Cambridge

Karpik L (2007) Postscript political lawyers. In: Halliday TC, Karpik L, FeeleyMM(eds) Fighting for political freedom comparative studies of the legal complex and political liberalism. Hart, Oxford and Portland

Loewenstein K (1948) Reconstruction of the administration of justice in the American occupied Germany. Harv Law Rev 61:419-467

Milgram S (2004) Obedience to authority, New York 1974 published by Perennial Classics with a foreword by Jerome S. Bruner New York

Oleson JC (2007) The antigone dilemma: when the paths of law and morality diverge. Cardozo Law Rev 29:669-702

Paulson SL (1994) Lon L. Fuller, Gustav Radbruch and the "Positivist" theses. Law Philos 13:313-359

Rode LS (1983) De tyske krigsretter, in Den Norske Advokatforening, Advokaten - rettens og samfunnets tjener Den Norske Advokatforening 1908-1983, Oslo, pp 329-362

Rüthers B (2012) Die unbegrenzte Auslegung: Zum Wandel der Privatrechtsordnung im Nationalsozialismus 7. Ausg. Mohr Siebeck, Tübingen

Schmitt C (1933) Das Gesetz zur Behebung der Not von Volk und Reich. Deutsche Juristen-Zeitung col. 455-458

Schmitt C (1934) Der Führer schützt das Recht zur Reichstagsrede Adolf Hitlers vom 13. Juli 1934. Deutsche Juristen-Zeitung, col. 945-950

Schmitt C (2000) Antworten in Nürnberg, Herausgegeben und kommentiert von Helmut Quaritisch. Duncker & Humblot, Berlin

15장 어떤 법실증주의인가?

Behrends O (1989) Von der Freirechtsbewegung zum konkreten Ordnungs- und Gestaltdenken. In: Dreier R, Sellert W (eds) Recht und Justiz im "Dritten Reich". Surkamp, Frankfurt am Main, p 38

Dyzenhaus D (2010) Hard cases in wicked legal systems pathologies of legality, 2nd edn. Oxford University Press, Oxford

Fraenkel E (1941) The dual state a contribution to the theory of dictatorship. Oxford University Press, New York

Hart HLA (1957) Positivism and the separation of law and morals. Harv Law Rev 71:593-629

Hattenhauer H (1989) Wandlung des Richterleitbildes. Im 19. und 20. Jahrhundert. In: Dreier R, Sellert W (eds) Recht und Justiz im "Dritten Reich". Surkamp, Frankfurt am Main

Hempfer W (1974) Die nationalsozialistische Staatsauffassung in der Rechtsprechung des Preußischen Oberverwaltungsgerichts. Dunker & Humblot, Berlin

Mahmud T (1994) Jurisprudence of successful treason: Coup d'Etat and common law. Cornell Int Law J 27:49-140

Maus I (1989) "Gesetzesbindung" der Justiz und die Struktur der nationalsozialistischen Rechtsnormen. In: Dreier R, Sellert W (eds) Recht und Justiz im "Dritten Reich". Surkamp, Frankfurt am Main, pp 80-103

Oppler K (1947) Justiz und Politik. Deutsche Rechts-Zeitschrift 2:323-326

Ott W, Buob F (1997) Did legal positivism render German jurists defenceless during the Third Reich? In: DeCoste FC, Schwartz B (eds) The Holocaust's ghost: writings on art, politics, law and education. University of Alberta Press, Edmonton

Paulson SL (1994) Lon L. Fuller, Gustav Radbruch and the "Positivist" theses. Law Philos 13:313-359

Rotberg HE (1947) Entpolitisierung der Rechtspflege. Deutsche Rechts-Zeitschrift 107-110

Rüthers B (2012) Die unbegrenzte Auslegung: Zum Wandel der Privatrechtsordnung im Nationalsozialismus 7. Ausg. Mohr Siebeck, Tübingen

Scheuner U (1934) Die nationale Revolution Eine Staatsrechtliche Untersuchung. Archiv des Öffentlichen Rechts 166-220

Schmitt C (1934) Der Führer schützt das Recht zur Reichstagsrede Adolf Hitlers vom 13. Juli 1934. Deutsche Juristen-Zeitung, col. 945-950

16장 다른 방식의 법해석

Adami FW (1939) Das Programm der NSDAP und die Rechtsprechung. Deutsches Recht 486-491

Angermund R (1990) Deutsche Richtershaft 1919-1945. Fischer, Frankfurt am Main

Arendt H (2003) Responsibility and judgment. Schocken Books, New York

Cover RM (1974) Justice accused antislavery and the judicial process. Yale University Press, New Haven and New York

Dugard J (1987) The judiciary in a state of national crisis - with special reference to the South African experience. Wash Lee Law Rev 44:477-501

Dyzenhaus D (2010) Hard cases in wicked legal systems pathologies of legality, 2nd edn. Oxford University Press, Oxford

Eckhoff T (2001) Rettskildelære 5. utgave ved Jan E. Helgesen. Universitetsforlaget, Oslo

Garbe D (2000) Im Namen des Volkes?! Die Rechtlichen Grundlagen der Militärjustiz im NS-Staat und ihre "Bewältigung" nach 1945. In: Nolz B, Popp W (eds) Erinnerungsarbeit Grundlage einer Kultur des Friedens. Lit Verlag, Münster

Hilbink L (2008) Agents of anti-politics: courts in Pinochet's Chile. In: Ginsburg T, Moustafa T (eds) Rule by law: the politics of courts in authoritarian regimes. Cambridge University Press, Cambridge

Rehnquist WH (1998) All laws but one civil liberties in wartime. Vintage Books, New York(Kindle edition)

Rüthers B (2012) Die unbegrenzte Auslegung: Zum Wandel der Privatrechtsordnung im Nationalsozialismus 7. Ausg. Mohr Siebeck, Tübingen

17장 법이론을 통한 설명을 넘어서

Abel RL (2007) Contesting legality in the United States after September 11. In: Halliday TC, Karpik L, Feeley MM (eds) Fighting for political freedom comparative studies of the legal complex and political liberalism. Hart, Oxford and Portland

Angermund R (1990) Deutsche Richtershaft 1919-1945. Fischer, Frankfurt am Main

Browning CR (1998) Ordinary men reserve police Battalion 101 and the final solution in Poland. Harper Perennial, New York

Curran VG (1998-1999) The legalization of racism in a constitutional state: democracy's suicide in Vichy France. Hastings Law J 50:1-96

Curran VG (2005) Law's past and Europe's future. German Law J 6:483-512

Dugard J (1984) Should judges resign? - a reply to Professor Wacks. S Afr Law J 101:286-294

Dyzenhaus D (2010) Hard cases in wicked legal systems pathologies of legality, 2nd edn. Oxford University Press, Oxford

Glover J (2012) Humanity a moral history of the 20th century, 2nd edn. Yale University Press, New Haven

Haffner S (2003) Defying Hitler: a memoir. Phoenix, London

Hilbink L (2008) Agents of anti-politics: courts in Pinochet's Chile. In: Ginsburg T, Moustafa T (eds) Rule by law: the politics of courts in authoritarian regimes. Cambridge University Press, Cambridge

Kirchheimer O (1961) Political justice: the use of legal procedure for political ends. Princeton University Press, New Jersey

Milgram S (2004) Obedience to authority, New York 1974 published by Perennial Classics with a foreword by Jerome S. Bruner New York

Osiel MJ (1995) Dialogue with dictators: judicial resistance in Argentina and Brazil. Law Soc Inq 20:481-560

Pauer-Studer H (2012) Law and morality under evil conditions: the SS Judge Konrad Morgen. Jurisprudence 3(2):367-390

Pauer-Studer H (2014) Einleitung: Rechtfertigung des Unrechts. Das Rechtsdenken im Nationalsozialismus. In: Pauer-Studer H, Fink J (eds) Rechtfertigungen des Unrechts Da Rechtsdenken im Nationalsozialismus in Originaltexten. Suhrkamp, Berlin

Pereira AW (2005) Political (in)justice authoritarianism and the rule of law in Brazil, Chile and Argentina. University of Pittsburgh Press, Pittsburgh (Kindle edition)

Rehnquist WH (1998) All laws but one civil liberties in wartime. Vintage Books, New York (Kindle edition)

Rüthers B (2007) Hatte die Rechtsperversion in den Deutschen Diktaturen ein Gesicht? Juristenzeitung 11:556-564

Rüthers B (2012) Die unbegrenzte Auslegung: Zum Wandel der Privatrechtsordnung im Nationalsozialismus 7. Ausg. Mohr Siebeck, Tübingen

Simpson AWB (1988) Rhetoric, reality and regulation 18B. Denning Law J 3:123-153

Stoltzfus N (1996) Resistance of the heart intermarriage and the Rosenstrasse protest in Nazi Germany. W.W. Norton & Company, New York

Verner JG (1984) The independence of Supreme Courts in Latin America: a review of the literature. J Latin Am Stud 16:463-506

Weisberg RH (1996) Vichy Law and the Holocaust in France. Harwood Academic Publisher, Amsterdam

Welzer H (2007) Täter Wie aus ganz normalen Menschen Massenmörder werden. Fischer Taschenbuch Verlag, Frankfurt am Main (Kindle edition)

18장 차악 선택의 논리

Arendt H (2003) Responsibility and judgment. Schocken Books, New York

Brand-Ballard J (2010) Limits of legality: the ethics of lawless judging. Oxford University Press, Oxford

Clover J (2012) Humanity: a moral history of the 20th century, 2nd edn. Yale University Press, New Haven and London

Cover RM (1974) Justice accused antislavery and the judicial process. Yale University Press, New Haven and New York

Döring H-J (ed) (2011) Lothar Kreyssig Aufsätze, Autobiographie und Dokumente. Evangelische Verlagsanstalt, Leipzig

Dugard J (1984) Should judges resign? A reply to Professor Wacks. S Afr Law J 101:286-294

Dugard J (1987) The judiciary in a state of national crisis - with special reference to the South African experience. Wash Lee Law Rev 44:477-501

Essner C (2002) Die "Nürnberger Gesetze" oder Die Verwaltung des Rassenwahns 1933-

1945. Paderborn, München

Fraser D (2005) Law after Auschwitz: towards a jurisprudence of the Holocaust. Carolina Academic Press, Durham

Freudiger K (2002) Die juristische Aufarbeitung von NS-Verbrechen. Mohr Siebeck, Tübingen

Fuller LL (1957) Positivism and fidelity to law - a reply to Professor Hart. Harv Law Rev 71:630-672

Gerrens U (2009) Rüdiger Schleicher Leben zwischen Staatsdienst und Verschwörung. Gütersloher Verlagshaus, Gütersloh

Michielsen JNME (2004) The "Nazification" and "Denazification" of the Courts in Belgium, Luxembourg and the Netherlands. University of Maastricht, Maastricht

Nøkleby B (1996) Skutt blir den ... Tysk bruk av dødsstraff i Norge 1940-1945. Gyldendal Norsk Forlag, Oslo

Osiel MJ (1995) Dialogue with dictators: judicial resistance in Argentina and Brazil. Law Soc Inq 20:481-560

Radbruch G (1946) Gesetzliches Unrecht und übergesetzliches Recht. Süddeutsche Juristen-Zeitung 105-108 [English translation Statutory Lawlessness and Supra-Statutory Law, Translated by Bonnie Litschewski Paulson and Stanley L. Paulson, 26 Oxford Journal of Legal Studies 2006, pp. 1-11]

Radbruch G (1948) Des Reichministeriums Ruhm und Ende, Zum Nürnberger Juristenurteil. Süddeutsche Juristenzeitung col. 64

Rehnquist WH (1998) All laws but one civil liberties in wartime. Vintage Books, New York (Kindle edition)

Report of the Truth and Reconciliation Commission of South Africa, Vol. 4, Chapter 4 Institutional Hearing: The Legal Community, 1998

Rundle K (2009) The impossibility of an exterminatory legality: law and the Holocaust. Univ Toronto Law J 59:65-125

Rundle K (2012) Law and daily life—questions for legal philosophy from November 1938. Jurisprudence 3(2):429-444

Rüthers B (2008) Verräter, Zufallshelden oder Gewissen der Nation? Facetten des Widerstandes in Deutschland. Mohr Siebeck, Tübingen

Schleunes K (ed) (2001) Legislating the Holocaust: the Bernhard Loesener memoirs and supporting documents. Westview, Boulder (Kindle edition)

Schorn H (1959) Der Richter im Dritten Reich Geschichte und Dokumente. Vittorio Klostermann, Frankfurt am Main

Sharp G (2010) From dictatorship to democracy a conceptual framework for liberation, 4th U.S. edn. The Albert Einstein Institution, East Boston. 진 샤프, 『독재에서 민주주의로』, 백지은 역, 현실문화(2015).

Stoltzfus N (1996) Resistance of the heart intermarriage and the Rosenstrasse protest in Nazi Germany. W.W. Norton & Company, New York

Tamm D (1984) Retsopgøret efter besættelsen. Jurist- og Økonomforbundets forlag, København

Trials of War Criminals before the Nuremberg Military Tribunals, vol III, the Justice Case, Washington, 1951

Wachs R (1984) Judges and injustice. S Afr Law J 101:266-285

Werle G (1992) Der Holocaust als Gegenstand der bundesdeutschen Strafjustiz. Neues Juristische Wochenzeitung 2529-2535

19장 정의를 추구하는 판사들

Amsterdam AG, Bruner J (2000) Minding the law how courts rely on storytelling, and how their stories change the way we understand the law - and ourselves. Harvard University Press, Cambridge

Arendt H (2003) Responsibility and judgment. Schocken Books, New York

Blankenburg E (1995) The purge of lawyers after the breakdown of the East German Communist Regime. Law Soc Inq 20:223-243

Brand-Ballard J (2010) Limits of legality: the ethics of lawless judging. Oxford University Press, Oxford

Cover RM (1974) Justice accused antislavery and the judicial process. Yale University Press, New Haven and New York

Curran VG (1998-1999) The legalization of racism in a constitutional state: democracy's suicide in Vichy France. Hastings Law J 50:1-96

Dugard J (1984) Should judges resign? A reply to Professor Wacks. S Afr Law J 101:286-294

Dworkin R (1986) Law's empire. Fontana Press, London

Dyzenhaus D (2010) Hard cases in wicked legal systems pathologies of legality, 2nd edn. Oxford University Press, Oxford

Fraser D (2009) The fragility of law constitutional patriotism and the Jews of Belgium, 1940-1945. Routledge-Cavendish, Oxon

Ginsburg T (2003) Judicial review in new democracies: constitutional courts in Asian cases. Cambridge University Press, Cambridge (Kindle edition)

Hafner-Burton EM, Ronon J (2009) Seeing double: human rights impact through qualitative and quantitative eyes. World Polit 61:360-401

Hand L (1959) The spirit of liberty, papers and addresses of learned hand edited by Irving Dilliard. Vintage Books, New York

Helmke G (2002) The logic of strategic defection: court-executive relations in Argentina under dictatorship and democracy. Am Polit Sci Rev 96:291-303

Korando AM (2012) Roma go home: the plight of European Roma. Law Inequality 30:125-147

Mahmud T (1994) Jurisprudence of successful treason: Coup d'Etat and common law. Cornell Int Law J 27:49-140

Nazis in the Courtroom: Lessons from the Conduct of Lawyers and Judges under the Laws of the Third Reich and Vichy France. Brooklyn Law Rev 61:1121-1164, 1995

Rabofsky E, Oberkofler G (1985) Verborgene Wurzeln der NS-Justiz Strafrechtliche Rüstung für zwei Weltkriege. Europaverlag, Wien

Rehnquist WH (1998) All laws but one civil liberties in wartime. Vintage Books, New York (Kindle edition)

Rüthers B (2012) Die unbegrenzte Auslegung: Zum Wandel der Privatrechtsordnung im Nationalsozialismus 7. Ausg. Mohr Siebeck, Tübingen

Schjelderup F (1945) Fra Norges Kamp for Retten 1940 i Høyesterett. Grøndahl & Søn, Oslo

Schmitt C (1936) Die Deutsche Rechtswissenschaft im Kampf gegen den jüdischen Geist. Deutsche Juristenzeitung, col. 1193-1199

Schorn H (1959) Der Richter im Dritten Reich Geschichte und Dokumente. Vittorio Klostermann, Frankfurt am Main

Sharp G (2010) From dictatorship to democracy a conceptual framework for liberation, 4th U.S. edn. The Albert Einstein Institution, East Boston

Stolleis M (1998) The law under the Swastika studies on legal history in Nazi Germany. The University of Chicago Press, Chicago, p 15

Stoltzfus N (1996) Resistance of the heart intermarriage and the Rosenstrasse protest in Nazi Germany. W.W. Norton & Company, New York

Strenge I (2002) Machtübernahme 1933: Alles auf dem legalen Weg? Ducker und Humblot, Berlin

Trials of War Criminals before the Nuremberg Military Tribunals, vol IV, the Einsatzgruppen Case, Nürnberg, October 194 6-April 1949

Verner JG (1984) The independence of Supreme Courts in Latin America: a review of the literature. J Latin Am Stud 16:463-506

Zimbardo P (2007) The Lucifer effect understanding how good people turn evil. Random House, New York. 필립 짐바르도, 『루시퍼 이펙트』, 이충호·임지원 역, 웅진지식하우스(2007).

정의를 배반한 판사들
판사들은 왜 불의와 타협하는가

초판1쇄 발행 2025년 4월 25일
지은이 한스 페터 그라베르 **옮긴이** 정연순 **펴낸이** 박동운
펴낸곳 (재)진실의 힘 **출판등록** 제300-2011-191호(2011년 11월 9일)
주소 서울시 중구 세종대로 19길 16 성공회빌딩 3층 **전화** 02-741-6260
홈페이지 truthfoundation.or.kr
대표메일 truth@truthfoundation.or.kr
페이스북 facebook.com/truthfdtion
기획·편집 조용환 **진행** 임순영·김경훈 **디자인** 공미경 **제작·관리** 조미진

ISBN 979-11-985056-5-1 03360

ⓒ 한스 페터 그라베르, 2025
이 책 내용의 전부 또는 일부를 재사용하려면 반드시
지은이와 출판사 양쪽의 사전 동의를 받아야 합니다.